北京市高等教育精品教材立项项目

高职高专机电类专业系列教材

现代工业企业管理

主　编　刘晓峰

副主编　许保国

参　编　李晓纯　侯　谨　陈仕萍　尹锡昊

主　审　宋文光

机 械 工 业 出 版 社

本书是高职高专“十一五”机电类专业规划教材。是根据高职高专工科课程改革需要编写的。全书共15章，系统介绍了企业管理的基本理论、基本方法和基本技能。主要包括企业概论、管理的基本理论、工业企业经营管理、生产作业管理四个大部分。其主要特点是理论先进、内容全面、深入浅出、操作性强。各章按照学习目标（知识目标和能力目标）、案例导入、章节内容、复习思考、案例分析与讨论、技能实训的体例安排，形成一个完整的以能力和技能培养为主线的教学方案，突出基础理论知识的应用和实践技能的培养，注重学生综合素质的形成和创新能力的提高。

为了方便教学，本书为每一章都制作了配套的电子教学课件，与教材一并形成了现代立体化教材。

图书在版编目（CIP）数据

现代工业企业管理/刘晓峰主编. —北京：机械工业出版社，2007.6（2026.1 重印）

北京市高等教育精品教材立项项目　高职高专机电类专业规划教材

ISBN 978－7－111－21559－2

Ⅰ. 现…　Ⅱ. 刘…　Ⅲ. 工业企业管理-高等学校：技术学校-教材　Ⅳ. F406

中国版本图书馆 CIP 数据核字（2007）第 077358 号

机械工业出版社（北京市百万庄大街 22 号　邮政编码 100037）

策划编辑：崔占军　责任编辑：王海峰　王德艳　版式设计：张世琴

责任校对：张玉琴　责任印制：刘　媛

北京建宏印刷有限公司印刷

2026 年 1 月第 1 版第 14 次印刷

184mm×260mm · 19.75 印张 · 487 千字

标准书号：ISBN 978－7－111－21559－2

定价：54.80 元

电话服务

客服电话：010-88361066

010-88379833

010-68326294

网络服务

机　工　官　网：www.cmpbook.com

机　工　官　博：weibo.com/cmp1952

金　书　网：www.golden-book.com

机工教育服务网：www.cmpedu.com

前 言

本书为高职高专机电类专业教材， 是北京市高等教育精品教材立项项目，是为工科院校非管理类专业的企业管理课程编写的教材。

本教材的主旨是使学生掌握一定的现代企业管理基本理论和基本方法，具备一定的企业生产经营活动的组织能力。

教材内容定位是以工业企业为特定对象的基层综合管理和企业职能管理，以满足工业企业基层管理岗位所需的知识和能力的实际需要，突出理论够用、能力本位的高职特征。

在编写过程中，编者力求使教材能够反映高职高专管理课程和教学内容体系改革方向，能够反映我国当前现代工业企业管理的新理论、新发展、新动向，注重理论联系实际，在案例教学上作了有益的探讨。全书按照企业概论、管理学原理、经营管理和生产运作管理的内容体系编写；每章按照学习目标（知识目标和能力目标）、案例导入、章节内容、复习思考、案例分析与讨论、技能实训的体例安排，使每一章都形成一个完整的以能力和技能培养为主线的教学方案，突出基础理论知识的应用和实践技能的培养 ，以利于学生综合素质的形成和创新能力的提高。

为了方便教学，本书为每一章都制作了配套的电子教学课件，与教材一并形成了现代立体化教材。

本书由刘晓峰任主编，许保国任副主编，宋文光主审。编写分工为：刘晓峰编写第 1 章、第 8 章和第 10 章，许保国编写第 7 章，李晓纯编写第 2 章、第 3 章、第 4 章，侯谨编写第 5 章、第 6 章、第 12 章，陈仕萍编写第 11 章、第 14 章、第 15 章，尹锡昊编写第 9 章和第 13 章。全书由刘晓峰负责总纂、修改、定稿，许保国协助统稿和定稿工作。

本书在编写过程中，宋文光教授对本书的总体设计与构思提出了不少有益的指导意见，参考并采纳了同类教材和有关论著的观点，在此一并表示感谢。

尽管我们已经做出了努力，但由于作者水平有限，书中肯定存在许多有待改进的地方，衷心希望读者和教学同行提出宝贵意见，以利于本书的修改和提高。

编 者

目　录

前言
第 1 章　现代企业与管理……1
【学习目标】……1
【导入案例】……1
1.1　现代企业与企业组织……2
1.2　现代企业制度……6
1.3　现代企业管理的含义与特征……12
【复习思考题】……14
【案例分析】……14
【技能实训】……15
第 2 章　管理理论的发展……16
【学习目标】……16
【导入案例】……16
2.1　早期的管理思想……17
2.2　古典管理理论……21
2.3　现代管理理论……23
2.4　现代管理思想的新发展……26
【复习思考题】……29
【案例分析】……30
【技能实训】……31
第 3 章　现代企业管理的基本职能……32
【学习目标】……32
【导入案例】……32
3.1　管理的计划职能……33
3.2　管理的组织职能……38
3.3　管理的领导职能……45
3.4　管理的控制职能……54
【复习思考题】……56
【案例分析】……57
【技能实训】……58
第 4 章　企业经营战略……59
【学习目标】……59
【导入案例】……59
4.1　企业经营环境分析……59
4.2　企业经营战略及类型……66
4.3　企业经营战略的制定程序与方法……69
4.4　企业经营战略的实施与控制……70
【复习思考题】……72
【案例分析】……72
【技能实训】……73
第 5 章　市场营销……74
【学习目标】……74
【导入案例】……74
5.1　市场调查与预测……75
5.2　市场细分与目标市场……80
5.3　市场营销策略……84
5.4　营销计划与销售业务……94
5.5　电子商务……97
【复习思考题】……100
【案例分析】……101
【技能实训】……102
第 6 章　产品开发与创新……103
【学习目标】……103
【导入案例】……103
6.1　产品开发与创新概述……104
6.2　产品设计……108
6.3　产品的工艺准备……112
6.4　新产品的试制与鉴定……114
【复习思考题】……116
【案例分析】……116
【技能实训】……117
第 7 章　技术经济分析……118
【学习目标】……118
【导入案例】……118
7.1　技术经济分析概述……119
7.2　资金的时间价值……122
7.3　技术经济分析的基本方法……126
7.4　项目的可行性研究……132
【复习思考题】……135
【案例分析】……135
【技能实训】……136
第 8 章　企业财务管理……137

【学习目标】……137
【导入案例】……137
8.1 企业财务管理概述……137
8.2 筹资管理……139
8.3 资产管理……144
8.4 成本分析与控制……147
8.5 财务分析与评价……150
【复习思考题】……156
【案例分析】……157
【技能实训】……157
第 9 章 生产过程的组织……159
【学习目标】……159
【导入案例】……159
9.1 生产过程……160
9.2 生产类型……161
9.3 生产过程的组织……163
9.4 先进的生产系统……171
【复习思考题】……176
【案例分析】……177
【技能实训】……177
第 10 章 生产计划与控制……178
【学习目标】……178
【导入案例】……178
10.1 生产计划与生产能力……179
10.2 生产作业计划……189
10.3 网络计划技术及应用……200
【复习思考题】……207
【案例分析】……208
【技能实训】……210
第 11 章 生产现场管理……211
【学习目标】……211
【导入案例】……211
11.1 生产现场管理的必要性……211
11.2 定置管理……213
11.3 5S 活动……216
11.4 目视管理……218
【复习思考题】……220
【案例分析】……220
【技能实训】……221
第 12 章 质量管理……222
【学习目标】……222
【导入案例】……222
12.1 质量管理概述……223
12.2 生产过程中的质量控制……225
12.3 质量管理常用的统计方法……228
12.4 质量体系……243
12.5 质量认证……246
【复习思考题】……248
【案例分析】……249
【技能实训】……250
第 13 章 物资管理……251
【学习目标】……251
【导入案例】……251
13.1 物资管理概述……252
13.2 物资定额与供应计划……253
13.3 物资供应组织工作……259
13.4 库存控制……262
13.5 物资的配送……265
【复习思考题】……266
【案例分析】……267
【技能实训】……268
第 14 章 设备管理……269
【学习目标】……269
【导入案例】……269
14.1 设备管理概述……269
14.2 设备的选择与购置……273
14.3 设备的使用与维修……275
14.4 设备的更新与改造……282
【复习思考题】……285
【案例分析】……286
【技能实训】……288
第 15 章 人力资源开发与管理……289
【学习目标】……289
【导入案例】……289
15.1 人力资源开发与管理概述……290
15.2 人力资源规划……293
15.3 工作分析……296
15.4 人力资源的获取、开发与培训……299
15.5 薪酬管理……303
【复习思考题】……306
【案例分析】……306
【技能实训】……308
参考文献……309

第 1 章　现代企业与管理

【学习目标】

1. 知识目标

- 理解企业的概念、特征和构成。
- 熟悉现代企业的基本类型。
- 掌握现代企业运行的职能活动。
- 理解现代企业制度的基本含义和特征。
- 掌握现代企业制度的基本内容。
- 掌握现代企业制度的基本组织形式。

2. 能力目标

- 能运用系统观念分析现实企业的基本构成。
- 树立现代企业理念，能正确区分现代企业形式。
- 运用现代企业制度分析公司治理结构与运行机制的建设。
- 能分析市场经济条件下，现代企业管理的特点。

【导入案例】

什么样的厂算好?

厂长凑到一起，谈起了过去一年中各自工厂的一些情况。老王很得意地炫耀说："我们厂去年获纯利 60 万元，比前年增加了 10%，如果不是原材料的提价还会多些。照去年的势头，今年又引进了一条流水线，产量可增一倍，今年利润定会翻番。哎，你们厂怎么样？"

听到老王的问话，老赵放下手中的茶杯，并没有顺着老王的问话回答，却反问："老王啊，你说利润提高和翻番，这意味着什么？""当然意味着我们企业工作进步了。"老赵对老王工厂取得的成绩表示祝贺后说："利润上去了当然是好的。但利润高不见得工厂工作真的做得好。利润是受许多因素影响的，比如价格，目前，有些企业利润状况不是因为经营管理好得到的，却是因原材料价格低等而得到的。如果国家价格体系一旦调整，很可能工厂就会变盈利为亏本了。当然，你们厂的工作，据我所知确实是做得好的，比如很注意技术进步。"

老王听到这话后接着说："这倒是，但价格调整又不是只对我一家，全国都是这样做的，到时我们利润少了，别厂的利润也会少呀。""所以利润并不能作为衡量企业经营状况的唯一标准。""我同意你的高见，那我要听听什么是搞好企业工作的标准呢？"

"依我看，企业应该追求的是经营管理合理化。只有具备稳固的管理基础，才能发挥良好的绩效，使企业的经营趋于稳健，不致因客观条件的变动而动摇根本。一味追求利润，如此舍本逐末，本者不固，利从何生呢？因此我们厂不着眼于该赚多少或赚钱多少，而只重管理绩效。"

老王说："老兄，什么叫管理绩效？"老赵并没有正面答复老王的话，继续说："正因为如此，在目前经济环境下，我们反而耽心赚钱的副作用，因为我们赚的钱，有些并不是我们真正努力得到的。这样的钱赚了，反而会促使我们员工产生骄傲心理。我认为，不景气倒能使工厂上下一心，不敢有丝毫怠惰。"老王显然不同意老赵的观点："按你的说法还是亏本好。一味追求利润固然不好，但是也不能说不要利润啊，不然企业吃什么？国家要你企业干什么？企业又怎样去生存、去发展？再说经营管理合理化也不是一个空泛的词，管理绩效也不是一句时髦用语，它也要通过盈利来反映啊。我们说今年是质量管理效益年，这里就含有盈利要求。现在企业实行承包制，承包什么，利润难道不是其中一个内容吗？"老赵说："老兄你误解我的话了，我是说要强调搞好企业工作经营管理合理化……。"

老王不等老赵讲完话说："什么是经营管理合理化？什么是搞好企业工作？搞好企业要做很多工作，国家要做工作，企业自身也要做很多工作。搞好企业正是要体现在资产增值力上的。"老赵争论说："搞好企业工作难道仅仅只表现在资产增值上？"就这样，两位厂长热烈地争论着。你认为什么样的企业是好企业？

引自杨先举主编《工商企业管理案例》

1.1 现代企业与企业组织

1.1.1 企业含义与特征

1. 企业的含义与职能

企业是指从事生产、流通、服务等经济活动，为满足社会需要依法进行自主经营、实行独立核算、自负盈亏、自我约束、自我发展的具有法人资格的经济组织。企业的基本职能是向社会提供产品或劳务，以满足社会需要并获取盈利。

2. 企业的特征

（1）经济性　企业是从事生产、流通或服务等经营活动的基本经济组织。从经济角度看，企业是从事生产经营活动的营利性的经营实体。它有别于行政机关和事业单位，后者是靠财政拨款的，不是营利单位；而企业只有在生产经营过程中获得利润，才能生存和发展。实现利润最大化是企业管理首先要解决的问题。

（2）盈利性　企业是营利性机构，以追求经济利益为基本目标。不讲经济效益、没有盈利的企业将难以维持简单再生产，更谈不上扩大再生产，终将会被淘汰。当然，社会主义企业与资本主义企业的盈利在本质上是有区别的。

（3）独立性　企业是独立的社会经济法人。自主经营、独立核算、自负盈亏，具有法人地位与权利，这是企业生存和发展的基本条件。法人是自然人的对称，是依法成立并能以自己的名义行使权利和履行义务的组织，如公司、社团等。具有法人资格的相对独立的企业，至少应具备以下三个条件：一是必须在工商行政管理部门登记注册（验资、名称、场所、组织和经营范围等）；二是独立核算，在银行设立账户，独立行使财产支配权；三是独立自主地进行生产经营活动并严格按照法律规定行使权利和履行义务。从法律的角度说，企业是自主经营、自负盈亏、依法独立享有民事权利、并承担民事责任的从事经营活动的法人组织。

（4）社会性　企业是构成国民经济整体的基本组成单位，是国民经济有机体中的一个细胞。因此，它必然与国民经济其他部门相互依存、相互协作。一方面它的生存与发展有赖于其他部门的支持配合，另一方面它必须承担一定的社会责任，以促进整个社会的文明与进步。

1.1.2 企业的产生和发展

1．企业的产生

1）企业是社会生产力发展到一定水平的产物，是商品生产与交换的产物。社会的生产力水平决定了社会基本经济单位的组织形式。

2）社会生产的基本经济单位，在经历了原始社会的氏族部落、奴隶社会的奴隶主庄园、封建社会的家庭和手工作坊等形式的演进后，在资本主义社会诞生了企业这种现代生产组织形式。

2．企业的发展

随着科技的进步，社会生产力水平的提高，企业的组织形式也不断地发展完善。主要经历了以下几个阶段：

（1）工场手工业　从封建社会的家庭手工业出现到资本主义社会初期的工场手工业时期。16 世纪至 17 世纪，一些西方国家的封建社会制度向资本主义制度转变，资本主义原始积累加快，大规模地剥夺农民土地，使家庭手工业急剧瓦解，开始向资本主义工场制转变。工场手工业是企业的雏形。

（2）工厂时期　18 世纪，西方各国相继开展了工业革命，大机器的普遍采用，为工厂制的建立奠定了基础。1717 年，英国人阿克莱特在克隆福特创立了第一家面纱厂。19 世纪 30～40 年代，工厂制在英、德等国家普遍建立。工厂制的主要特征是：实行大规模的集中劳动；采用大机器高效率生产；实行雇用工人制度；劳动分工深化；生产走向社会化。工厂制的建立，标志着企业的真正诞生。

（3）现代企业时期　19 世纪末 20 世纪初，随着自由资本主义向垄断资本主义过渡，工厂自身发生了复杂而又深刻的变化：不断采用新技术，使生产迅速发展；生产规模不断扩大，竞争加剧，产生了大规模的垄断企业；经营权与所有权分离，形成了职业化的管理阶层；普遍建立了科学的管理制度，形成了一系列的科学管理理论，从而使企业走向成熟，成为现代企业。

1.1.3 现代企业类型

现代经济生活十分复杂，作为基本经济单位的企业也就有很多类型。企业的类型可以按照不同的标准和原则进行划分。

1）根据企业所属的经济部门可将企业划分为：农业企业、工业企业、商业企业、物流企业、交通运输企业、金融企业、建筑安装企业，另外还有邮电通信企业和旅游、餐饮、服务企业等。

2）根据生产要素所占比重可将企业划分为：劳动密集型企业、技术密集型企业和资金密集型企业。

3）根据产品的经济性质可将企业划分为：工业品生产企业和消费品生产企业。

4）根据企业产权所有制可将企业划分为：私有制企业——企业产权归属个人或家庭所有；国有制企业——企业产权归属中央政府或地方政府所有；混合所有制企业——私有、国有混合体的产权所有制，典型形态就是股份制企业。

5）根据企业产权的组织形式可将企业划分为：业主制企业、合伙制企业、公司制企业（详述见有关章节）。

1.1.4 现代企业的运行

从系统的观点看，企业是一个由人、财、物、信息、时间等构成的，包括输入、转换、输出过程的具有特定功能的动态系统，简称为投入—产出系统。

企业系统的运行，也就是投入、转化和产出的动态过程。其具体运行过程分述如下：

1. 投入过程

包括人、财、物、信息、环境、时间各种基本要素以及各种目标要求等。

（1）投入的各种要素：

1）人，指掌握了一定的工作方法和具有良好的工作精神的人。人在组织中具有双重身份，既是管理者而管理组织的其他要素，又是被管理者而接受管理。因此，人是组织的第一要素。

2）财，是组织所拥有的货币资金，是组织赖以生存的物质基础。

3）物，包括劳动工具——机器设备；劳动对象——原材料、半成品、成品等。物是组织开展活动必不可少的要素，是组织赖以实现其目标的重要物质基础。

4）信息，组织中既有人流、物流，也有信息流。信息流就是对人流、物流的综合反映，它可以看作是组织的“神经系统”。正是通过信息的不断传递、交换，才能把组织的各个要素有机地结合起来，实现组织的目标。管理者，尤其是高级管理者，主要工作之一就是对各类信息的收集、分析、决策，再将决策信息传递出去。

5）环境，任何组织都生存在一定的空间里，处于一定的环境条件下，受到环境的影响和制约；任何组织的内部要素，即人、财、物、信息等都与环境发生着这样或那样的联系，进行着这样或那样的交换。因此，管理者必须关注组织的生存环境。

6）时间，任何组织活动都是在一定的时间里开展的。时间是组织最稀有和最特殊的资源，其他的组织要素都是在一定时间上的分配和安排，表现出时间是组织要素的坐标。并且时间具有不可逆性，所以时间是组织成功的关键要素。

（2）对企业提出的目标要求　企业的运行目标就是满足社会各方面的需求，社会各方面的需求就是企业制定目标的依据。主要包括以下几方面：政府要求企业及时缴税，遵守法律、法规等；社会要求企业做个“好市民”，为地方提供更多的就业机会，并尽可能少地污染环境；投资者（股东）不仅要求投资安全，而且还要求有高收益；员工要求高工资、高福利、职业有保障等；消费者要求产品高质量、低价格及完善的服务；批发商、零售商要求产品适销对路。

另外像金融机构、竞争对手、合作伙伴等社会经济单位也都对企业提出诸如商业信誉、公平竞争等要求。这些要求大不相同，并常常互相矛盾。管理人员的任务就是协调这些要求，并实现转变过程的增值。

2. 转变过程

转变过程是企业主管人员通过计划、组织、领导、控制等管理职能，将投入要素进行合理的优化组合，转变为市场上用户需要的产品和劳务的过程。它应是一个价值增值的过程，这是企业生存和发展的前提；它也是一个物流和信息流并存的过程。一方面，通过收集、分析与交换信息，运用计划、组织、控制物流，实现管理职能；另一方面，信息流把企业和环境联系了起来。

3．产出过程

产出因企业而异，但一般不外乎产品、服务、利润、员工满意度、各种要求的协调等。企业管理者一般都比较重视产品、服务、利润这些产出，而往往忽略了诸如员工满意程度、各种要求的协调程度等产出。实际上，一个企业如果希望留住员工、调动其工作积极性和吸引企业外人才，就必须为员工提供各种满足。比如逐步提高员工对工资、奖金和职业保障等基本物质需要的满意程度；提高员工对"被大家接受、享有平等待遇、受到尊敬、自我奋斗愿望的实现"等精神方面需要的满意程度；同时，对企业提出要求的人和单位很多，各种要求之间还会有矛盾。管理者必须解决好这些矛盾，提高各种要求的协调程度。

4．给企业重新注入活力

企业要生存和发展，就要将一些产出重新变为投入，给企业重新注入活力。例如利润的一部分用于扩大再生产的投入，员工的满意程度、各种要求的协调程度将成为重要的投入进入下一个投入产出循环。

5．外部环境

企业是社会经济系统的一个子系统，受到外部环境的严重影响和制约。外部环境的影响作用在企业的各种投入要素、各种产出上，以及投入产出过程的各个环节上。

基于以上分析，我们可以将工业企业的投入产出过程表述为图1-1所示的较为详细的经营运行模型。

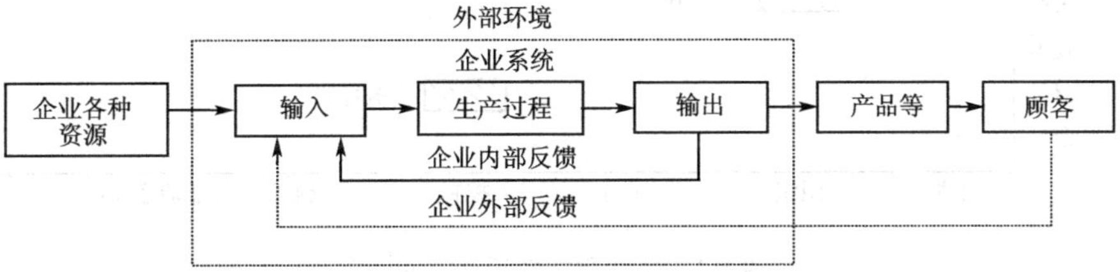

图1-1　企业运行系统示意图

6．企业运行的职能活动

企业的职能活动是指企业为了实现其目标所必须进行的各种功能性活动。不管企业属于什么类型，组织机构差异有多大，为了达到投入产出系统的基本要求、实现基本的经营运行，任何企业都必然进行着以下六种职能性活动。

（1）*营销性活动*　主要从事市场和用户的需求研究，并根据企业的特长进行产品定位、定价、分销、促销、服务和公共关系等方面的决策，以沟通外界需求和企业内部能力，使企业的经营能够以市场为导向，并使产品或服务能有效地抵达用户手中。

（2）*生产性活动*　将市场信息和用户需要按工艺要求转化为物质形态的产品的过程或能够满足需要的服务过程。在这一过程中，要进行合理的组织和控制，使企业营销愿望能够真正变为可供用户消费的实物或服务。

（3）*技术性活动*　进行产品及其生产方法方面的研究与开发，诸如发展新产品，改进老产品，推广新技术、新工艺，开展标准化工作等，使企业有能力保持经营产品及其生产方法上的先进性和市场竞争优势。

（4）财务性活动　对企业资产的经营性活动，包括对各种资金的筹措、分配、运用；对负债、股本、利润的管理；对成本、费用的控制。从而使企业的经营能够在正常的资金条件下进行，使财务结构合理化，提高经济效益，保护投资者的利益。

（5）会计性活动　对企业的经营活动及其财务状况进行记载、整理、汇总、统计、分析，以提供企业的财务性资料，帮助经营者、投资者、债权人、员工、金融机构、政府管理部门等进行决策分析。财务性活动是对资本的经营，而会计性活动是对财务性活动的记录。

（6）管理性活动　通过计划、组织、领导、控制等管理职能使上述五种活动协调进行，按期达到企业的经营目标。所以管理性活动是一种综合性职能，其核心是协调为实现经营目标所进行的各种活动。

企业的上述六种职能性活动是由企业的各部门行使其职责，完成企业使命和目标的基本活动，相互支撑，缺一不可。将营销性活动、生产性活动、技术性活动、财务性活动、会计性活动称为营运性职能活动，即业务活动。而将计划、组织、领导、控制等职能活动称为管理性职能活动。两者的关系如图 1-2 所示。各项管理性职能渗透于各项营运性职能活动之中，而每项营运性职能活动又都需要管理性职能的协调统一。因此就有了各业务部门的诸如营销计划、生产组织、财务控制等业务管理活动。

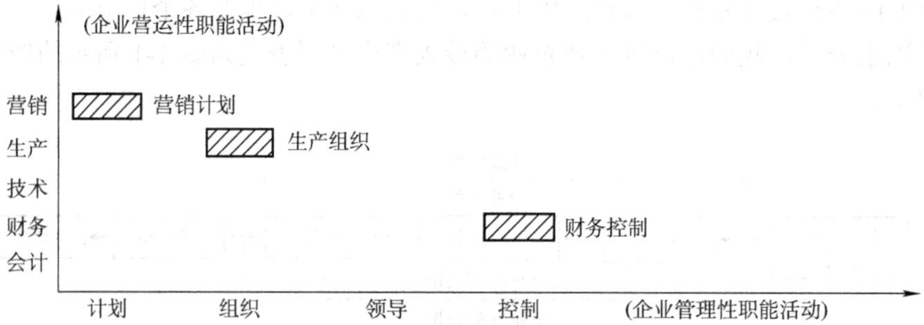

图 1-2　企业职能性活动之间的关系

1.2　现代企业制度

1.2.1　现代企业制度的基本含义和特征

1. 现代企业制度的含义

现代企业制度是指以产权制度为基础和核心，以公司制度为主要表现形式，体现企业是法人实体和市场竞争主体要求的企业体制，是适应社会化大生产和市场经济要求的产权明晰、责权明确、政企分开、管理科学的企业制度。

2. 现代企业制度的特征

现代企业制度的基本特征可以概括为产权明晰、责权明确、政企分开、管理科学十六个字。

（1）产权明晰　企业中的国有财产所有权属于国家，企业拥有包括国家在内的出资者投资形成的全部法人财产权，成为享有民事权利、承担民事义务的法人实体。

（2）责权明确　企业以其全部法人财产，依法自主经营，自负盈亏，照章纳税，对出资者承担资产保值、增值的责任。出资者按投入企业的资本额享有所有者的权益，即资产受益、参与重大决策和选择管理者等权利；在承担有限责任条件下，企业破产时，出资者仅以投入企业的资本额对企业债务负有限责任。

（3）政企分开　现代企业制度下，政府和企业的关系表现为法律关系。政府依靠政策法规和经济手段等宏观措施，调控市场，引导企业的经营活动，不直接干预企业的生产经营活动；企业按市场需求依法独立组织生产经营活动，以提高劳动生产率和经济效益为目的；企业在市场竞争中优胜劣汰，长期亏损、资不抵债的应依法宣告破产。

（4）管理科学　建立科学的企业领导体制和组织管理制度，调节所有者、经营者和职工的关系，形成激励和约束相结合的经营机制。

1.2.2 现代企业制度的基本内容

现代企业制度是社会化大生产和市场经济发展的必然产物，是由一系列具体的、科学的制度构成的。下面介绍这一制度体系中最基本的制度内容。

1. 现代企业产权制度

产权制度是对财产权利在经济活动中表现出来的各种权能加以分解和规范的法律制度；是以产权为依托，对各种经济主体在产权关系中的权利、责任和义务合理地进行组合的制度。所谓产权，也叫财产权，或称财产所有权。中国民法中称，财产所有权是指所有人依法对自己的财产享有占有、使用、收益、处分的权利，这是经济学意义上的完整的所有权的概念。而根据公司法的有关规定，公司法人财产所有权是指公司对由股东投资形成的全部财产依法享有占有、使用、处分和部分收益的权利。显然产权可分为两种，一种是经济学意义上的完整的产权概念，另一种是建立在其完整产权概念基础上的现代产权概念。第一种产权概念就是完整意义的财产所有权，建立在这一产权概念基础上的产权制度可称为原始产权制度；而第二种产权概念则是对经济学意义上的完整财产所有权的一种变异或延伸，而非经济学意义上的财产所有权概念。建立在第二种产权概念基础上的产权制度就是现代产权制度。

具体讲，现代企业产权制度，就是把民法上所称的经济学意义上的所有权分解为出资者的最终所有权（或称终极所有权）和企业法人财产权（或称财产所有权）两部分，企业的出资者或投资者对其所投入的资产享有最终所有权，而企业对出资者所投入到企业中的资产整体享有法人财产权。在此制度下出资者的最终所有权就退化为股权，而随之丧失一部分所有权、占有权、使用权、支配权和部分收益权。投资者只能以股东身份依法享有资产收益、选择管理者、参与重大决策以及股权转让等，不能对资产中最终属于自己的那一部分资产进行支配；只能运用股东权利影响企业行为，而不能直接干预企业的经营活动。而企业法人则享有出资者所投资产的占有、使用、处分和部分收益权。

由此可以看出，现代产权制度与原始产权制度相比，最大的差别是现代企业产权制度把经济学意义上的完整的财产所有权分解为最终所有权和法人财产权两部分，实现了“两权分离”，使企业享有独立的法人财产权，而原始产权制度下这“两权”是合二为一的。产权制度的核心就是通过对所有者和使用者的产权分割和权益界定，使产权明晰化，以实现社会资源的优化配置。现代企业产权制度能够使企业拥有自己独立支配的财产，使其具备法律上独立的人格条件，从而成为独立的市场主体。因此，现代产权制度是现代企业制度不可缺少的内容。

2．现代企业法人制度

法人制度就是通过赋予企业或有关组织法律上独立的人格，使其独立承担民事责任，享有民事权利，也包括赋予企业法人地位的各项法律及规定。法人是一个法学名词，它是相对自然人而言的，代表一个团体组织，具有与自然人相同的民事权利能力和民事行为能力，能独立享有民事权利和承担民事义务。

法人制度规定：出资人构造出企业法人后，企业就依法获得了出资人投资所形成的全部法人财产权，成为以其全部法人财产进行自主经营、自负盈亏的经济实体。包括国家在内的出资人将资产注入企业后，就丧失了对资产的直接支配的权利，不能直接干预企业日常的生产经营活动。企业的生产经营交由具有知识和技能的管理人才，由他们代为管理企业。出资人只是以所有者身份，依法享有资产收益、参与重大决策、选择管理者、制定公司章程和产权处置的权利。

法人制度是现代企业制度的重要内容，在现代企业制度体系中占据核心的地位。首先，法人制度使现代企业同传统的自然人企业相比具有了明显的优势。自然人企业会因业主或合伙人的生理原因（如死亡）终止或解散，法人企业则不会因股东或董事的死亡和股权的转让而终止或解散，具有永续生命。永续生命使企业具有了稳定性和连续性，赢得了股东和债权人的信赖。其次，法人制度是实现最终所有权与法人财产权分离，从而实现现代企业产权制度的重要契机，是企业具有有限责任的前提。因此，建立现代企业制度必须首先确立现代企业法人制度。

3．现代企业财产责任制度

现代企业的财产责任是有限责任，包含两个方面：一是对股东而言，他们以其出资额为限对企业债务承担有限责任。二是对企业法人而言，他以其全部财产为限对企业的债务承担责任。当企业出现资不抵债时，以其全部财产进行清偿，不牵涉企业以外的他人的财产。

有限责任制度的出现是企业财产组织形式的巨大进步，也是现代企业制度的一个重要标志。一方面，投资者可以比较放心地把资本投给企业。即使企业破产了，股东的损失也仅限于其投资额部分，不会连累到自己的其他财产，减轻和分散了投资风险。这就带来资本的大量集中投到各项生产和经营领域中，带来了社会生产力的巨大进步，企业规模也扩大了。另一方面，经营者可以比较放心大胆地经营企业。公司作为独立的法人，其资产虽然来自股东，但经营者对股东承担的财产责任是有限的，对自己经营的全部财产责任也是有限的。这有利于经营者放开手脚、独立负责、自主经营，推动企业的快速发展。

4．现代企业组织制度

在市场经济的发展中，公司企业已经形成了一套完整的组织制度，其基本特征是：所有者、经营者和生产者之间，通过公司的决策机构、执行机构、监督机构，形成各自独立、权责分明、相互制约的关系，并以法律和公司章程的形式加以确立和实现。

公司组织制度坚持决策权、执行权和监督权三权分立的原则。公司组织机构通常包括股东大会、董事会、监事会以及经理人员四大部分。按其职能分别形成决策机构、监督机构和执行机构。

（1）股东大会　股东大会是依照公司法规由公司全体股东组成的，决定公司大政方针和股东利益的公司最高权力机构。个人股、法人股和国家股在股东大会中的地位由其所持股份额的多少决定。它对外不能代表公司从事经营活动，对内不能从事具体业务和管理职能。它只能通过股东大会的投票表决程序，表达大多数股东的意志、要求和利益。股东大会形成的决议由董事会执行、落实和管理。

股东大会通常可行使以下职权：①决定公司的经营方针和投资计划。②选举和更换董事，决定有关董事的报酬事项。③选举和更换由股东代表出任的监事，决定有关监事的报酬事宜。④审议批准董事会的报告。⑤审议通过公司的年度财务预算方案和决算方案。⑥审议批准公司的利润分配方案和弥补亏损方案。⑦对公司增加或减少注册资本作出决议。⑧对发行公司债券作出决议。⑨对股东向股东以外的人转让出资作出决议。⑩对公司合并、分立、变更公司形式、解散和清算等事项作出决议。⑪修改公司章程。

股东大会分为定期会议和临时会议。定期会议按公司章程的规定按时召开。代表 1/4 以上表决权的股东，1/3 以上董事或监事，可以提议召开临时会议。

召开股东大会，应于会议召开 15 日前通知全体股东。

股东大会应对所议事项的决定形成会议记录，出席会议的股东应在会议记录上签名。股东大会的议事方式和表决程序依公司法和公司章程的规定执行，对公司增减注册资本、分立、解散和变更公司形式，以及对修改公司章程的决议，均须经代表 2/3 以上有表决权的股东通过。

（2）董事会　董事会是股东大会闭会期间行使职权的机构，是公司常设的权力机构和经营管理决策机构，是公司对外进行业务活动的全权代表。

董事会设董事长 1 人，副董事长 1～3 人，正副董事长的产生办法由公司章程规定。董事长为公司的法定代表人，董事会成员一般由股东大会选举产生。两个以上国有企业或其他两个以上国有投资主体投资设立的有限责任公司，董事会成员中应当有职工代表，由公司职工民主选举产生。

董事可以是自然人，也可以是法人。其任期由公司章程规定，每届任期一般不超过 3 年，任期届满，连选可以连任。董事在其任期届满前股东大会不得无故解除其职务。

董事会对股东负责，行使下列职权：①负责召集股东大会，并向股东大会报告工作。②执行股东大会决议。③决定公司的经营计划和投资方案。④制定公司的年度财务预算方案、决策方案。⑤制定公司的利润分配方案和弥补亏损方案。⑥制定公司增加或减少注册资本的方案。⑦拟定公司合并、分立、变更公司形式、解散的方案。⑧决定公司内部管理机构的设置。⑨聘任或解聘公司经理（总经理），根据经理的提名聘任或解聘公司副经理、财务负责人，决定其报酬事项。⑩制定公司基本管理制度。

董事会会议由董事长召集和主持；董事长因特殊原因不能履行职务时，由董事长指定的副董事长或其他董事召集和主持。1/3 以上董事可提议召开董事会。董事会闭会期间，由董事长负责董事会的日常工作。

召开董事会会议应于会议召开 10 日以前通知全体董事。董事会应对所议事项的决定作成会议记录，出席会议的董事应在会议记录上签名。

（3）监事会　监事会是由股东大会选举产生的监督机构。监事会由股东代表和适当比例的职工代表组成。具体比例由公司章程规定。

监事会作为企业管理系统的监督机构，直接对股东大会负责，对董事会和总经理的管理工作进行监督，并向股东大会报告工作，以对董事和经理的活动进行有效约束。

监事会成员由股东大会选举和罢免，每届任期3年，任期届满，可连选连任。监事会主席由2/3以上监事选举和罢免。董事、经理及财务负责人不得兼任监事。

监事会行使下列职权：①检查公司财务。②对董事、经理执行公司职务时，违反法律、法规和公司章程的行为进行监督。③当董事、经理的行为损害公司利益时，要求董事和经理予以纠正。④提议召开临时股东大会。⑤公司章程规定的其他职权。

（4）董事会领导下的总经理负责制　董事会领导下的总经理负责制，是现代公司普遍采用的一种领导制度。即董事会授权总经理，由其全面负责公司的日常生产经营和行政管理工作。总经理由董事会聘任，是企业法定代表人的代理人及公司行政工作的首脑，他秉承董事会的意志，对公司一切业务工作和行政工作进行全权经营管理，处理日常对内对外各种业务活动。

为了保证总经理所承担的工作顺利完成，公司必须赋予其相应的职权。除公司章程另有规定外，我国公司法规定总经理行使下列职权：①主持公司的生产经营管理工作，组织实施董事会决议。②组织实施公司年度经营计划和投资方案。③拟定公司内部管理机构设置方案。④拟定公司的基本管理制度。⑤制定公司的具体规章。⑥提请聘任或解聘公司副经理，财务负责人。⑦聘任或解聘除应由董事会聘任或解聘以外的负责管理人员。⑧公司章程和董事会授予的其他职权。

公司总经理行使职权时，不得变更股东大会和董事会的决议，或超越授权范围。董事会领导下的总经理负责制，实现了企业决策权、执行权、监督权的分立，通过各部门互相联系、互相监督进行管理。它是现代企业制度中最重要、最典型的组织管理模式，是适应市场经济发展的现代企业组织制度。

5. 现代企业管理制度

现代企业制度的运作和完善需要有科学的管理制度作保障，加强企业管理是我国企业面临的追切与长期的重要任务。

现代企业管理制度是指运用现代管理思想、管理方法、管理手段和管理人才对企业实行现代化的管理。现代企业特别是公司制企业与个人业主制企业和合伙制企业相比，无论是在规模上、生产工艺上，或是在所面对的市场环境方面都远远高于后两者，因此，对现代企业实行现代管理成为必须，现代企业管理制度也成为现代企业制度不可缺少的重要内容。

现代企业管理制度应体现，第一，管理思想现代化。思想上，要改变“以生产为中心”和“以事为中心”的传统管理意识，树立适应现代化大生产需要和现代市场环境的现代管理观念，如人本管理观念、创新观念、时间与信息观念、法制观念、质量第一观念、营销观念、竞争观念、效益观念等。第二，管理组织现代化。管理组织上要不断革新过时的管理制度和管理机制，建立适应实际要求的精简、合理、高效的管理模式。关于这方面，在现代企业组织制度里面已经讲得比较详细。第三，管理方法现代化。现代管理要能够充分利用各种方法，把这些方法综合地运用到企业管理中去。如法律方法、行政方法、经济方法、数学方法、行为科学方法等。第四，管理手段现代化。管理手段上，要不断地吸收和利用现代科学技术的新成果，要善于利用现代的技术设备，用现代技术武装现代管理。如电子计算机在企业管理中的运用。第五，管理人才现代化。现代企业管理在难度上越来越大，对管理的要求越来越高，因此，这就要求现代企业管理者必须既懂得一定的专业技术又精通现代管理知识和技能。

现代企业管理制度是由与现代化生产要求相适应的各项具体的管理制度组成的，主要包括：

（1）现代企业领导制度　企业领导制度的核心是关于企业内部领导权的归属、划分及如何行使等所作的规定。

（2）现代企业劳动人事制度　企业劳动人事制度是用来处理企业用工方式、工资分配以及企业法人、经营者与劳动者在劳动过程中所形成的各种经济关系的行为准则。建立与市场经济要求相适应的，能促进企业和劳动者双方选择，获得最佳经济效益和社会效益的市场化、社会化、法制化的企业劳动、人事和工资制度，从而实现劳动用工市场化、工资增减市场化、劳动争议仲裁法规化，是建立现代企业制度的重要内容。

（3）现代企业财会制度　现代企业财会制度是用来处理在企业法人与国家、股东、劳动者之间财会信息沟通和财产分配关系的行为准则，它能保护股东和国家的利益不受侵犯。

现代企业财会制度应充分体现产权关系清晰，财会政策公平，企业自主理财并与国际惯例相一致的原则。现代企业有充分的理财自主权，企业有健全的内部财会制度，并配备合格的财会人员。其财务报告须经注册会计师签证，上市公司要严格执行公开披露财务信息的制度。

（4）现代企业破产制度　破产制度是用来处理企业生产经营过程中形成的各种债权债务关系，维护经济运行秩序的法律制度。它不是以行政命令的方式来决定取消企业的名单，而是以法律保障的经济运行方式“自动”筛选和淘汰，为整个经济运行提供一种优胜劣汰的途径。

1.2.3　现代企业制度的基本组织形式

现代企业制度的内容需要通过一定的组织形式来实现，有限责任公司、股份有限公司和国家独资公司是现代企业制度的基本组织形式。

1. 有限责任公司

有限责任公司是指由 50 个以下股东共同出资，每位股东以其出资额为限对公司承担有限责任，公司以其全部资产为限对其债务承担责任的企业法人。其法律特征是：

（1）股东人数有限　许多国家公司法都对有限责任公司的股东人数有最低和最高的限制。如日本、英国、法国等都规定股东的人数必须在 2～50 人之间。我国公司法规定股东人数应为 50 人以下。但国家授权的机构或政府部门可以设立国有独资有限责任公司，外国投资者也可以单独投资设立有限责任公司。

（2）不公开发行股票　有限责任公司股东各自的出资额一般通过协商确定，股东可以用现金、实物、土地使用权、专利技术等作价出资。股东出资后由公司出具股权证书作为他们的权益凭证，这种凭证不能自由流通，但经其他股东同意可以转让。

（3）股东承担有限责任　股东只以其出资额为限对公司债务承担有限责任，不直接对债权人负责。

（4）组织机构设置灵活、简便　由于股东人数少，可以不设立股东大会，股东也可以作为公司雇员参与经营管理，从而使管理机构灵便、精干。

有限责任公司的优点是：组建相对比较容易，股东人数较少，股东间比较熟悉，容易沟通协调，管理相对简单。其缺点是：一方面，由于经营的封闭性，使其信用程度不是很高，且有可能助长投机心理，具有较大的风险；另一方面，因股东转让股权须经其他股东同意，故股权转让比较困难。

2. 股份有限公司

股份有限公司是指注册资本由等额股份构成并通过发行股票（或股权证）筹集资本，股东以其所认购股份为限对公司承担有限责任，公司以其全部资产对公司债务承担责任的企业法人。

（1）股份有限公司的法律特征

1）股东人数只有最低限，没有最高限。如法国和日本规定公司人数最少为 7 人。我国公司法规定为 5 人以上，其中，有半数以上的发起人在中国境内有住所。

2）公司资本由等额股份构成，并可公开向社会发行股票募集资金。股东可以通过买卖股票随时转让股份，但不能要求退股。

3）股东只负有限责任。一旦公司破产或解散进行清算时，债权人只能对公司提出清偿要求，而无权直接向股东起诉。

4）公司必须向社会公开披露财务状况。为了保护投资者的利益，各国公司法一般都规定公司必须在每个财务年度按时公布年度报告，其中包括董事会的年度报告、资产负债表和公司利润表等。

（2）股份有限公司的优点

1）资金来源广泛。股份有限公司对股东身份及认购股份额没有任何限制，因此可以吸收大小资金，汇集成巨额资本。

2）发行股票募集的资金不用偿还，可以保障企业发展的稳定性。

3）股票可以流通，转让方便，有利于亏损风险的分担。

4）健全的管理机制能够形成公司内部的动力机制和激励机制。

（3）股份有限公司的缺点

1）不易组建。股份有限公司设立程序复杂，要求较高，社会关系复杂，所以不易组建。

2）小股东的权益容易受到损害。由于股权高度分散，易使少数大股东操纵公司经营管理大权，容易造成小股东权益受损。

3）股票交易市场容易成为投机的场所。由于股票价格经常波动，从而助长部分人侥幸心理，买空卖空，使股票交易市场成为投机场所。

1.3 现代企业管理的含义与特征

1.3.1 现代企业管理的含义

随着社会生产力的发展，人类生产日趋社会化和专业化。社会化大生产提出了分工合作的要求，劳动者之间如何分工和协作才能提高效率，取得最佳的效果，这就需要管理。世界人口的增加，科学技术的进步，使人类日益认识到资源的有限性和人类欲望的无限性及目标多样性之间存在着矛盾。解决这个矛盾，需要对人类要达到的目标和资源的利用进行控制和协调，以实现资源最有效的配置和目标的优化，这也需要管理。从这些意义上来说，社会的各个层次、各个领域，甚至每个人都存在管理问题。所谓管理就是通过计划、组织、指挥、协调、控制、激励等环节，有效地争取和利用人力、物力、财力、信息、时间等资源，以期达到组织目标的过程。

企业管理就是对企业组织的管理。是企业经营者根据企业的特性及生产经营规律，按照市场反映出来的社会需求，对企业生产经营活动进行计划、组织、指挥、协调和控制，充分利用各种资源，实现企业不同时期的经营目标，不断地适应市场变化，满足社会需求，同时求得企业自身的发展和满足职工利益的一系列活动。这个概念包括以下几方面含义：

（1）企业管理的对象　企业的再生产活动是生产过程和流通过程的统一，因此，企业的主要活动是内部的管理活动和涉及外部的经营活动。企业管理的对象就是内外结合的生产经营活动。

（2）企业管理的主体　企业是由管理者来管理的。包括企业的高层领导、中层领导在内的，凡是参与管理的人都是管理者。当然，企业的总体发展，各个方面活动的总体控制是由企业的厂长、经理及以他们为中心组成的企业管理系统来进行的。在这个系统中的人，就是企业管理的主体。

（3）企业管理的目的　管理是一种有意识、有组织的动态活动过程。管理的目的是为了实现组织的目标，合理地利用资源，在满足社会需求中获得更多的利润。

（4）企业管理的依据　企业管理是管理者的主观行为。要使主观行为变成可行的客观活动并取得客观效果，就必须使管理的行为符合客观规律。所以管理的依据是企业的特性及由此表现出来的生产经营规律。可以说，企业管理的成效如何取决于管理者认识和利用生产经营规律的程度以及主观能动性的发挥程度。

现代企业管理就是对现代企业的管理，对那些具有现代企业制度、采用现代化大生产方式和从事大规模产销活动的企业的管理。

1.3.2　现代企业管理的特征

1．适应法人治理结构的组织管理

作为公司制企业的现代企业，有两项最基本的特征，一是公司在法律上具有独立的法人地位。这种法人地位的产权基础是他拥有的法人财产；二是公司不是由出资人作为个人来管理，而是由一个法人治理机构来经营和管理。公司的法人治理机构的设立，其目的是既保证作为经营专家的高层经理人员放手经营，又不至于丢失出资者对经理人员的最终控制，为了适应法人治理机构的需要，公司制企业需要设立与其目标相一致的组织体系和管理方法。法人治理机构是由股东大会、董事会和高层经理人员组成的执行机构三个部分构成。这三个部分的职权范围、责任层次都由公司法和公司章程加以确立，从而保证了法人治理机构的规范化和长久化。

2．适应大规模产销活动展开的生产销售管理

现代企业有实力从事大规模的产销活动，这种产销活动范围已不局限于本国市场，而扩展至多国市场。

3．与大规模产销相适应的先进方法和手段

线性规划、网络计划技术等是现代企业管理的方法和手段，是现代企业管理不可缺少的一个组成部分。

【复习思考题】

1. 什么是企业？企业有哪些基本特征？
2. 企业是怎么产生和发展的？现代企业类型有哪些？
3. 企业运行系统是如何构成的？运行包括哪些具体过程？
4. 企业运行的职能活动有哪些？
5. 现代企业制度的含义和特征是什么？
6. 现代企业制度的基本内容有哪些？
7. 现代企业制度的基本组织形式有哪些？
8. 什么是现代企业管理？其含义和特征有哪些？

【案例分析】

金箭：另类扩张

在一个充满浮躁情绪的大市场，很多企业不顾实际地推行兼并、重组，最后消化不良不得已收缩战线，甚至轰然倒地，巨人、德隆的消逝即为最好的例证。也许正是因为认识到了盲目扩张只会将企业带入发展的“死胡同”，湖北金箭股份有限公司在一系列兼并重组中，始终保持着清醒的头脑，步步为营，稳扎稳打。

湖北金箭股份有限公司最初是以经营五金水暖器材起家的，主要生产各类铸铁、铸钢、黄铜、不锈钢等多种材质的闸阀、截止阀、球阀、蝶阀、水表、PP-R管材及管件。经过多年的发展，目前年产各类铸铁阀门、水嘴500万件，成为湖北省水暖行业最大的工业企业，销售量及市场占有率在全国同行业中均居领先地位，连续几年被评为荆州市经济效益型先进单位，湖北省经销工作先进单位。产品均为省优、部优产品，冷水嘴为国家A级产品，获第五届北京亚太国际贸易博览会金奖及湖北省精品名牌产品展销会金奖。

奠定了在全国同行业中的领先地位之后，从1998年开始，金箭公司着手做大的计划。碰巧的是，金箭的计划与湖北省松滋市打算通过重组盘活一部分中小企业的想法不谋而合。

进入市场经济之后，大批不适应环境变化的企业惨遭淘汰，即使活着的，也是负债累累，苟延残喘。湖北省松滋市的仪表电磁阀有限公司、金箭厨具有限公司、灯头厂这3家企业，就是等待救助的“困难户”。为尽快让这3家企业脱困，松滋市委市政府以企业资产所有者的身份，大胆地提出将3家企业长期停产或半停产，并为它们物色重组对象。

作为地处松滋市的国有企业，金箭公司不能不考虑政府的想法，但金箭高层考虑得更多的还是企业的长远发展。他们认为，资本要素是现代企业的最基本要素之一，资本积累是企业快速发展的根本保证，资产重组是实现资本快速积累的有效途径。但是，在进行资产重组的过程中，如果只注重资本的扩张，忽视其他要素的有效聚合，则只能是资本的简单相加，不能使多种要素共同作用产生1+1>2的整合功效。目前，许多经营困难的中小企业，一方面缺乏优势生产要素，另一方面自身所具备的优势生产要素由于缺乏其他要素的组合，又持续处于闲置和浪费状态，作用发挥不充分。因此，在资产重组过程中，如果不充分分析企业的要素需求，搞各种要素的简单相加、“拉郎配”和“扶贫式”重组，不仅达不到壮大活小的目的，反而会使优势企业背上沉重的包袱，使困难企业更加困难。

所幸的是，松滋市领导班子对金箭的想法给予了最充分的理解。为了达到最优化的重组，金箭股份有限公司对湖北仪表电磁阀公司进行整体接收式兼并，成立金箭仪表电磁阀有限责任公司。金箭公司的全资子公司金箭厨具有限公司对灯头厂实行整体接收式兼并，将金箭厨具有限公司整体搬迁至灯头厂，进一步扩大该公司的生产能力。被金箭兼并、重组的3家企业，其主业与金箭所经营业务多有关联，因此其扩张是相关产业的多元化，能够将资源进行最优化的整合。

在对3家困难企业进行重组的过程中，金箭高层还注重多条渠道分流，妥善安置职工，避免因重组而给企业造成大的震荡。

由于历史原因所致，国有企业普遍存在人员包袱沉重的问题，人员的分流安置是国有企业改革中重要的一环。被金箭兼并的3家企业由于生产经营长期不正常，经常拖欠职工工资，养老保险不能按时发放，职工为生活所困，上访现象时有发生，给稳定工作带来很大压力，这一问题也是促使松滋市下决心进行资产重组的一个重要原因。为此，金箭根据企业的人员构成，拿出了安置分流的办法。一方面，对仪表电磁阀公司、金箭厨具公司两家参加了养老保险的企业，千方百计筹措养老保险金，保证离退休职工养老保险金能按时发放；另一方面，对灯头厂这样没有参加劳动保险的企业，金箭公司拿出30多万元，按有关政策买断了原灯头厂下岗职工的身份，较好地解决了下岗职工的问题。

为进一步巩固重组成果，金箭还特别注意将自己先进的经营理念与经营机制注入新组建的公司中。过去，一些中小企业虽然实行了资产重组，但仍未能摆脱困境，其重要原因之一，就是在资产重组中只看重企业有形资产等“硬”要素的组合，忽视了经营机制等“软”要素的组合。要使资产重组后的企业灵活高效运转，就需要在理顺产权关系的基础上，大力转换企业经营机制。为此，金箭公司对重组后新组建的公司严格按公司制的要求明晰了产权，并对机构设置、劳动用工和工资分配等进行了大幅度改革。金箭电磁阀公司和金箭厨具公司原来的班子分别由一正五副和一正四副组成，现在两家公司都只设一名经理，未设副职；公司管理机构精减了60%；公司管理人员和车间用工实行竞争上岗、择优录用。在内部管理中，两家企业都引进了金箭公司“一定三挂”的管理办法，即从严制定工时定额，职工工资与原材料消耗、产品质量和生产任务挂钩，彻底改变了职工吃企业“大锅饭”的现象。另外在现场管理、营销管理以及各项专业管理方面也借鉴了金箭公司严格科学的管理机制，使新建的公司在运作之初便步入了良性发展的轨道。

案例分析问题：

1. 金箭公司成功扩张的经验是什么？
2. 金箭公司的成功给了我们什么启示？

【技能实训】

1. 实训目的：使学生树立现代企业理念，熟悉现代企业的运行方式。
2. 实训内容与方式：选择一家工业企业，分析该企业现代企业制度建设情况和管理系统构成及企业的有效运行状况。
3. 实训成果：提供调查分析报告一份（3000字以上）。

第2章　管理理论的发展

【学习目标】

1. 知识目标

- 了解管理理论发展的基本过程。
- 理解韦伯的代表性管理理论和基本原理。
- 掌握泰罗的科学管理理论、法约尔的一般管理理论。
- 掌握当代具有代表性的管理理论。
- 理解中国古代管理基本思想。

2. 能力目标

- 能用管理的基本理论分析企业管理问题。
- 能通过调查，指出企业哪些地方应用了管理的理论。
- 能结合实际，说明企业管理工作中的不足及改进措施。

【导入案例】

联合邮包服务公司的科学管理

联合邮包服务公司（UPS）雇佣了15万员工，平均每天将900万个包裹发送到美国各地和180个国家。为了实现他们的宗旨，“在邮运业中办理最快捷的运送”，UPS的管理者系统地培训他们的员工，使他们以尽可能高的效率从事工作。让我们以送货司机的工作为例，介绍一下他们的管理风格。

UPS的工程师们对每一位司机的行驶路线进行了时间研究，并对每种送货、暂停和取货活动都设立了标准。这些工程师们记录了红灯、通行、按门铃、穿院子、上楼梯、中间休息喝咖啡时间，甚至上厕所时间，将这些数据输入计算机中，从而给出每一位司机每天中工作的详细时间标准。

为了完成每天取送130件包裹的目标，司机们必须严格遵循工程师设定的程序。当他们接近发送站时，他们松开安全带，按喇叭，关发动机，拉起紧急制动，把变速器推到1档上，为送货完毕起动汽车离开作好准备，这一系列动作严丝合缝。然后，司机从驾驶室出溜到地面上，右臂夹着文件夹，左手拿着包裹，右手拿着车钥匙。他们看一眼包裹上的地址把他记在脑子里，然后以每秒3英尺的速度快步跑到顾客的门前，先敲一下门以免浪费时间找门铃。送完货后，他们在回到卡车上的路途中完成登录工作。

这种刻板的时间表是不是看起来有点繁琐？也许是。它真能带来高效率吗？毫无疑问！生产率专家公认，UPS是世界上效率最高的公司之一。举例来说吧，联邦捷运公司平均每人每天不过取送80件包裹，而UPS却是130件。在提高效率方面的不懈努力，对UPS的净利润产生了积极的影响。虽然这是一家未上市的公司，但人们普遍认为它是一家获利丰厚的公司。

联合邮包服务公司（UPS）为获得最佳效率所采用的程序并不是UPS创造的，他们实际上是科学管理的成果。

摘自《现代企业管理案例分析》，杨刚等著，中国科学教育出版社，2006年。

管理活动是随着人们的共同劳动而产生和发展的，有共同劳动，就有管理，而企业管理理论则是在资本主义工厂制度产生后才出现的，已有200多年的历史。总结起来，从早期的管理思想形成到现代管理理论创新，大体经过了古典管理理论、现代管理理论和现代管理理论创新三个发展阶段。

2.1 早期的管理思想

2.1.1 中国古代管理思想

1. 儒家的管理思想

以孔子、孟子为代表的儒家，作为利益一元化管理体制的维护者，积极主张恢复周王朝初期的管理模式，并赋予了自己的理想于其中，在“人性本善”的前提下提出了以仁政、德治为主要内容的管理模式。

（1）仁政 孔子提出“仁”。“仁者，爱人。”“民之仁也，甚于水火。”孟子依此提出“仁政”。“有不忍人之心，行不忍人之政，治天下可运于掌上。”“不忍人之心，是为仁心；不忍人之政，是为仁政。”孟子进一步指出：“仁者无敌。”“天子不仁，不保四海；诸侯不仁，不保社稷；郡大夫不仁，不保宗庙。”

（2）德治 儒家主张施仁政，其中的重要内容是反对苛政与任意刑杀，认为“苛政猛于虎”。儒家倡导用道德感化的方式来统治人民，因此主张德治。孔子主张：“道之以政，齐之以刑，民免而无耻。道之以德，齐之以礼，有耻且格。”政、刑只能起镇压作用，使人不敢犯罪；德、礼则可以笼络人心，使人知耻归心。要“为政以德”、“导之以德”、“齐之以礼”、“使民也义”。孟子主张：“以德服人者，中心悦而诚服也。”

（3）礼制 推行仁政德治，必须要借助一定的制度规范，这就是“礼”。“礼”最初指祭祀的器物和仪式，到了周代把礼从仪式中区别开来，发展成“君君、臣臣、父父、子子”的奴隶主贵族等级制度和以奴隶主贵族的血缘关系为纽带的宗法制度。儒家认为：“人无礼则不生，事无礼则不成，国无礼则不宁。”

从上面的简单介绍中可以看出儒家管理思想体系的逻辑结构：儒家首先提出人性本善的基本假设，进而提出仁政、德治、礼制的管理方法，最后提出要实现齐家治国平天下的管理目标。儒家管理思想是以血缘宗法关系为基础，道德伦理为本位，把整个管理和治国思想、方略都伦理化了，具有理想化的色彩。儒家管理思想忽视法律、制度、体制等的“政道”作用，主要着眼于“治道”的探讨。儒家的管理思想十分丰富，影响了中国社会几千年，甚至波及附近亚洲国家，至今还发挥着重要影响。

2. 法家的管理思想

以韩非为代表的法家，作为新生地主阶级的代言人，冲破利益一元化的以血缘关系为基础的情感管理体制，试图用法律制度和法制手段建立和维护新的多元化的管理体制，在“人性本恶”的前提下提出以法制刑治为主要内容的管理思想体系。

（1）崇君权　法家推崇君权专制，认为：“神圣者王，仁智者君，武勇者长，此天之道，人之情也。”法家崇君权，竭力维护最高统治者的权威，目的是为推行其法制刑治的管理思想寻求实施主体和保障条件。法家不可能有现代民主思想，将法制与民主相联系。在他们所处的时代，只可能将法制与专制相联系，试图以专制君权为支撑，推行他们的管理理念和制度。

（2）倡法制　在崇君权的基础上，法家力主推行法制，认为：“法令者，君臣之所共立也。”“君臣上下贵贱皆从法。”商鞅主张：“不别亲疏，不殊贵贱，一断于法。”法家的法制思想主要包括以下内容：

1）权势是“胜众”之资。要推行法制，统治者首先要确立自己的权势。“凡人君之所以为君者，势也。”韩非认为：“势者，胜众之资也。”势位、威严、力量，三者是法家权势思想的核心内容，其中“势”是前提，“威”是条件，“力”是手段。

2）法制是治世之宝。法制，主要是指以法律制度作为治国的依据。法家主张，以法为本，以法为教。韩非认为，治理国家必须“以法治国”、“循法而治”、“惟法为治”。

（3）施刑治　推行法制的手段是用严刑重罚，以刑推法，以刑护法。韩非说：“刑赏，君之大柄也。”法家主张的法制，主要是突出刑罚的重要功能，辅之以赏。罚赏要结合，并且要依据事实，做到赏罚得当。

法家重法治、崇强力的管理方略对中国历史的发展有着重要的意义。秦朝用法家的理论统一海内，功劳卓著。汉代独尊儒术，也不是完全不用法家的方略，只是使法家的方略由显变隐，使国家暴力披上道德的外衣，以义统利，以力辅德，补德治教化之不足。法家的管理思想尽管是为专制皇权服务的，但他们揭示出来的法制管理的一些基本原则和方法，在今天仍然有着很宝贵的借鉴意义。

3. 道家的管理思想

道家是以老子的“道”的学说为中心的学派，用道来说明宇宙万物的本质、构成和变化，主张“道法自然”、天道无为、万物自然化生，因此认为人性自然。在管理国家上主张虔敬清静无为、无为而治、顺天则、任自然、居静行简、省欲节用、绝圣弃智、绝仁弃义。

（1）自然无为——治国之道　道家主张道法自然。道家认为，世界万物的本源是道，道的根本特征是自然无为。老子认为“人法地，地法天，天法道，道法自然。”“自然”是天地的运行状态，指毫无勉强、不受外在制约的自由自在的必然状态，即“自己如此”的状态。“无为”是指行为主体的状态，指不强做妄为、不贪求私欲、顺其自然的状态。

道家主张无为而治。既然天道自然，人道就要无为，治理国家就要“无为而治”。无为而治的具体做法包括：坚守大道，不怀私欲；顺应民性，不加干预。统治者自己要“常无心，以百姓心为心”，“处无为之事，行不言之教。”

总之，顺应大道，顺民性，不怀私欲，不用私智，不固执，不干预，不强制，不妄为，任其性命之情，才能顺百姓安居，天下大治。

（2）至德之世——理想境界　道家探讨治国之道、治国之术，目的是追求其社会的理想境界—至德之世，老子称作“小国寡民”。至德之世的特点是：

1）自然。道家理想社会的基本特征是自然主义。道家认为，这就是“圣治”、“至治”、“至德之世”。

2）素朴。民性素朴，无知无欲，无私无为，完全依常性本能生活。

3）平等。人们在自然面前一律平等，这是自然之世、自然之民必然形成的人际关系。因此，贵贱、贤不肖、智愚、上下、尊卑不分。

4）自由。至德之世，人人自由。这种自由既是外在的自由，不受社会规范的约束；又是内在的自由，不受自己内心私欲和追求的左右。"日出而作，日入而息，遥之于天地之间而心意自得。"

5）安宁。人们相安无事，基本生活需求能够得到满足。老子说："甘其食，美其服，安其居，乐其俗。"一是指人们之所以能觉得甘、美、安、乐，是由于人们恬淡知足，没有奢望。这种安宁，实际上是一种心理上的安宁。二是指人与自然的关系和谐，不相为害。

4．孙子兵法中的管理思想

《孙子兵法》是我国也是世界现存最古老的一部兵书，为我国春秋时代孙武所著，距今已2500多年。全书仅13篇，约6000字，核心是力求以智谋取胜。虽然这是一部以讲述战争规律为主的兵书，但是其内在的思想和理念却极具发展力，对各个领域都有借鉴价值。特别是在企业的外部环境日趋复杂、竞争日益激烈的背景下，有很多企业在经营管理的过程中都借鉴和参考了《孙子兵法》。以下为《孙子兵法》主要的思想内容。

（1）以谋略去战胜敌人　《孙子兵法》在战略上强调以谋略去战胜敌人，"上兵伐谋"，第一流的统帅总是要用计谋去战胜对手而不是逞匹夫之勇，单凭武力那是不解决根本问题的。

孙子在《孙子兵法·计篇》中明确提出，计谋的内容主要是"五事"：道、天、地、将、法；"七计"：主孰有道，将孰有能，天地孰得，法令孰行，兵众孰强，士卒孰练，赏罚孰明。

（2）要因地制宜　孙子强调要能因地制宜地进行部署，安排战斗。因为外界的一切因素都处在变化之中，所以决不能生搬硬套，推行经验主义和教条主义。《孙子兵法·虚实篇》中说："水因地而制流，故兵因敌而制胜。故兵无常势，水无常形；能因敌变化而取者，谓之神。"

（3）强调对内外部信息的全面把握　《孙子兵法·谋攻》中说到"知彼知己，百战不殆"，《孙子兵法·地形篇》提出"知天知地，胜乃无穷"。

（4）在具体的战术技巧上，主张出其不意，攻其不备，避实就虚　《孙子兵法·兵势篇》中说："凡战者，以正合，以奇胜。故善出奇者，无穷如天地，不竭如江河。"在战争中要巧妙地把握奇和正、虚和实，巧妙地运用谋略迷惑敌人、调动敌人、战胜敌人。

（5）打击敌人时要在整体的战略战术上抢占先机，掌握主动权　"善战者，致人而不致于人"（《孙子兵法·虚实篇》），要使敌人陷于被动。掌握主动的途径主要有：以逸待劳、有备无患、兵贵神速。

（6）指导战争的最高境界不是采取流血和暴力的手段　孙子推崇指导战争的最高境界不是采取流血和暴力的手段，而是"不战而屈人之兵，善之善者也"（《孙子兵法·谋攻篇》），能够利用各种政治外交的手段、利用谋略和智慧，以最小代价获取战争胜利才是成功。

（7）要综合分析战争的形势　《孙子兵法·谋攻篇》提出，影响战争胜利的因素有五个："知可以战与不可以战者胜；识众寡之用者胜；上下同欲者胜；以虞待不虞者胜；将能而君不御者胜。"

（8）选好领导者　一个好的统帅，要有"智、信、仁、勇、严"（《孙子兵法·计篇》）。所谓智就是主将的智慧和谋略；信就是对外能取得领导者和百姓的信任，对内能取得广大官兵的信任，言必行，行必果；仁就是能够关心下属，能够关心士兵，爱护士兵，同时能够处理好军民的关系；勇就是勇敢，不怕困难，不怕牺牲；严就是坚定认真地执行部队的纪律，严于律己，一视同仁，不偏私，确保规章制度和命令纪律的落实。

2.1.2 西方早期的管理思想•

西方文化起源于希腊、罗马、埃及、巴比伦等文明古国，他们在公元前6世纪左右即建立了高度发达的奴隶制国家。这些古国在国家管理、生产管理、军事、法律等方面都曾有过许多光辉的实践。埃及金字塔、罗马水道、巴比伦“空中花园”等古代建筑工程堪与中国的长城并列为世界奇观。公元3世纪后，随着奴隶制的衰落和基督教的兴起，这些古文化逐渐被基督教文化所取代。在基督教圣经中包含的伦理观念和管理思想，对以后西方封建社会的管理实践起着指导性的作用。

随着资本主义的发展和工厂制度的形成，旧的基督教教义与资本主义精神发生了冲突，于是产生了基督教新教。在基督教新教教义的鼓励下，经商和管理日益得到社会的重视，有愈来愈多的人来研究社会实践中的经济与管理问题。

1. 亚当·斯密

亚当·斯密（1723—1790）在1776年发表了《国民财富的性质和原因的研究》一书，系统阐述了劳动价值论及劳动分工理论。

斯密认为，劳动是国民财富的源泉，劳动创造的价值是工资和利润的源泉，并经过分析得出了工资越低，利润就越高，工资越高，利润就会降低的结论。斯密对劳动分工能带来劳动生产率的提高作了全面分析。他认为劳动分工之所以能大大提高生产效率，可以归纳为三个原因：①增加了每个工人的技术熟练程度。②节省了从一种工作转换为另一种工作所需要的时间。③发明了许多便于工作又节省劳动时间的机器。

此外，斯密认为，经济现象是由具有利己主义的人们的活动产生的。人们在经济行为中，追求的完全是私人利益。但是，每个人的利益又为其他人的利益所限制，由此就产生了相互的共同利益，进而产生和发展了社会利益。社会利益正是以个人利益为基础的。这种认为人都要追求自己的经济利益的“经济人”观点，正是以“看不见的手”为标志的资本主义生产关系的反映。

2. 查尔斯·巴贝奇

英国的查尔斯·巴贝奇（1792—1871）是一位精通数学、机器制造的经济学家，1832年他发表了《论机器与制造业的经济》一书。巴贝奇系统地研究专业化的问题：劳动分工可以缩短掌握操作所需的时间，节约变换工序所浪费的时间，而且简单操作的重复有利于熟练化和产生技巧。他认为要提高工作效率，必须仔细研究工作方法，同时还提出了一种工资加利润的分配制度，为现代劳动工资制度的发展和完善做出了重要贡献。

3. 罗伯特·欧文

罗伯特·欧文（1771—1858）是英国的空想社会主义者。他曾在自己经营的一家大纺织厂中做过试验。他提出要缩短工人的劳动时间、提高工资、改善住房。他的改革试验证明：重视人的作用，尊重人的地位，可以使工厂获得更大利润。从一定程度上可以说欧文是人事管理的创始者。

从18世纪末到20世纪初这段时间里，管理学基本上处于积累实际经验的阶段，这为后来泰罗等人创立科学管理体系打下了良好的基础，因而开始了从经验管理向科学管理的过渡。

2.2 古典管理理论

古典管理理论的产生与发展时期又被称为科学管理思想发展阶段，其间经历了19世纪末至20世纪的三、四十年代。当时，随着生产力的发展，自由资本主义过渡到垄断资本主义，企业规模不断扩大，管理日趋复杂。在这种情况下，所有者与经营者分离，企业由特殊的雇佣人员——经理、厂长、领班进行管理。这些职业管理者将过去积累的经验系统化、标准化和科学化。这一时期的管理理论主要是以泰罗的科学管理理论、法约尔的一般管理理论、韦伯的行政组织理论以及梅奥的人际关系理论为代表。这些管理思想的日渐成熟，是对社会化大生产发展初期管理思想较为系统的总结，标志着管理科学的建立。

2.2.1 泰罗的科学管理

1．泰罗

泰罗（1856—1915），美国人，从工厂学徒干起，先后被提为工长、车间主任，直至总工程师。泰罗结合工厂的实践，致力于研究如何提高劳动效率。1911年，他发表了《科学管理原理》一书，奠定了科学管理理论基础，标志着科学管理思想的正式形成，泰罗也因而被西方管理学界称为“科学管理之父”。著作还有《计件工资制》和《车间管理》。

2．泰罗的主要思想与贡献

（1）*科学制定工作定额* 泰罗提出要用科学的观测分析方法对工人的劳动过程进行分析和研究，从中归纳出标准的操作方法，并在此基础上制定出工人的“合理日工作量”。

（2）*合理用人* 泰罗认为，为了提高劳动生产率，必须为工作挑选“第一流的工人”，并使工人的能力同工作相配合。主张对工人进行培训，教会他们科学的工作方法，激发他们的劳动热情。

（3）*推行标准化管理* 泰罗主张用科学的方法对工人的操作方法、使用的工具、劳动和休息的时间，以及机器设备的安排和作业环境的布置进行分析，消除各种不合理的因素，将最好的因素结合起来，形成标准化的方法，在工作中加以推广。

（4）*实行有差别的计件工资制* 即按照工人是否完成其定额而采取不同的工资率。完成或超额完成定额就按高工资率付酬，未完成定额的则按低工资率付酬，从而激励工人的劳动积极性。

（5）*管理职能和作业职能的分离* 泰罗主张设立专门的管理部门，其职责是研究、计划、调查、训练、控制和指导操作者的工作。同时，管理人员也要进行专业分工，每个管理者只承担一两种管理职能。

（6）*实行“例外原则”* 即强调高层管理者应把例行的一般日常事务授权给下级管理者去处理，自己只保留对重要事项的决定权和监督权。这种思想对后来的分权管理体制有着积极的影响。

【阅读资料】

海尔的OEC管理法

OEC管理法是英文Overall Every Control and Clear的缩写，即每天对每人每件事进行全方位的控制和清理。

O—Overall（全方位）E—Everyone（每人）Everyday（每天）Everything（每件事）C—Control（控制）Clear（清理）

OEC 管理法的主要目的是：

“日事日毕、日清日高”——每天的工作要每天完成，每一天要比前一天提高 1%。

“OEC”管理法由三个体系构成：

目标体系→日清体系→激励机制

首先确立目标；日清是完成目标的基础工作；日清的结果必须与正负激励挂钩才有效。

摘自：海尔公司网站 www.haier.com

2.2.2 法约尔的一般管理理论

1．法约尔

法约尔（1841—1925），法国人，曾长期在企业中担任高级管理职务。1916 年，法约尔发表了《工业管理和一般管理》一书，提出了他的一般管理理论。法约尔对管理理论的突出贡献是：从理论上概括出了一般管理的职能、要素和原则，把管理科学提到一个新的高度，使管理科学不仅在工商业界受到重视，而且对其他领域也产生了重要影响。

2．法约尔的管理思想

（1）企业的经营活动　法约尔通过对企业经营活动的长期观察和总结，提出了企业所从事的一切活动可以归纳为六类，即技术活动、商业活动、财务活动、安全活动、会计活动及管理活动，并将其称为六大经营职能。

（2）管理的基本职能　法约尔在对管理活动进行了详细分析的基础上，提出了管理的五要素，即计划、组织、指挥、协调和控制。也就是现代管理中普遍接受的五项基本管理职能。

（3）管理的一般原则　法约尔根据对企业管理实践的总结，提出了企业管理的 14 项原则，这些原则是：①劳动分工。②权力和职责一致。③纪律。④统一指挥。⑤统一领导。⑥个人利益服从整体利益。⑦报酬的公平合理。⑧权力的集中与分散。⑨组织层次与部门的协调。⑩维护秩序。⑪公平。⑫人员稳定。⑬首创精神。⑭团结精神。

（4）管理者的素质与训练　法约尔认为对管理者素质的要求，在身体方面应包括健康、精力、风度；在智力方面应包括理解与学习的能力、判断力、思想活跃、适应能力；在精神方面应包括干劲、坚定、乐于负责、首创精神、忠诚、机智、庄严；在教育方面应包括对不属于职责范围内的事情的一般了解。此外，还包括经验等内容。

2.2.3 韦伯的行政组织理论

1．韦伯

韦伯（1864—1920），德国著名社会学家，对社会学、宗教学、经济学和政治学有广泛的兴趣，并发表过著作《社会和经济理论》，书中提出了理想行政组织体系理论，由此被人们称为“组织理论之父”。

韦伯指出，任何组织都必须有某种形式的权力作为基础，才能实现目标。只有理性、合法的权力才宜于作为理想组织体系的基础。他在管理学上的主要贡献是提出了理想的行政组织体系模式。

2．韦伯的管理思想

（1）*权力与权威是一切社会组织形成的基础*　韦伯认为组织中存在三种纯粹形式的权力与权威：一是法定的权力与权威，是依靠组织内部各级领导职位所具有的正式权力而建立的；二是传统的权力，是由于古老传统的不可侵犯性和执行这种权力的人的地位的正统性形成的；三是超凡的权力，是凭借对管理者个人的特殊的、神圣英雄主义或模范品德的崇拜而形成的。在这三者之中，韦伯最强调的是组织必须以法定的权力与权威作为行政组织体系的基础。

（2）*理想的行政组织体系的特点*　①组织的成员之间有明确的任务分工，权力义务规定明确。②组织内各职位，按照登记原则进行法定安排，形成自上而下的等级系统。③组织是按照明文规定的法规、规章组成。④组织中人员的任用，要根据职务的要求，通过正式的教育培训，考核合格后任命，严格掌握标准。⑤管理与资本经营分离，管理者应成为职业工作者，而不是所有者。⑥组织内人员之间的关系是工作与职位关系，不受个人感情影响。

2.2.4　梅奥的人际关系学说

1.“霍桑试验”与梅奥

梅奥（1880—1949），美国人，是美国哈佛大学的心理学教授。1927 年，梅奥应邀参加并指导在芝加哥西方电气公司霍桑工厂进行有关科学管理的试验，研究工作环境、物质条件与劳动生产率的关系，通常称“霍桑试验”。试验结果表明，生产率提高的原因不在于工作条件的变化，而在于人的因素；生产不仅受物理、生理因素的影响，也受社会环境、社会心理因素的影响。梅奥的代表作为《工业文明的人类问题》。他总结了亲身参与并指导的霍桑试验及其他几个试验的成果，并阐述了他的人群关系理论的主要思想，从而为提高生产效率开辟了新途径。

2．梅奥的人际关系理论的主要观点

1）梅奥认为企业中的人首先是“社会人”。即人是社会动物，而不是早期科学管理理论所描述的“经济人”。

2）生产效率主要取决于职工的工作态度和人们的相互关系。工人的“士气”是调动人积极性的关键因素。

3）重视“非正式组织”的存在和作用。梅奥认为企业中不仅存在“正式组织”（指为了实现企业目标所规定的企业成员之间职责范围的一种结构），而且，还存在着人们在共同劳动中形成的非正式团体（共同的感情而构成一个体系），他们有着自己的规范、感情和倾向，并且左右着团体内每个成员的行为。

2.3　现代管理理论

2.3.1　现代管理理论丛林

现代管理理论是在前两个阶段基础上，充分吸收现代科学技术、适应现代市场经济环境而不断创新所形成的学派体系。进入 20 世纪 50 年代，现代管理思想的发展异常活跃，众多的学者，从不同方向、不同角度，采用不同方法研究管理问题，各树一帜，建立了许多管理理论学派，形成了管理理论研究的分散化。美国著名管理学者哈罗德 • 孔茨（Harold Koontz）

将这种现象形象地描述为管理理论的“丛林”。管理理论的丛林主要包括管理过程学派、社会系统学派、决策理论学派、经验主义学派、管理科学学派等。

1．管理过程学派

管理过程学派认为管理是一个过程，是在有组织的集体中让别人和自己一起去实现既定的目标。该学派最初的代表人物就是法约尔。法约尔认为，管理人员在管理活动中执行着计划组织、领导、控制等若干职能。管理是一个循环的过程，从计划到控制，再从控制到计划，表明了过程的连续性。控制职能确保组织达到其计划的目标。

2．社会系统学派

社会系统学派认为，人的相互关系就是一个社会系统，它是人们在意见、力量、愿望以及思想等方面的一种合作关系。管理人员的作用就是要围绕着物质的、生物的和社会的因素去适应总的合作系统。社会系统学派最早的代表人物是美国的巴纳德（Chester Irving Barnard）。

3．决策理论学派

决策理论学派的主要代表人物是美国的赫伯特·西蒙（Herbert Simon）。决策理论的主要论点有：

（1）强调了决策的重要性　该理论认为，管理的全过程就是一个完整的决策过程，即决策贯穿于管理的全过程，管理就是决策。

（2）分析了决策过程中的组织影响　上级不是代替下级决策，而是提供给下级决策前提，包括价值前提和事实前提，使之贯彻组织意图。价值前提是对行动进行判断的标准，而事实前提是对能够观察的环境及环境作用方式的说明。

（3）提出了决策应遵循的准则　主张用“令人满意的准则”去代替传统的“最优化原则”。

（4）分析了决策的条件　管理者决策时，必须利用并凭借组织的作用，尽量创造条件，以解决知识的不全面性、价值体系的不稳定性及竞争中环境的变化性问题。

（5）归纳了决策的类型和过程　把决策分成程序化决策和非程序化决策两类。程序化决策是指反复出现和例行的决策，非程序化决策是指那种从未出现过的，或者其确切的性质和结构还不很清楚或相当复杂的决策。

4．经验主义学派

经验主义学派主张通过分析经验（通常是一些案例）来研究管理问题，主要代表人物是德鲁克（Peter F. Drucker）。基本观点是，否认管理理论的普遍价值，主张从“实例研究”、“比较研究”中导出通用规范；由经验研究来分析管理。他们特别重视关于某个公司组织结构、管理职能和程序等方面的研究。

5．管理科学学派

管理科学学派也被称为管理数理学派或管理计量学派。这一学派的主要代表人物是美国的伯法（E.S.Buffa）等人。他们认为“管理”就是用数学模型及其符号来表示计划、组织、控制、决策等合乎逻辑的程序，求出最优解，以达到企业目标。因此，他们认为管理科学就是制定用于管理决策的数学和统计模型，并将这些模型通过电子计算机应用于管理实践中。

除上面介绍的五个学派外，还有一些学派，如人际关系行为学派、沟通中心学派等，在管理理论丛林中也是比较活跃的。总之，这些学派都是在已有的管理理论基础上，力图吸收和利用其他学科的成就，从不同角度来探索管理的原理和方法的。因此，这种“百花齐放、百家争鸣”的现象对构筑管理科学理论的大厦无疑是有益的。但随着科学技术的不断进步，社会政治经济环境的复杂多变，管理所面临的问题也日益复杂，尽管管理理论丛林枝繁叶茂，但难以适应现代管理实践的需要，因此不得不寻找新的出路，以图建立一套全面、系统的管理理论。在管理理论逐渐互相融合渗透，走向统一的过程中，先后出现了两种有代表性的新的探索，即下面将要介绍的系统管理理论和权变管理理论。

2.3.2 系统管理理论

系统管理学派盛行于 20 世纪 60 年代。该理论是应用系统理论的范畴和原理，全面分析和研究企业和其他组织的管理活动和管理过程，重视对组织结构和模式的分析，并建立起系统模型以便于分析。这一理论是卡斯特（F.E.Kast）、罗森茨维克（J.E.Rosenzweig）和约翰逊（R.A.Johnson）等美国管理学家在一般系统论的基础上建立起来的。卡斯特的代表作为《系统理论和管理》。

系统管理学说的基础是普通系统论。系统论的主要思想是：

（1）系统是由相互联系的要素构成的　系统的各个组成部分既是独立存在的，又是相互关联的、相互依存的。

（2）系统的整体性　系统的各组成部分不是可以分离的简单集聚，而是按一定规律、一定方式组成的整体。

（3）系统的等级性　每一个系统都归属于一个更大的系统，而每个系统内部又存在着组成这一系统的分系统。

卡斯特等人的系统学说是以普通系统理论为基础的，包括系统哲学、系统管理和系统分析三个方面。

（1）系统哲学　这是一种基于系统观念的思想方法，强调系统是一种有组织的或综合的整体，强调各个组成部分之间的关系。

（2）系统管理　是一种以系统论为指导的管理方式，认为组织本身是一个以人为主体的人造系统。因此，要把企业作为一个系统进行设计与经营，使企业的各部分、各种资源，按照系统的要求有组织地运行。

（3）系统分析　这是一种按系统论思想解决问题或决策的方法和技术。主要包括：对一个问题的认识；确定有关变量；分析和综合各种因素；确定最有效的解决方法和行动计划。

2.3.3 权变管理理论

权变管理理论（Contingency theory of management）是 20 世纪 70 年代在美国形成的一种管理理论。这一理论的核心是力图研究组织的各子系统内部和各子系统之间的相互关系，以及组织和它所处的环境之间的联系，并确定各种变数的关系类型和结构类型。它强调在管理中要根据组织所处的内外部条件随机而变，针对不同的具体条件寻求不同的最合适的管理模式、方案或方法。

美国尼布拉加斯大学教授卢桑斯（F. Luthans）在 1976 年出版的《管理导论：一种权变学》中系统地概括了权变管理理论，他认为：

1）过去的管理理论可分为四种，即过程学说、计量学说、行为学说和系统学说，这些学说由于没有把管理和环境妥善联系起来，其管理观念和技术在理论与实践上相脱节，所以都不能使管理有效地进行。而权变理论就是要把环境对管理的作用具体化，并使管理理论与管理实践紧密地结合起来。

2）权变管理理论就是考虑到有关环境的变数同相应的管理观念和技术之间的关系，使采用的管理观念和技术能有效地达到目标。这就是说，在某种特定的环境条件下，为更快地达到目标，就要采用某种管理原理、方法和技术。比如，如果在经济衰退时期，企业在供过于求的市场中经营，采用集权的组织结构，就更适于达到组织目标；如果在经济繁荣时期，在供不应求的市场中经营，那么采用分权的组织结构可能会更好一些。

3）环境变量与管理变量之间的函数关系即是权变关系，这是权变管理的核心内容。环境可以分为外部环境和内部环境，外部环境又可以分为两种：一种是由社会、技术、经济、法律和政治等组成，另一种是由供应者、顾客、竞争者、雇员和股东等组成。内部环境基本上是正式组织系统，它的各个变量与外部环境变量之间是相互关联的。

2.4 现代管理思想的新发展

2.4.1 企业再造

1. 企业再造理论产生的背景

进入 20 世纪七八十年代，市场竞争日趋激烈，企业面临严重的挑战；知识经济的到来与信息革命使企业原有组织模式受到巨大冲击。面对这些挑战与压力，企业只有在更高层次上进行根本性的改革与创新，才能真正增强企业自身的竞争力，走出低谷。1993 年，美国著名管理专家迈克尔• 哈默（M.Hammer）与詹姆斯• 昌佩（J.Champy）合著了《再造企业——管理革命的宣言书》一书，正式提出了企业再造理论。哈默与昌佩提出应在新的企业运行空间条件下，改造原来的工作流程，以使企业更适应未来的生存发展空间。这一全新的思想震动了管理学界，企业再造的思潮迅速在美国兴起，并快速传到日本、欧洲，乃至全世界。

2. 企业再造的定义和主要程序

企业再造是指为了获取可以用诸如成本、质量、服务和速度等方面的绩效进行衡量的显著的成就，对企业的经营过程进行根本性的再思考和关键性的再设计。

在具体实施过程中，可以按以下程序进行：

1）对原有流程进行全面的功能和效率分析，发现其存在的问题。一般地说，原来的作业程序是与过去的市场需求、技术条件相适应的，并由一定的组织结构、作业规范作为其保证的。当市场需求、技术条件发生的变化使现有作业程序难以适应时，作业效率或组织结构的效能就会降低，因此，需要进行分析和调整。

2）设计新的流程改进方案，并进行评估。为了设计更加科学、合理的作业流程，必须群策群力、集思广益、鼓励创新。对于提出的多个流程改进方案，还要从成本、效益、技术条件和风险程度等方面进行评估，选取可行性强的方案。

3）制定与流程改进方案相配套的组织结构、人力资源配置和业务规范等方面的改进规划，形成系统的企业再造方案。企业业务流程的实施，是以相应组织结构、人力资源配置方式、业务规范、沟通渠道甚至企业文化作为保证的，所以，只有以流程改进为核心形成系统的企业再造方案，才能达到预期的目的。

4）组织实施与持续改善。实施企业再造方案，必然会触及原有的利益格局。因此，必须精心组织，谨慎推进。企业再造方案的实施并不意味着企业再造的终结。在社会发展日益加快的时代，企业总是不断面临新的挑战，这就需要对企业再造方案不断地进行改进，以适应新形势的需要。

【阅读资料】

海尔再造

在 1998 年 9 月 8 日，海尔集团首席执行官张瑞敏就在一次中层干部会上提出“业务流程再造”的概念。而此时，中国家电业的价格战正酣。

哈默说：“流程再造是一场革命，它意味着企业一切从头开始，一切从零开始。”

张瑞敏说：“流程再造对海尔来说，就是彻底打破原有的束缚着我们继续创新、继续发展的东西。这包括我们已经习惯了的管理模式，我们轻车熟路的流程，包括原来的成功。”

因为世界最新的管理理论普遍认为，企业再造适用于三类企业：

第一类是问题丛生，已经面临危机的企业。

第二类是业绩不错，但潜伏着危机的企业。

第三类是正处于发展高峰，再造是为了构建新的竞争优势，大幅度超越竞争对手，抢占下一轮竞争的制高点。

海尔的再造，无疑属于第三类。

海尔“业务流程再造”主要是从采购和销售这一资本循环的两个重要环节入手。这一改革使营销成本降低，与用户实现零距离，对客户需求快速反映。

摘自：海尔公司网站

2.4.2　学习型组织

1．学习型组织理论产生的背景

20 世纪 90 年代以来，知识经济的到来，使信息与知识成为重要的战略资源，相应诞生了学习型组织理论。学习型组织理论是美国麻省理工学院教授彼得• 圣吉（Peter M. Senge）在其著作《第五项修炼》中提出来的。彼得• 圣吉认为，传统的组织类型已经越来越不适应现代环境发展的要求。现代企业是一个系统，这个系统可以通过不断学习来提高生存和发展的能力。这一理论的提出，受到了全世界管理学界的高度重视，许多现代化大企业，乃至其他组织，包括城市，纷纷采用这一理论，努力建成“学习型企业”、“学习型城市”等。

2．学习型组织的五项修炼

学习型组织是指通过营造整个组织的学习气氛充分发挥员工的创造性思维能力而建立起来的一种有机的、高度柔性的、横向网络式的、符合人性的、能持续发展的组织。要使组织变成一个学习型组织，必须具有以下五项修炼的扎实基础：

（1）系统思考　系统思考是五项修炼的核心，强调把各个独立、片断的实践联系起来看，以发现其内在的互动关系。

（2）自我超越　自我超越是五项修炼的基础，强调要认识真实世界，关注于创造自己最理想境界，并由这两者之间的差距产生不断学习的意愿，不断地自我创造和自我超越。

（3）改善心智模式　人们要学习如何改变自己多年来养成的思维习惯，摒弃陋习，下力气强制和约束自己进入新的心智模式，破旧立新。

（4）建立共同愿景　所谓共同愿景，是指能鼓舞组织成员共同努力的愿望和远景，或者说是共同的目标和理想。共同愿景主要包括三个要素：共同的目标、价值观与使命感。“愿景”强调的是大家共同愿意去做的远景。因此组织需要建立共同的理想、共同的文化、共同的使命，能使员工看到组织近期、中期和远期的发展目标和方向，从而使员工心往一处想，劲往一处使，使每个人的聪明才智得以充分发挥，使组织形成一种合力。

（5）团队学习　团队学习就是组织化的学习或交互式的学习。团队学习是适应环境突变的最佳方式。唯有大家一起学习、成长、超越和进步，才能让组织免遭冲击，创造持续佳绩。

2.4.3 知识管理理论

1. 知识管理理论产生的背景

进入 20 世纪八九十年代，知识经济初见端倪。知识经济时代，知识要素正取代工业经济时代的土地、资本和劳动力等有形生产要素，日益成为经济持续增长的直接驱动力和决定性生产要素。彼得·F·德鲁克是最早提出知识社会和知识管理的代表人物之一。正如他所指出的：“在新的经济体系内，知识并不是和人才、资本、土地并列为制造资源之一，而是唯一有意义的一项资源，其独到之处，正在于知识是资源本身，而非仅是资源的一种。”另一位代表人物是瑞典企业家与财经分析家卡尔·爱立克·斯威比博士（Karl-Erik Sveiby）。1987 年，斯威比出版了《知识型企业的管理》一书，提出一整套知识型企业管理理论和实用方法，成为知识型企业管理的开山之作。1990 年，他又出版了《知识管理》一书，是世界上第一部以“知识管理”为题的著作。

2. 知识管理的相关概念

根据知识本身的性质，可将知识区分为隐性知识（tacit knowledge）与显性知识（explicit knowledge）两大类。隐性知识指难以通过语言及文字等外在形式表达的知识，这种知识高度个人化且难以传授于人。个人所拥有但难以言传的技术、技巧及心智模式（mental model）等均属隐性知识。而显性知识则与隐性知识相反，指可通过语言或文字等外在形式表达的知识。知识管理就是对企业内外的显性和隐性知识进行统一处理和管理，通过传播、共享等方式，最大限度地积储和组织企业的智力资源，为知识工作者提供支持，促进企业形成知识持续创新的管理机制。

3. 知识管理的核心流程

知识管理的核心流程是知识管理导入过程关键的步骤。这些核心步骤包括：知识创造、知识分类、知识储存、知识分享、知识更新、知识应用。

（1）知识创造　知识创新的源头并非仅局限在企业内部，企业应建立一个广纳企业内部、企业间以及企业外部知识来源的机制。

（2）知识分类与储存　知识由内隐到外显的引导过程中，不应将外显知识仅局限在文件档案的储存与管理上，应包括个人的核心专长，如训练、著作、专利、证照的储存，也应包括将思考化成文字的知识社群机制。而文件档案，也不应只是文本文件，尚应包括简报文件、影像文件、声音文件、图形文件等。

（3）知识分享　知识经过大量传播后，才能产生价值，因此企业必须建立开放性的知识社群与在线学习机制。

（4）知识更新　建立能让宝贵的经验与知识不断更新的企业智库和知识顾问团队，是企业永保知识鲜活的重要机制。

（5）知识应用　通过正确的行动方案与专业的知识行销，将知识分享给有需要的个人或企业，才能让知识的价值真正产生，进而协助企业创造知识利润。

【阅读资料】

明基集团——留住员工大脑的知识管理

IT产业的核心竞争力都装在知识员工的大脑里。明基通过企业文化、信息化等各种手段促进公司分享知识的氛围，创造性地运用知识管理的三个阶段，弥补员工的流失对公司造成的有形和无形损失，再加上公司已经形成的学习氛围和分享氛围，任何新进员工将马上融入公司，创造价值，真正做到留住了员工的工作经验。

第一阶段：塑造竞赛中学习的企业文化。

自2000年明基大学成立起，它所肩负的重要使命之一，就是帮助企业塑造更好的员工风格，使员工更快地融入明基的企业文化氛围中。而明基一直在内部倡导在竞赛中学习，这种氛围对一个快速发展的企业来说非常重要。

第二阶段：让上KM（Knowledge Management，知识管理系统）成为习惯。

明基拥有强大的信息化系统支持和保障企业大学的培训体系。在平时的工作中，给老板汇报，文档都是通过KM系统上传到公司资料库中，然后再由系统推荐给老板，这样一来，所有的报告文档都留了下来。

每个部门在KM地图上都有自己的分支，部门前人所有的工作文档、报告、模板、客户资料都在这里留有记录，新进员工马上就能接手；过去在工作中遇到的问题和解决办法也会作为心得保存下来，为后来者提供借鉴。久而久之，员工都习惯去KM上分享他人的新思想、新知识。

第三阶段：实现人和脑袋分开管理。

明基对于员工可以采取人和脑袋分开管理，即员工每创造一个价值，都要求他把知识留下来，等于把他的脑袋留住，然后再鼓励他创造更多的价值，鼓励他继续学习。这样的管理目标实现后，可以弥补大多数员工的流失对公司造成的无形损失，并把这种损失降到最低。

摘自51job（www.51job.com）2005人力资本论坛“2005《人力资本》最佳管理实践”

【复习思考题】

1. 泰罗科学管理理论的主要内容有哪些？
2. 法约尔提出了哪些管理职能和哪14条管理法则？
3. 人际关系学说的主要观点有哪些？
4. 列表说明现代管理理论的主要观点。
5. 你认为古典管理理论在现代社会中还具有实践价值吗？
6. 除了课本上的理论外，你还接触过其他的当代管理理论吗？如果有，请告诉你的老师和同学。

【案例分析】

管理理论真能解决实际问题吗

海伦、汉克、乔、萨利四个人都是美国西南金属制品公司的管理人员。海伦和乔负责产品销售，汉克和萨利负责生产。他们刚参加过在大学举办的为期两天的管理培训学习班。在培训班里主要学习了权变理论、社会系统理论和一些有关职工激励方面的内容。他们对所学的理论有不同的看法，现正展开激烈的争论。

乔首先说："我认为社会系统理论对于像我们这样的公司是很有用的。例如，如果生产工人偷工减料或做手脚的话，如果原材料价格上涨的话，就会影响到我们的产品销售。系统理论中讲的环境影响与我们公司的情况很相似。我的意思是，在目前这种经济环境中，一个公司会受到环境的极大影响。在油价暴涨时期，我们当时还能控制自己的公司。现在呢?我们要想在销售方面每前进一步，都要经过艰苦的战斗。这方面的艰苦，你们大概都深有体会吧?"萨利插话说："你的意思我已经知道了。我们的确有过艰苦的时期，但是我不认为这与社会系统理论之间有什么必然的内在联系。我们曾在这种经济系统中受到过伤害。当然，你可以认为这是与系统理论相一致的。但是我并不认为我们就有采用社会系统理论的必要。我的意思是，如果每个东西都是一个系统的话，而所有的系统都能对某一个系统产生影响的话，我们又怎么能预见到这些影响所带来的后果呢？所以，我认为权变理论更适用于我们。如果你说事物都是相互依存的话，系统理论又能帮我们什么忙呢?"

海伦对他们这样的讨论表示有不同的看法。她说："对社会系统理论我还没有很好地考虑。但是，我认为权变理论对我们是很有用的。虽然我以前也经常采用权变理论，但是我却没有认识到自己是在运用权变理论。例如，我有一些家庭主妇顾客，听到她们经常讨论关于孩子和如何度过周末之类的问题，从她们的谈话中我就知道她们要采购什么东西了。顾客也不希望我们逼他们去买他们不需要的东西。我认为，如果我们花上一两个小时与他们自由交谈的话，那肯定会扩大我们的销售量。但是，我也碰到一些截然不同的顾客，他们一定要我向他们推荐产品，要我替他们在购货中做主。这些人也经常到我这里来走走，但不是闲谈，而是做生意。因此，你们可以看到，我每天都在运用权变理论来对付不同的顾客。为了适应形势，我经常改变销售方式和风格，许多销售人员也都是这样做的。"

汉克显得有点激动，他插话说："我不懂这些被大肆宣传的理论是什么东西。但是，关于社会系统理论和权变理论问题，我同意萨利的观点。教授们都把自己的理论吹得天花乱坠，他们的理论听起来很好，但是他们的理论却无助于我们的实际管理。对于培训班上讲的激励要素问题我也不同意。我认为泰罗在很久以前就对激励问题有了正确的论述。要激励工人，就是要根据他们所做的工作付给他们报酬。如果工人什么也没有做，则就用不着付任何报酬。你们和我一样清楚，人们只是为钱工作，给钱就是最好的激励。"

案例分析问题：

1. 你同意哪一个人的意见?他们的观点有什么不同?
2. 如果你是海伦，你如何使萨利信服系统理论?

【技能实训】

1. 实训目的：使学生能够用管理的主要理论分析解决现实管理问题。

2. 实训内容与方式：在老师的带领下，到某一企业了解企业管理的内部制度和实际操作情况，看看体现了哪些管理理论，并试着提出相应的改革措施。

3. 实训成果：调研报告一份。

第 3 章　现代企业管理的基本职能

【学习目标】

1. 知识目标

- 了解计划、组织、领导、控制职能的含义和相关内容。
- 掌握计划的原理与方法、目标管理含义、基本过程和评价。
- 掌握组织工作的基本程序和组织设计的相关知识。
- 掌握沟通的基本模式、领导威信、激励理论的应用原则和方式。
- 理解和掌握控制的程序和方法。

2. 能力目标

- 能够结合企业实际，说明管理基本职能在实际工作中的应用。
- 能够结合具体的行业，说明其管理组织结构形式及运用。
- 能够运用领导职能、运用职权对企业进行有效的管理。

【导入案例】

乔森家具公司五年目标

乔森家具公司是乔森先生在 20 世纪中期创建的，开始时主要经营卧室和会客室家具，取得了相当的成功，随着规模的扩大，自 20 世纪 70 年代开始，公司又进一步经营餐桌和儿童家具。1975 年，乔森退休，他的儿子约翰继承父业，不断拓展卧室家具业务，扩大市场占有率，使得公司产品深受顾客欢迎。到 1985 年，公司卧室家具方面的销售量比 1975 年增长了近两倍。但公司在餐桌和儿童家具的经营方面一直不得法，面临着严重的困难。

乔森家具公司自创建之日起便规定，每年 12 月份召开一次公司中、高层管理人员会议，研究讨论战略和有关的政策。1985 年 12 月 14 日，公司又召开了每年一次的例会，会议由董事长兼总经理约翰先生主持。约翰先生在会上首先指出了公司存在的员工思想懒散、生产效率不高的问题，并对此进行了严厉的批评，要求迅速扭转这种局面。与此同时，他还为公司制定了今后五年的发展目标。具体包括：

1）卧室和会客室家具销售量增加 20%。

2）餐桌和儿童家具销售量增长 100%。

3）总生产费用降低 10%。

4）减少补缺职工人数 3%。

5）建立一条庭院金属桌椅生产线，争取五年内达到年销售额 500 万美元。

这些目标主要是想增加公司收入，降低成本，获取更大的利润。但公司副总经理托马斯跟随乔森先生工作多年，了解约翰董事长制定这些目标的真实意图。尽管约翰开始承接父业时，对家具经营还颇感兴趣。但后来，他的兴趣开始转移，试图经营房地产业。为此，他努力寻找机会想以一个好价钱将公司卖掉。为了能提高公司的声望和价值，他准备在近几年狠抓一下经营，改善公司的绩效。

托马斯副总经理意识到自己历来与约翰董事长的意见不一致，因此在会议上没有发表什么意见。会议很快就结束了，大部分与会者都带着反应冷淡的表情离开了会场。托马斯有些垂头丧气，但他仍想会后找董事长就公司发展目标问题谈谈自己的看法。

如何制定公司发展目标，如何与公司领导进行沟通，这将是本章的学习内容。

节选自北大MBA管理学案例

企业管理的职能是指管理者为了进行有效地管理所必需具备的基本功能，或者是管理者在执行其任务时应该做些什么。任何管理都具有合理组织生产力和维护生产关系的两个基本职能。管理的基本职能需要通过具体职能来实现。管理的具体职能包括计划职能、组织职能、领导职能和控制职能。

3.1　管理的计划职能

3.1.1　计划的含义、作用及类型

1．计划的含义

计划有广义和狭义之分。广义的计划是指人们编制计划、执行计划和检查计划执行情况等一系列的计划管理工作，简称计划工作。狭义的计划则是指制定计划，也就是说，根据实际情况，通过科学地预测，权衡客观的需要和主观的可能，提出在未来一定时期内要达到的目标，以及实现目标的途径。计划工作是一种需要运用智力和发挥创造力的过程，它要求高瞻远瞩地制定目标和战略，严密地规划和部署，把决策建立在反复权衡的基础之上。

2．计划的作用

（1）计划能为组织活动提供方向和目标　未来的不确定性和环境的变化使组织的活动如在大海航行，然而计划为组织提供目标，可以把组织中全体职工的行动统一到实现组织总目标上来。

（2）计划有助于企业发现机会，减少风险　彼得·德鲁克曾指出，计划当然不能完全消除在长期决策中的风险，但无论如何计划能帮助鉴定潜在的机会与威胁，减少风险。所谓凡事预则立，不预则废。

（3）计划有助于节约成本　实现目标有许多途径，人们力求以最低的成本取得预期的成果。计划强调协作，强调节约，其重大安排均经过技术经济可行性分析，因此可以使人们付出的代价尽可能合算，避免一些不必要的损失。

（4）计划能为管理控制工作提供统一标准　哈罗德·孔茨说："计划是主管人员设计控制工作的准绳。"可见计划为控制提供了标准，为检查和考核工作提供了尺度。

3．计划的类型

按照不同标准可将计划划分成不同类型:

（1）按计划期长短分类　可分为长期计划、中期计划和短期计划。

一般的时间跨度，长期计划为10年以上，是企业的长远规划或远景规划；中期计划5

年左右，是企业长期计划的具体化，是对长期计划的具体数量表现，并对实现任务的具体工作作出具体安排；短期计划是长期计划和中期计划的具体实施计划、行动计划，对管理人员的工作影响更为直接的计划。一般是一年以内的计划。如企业内的年度计划、半年计划、季度计划、月计划、周计划等。

（2）按企业的职能分类　企业内部存在着不同的职能分工，每种职能都需要形成特定的计划，因此按照企业职能可将计划分为：生产计划、人事计划、财务计划、新产品开发计划、销售计划、供应计划等。

（3）按照计划的层次分类　可分为高层计划、中层计划和基层计划。

高层计划是由高层领导机构制定并下达整个组织执行和负责检查的计划。一般是战略性计划；中层计划是中层管理机构制定、下达或颁布到有关基层执行并负责检查的计划，一般为战术或业务计划；基层计划是基层执行机构制定、颁布和负责检查的计划，一般为执行性计划，主要有作业计划、作业程序规定等。

4. 计划的构成

一般来说，一项完整的计划应由以下要素构成：

1）目标：给出一系列计划期内要实现的具体指标。

2）任务：组织在计划期内要开展的具体活动内容。

3）方针措施：组织在计划期内开展活动时所要采取的方针政策、行动方案，以及各种应急措施和备选方案。

4）实施者：计划的具体执行者，即完成计划的部门或个人。

5）步骤：计划期内各种组织活动的阶段性划分，是组织各项活动的开始和结束时间的给定及其衔接关系的说明。

6）预算：计划期内组织各种资源的配置方案，是对组织各部门或个人有权支配的人、财、物等资源量的具体规定。有关计划构成的例子见表 3-1。

表 3-1　计划构成表

要　素	规 定 内 容	考 虑 因 素	举例（销售计划）
目标	行动结果（以数量、质量指标表示）	生存与发展的需要、市场与环境的可能、自身条件与资源的制约	实现年销售收入 4000 元；本地市场占有率达到 51%；销售利润额达到 500 万元
任务	行动内容与实施目标的具体活动	目标与任务的因果关系	1.营销宣传；2.建立专卖店；3.向学校赠送部分产品以扩大影响；4.改进服务
方针措施	行动方针与措施及各种备选行动方案	实现目标的主要矛盾和解决矛盾的方法	1.批发优惠；2.现金付款优惠；3.销售提成；4.折扣让利
实施者	执行任务的部门或个人	职能与分工、责权分配、资源分布等	销售部负责营销、建立专卖店；生产部负责生产产品；公关部负责策划
步骤	各项活动开始与结束时间及其衔接	任务的衔接关系及所需的时间跨度	4 月底前刊出广告；7 月底前建立 4 家专卖店……
预算	任务所需的资源数量	需要与可能提供的资源数量（现有与可能开发的资源状况）	销售人员 12 人；服务人员 33 人；营业面积 320 平方米；流动资金 1300 万元；广告宣传费 270 万元

3.1.2　计划的原则、步骤和方法

1. 计划的原则

（1）限定因素原则　所谓限定因素，是指妨碍组织目标实现的因素，也就是说，在其他

因素不变的情况下，仅仅改变这些因素，就可以影响组织目标的实现程度。限定因素原则具体表述为：主管人员越是能够了解对达到目标起主要限制作用的因素，就越能够有针对性地、有效地拟定各种行动方案。限定因素原则有时又被形象地称作“木桶原则”。其含义是木桶能盛多少水，取决于桶壁上最短的那块木板条。

（2）*承诺原则*　承诺原则可表述为：任何一项计划都是对完成各项工作所作出的承诺，因而承诺越大，实现承诺的时间就越长，实现承诺的可能性就越小。这一原则涉及计划期限的问题，即合理的计划工作要确定一个未来的时期，这个时期的长短取决于实现决策中承诺的任务所必需的时间。

（3）*灵活性原则*　计划必须具有灵活性，即当出现意外情况时，有能力改变方向而不必花太大的代价。灵活性原则可以表述为：计划中体现的灵活性越大，由于未来意外事件引起损失的危险性越小。对于主管人员来说，灵活性原则是计划工作中最重要的原则，特别是当承担的任务重，而目标计划期限又长的情况下，灵活性便显示出它的重要性。

（4）*改变航道原则*　计划制定出来后，计划工作者就要管理计划，促使计划的实施，而不能被计划所“管理”，不能被计划框住。如果情况发生变化，就要及时调整计划或重新制定计划。就像航海家一样，在大海中航行必须经常核对航线，一旦遇到障碍就可以绕道而行。改变航道原则可以表述为：计划的总目标不变，但实现目标的进程（即轨道）可以因情况的变化随时改变。这个原则与灵活性原则不同，灵活性原则是使计划本身具有适应性，而改变航道原则是使计划执行过程具有应变能力。

（5）*协调性原则*　管理的关键在于协调。所谓协调性原则，就是在切实保证组织总计划的总目标的前提下，兼顾到各个部门的分计划的目标和利益，使组织的各项资源能优化配置，发挥最佳的经济效益和社会效益。

2. 计划的步骤

（1）*收集资料*　正式编制计划之前，需要了解决策者的选择，理解有关决策特点和要求，分析决策制定的环境特点和决策制定的条件要求，是编制行动计划的前提。同时还需要收集反映组织内部不同部门和环节活动能力以及外部有关资源的供应情况等资料，为计划的编制提供依据。

（2）*估量机会*　估量机会是计划工作的起点，利用收集到的资料，对企业内外部环境进行分析，对未来可能出现的变化和预示的机会进行初步估计；了解竞争对手的动向；根据自己的长处和短处搞清自己所处的地位；了解顾客需求和自己的能力；列举主要的不肯定因素，分析其发生的可能性和影响程度；在反复斟酌的基础上，定下决心，扬长避短。

（3）*确定目标及目标分解*　确定目标就是在充分考虑各种影响因素的前提下，确定组织总的方针和要达到的总目标，说明制定战略、政策、规则、程序、规划和预算的任务，指出工作的重点。目标分解就是将决策确定的组织的总体目标分解为组织中各个部门和各个环节的目标，将长期目标分解为各个阶段的分目标，通过目标分解，确定组织的各个部分在未来的各个时期的具体任务以及完成任务应达到的具体要求，构成一个统分结合的目标体系，形成目标网络。

（4）*确定前提条件*　所谓计划的前提条件就是计划期间所估计的各种内外环境条件，是组织编制计划的基本出发点。计划的外部前提条件多为不可控的和部分可控的，而内部前提条件大多是可控的。不可控的前提条件越多，不肯定性越大，就越需要通过预测工作确定其发生的概率和影响程度的大小。因此，组织必须在对未来计划实施的各种影响因素全面分析和准确的预测的基础上，编制计划。

（5）拟定可供选择的方案　计划的前提条件确定后，就要拟定各种可供选择的计划方案。这一步工作需要发挥创造性，对候选方案的数量加以限制，以便把主要精力集中在对少数最有希望的方案的分析方面。

（6）评价各种备选方案　这一步需要按照前提和目标来权衡各种因素，比较各个方案的利弊，对各个方案进行评价。

（7）选择方案　这是在前四步工作的基础上作出的关键一步，也是决策的实质性阶段——抉择阶段。有时会发现同时有两个可取的方案。在这种情况下，先确定首选方案，然后将另一方案也细化和完善作为备选方案。

（8）拟定派生计划　派生计划就是总计划下的分计划。总计划要靠分派生计划来保证，派生计划是总计划的基础。

（9）编制预算　计划工作的最后一步是把计划转化为预算，使之数字化。预算实质上是资源的分配计划。预算工作做好了，可以成为汇总和综合平衡各类计划的一种工具，也可以成为衡量计划完成进度的重要标准。

3．计划的方法

计划制定是一项复杂的工作，需要采用许多专门的方法和技术，才能保证组织计划的科学性与合理性，才能真正发挥计划的指导控制作用。一般有如下几种常用方法：

（1）综合平衡法　综合平衡法是编制计划的基本方法。综合平衡法是指在编制计划过程中，从系统观点出发，全面分析各方面因素，统筹安排诸要素，使其比例适当、协调运行的一种统筹技术，其目的是要使需要与可能之间，生产和经济效益之间，眼前利益和长远利益之间，企业利益和国家利益之间实现基本平衡，使各项指标之间在数量、时间、速度等方面取得合理的比例关系，使企业各项资源都得到充分的利用。

就企业的生产经营计划而言，主要应做好以下三方面的平衡：

1）产、供、销平衡。①生产和需求平衡，平衡原则是“以销定产”。一般的做法是：首先，根据经营目标和利润计划的要求，按订货合同和预测的需求量编制产品销售计划；接着，依据产品销量和产品库存编制产品生产计划；最后，根据生产计划和生产能力等的平衡情况调整销售计划。②生产与供应平衡，平衡原则是“以产定供”。这实际上是企业的物资需要量与已有资源的平衡。③生产与技术准备平衡。主要检查新产品试制和改进后的老产品重新投产前的生产技术准备工作是否已经进行，以保证产品生产和试制的衔接。

2）生产能力的平衡。①生产任务与劳动力的平衡。按工种、分车间、分季度进行生产，使各车间全年分季的生产任务与其所需工种人数平衡。②生产任务与设备能力的平衡。一般只分车间地对关键设备进行平衡。③生产任务与生产面积的平衡。

3）资金平衡。主要是产、供、销活动与流动资金的平衡。经过以上综合平衡，理顺了关系，安排好了比例，就可以将计划以书面形式编制完成。

（2）滚动计划法　滚动计划法是近二十年来我国企业学习国外现代管理方法之一，它是一种具有灵活性的、能够适应环境变化的长期计划方法。其编制方法是：在已编制出的计划的基础上，每经过一段固定的时期（例如一年或一个季度，这段固定的时期被称为滚动期），便根据变化了的环境条件和计划的实际执行情况对原计划进行调整，从而确保计划目标的实现。在每次调整时，保持原计划期限不变，而将计划期限顺延一个滚动期。图 3-1 是一个滚动式计划的编制过程。

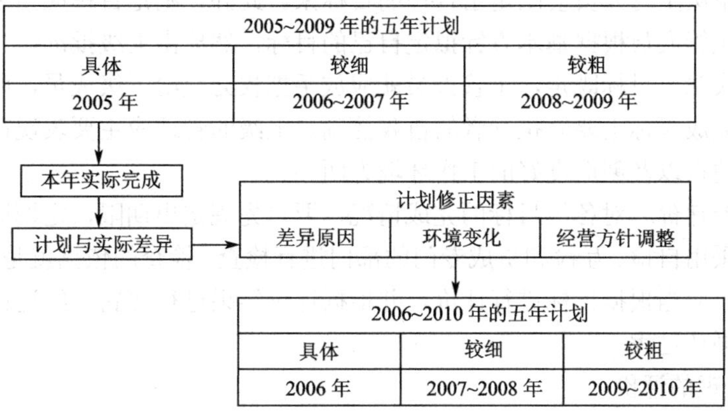

图 3-1　滚动式计划编制过程

与传统计划相比，滚动计划有如下特点：

1）灵活性。能及时根据市场情况，调整修正计划。

2）准确性。由于滚动计划要求随着情况的变化而进行不断的修正，因此计划与客观实际发展相吻合，提高了计划的准确性。

3）连续性。前期计划和后期计划紧密衔接，充分发挥长期计划对短期计划的指导作用。

（3）计划—规划—预算方法　这是 20 世纪 60 年代中期，美国国防部在编制国防部预算时创造的一种方法。其内容是：首先由最高主管部门提出组织的总目标和战略，并确定实现目标的必要项目，这称之为规划；其次分别按每一项目在实施中所需要的资源数量进行预测和规划，并排出项目的优先次序；然后，再编制预算时，从目标出发按优先次序和项目的实际需要分配资源，当资源优先时，应保证排在前面的项目的需要；最后，根据各部门在实施项目中的职责和承担的工作量将预算落实到部门。据报道，这种计划方法在美国国防部及美国联邦政府和一些州政府中推行，取得了较为显著的效果。

3.1.3　目标管理

1. 目标管理的含义

目标管理创始于 20 世纪 50 年代的美国，是以泰罗的科学管理和行为科学理论为基础形成的一套管理制度。现在，目标管理已成为世界上比较流行的一种企业管理制度。

目标管理的概念可以概括为：组织的最高领导层与各级管理人员共同参与制定出一定时期内经营活动所要达到的各项工作目标，然后层层落实，要求下属各部门主管人员以至每个员工根据上级制定的目标制定出自己工作的目标和相应的保证措施，形成一个目标体系，并把目标完成情况作为各部门或个人考核依据的一套管理方法。

2. 目标管理的实施步骤

由于各个组织活动的性质不同，目标管理的步骤可以不完全一样，但一般来说，可以分为以下四步：

（1）建立一套完整的目标体系　实行目标管理，首先要建立一套完整的目标体系。这项工作总是从企业的最高主管部门开始的，然后由上而下地逐级确定目标。

（2）制定目标　制定目标之前，需要事先拟定和宣传好指导方针，如果指导方针不明确，就不可能希望下级主管人员会制定出合理的目标来。此外，制定目标应当采取协商的方式，应当鼓励下级主管人员根据基本方针拟定自己的目标，然后由上级批准。

（3）组织实施　目标既定，主管人员就应放手把权力交给下级成员，而自己去抓重点的综合性管理。完成目标主要靠执行者的自我控制。上级的管理应主要表现在指导、协助、提出问题、提供情报以及创造良好的工作环境方面。

（4）检查和评价　对各级目标的完成情况，要事先规定出期限，定期进行检查，检查的方法可灵活地采用自检、互检和责成专门的部门进行检查。检查的依据就是事先确定的目标。对于最终结果，应当根据目标进行评价，并根据评价结果进行奖罚。经过评价，使得目标管理进入下一轮循环过程。

3．目标管理的评价

目标管理能使企业与员工的目标高度一致，大大激发员工的创造性，提高组织管理的效率，让管理者从烦琐的日常事务中脱出身来。目标管理尽管有许多优点，但也有许多不足，对这样的不足如果认识不清楚，那么可能导致目标管理的不成功。下述几点可能是目标管理最主要的不足：

（1）强调短期目标　大多数的目标管理中的目标通常是一些短期的目标：年度的、季度的、月度的等。在目标管理方式的实施中，组织似乎常常强调短期目标的实现而对长期目标不关心。

（2）目标设置困难　真正可用于考核的目标很难设定，目标的实现是大家共同合作的成果，这种合作中很难确定你已做多少，他应做多少，因此可度量的目标确定也就十分困难。

（3）无法权变　目标管理执行过程中，目标的改变是不可以的，因为这样做会导致组织的混乱。事实上目标一旦确定就不能轻易改变，也正是如此使得组织运作缺乏弹性，无法通过权变来适应变化多端的外部环境。

3.2 管理的组织职能

3.2.1 组织概述

1．组织的概念

组织是人类社会最普遍、最常见的社会现象，政府机关、工厂、学校、医院等都是各类组织的表现形式。组织不仅是人的结合，而且是一个特定的体系，综合起来，我们可以把组织定义为：组织是由两个人以上的群体组成的有机体，是一个为了共同目标，内部成员形成一定的关系结构和共同规范力量的协调系统。

2．组织的特征

（1）组织有一个共同的目标　目标是组织存在的前提和基础，任何一个组织都要有一个共同的目标，它是组织内成员协作的必要前提。组织之所以存在，只能是因为它执行一定的功能，否则就失去其存在的理由。

（2）组织具有一定的结构　组织目标是否能够实现，就要看组织内各要素之间的协调、配合程度，这需要形成一定的结构，划分不同的职能部门。一个组织为了达到目标，其中很重要的一个方面就是要看组织结构是否合理有效。

（3）组织包括不同层次的分工协作 组织为达到目标和效率，就必须进行分工协作，把组织上下左右联系起来，形成一个有机的整体。

3．组织的作用

1）企业组织是由具有共同目标的群体所组成，它是企业管理活动得以进行的前提。

2）组织把分解的人、财、物、信息、技术要素，在一定的空间时间内紧密联系并合理配置起来，与变化的外部环境相协调，从而保证预定目标的运行和实现。

4．组织工作的基本过程

组织工作是为实现组织目标而采取行动的一个连续过程，这个过程由一系列的逻辑步骤组成，包括：确定组织的整体目标并对目标进行分解，拟定出派生目标；确认为实现组织目标所必需的各项业务工作或活动，并加以分类；根据可利用的人力、物力以及利用它们的最佳途径来划分各种工作，形成职能部门，设置管理机构，确定职位系统；授予执行有关各项业务工作或活动的各部门以及各类人员以职权与职责；合理配备人员；建立和维持一个畅通的信息联系渠道，从而通过职权关系和信息系统，把各层次、各部门联结成为一个有机的整体；建立规章制度，确立组织运作机制，维持组织的相对稳定性；适时地推动组织变革，以保持组织的灵活性、适应性、开放性。

综上分析，组织工作的基本过程大体上可划分为三个大的阶段，即组织设计阶段、组织运行阶段、组织变革和发展阶段。

3.2.2 组织设计

1．组织设计的任务

组织目标确定之后，如何使这些目标得以顺利实现，就需要制定并保持一种职务系统，使组织中的每个人清楚自己在组织工作中的作用以及相互关系，并使他们能有效地一起工作。组织设计实质就是在进行专业分工的基础上，使各部门建立起能够相互协调、密切配合的系统过程。具体地说，组织设计的任务是建立组织结构和明确组织内部的相互关系。

2．组织设计的依据

（1）组织的战略 组织结构必须服从组织所选择的战略的需要。战略选择的不同，在两个层次上影响组织结构：①不同的战略要求开展不同的业务活动，从而影响管理职务的设计；②战略重点的改变，会影响组织的工作重点，从而引起各部门与职务在组织中重要程度的改变，因此要求对各管理职务以及部门之间的关系作出相应的调整。

（2）组织的环境 组织外部的环境必然会对内部的结构形式产生一定程度的影响。这种影响主要表现在三个层次上：

1）对职务和部门设计的影响。组织机构设立时，要根据外部市场环境的应对需要，结合本组织所要完成的任务进行岗位和部门设立。

2）对各部门关系的影响。市场环境不同会给各部门工作任务的完成带来不同程度的影响，带来组织不同时期工作重心的转移，也就产生了各部门间的协作支援关系。

3）对组织结构总体特征的影响。外部环境决定组织的内部特征，不同的外部环境对组织结构的要求也是不一样的。例如，现代影楼更多地呈现出现代商业服务企业的特征，其机构的设置也围绕着应对市场竞争而进行，企划部、展业部等都是传统照相馆所没有的。

（3）组织的技术　技术以及技术设备的水平不仅影响组织活动的效果和效率，而且会作用于组织活动的内容划分、职务的设置和工作人员的素质要求。例如，将不同的技术门类划成独立的管理单元是现代影楼中常见的做法，如摄影部、化妆部、美工部等。

（4）组织规模　组织的规模对组织设计的影响是非常明显的。一般来说，大型组织较小型组织具有更高程度的专业化和横向、纵向的分工，在信息传递、收集及整理方面也多占有优势。所以，组织的规模越大，组织内专业化分工要求越高，组织活动的程序化程度越高，组织的制度规范越建全，分权化程度越高。但这种关系并不是线性的，而是随着组织规模的扩大，规模对组织结构的影响力相对显得越来越不重要。

3．组织设计的基本原则

（1）目标统一原则　组织结构的设计和组织形式的选择必须有利于组织目标的实现。目标统一原则是指组织中每个部门或个人的贡献越是有利于实现组织目标，组织结构就越是合理有效。组织结构的目的在于把人们承担的所有任务组成一个体系，然后把组织目标分解到各个层次，以便有利于他们共同为实现组织的目标而工作。

（2）权责对等原则　在组织设计中，要明确各部门的任务和责任，还要明确规定这些部门利用人、财、物以及信息等的权利，职责和权利必须协调一致。科学的组织结构设计应该是将职务、职责和职权形成规范，订出章程，使无论什么人，只要担任该项工作就必须遵从。

（3）管理幅度的原则　管理幅度是指主管人员能够直接有效地指挥和监督的下属人员的数量。管理幅度过大，会造成指导监督不利，使组织陷入失控的状态；管理幅度过小，就会造成主管人员配备增多，管理效率降低。组织设计应根据管理人员的能力、下属的素质、工作性质和组织环境确定恰当的管理幅度。

（4）因事设职与因人设职相结合的原则　在组织设计过程中的基本要求是要从工作的特点和需要出发，因事设职，因职用人，用人之长。但也并不是组织设计中可以忽视人的因素，忽视人的特点和人的能力。“以人为本”始终要在知识经济中占据统治地位。

（5）统一指挥的原则　在进行组织设计时，一定要考虑到任何一个下级只能接受一个上级的指挥，或者说一个人只能接受一个领导的命令。尽量避免出现多头指挥的现象。

（6）集权和分权相结合的原则　集权是社会化大生产的客观要求，有利于保证组织的统一领导和指挥，有利于人、财、物的合理分配和使用。而分权可以调动下属的积极性、主动性。合理分权有利于基层根据实际情况迅速而准确地作出决策，有利于上层领导摆脱日常事务，集中精力抓大事。集权与分权是相辅相成的，在组织设计中一定要找到最佳的结合点。

4．职务设计

职务设计是组织规划的一项工作，它是根据实现组织目标所需完成的任务，分析确定需要哪些职务、每一个职位的责、权、利以及任职资格的过程。组织中人们所担任的职务并不是随机确定的，而是管理者预先有意识设计安排的。例如，有些职务是常规性的，其任务是标准化和经常重复的；另一些职务则可能是非常规性的。有些要求大量变化、多样的技能；另一些只要求范围狭窄的技能。职务设计的任务就是科学地对此作出决定。

进行职务设计时，可考虑以下原则和方法：

（1）职务专业化　在18世纪，亚当·斯密就提出了劳动分工的原则，这一原则一直是职务设计的一项基本原则。按照劳动分工的原则，在进行职务划分时，使职务的工作内容尽量专业化，如承建一幢办公大楼项目，其职务一般划分为：施工监工、木工、电工、焊工、装修工、混凝土搅拌工等。

（2）职务轮换　职务轮换包括可横向轮换和纵向轮换，横向轮换是指在同一管理层次的各不同岗位上进行轮换；纵向轮换是指升职或降职。但一般谈到职务轮换都指的是横向轮换。这种职务设计方法使人员的活动得以多样化，从而避免职务专业化使人员对工作的厌倦。

（3）职务扩大化　职务扩大化就是考虑适当拓宽一个职务所需完成的任务数量，从而避免过度专业化对人心理的负面影响。职务扩大化可提高工作的多样性，使工作对人更有吸引力、更有挑战性，增加工作的乐趣，从而调动人的积极性。

（4）职务丰富化　职务丰富化就是在权力分配时，考虑给予项目组织的人员更多工作自主权，更多参与管理的机会，更多对如何解决问题的发言权，使他们具有更大的独立性和责任感。

（5）团队方式　团队方式主张职务不是围绕个人而是围绕小组来设计，将一系列任务分配给一个小组，然后，再由小组决定给每个成员分派什么样的具体任务，并在任务需要时，在成员之间进行工作轮换。这是一种日益盛行的职务设计方法。

3.2.3　组织结构类型

1．直线型组织结构

直线型组织结构是组织发展初期的一种最早最简单的结构模式。它的特点是：指挥和管理的职能由企业的行政负责人自己执行，下属只接受一个上级的指挥。从最高层领导到基层一线人员，通过一条纵向的直接的指挥链连接起来，上下级之间关系是直线关系，即命令与服从的关系（如图 3-2）。在这种组织结构中，每一级主管人员都不设参谋机构，向上级负责，直接指挥下级。

直线结构的优点是：结构简单，便于统一指挥；责任和权力比较明确，上下级关系清楚；组织灵活，管理人员少，管理成本低。直线结构的缺点是：如果企业规模大，高层管理人员管理幅度过宽，容易出现决策失误；权利过分集中，容易造成滥用职权。这种组织结构一般只适用于那些没有必要按职能实行专业化管理的小型企业，或现场作业管理。

2．职能型组织结构

职能型组织结构是采用按职能实行专业化分工的管理办法，其特点是采用专业化分工的管理者代替直线制的全能管理者，在组织内部设立职能部门，各职能部门机构在自己的业务范围内，有权向下级下达命令和指示，直接指挥企业的生产经营活动，各级负责人除了服从上级行政领导的指挥外，还要服从上级职能部门在其专业领域的指挥（如图 3-3）。

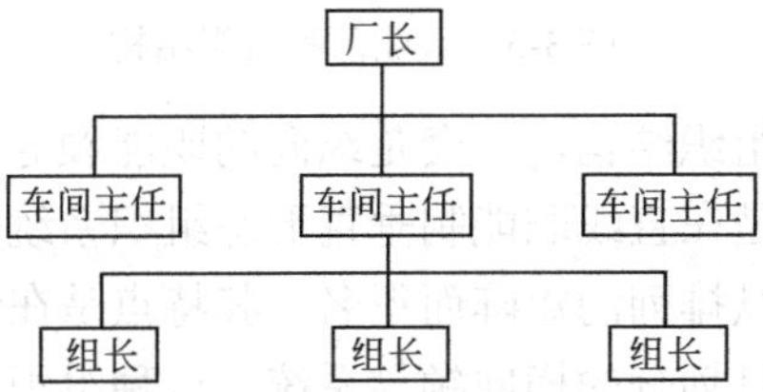

图 3-2　直线型组织结构

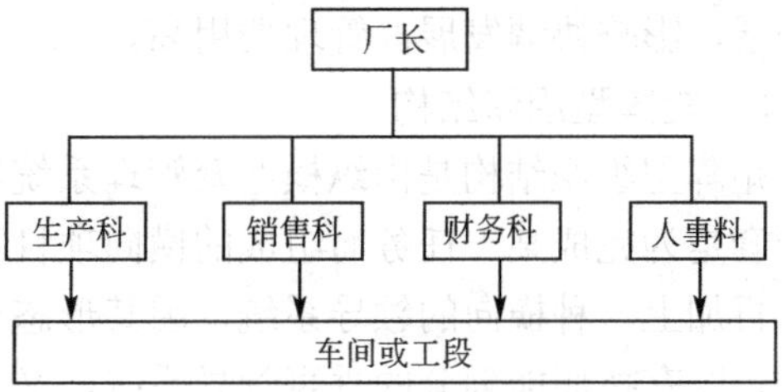

图 3-3　职能型组织结构

职能型组织结构的优点是：具有适应现代企业管理工作较复杂的专业分工需要，能够充分发挥职能机构的专业管理作用；可以弥补各级行政领导人员管理能力的不足。缺点是：由于实行多头领导，妨碍对企业生产经营活动的统一指挥，容易造成管理混乱；各职能部门往往都从各自的业务工作出发，不能很好地相互配合；组织中会因为追求职能目标而忽视全局利益；不利于明确划分直线领导人员和职能机构的职责和权限。在实践中，这种组织形式企业一般都不采用。

3. 直线职能制组织机构

直线职能制是把直线制和职能制结合起来形成的，它是对职能制的一种改进，是以直线制为基础，在各级行政领导下，设置相应的职能部门，即在保持直线制组织统一指挥的原则下，增加了参谋机构（如图 3-4）。

直线职能制的优点是：既保证了集中的统一指挥，又能发挥各种专家业务管理的作用，适应企业管理比较复杂、细致的特点。缺点是：各职能部门自成体系，不重视信息的横向沟通，造成工作重复，加大了管理成本；如果授权职能部门权力过大，容易干扰直线指挥命令系统。目前，我国绝大部分企业都采用这种组织形式。

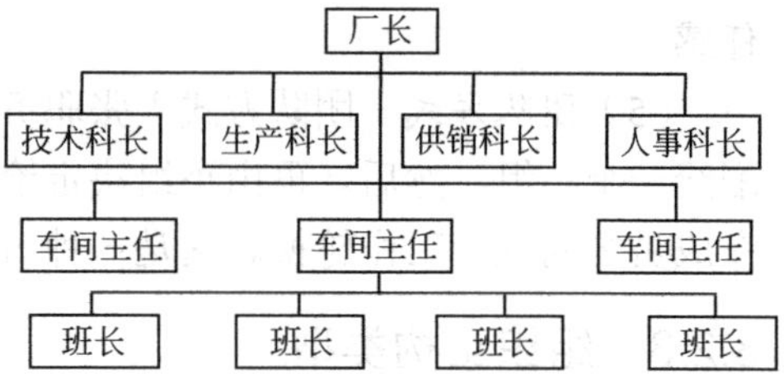

图 3-4　直线职能制组织结构

4. 事业部制组织结构

事业部制是西方经济从自由资本主义过渡到垄断资本主义以后，在企业规模大型化、企业经营多样化、市场竞争激烈化的条件下，出现的一种分权式的组织形式。这种组织结构形式最初是美国通用汽车公司总裁斯隆于 1924 年提出的，因而也被称谓“斯隆模型”，它是目前国内外大型企业普遍采用的一种组织形式。其主要特点是“集中决策，分散经营”，即在集权领导下实行分权管理。它把企业的生产经营活动，按产品和地区不同，建立不同的经营事业部，同时，每个经营事业部都是一个利润中心，在总公司的领导下，实行统一政策，分散经营，独立核算，自负盈亏（如图 3-5 所示）。

事业部制组织结构的优点是：解决了直线职能制中责任不明的问题，有利于提高中层管理者的积极性和责任心；有利于总部集中精力从事长期规划，扩大外部联系，提高高层经营决策水平；有利于人力资源的开发和培养。缺点是：公司与各事业部的职能机构功能重复，造成资源浪费；各事业部缺乏有效的沟通，影响协调发展；管理费用高。

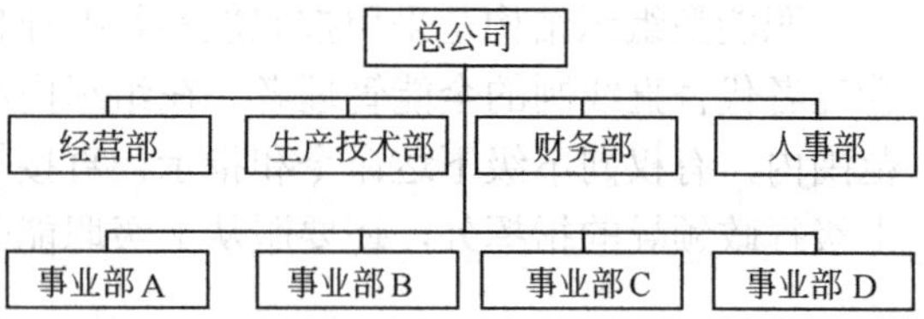

图 3-5　事业部制组织结构

5. 矩阵型组织结构

矩阵型组织结构是由纵横两套管理系统组成的组织结构，一套是纵向的职能领导系统，另一套是为完成某一任务而组成的横向项目系统。是在直线职能制垂直形态组织系统的基础上，再加上一种横向的领导系统，因其形态如横、纵排列的矩阵而得名。其特点是在组织结构上，既有按职能划分的垂直领导系统，又有按项目划分的横向领导系统。这种组织形式出现于以完成工程项目为主的企业。为了完成某一项目，由各职能部门抽调人员组成项目经理部，该项目经理部包括了完成项目所必需的各类专业人员；当项目完成后，各类人员另派用场，此项目经理部即不复存在（如图3-6所示）。

矩阵型结构的优点是：机构设置和人员安排机动灵活，适应性强；克服了各职能部门相互脱节、各自为政的现象，有利于协调各部门的关系；有利于提高组织内各项资源的利用率。缺点是：成员不固定在一个位置，稳定性差；人员受双重领导，权责不清，降低了组织的效率。

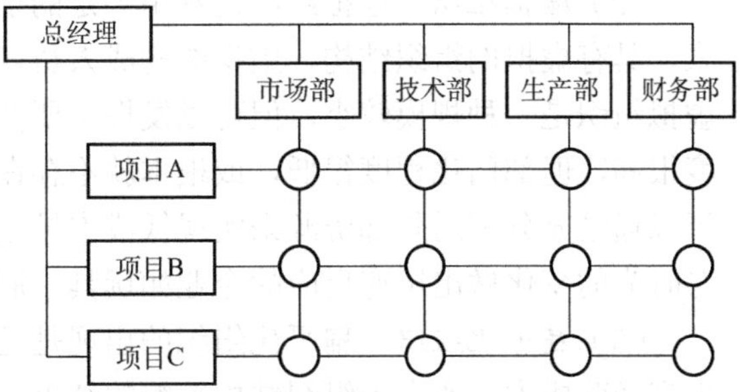

图3-6　矩阵型组织结构

6．多维立体组织结构

多维立体组织结构是在矩阵组织结构基础上发展起来的一种多维组织结构，主要是三维组织结构。

这三维的管理机制包括：按产品划分的事业部，是产品利润中心；按职能如市场研究、生产、技术、质量管理等划分的专业参谋机构，是专业成本中心；按地区划分的管理机构，是地区利润中心。在这种体制下，事业部与专业参谋机构、地区管理机构共同组成产品指导机构，对同类产品的产销活动进行指导。这种组织结构形式的最大特点是有利于形成群策群力、信息共享、共同决策的协作关系。这种组织结构适合于跨国公司或者跨地区的大公司。

7．新型组织结构

以上所介绍的传统组织结构应用的范围广、时间久，在管理实践中发挥了巨大的作用。随着全球经济一体化和知识经济的发展，传统的组织结构也显露了其不适应现实经济的一面。20世纪80年代以来，出现了一系列具有创新性质的组织结构形式，包括团队型组织、虚拟组织、扁平化组织等等。这些新型组织结构形式的一个共同特点是通过企业的组织重构简化内部组织结构，弱化等级制度，促进组织内部信息的交流、知识的分享和每位成员参与决策过程，使得企业组织对外部环境的变化更敏感、更具灵活性和竞争实力。

（1）团队组织　团队是指一种为了某一目标而由相互协作的个体组成的正式群体。对于小公司来说，团队结构可以作为整个组织结构，提高企业的凝聚力。而对于大企业来讲，团队结构主要作为职能结构的补充，提高企业的灵活性和员工的工作效率。团队结构的主要特点是打破部门界限，并把决策权下放到工作团队员工手中，这种结构形式要求员工既是专才又是全才。如果某种工作任务的完成需要多种技能、经验，那么团队通常比个人的效果更好。团队是组织提高运行效率的可行方式，它有助于组织更好地发挥雇员的才能。在多变的环境中，团队组织比传统的部门结构或其他形式的稳定性群体更灵活、反应更迅速。

【阅读资料】

20世纪80年代以来，基于团队水平的组织发展形式是一种全新的尝试，工业巨头波音的举措开创了工作团队的经典范式。波音777喷气式飞机的发展包含着交叉机能团队的广泛运用。为了波音777的生产，成百个设计——建造团队形成了。他们的成员来自多元化机能领域，包括：市场、财务、设计、信息系统。每个设计——建造团队负责飞机特定部位，如尾部、机翼、电子系统等。在波音777诞生的过程中，由于团队的工作方式，各个职能部门对每个计划和步骤了如指掌；各类专业人士通过团队的沟通与协作，加快了整个设计、生产和销售。这也就是为什么世界最大的飞机制造商能在1995年推出新一代喷气式飞机的原因。

（2）虚拟组织　虚拟组织是利用一定的信息、通讯技术特别是国际互联网将成员联系起来，具有虚拟的组织结构、虚拟的构成人员、虚拟的办公场所以及虚拟的核心能力的组织。虚拟组织是一种规模较小，但可以发挥主要商业职能的核心组织，虚拟组织决策集中化的程度很高，但部门化程度很低，或根本就不存在。虚拟结构是小型组织的一个可行性选择，它可以通过充分利用外部资源来实现低成本扩张经营。同时，对于那些需要相当大的灵活性以对时尚的变化做出迅速反应的企业如玩具、服装制造业比较适用。

（3）扁平化组织　扁平化组织的出现是近 10 年来西方经济发达国家大型企业为了降低生产经营成本，致力于组织结构缩编的结果。为了废除滋生官僚主义的等级制度，赋予一线管理人员更多参与决策的权力，从而提高管理效率，很多企业在这些年中，围绕着削减“肥胖”的中间管理层数量，创建“精瘦”的管理结构进行了一系列结构性调整。在采用扁平化组织结构的大型公司中，每个管理人员的管理范围增大，对管理人员的组织管理能力提出了更高要求。由于中间管理层次减少，一线管理人员在企业发展中的作用日益突出。他们直接面对市场，行使企业家职能，负有为公司创造和寻求新的增长机会的责任。而公司的高层领导负责确立宗旨和总体战略，通过授权来界定纳入控制和协调的企业家活动，并为企业家活动制定标准。

3.2.4 组织运作

为了充分体现组织结构在实现目标的过程中的重要作用，必须使它运转起来。使组织结构运转起来的前提是配备人员、确定职权，恰当的进行授权和分权。

1．职权

（1）职权与职责　职权是指由于占据组织中的职位而拥有的权力；与职权相对应的是职责，是指担当组织职位而必须履行的责任。职权是履行职责的必要条件与手段；职责则是行使权力所要达到的目的和必须履行的义务。

（2）职权类型　管理者的职权有三种类型：

1）直线职权，即直线人员所拥有的决策指挥权。

2）参谋职权，即参谋人员所拥有的咨询权和专业指导权。

3）职能职权，即由参谋人员所执行的、由直线主管人员授予的决策与指挥权。

2．授权

（1）授权的作用　授权有利于组织目标的实现；授权有利于领导者从日常事务中摆脱出来，集中力量处理重要决策问题；授权有利于激励下级，调动下级的工作积极性；授权有利于培养、锻炼下级。

（2）授权的要求　授权的要求有：依工作任务的实际需要授权；适度授权，该放给基层的权力一定要放下去，但也要防止授权过度；授权过程中，必须使下级职、责、权、利相当；实行最终职责绝对性原则，即上级授权给下级，但对工作的最终责任还是要由上级来承担；上级必须坚持有效监控原则，授权不等于放任自流，上级必须保有必要的控制。

3．集权与分权

（1）集权与分权的性质　集权与分权是指职权在不同管理层之间的分配与授予。职权的集中和分散是一种趋向性，是一种相对的状态。组织中的权力较多地集中在组织的高层，即为集权；权力较多地下放给基层，则为分权。

（2）*集权与分权的优缺点*　集权有利于组织实现统一指挥、协调工作和更为有效的控制；但另一方面，会加重上层领导者的负担，从而影响决策质量，并且，不利于调动下级的积极性。而分权的优缺点则正与集权相反。

（3）*决定集权与分权的因素*　决定集权与分权的因素关键在于所集中或分散权力的类型与大小。高层管理者应重点控制计划、人事、财务等决策权；而将业务与日常管理权尽可能多地放给基层。另外，应根据组织目标与环境、条件的需要正确决定集权与分权程度。现代管理中总的趋势是加强职权分权化。

4．非正式组织

非正式组织，也称为组织中的小团体，是组织成员在共同工作的过程中，由于抱有共同的社会感情而形成的非正式团体。非正式组织的作用在于维护其成员的共同利益，使之免受其内部个别成员的疏忽或外部人员的干涉所造成的损失。为此非正式组织中有自己的核心人物和领袖，有大家共同遵循的观念、价值标准、行为准则和道德规范等。

非正式组织的存在通常被认为是一把双刃剑。对企业发展积极的一面是：提高团队精神，调谐人际关系，充分体现人性化管理的优势；不利的一面是：降低管理的有效性，员工缺少创新精神。为了保证组织的高效运作，组织工作必须考虑非正式组织的影响。这有助于在组织工作中设计与维持组织目标与非正式组织目标的平衡，避免对立，并在领导与指导时对非正式组织加以利用，引导非正式组织作出积极的贡献。

3.3　管理的领导职能

3.3.1　领导职能的构成

1．领导与领导者

从管理学意义上来讲，领导的定义可概括为：领导是指领导者依靠影响力，指挥、带领、引导和鼓励被领导者或追随者，实现组织目标的活动和艺术。可见，领导与领导者是密不可分的。

（1）*领导包含领导者和被领导者两个方面*　领导者是指能够影响他人并拥有管理的制度权力、承担领导职责、实施领导过程的人。领导是领导者与被领导者的一种关系，如果没有被领导者，领导者将变成光杆司令，其领导关系也就不复存在。在领导过程中，下属都甘愿或屈从于领导者而接受领导者的指导。

（2）*领导活动需要由领导者实施*　领导是一种活动，是引导人们的行为过程，是领导者带领、引导和鼓舞部下去完成工作、实现目标的过程。

（3）*领导的基础是领导者的影响力*　领导者拥有影响被领导者的能力或力量，它们既包括由组织赋予的职位权力，也包括领导者个人所具有的影响力。一个领导者如果一味地行使职权而忽视社会和情绪因素的作用力，就会使被领导者产生逃避和反抗行为。当一个领导者的职位权威不足以说服下属从事适当的活动时，领导是无效的。

2．领导与管理

管理是指管理者为有效地达到组织目标，对组织资源和组织活动有意识、有组织、不断地进行的协调活动。管理具备四大功能：计划、组织、领导和控制。领导和管理既有区别又有联系。

（1）领导与管理的区别

1）领导是从战略的角度对系统的方向、目标、方针等重大问题进行谋划和决策；而管理则是在这类战略性的全局问题明确之后，不断地进行计划、组织、协调、控制等的贯穿执行过程。

2）从时间上看，领导活动注重的是全面的、长期的目标或方向；而管理则注重微观的、短期的成绩或效果。

3）从专业或行业上看，领导更注重其整体性、联合性；管理过程则更注重专业化，要求被管理的对象适合担任某项工作。这点在大型或超大型的企业体现得尤为明显。

（2）领导与管理的联系

1）管理过程包含着领导。即领导是从管理中分化出来的。

2）在领导活动和管理活动中有较强的兼容性和互补性。强调过分管理而领导无方，势必会造成重微观轻宏观、重短期行为忽视战略规划、过分注重专业化而轻视集体和整体的效应；领导有利而管理不足，则会导致强调长远规划不注意短期的计划和利益、太过注重群体文化而不注意细微的专业分工和规则等。

3．领导的作用

领导活动直接影响着现代化管理水平和经济效益的好坏，而领导的作用就是引导部下以最大的努力去实现企业的目标。领导者的作用具体表现在以下三个方面：

（1）指挥作用　在人们的集体活动中，需要有能高瞻远瞩、运筹帷幄的领导者，帮助成员认清所处的环境和形势，指明组织活动的目标和达到目标的途径。

（2）协调作用　由于组织成员的才能、工作态度、性格等不同，加上外部各种因素的干扰，人们在思想认识上发生各种分歧、行动上出现偏离目标的现象是不可避免的。因此，就要求领导者来协调人们之间的关系和活动，把大家团结起来，朝着共同的目标前进。

（3）激励作用　在现代企业中，大多数职工都具有积极工作的热情和愿望，但也未必能自动地长久保持下去。这主要是因为劳动仍然是现阶段谋生的手段，人们需求的满足还受到种种限制。这就需要有通情达理的领导者来为职工排忧解难，激发和鼓励他们的斗志，发掘、充实和加强他们积极进取的动力。

3.3.2　领导威信

1．权力的构成

领导的权力广义上来自两个方面：一是来自职位的权力，这是由领导者在组织中所处的地位赋予的，并由法律、制度明文规定，属正式权力。这种权力直接由职务决定其大小，以及拥有与丧失。二是来自领导者自身的个人权力，这种权力主要不是靠职位因素，而是靠领导者自身素质及行为赢得的。

具体来说，一个领导者究竟有没有权力，有多大权力，主要从以下六种权力进行分析：

（1）法定权　法定权是指领导者由于占据职位，有了组织授权而拥有的影响力。被领导者会认为理所当然的要接受领导者的领导。

（2）奖赏权　奖赏权是指领导者由于能够决定对下属的奖赏而具有的影响力。其下级为了获得奖赏而追随或服从领导。

（3）强制权 强制权是指领导者由于能够决定对下属的惩罚而拥有的影响力。下级出于恐惧的心理而服从领导。

（4）专长权 专长权是指领导者由于自身具有业务专长而拥有的影响力。下级会出于对领导者的信任与佩服而服从领导。

（5）表率权 表率权是指领导者率先垂范，由其表率作用而形成的影响力。下级会出于敬佩而追随与服从。

（6）亲和权 亲和权是指领导者借助与部下的融洽与亲密关系而形成的影响力。下级愿意追随与服从与自己有密切关系的领导。

2．权力的运用

权力是实现组织目标的必要条件，运用权力的目的就是保证有效地实现组织目标。正确、有效地运用权力，要注意以下几方面：

（1）正确处理权力的自主与制衡 在运用权力的过程中，既要保证管理者在所授权力范围内，独立自主地行使实现目标所必需的足够的权力，同时，又要对权力有必要、科学的制约，以保证正确地行使权力。

（2）科学地使用权力 要保证正确决策与指挥，就必须从实际出发，尊重客观规律，确保用权取得尽可能好的效果；运用权力要同民主管理相结合，同思想工作相结合，同身教相结合；正确处理相关人员的职权关系，严格进行职权界定，使职权范围明晰化。

（3）加大奖惩力度 在运用权力时，重视奖惩效应，加大奖惩力度，放大奖惩效应。奖惩中要注意：要以事实为根据，同时要针对奖惩对象及其他人敏感的需要或心理选择奖惩形式。

3．威信的树立

威信，实际上是一种影响力,即一个人在与他人的交往中，影响和改变他人的心理和行为的能力。领导者对个人和组织的影响力来自两方面：一是职位权力影响力；二是个人权力影响力。

（1）职位权力影响力 职位权力影响力与特定的个人没有必然的联系，它只同职务相联系，其特点是带有强迫性。它主要由几方面的因素组成：

1）职位因素。职务越高，权力越大，影响力也就越强。

2）资历因素。一般而言，人们对资历较深的领导者，心目中比较尊敬，因此其言行也容易在人们的心灵中占据一定的位置。

3）传统因素。人们一般都有这种观念，领导者不同于普通人，是有能力、有水平的，因而有一种服从感。

（2）个人权力影响力 个人权力影响力是由于领导者的个人经历、地位、人格特殊品质和才能而产生的影响力，它可以使下属心甘情愿的、自觉的跟随领导者。这种权力对下属的影响比职位权力更具有持久性。构成这种影响力的因素主要有：

1）品格因素。主要包括领导者的道德、品行、人格等。优良的品格会给领导者带来巨大的影响力。因为品格是个人的本质表现，好的品格能使人产生敬爱感，并能吸引人，使人模仿。

2）才能因素。才干通过实践来体现，主要反映在工作成果上。一个有才干的领导者，会给事业带来成功，从而使人们对他产生敬佩感，吸引人们自觉地接受其影响。

3）知识因素。一个人的才干是与知识紧密联系在一起的。“知识就是力量”，知识丰富的领导者，容易取得人们的信任，并由此产生信赖感和依赖感。

4）感情因素。感情是人的一种心理现象，人与人之间建立了良好的感情关系，便能产生亲切感；相互的吸引力越大，彼此的影响力也越大。

职位权力影响力和个人权力影响力对于领导树立威信都是必要的。然而，后者的作用往往更加重要。因为，领导者由于其职位因素，已经具备了职位权力影响力，在此基础上，能否进一步树立和巩固威信，增强影响力，则主要取决于自身的品格、才能、知识、情感因素。因此，领导者靠自身努力，加强自身修养，提高自身素质，是在实践中树立领导威信，增强影响力的关键所在。

4．领导艺术

领导工作是一门科学，也是一门艺术。掌握领导方法，灵活地运用领导艺术，是领导者必须具备的基本功。领导艺术是领导者知识、经验、智慧、胆略的综合反映，是领导者的素质、能力的体现。领导艺术的内容包括沟通、激励和指导的艺术，以及决策艺术、用权艺术、授权艺术、用人艺术等。

用人的方法和艺术在领导工作中占有特别重要的位置。1938 年毛泽东把领导者的职责归结为：“出主意，用干部”，将领导的决策与用人放在同等重要的位置。领导者用人的艺术主要有：合理选择，知人善任；扬长避短，宽容待人；合理使用，积极培养。

在用权和授权方面，要注意规范化用权和合理授权。决断艺术包括指令明确、决断及时、善于调动他人的积极性、借用外脑等。在人际沟通方面，注意态度和蔼、平等待人、积极倾听和创造互信环境；处理人际纠纷时，要严己宽人、讲究策略、把握主动等。

领导艺术建立在主管人员个人的经验、素养和洞察力的基础上，认真讲求领导艺术，有助于提高工作的有效性，有助于密切主管人员和员工的关系，从而有利于组织目标的实现。

3.3.3 激励

1．激励的基本原理

从心理学角度讲，激励是指激发人的行动动机的心理过程，是一个不断朝着期望的目标前进的循环的动态过程。简言之，就是在工作中调动人的积极性的过程。

激励是对人的一种刺激，是促进和改变人的行为的一种有效的手段。激励的过程就是管理者引导并促进工作群体或个人产生有利于管理目标行为的过程。每一个人都需要激励，在一般情况下，激励表现为外界所施加的推动力或吸引力转化为自身的动力，使得组织的目标变为个人的行为目标。可以从以下三个方面来理解激励这一概念及其基本原理。

（1）*激励是一个过程*　人的很多的行为都是在某种动机的推动下完成的。对人的行为的激励，实质上就是通过采用能满足人需要的诱因条件，引起行为动机，从而推动人采取相应的行为，以实现目标，然后再根据人们新的需要设置诱因，如此循环往复。

（2）*激励过程受内外因素的制约*　各种管理措施，应与被激励者的需要、理想、价值观和责任感等内在的因素相吻合，才能产生较强的合力，从而激发和强化工作动机，否则不会产生激励作用。

（3）*激励具有时效性*　每一种激励手段的作用都有一定的时间限度，超过时限就会失效。因此，激励不能一劳永逸，需要持续进行。

小资料：员工被激励的程度与其工作绩效密切相关。实践证明，经过激励的工作行为与未经激励的行为，其工作效果大不相同，激励能够使员工充分发挥其能力，实现工作的高质量和高效率。美国哈佛大学心理学家威廉·詹姆士通过对员工激励的研究发现，在计时工资制下，一个人若没有受到激励，仅能发挥其能力的20%~30%；如果受到正确而充分的激励，其能力就能发挥到80%~90%，甚至更高。由此他得出一个公式：工作绩效=能力×动机激发。这就是说，在个体能力不变的条件下，工作成绩的大小取决于激励程度的高低。激励程度越高，工作绩效越大；反之，激励程度越低，工作绩效就越小。

2．激励的基本理论

（1）内容型激励理论　内容型激励理论（Content theories）着重研究激发人们行为动机的各种因素。由于需要是人类行为的原动力，因此这一理论实际上是围绕人们的各种需要来进行研究的，故又把这种理论称之为需要理论。内容型激励理论主要包括：马斯洛的需求层次理论、赫兹伯格的双因素理论、哈克曼和奥德海姆的工作特性模型等。

1）需要层次理论。马斯洛（Maslow）在1943年出版的《人类激励理论》一书中，首次提出需要层次理论，认为人们的需要包括由低到高的五个层次：生理需要、安全需要、社会需要、尊重需要和自我实现需要。马斯洛认为：五种需要像阶梯一样从低到高，按层次逐级递升，但这种次序不是完全固定的，可以变化。一般来说，某一层次的需要相对满足了，就会向高一层次发展，追求更高一层次的需要就成为驱使行为的动力。相应地获得基本满足的需要就不再是一股激励力量。

2）双因素理论。美国心理学家赫茨伯格（Herzberg）于20世纪50年代后期通过调查研究发现，促使员工在工作中产生满意感的因素往往与工作本身有直接联系，称为激励因素；产生不满意的因素往往与工作环境或条件相联系，称为保健因素。他认为，良好的保健因素只能使员工的不满意感消除，这类因素是不能产生激励作用的，只有与工作本身有关的因素才是激励因素。

3）哈克曼（Hackman）和奥德海姆（Oldham）的工作特性模型。他们认为具有较高激励性的工作应具备以下五个特征：①技能的多样性。②工作的完整性。③任务的重要性。④主动性。⑤反馈性。此工作特性模型对工作设计有较大的指导价值。

（2）过程型激励理论　过程型激励理论（Process theories）着重研究人从动机产生到采取行动的心理过程。这类理论表明，要使员工出现企业期望的行为，须在员工的行为与员工需要的满足之间建立起必要的联系。过程型激励理论主要有：期望理论、目标理论、公平理论等。

1）期望理论。期望理论是美国心理学家佛隆（V.H.Vroom）于1964年在《工作与激励》一书中提出来解释行为激发强度的一种理论。其基本思想可用公式表示如下：$F=V\cdot E$，即：动机强度=Σ效价×期望，其中，动机强度是积极性的激发程度，表明一个人为实现一定的目标将作出何等的努力；效价是指个人对一定目标重要性的评价；期望值是个人对实现目标可能性的估计，即目标实现的概率。公式表明，效价越大，期望值越高，行为动机就越强烈。效价的大小并没有客观标准，主要取决于个人对它的评价。

2）目标理论。目标理论最早由美国马里兰大学心理学教授洛克（E.A.Locke）于1968年提出。他通过大量的实验研究和现场试验，发现大多数激励因素，如奖励、工作评价与反馈、期望、压力等，都是通过目标来影响工作动机的，目标是引起行为的最直接动机。也就是说，合适的目标，即具体的、难度较大的而又为员工所接受的目标所具有的激励作用最大。

3）亚当斯（J.S.Adams）的公平理论。公平理论认为个人不仅关心自己经过努力获得的报酬的绝对数量，也关心自己的报酬和其他人报酬的关系。人们的这种对公平与否的判断会对自己工作积极性产生影响。消除不公平的方法主要有：建立以岗位技能为基础的评定工资制；奖酬制度公开化；职工奖励决策；采取职务评价法等。

（3）强化型激励理论　强化理论的主要代表人物是斯金纳（Skinner）。他着重研究人的行为的结果对行为的反作用。他发现，当行为的结果有利于个体时，这种行为就可能重复出现，行为的频率就会增加。凡能影响行为频率的刺激物，即称为强化物（在企业中常常为各种各样的奖酬）。

（4）综合型激励理论　上述三种激励理论是从各自的角度阐述激励规律。到20世纪60年代后期以波特（L.W.Porter）和劳勒（E.E.Lawler）为代表的行为科学家，把一些主要的激励理论兼容汇合成为一个综合型激励模式，这个模式含有努力、绩效、能力、环境、认识、奖酬、公平感和满足等多个变量，它告诉我们要使激励产生预期的效果，必须考虑一系列的综合因素。

3．激励理论的应用原则

科学地运用激励理论，可以有效地激发员工的潜力，使组织目标和个人目标在实现中达到统一，进而提高组织的经营效率。正确地激励应遵循以下原则：

（1）组织目标与个人目标相结合的原则　在激励中设置目标是一个关键环节。目标设置必须以体现组织目标为要求，否则激励将偏离组织目标的实现方向。目标设置还必须能满足员工个人的需要，否则无法提高员工的目标效价，达不到满意的激励强度。只有将组织目标与个人目标结合好，才能收到良好的激励效果。

（2）物质激励与精神激励相结合的原则　员工存在物质需要和精神需要，相应地激励方式也应该是物质与精神激励相结合。随着生产力水平和人员素质的提高，应该把重心转移到满足较高层次需要即社交、自尊、自我实现需要的精神激励上去，但也要兼顾好物质激励。物质激励是基础，精神激励是根本，在两者结合的基础上，逐步过渡到以精神激励为主。

（3）外在激励与内在激励相结合的原则　凡是满足员工对工资、福利、安全、环境、人际关系等方面需要的激励，叫做外在激励；满足员工自尊、成就、晋升等方面需要的激励，叫内在激励。实践中，往往是内在激励使员工从工作本身取得了很大的满足感。

（4）正强化与负强化相结合的原则　在管理中，正强化与负强化都是必要而有效的，通过树立正面的榜样和反面的典型，扶正祛邪，形成一种良好的风气。产生无形的压力，使整个群体和组织行为更积极、更富有生气。但鉴于负强化具有一定的消极作用，容易产生挫折心理和挫折行为，因此，管理人员在激励时应把正强化和负强化巧妙地结合起来，以正强化为主，负强化为辅。

4．精神激励的主要方式

精神激励是十分重要的激励手段，它通过满足员工的自尊、自我发展和自我实现的需要，在较高层次上调动员工的工作积极性，激励深度大，效果维持时间长。精神激励主要有目标激励、榜样激励、信任关怀激励、兴趣激励等。

（1）目标激励　所谓目标激励方法就是给员工确定一定的目标，以目标为诱因驱使员工去努力工作，以实现自己的目标。任何组织的发展都需要有自己的目标，任何个人在自己需要的驱使下也会具有个人目标。目标激励必须以组织的目标为基础，要求把组织的目标与员工的个人目标结合起来，使组织目标和员工目标相一致。

（2）*榜样激励* 通过组织树立的榜样使组织的目标形象化，号召组织内成员向榜样学习，从而提高激励力量和绩效。运用榜样激励法，首先要树立榜样，选择榜样时要注意榜样的行为确实是组织中的佼佼者，这样才能使人信服。其次，要对榜样的事迹广为宣传，使组织成员都能知晓，使学习的目标明确。还有非常重要的一环就是给榜样以明显的使人羡慕的奖酬，这些奖酬中当然包括物质奖励，但更重要的是无形的受人尊敬的奖励和待遇，这样才能提高榜样的效价，使组织成员学习榜样的动力增加。

（3）*信任关怀激励* 组织的管理者为下属创造一个宽松的工作环境，给员工以充分的信任，使其充分发挥自己的聪明才智；时时关心员工疾苦，了解员工的具体困难，并帮助其解决，使其产生很强的归属感。

（4）*兴趣激励* 兴趣对人的工作态度、钻研程度、创新精神的影响是巨大的，往往与求知、求美、自我实现密切联系。在管理中只要能重视员工的兴趣因素，就能实现预期的精神激励效果。国内外都有一些企业允许甚至鼓励员工在企业内部双向选择，合理流动，包括员工找到自己最感兴趣的工作。

3.3.4 沟通

1. 沟通的基本模式

企业管理过程中每一件事都包含着沟通的任务。管理者没有信息就不可能作出决策，而一旦作出决策，没有沟通就不可能实现目标。沟通是指信息从发送者到接受者的传递和理解的过程。

沟通的基本模式是：沟通过程中，有一位发送者，他制作信息，传递给接受者。接受者收到信息后，立即将信息加以破解，然后再采取行动，如果他的行动符合信息发送者的原意，就可以说沟通成功了。具体来说，沟通应包括以下要素：

1）发送者需要向接受者传送信息。这里所说的信息包括很广，诸如想法、观点、资料等。

2）发送者需将信息作成接受者能够理解的一系列符号。为了有效的沟通，这些符号必须能够符合适当的媒体。例如，如果媒体是书面报告，符号的形式应选择文字、图表、照片。

3）将上述符号传递给接受者。由于选择的符号种类不同，传递的方式也不同。传递的方式可以是书面的，也可以是口头的，甚至还可以通过形体动作来表示。

4）接受者接受这些信息。接受者根据这些符号传递的方式，选择相应的接受方式。

5）接受者破译、理解信息的内容。

6）接受者执行理解后的信息内容。

7）通过反馈完成双向沟通，从而了解信息是否被准确无误的接受。

2. 沟通类型

（1）*按照沟通媒介划分* 按照沟通媒介划分，沟通可划分为口头沟通、书面沟通、非语言沟通、电子媒介沟通等。这是组织中使用最普遍的沟通方式。它们之间的比较见表3-2。

表 3-2 沟通方式比较

沟通方式	举例	优点	缺点
口头	交谈、讲座、讨论会、电话	快速传递、快速反馈、信息量很大	传递中经过层次越多信息失真越严重，核实越困难
书面	报告、备忘录、信件、文件、内部期刊、布告	持久、有形、可以核实	效率低，缺乏反馈
非语言	体态、语调	内涵丰富、含义隐含、灵活	传递距离有限、界限模糊、只能意会，不可言传
电子媒介	传真、闭路电视、计算机网络、电子邮件	快速传递、信息容量大、一份信息可以同时传递给多人、廉价	信息交流对技术、网络依赖较强

（2）按照组织系统划分　按照组织系统划分，沟通可分为正式沟通和非正式沟通。

1）正式沟通。正式沟通是通过组织明文规定的渠道所进行的信息传递与交流。正式沟通的优点是正规、权威性强、沟通效果好，管理系统的信息都应采用这种沟通方式。其缺点是对组织机构依赖性较强而造成速度迟缓，沟通形式刻板，如果组织管理层次多，沟通渠道长，容易形成信息损失。

2）非正式沟通。非正式沟通是指在正式沟通渠道以外信息的自由传递与交流。这类沟通主要是通过个人之间的接触来进行的，比较灵活方便。员工中的人情交流、生日聚会、工会组织的文娱活动、走访、议论某人某事、传播小道消息等都属于非正式沟通。非正式沟通中往往能表露人们的真实想法和动机，还能提供组织没有预料的或难以获得的信息。但非正式沟通中的信息常常被夸大、曲解，因而需要慎重对待。

（3）按照信息传递的方向划分　按照信息传递的方向划分，沟通可分为下行、上行、平行和斜向沟通。

1）下行沟通。下行沟通是指信息自上而下的沟通。如上级把企业战略有目标、管理制度、政策、工作命令、有关决定、工作程序及要求等传递给下级。下行沟通顺畅可以帮助下级明确工作任务、目标及要求，增强其责任感和归属感，协调企业各层次的活动，增强上下级之间的联系等。但在逐层向下传达信息时应注意防止信息误解、歪曲和损失，以保持信息的准确性和完整性。

2）上行沟通。上行沟通是指自下而上点面结合的沟通。如下级向上级反映意见、汇报工作情况、提出意见和要求等。上行沟通是管理者了解下属和一般员工意见及想法的重要途径。上行沟通中应防止信息层层“过滤”，尽量保证真实性和准确性。

3）平行沟通。平行沟通是指组织内部平行机构之间或同一层级人员之间的信息交流。如组织内部各职能部门之间、车间之间、班组之间、员工之间的信息交流。平行沟通是加强各部门之间的联系、了解、协作与团结，减少各部门之间的矛盾和冲突，改善人际关系和群际关系的重要手段。

4）斜向沟通。斜向沟通是指处于不同层次的没有直接隶属关系的成员之间的沟通。这种沟通方式有利于加速信息的流动，促进理解，并为实现组织的目标而协调各方面的努力。

3．沟通障碍与有效沟通

（1）沟通障碍　在人们沟通信息的过程中，常常会受到各种因素的影响和干扰，使沟通受到阻碍。沟通障碍主要来自三个方面：发送者的障碍；接受者的障碍；信息传播通道的障碍。

1）发送者的障碍。在沟通过程中，信息发送者的情绪、倾向、个人感受、表达能力、判断力等都会影响信息的完整传递。障碍主要表现在：①表达能力不佳。②信息传送不全。③信息传递不及时或不适时。④对信息的过滤，即故意操纵信息，使信息显得对接受者更有利，“报喜不报忧”就是典型的信息过滤行为。

2）接受者的障碍。从信息接受者的角度看，影响信息沟通的因素主要有四个方面：①信息译码不准确。接受者对信息产生误解，甚至有相反的理解。②对信息的筛选。接受者按照自己的需要对信息进行选择，造成信息的不完整甚至失真。③对信息的承受力。对于承受能力较低的人来讲，如果信息过量，难以全部接受，就会造成信息的丢失而产生误解。④心理上的障碍。接受者对发送者不信任，敌视或冷淡、厌烦，或者心理紧张、恐惧，都会歪曲或拒绝接受信息。

3）沟通通道的障碍。沟通通道障碍主要有以下几个方面：①选择沟通媒介不当。比如对于重要事情而言，口头传达效果较差，因为接受者会认为“口说无凭”、“随便说说”而不加重视。②几种媒介相互冲突。当信息用几种形式传送时，如果相互之间不协调，会使接受者难以理解传递的信息内容。如领导表扬下属时面部表情很严肃甚至皱着眉头，就会让下属感到迷惑。③沟通渠道过长。组织机构庞大，内部层次多，中间环节太多，容易使信息损失较大。④外部干扰。信息沟通过程中经常会受到自然界各种物理噪声、机器故障的影响或被另外事物干扰所打扰，也会因双方距离太远而沟通不便，影响沟通效果。

小资料：有一个笑话说，主人请客吃饭，眼看约定的时间已过，只来了几个人，不禁焦急地说：“该来的没有来”，已到的几位客人一听，扭头就走了两位。主人意识到他们误解了他的话，又难过得说：“不该走的走了”，结果剩下的客人也都气乎乎地走了。

（2）有效沟通的原则　有效的沟通，需要遵循以下原则：

1）明确沟通的目标。管理沟通作为一种有意识的自觉行为，必须在沟通之前，规定明确的目标，这样才能有的放矢。

2）具备科学的思维。思维是沟通的基础。只有正确的思维，才会有有效的沟通，否则就不可能有成功的沟通。科学的思维有两点要求：一是要正确处理信息，能认识事物的本质，抓住问题的关键；二是要形成清晰的沟通思路，构思出周密的沟通方案。

3）管制信息流。要对所沟通的信息进行科学处理，提高信息的质量；同时要对信息进行必要的过滤，去掉无关紧要的信息。

4）选择恰当的沟通渠道与方式方法。要根据沟通目标、沟通内容和沟通对象等方面的需要，正确地选择沟通渠道、媒介及相应地沟通方式与方法，从而保证在传递过程中的效率和质量。

5）讲究语言艺术。管理者要讲究语言艺术，提高沟通语言的简练性、准确性、针对性和趣味性，以提高沟通的有效性。

6）了解沟通对象，增强沟通针对性。沟通对象的需要、心理、知识、个性等因素对沟通效果影响也是很大的，管理者有必要增强对沟通对象的了解，以保证沟通效果。

7）及时地运用反馈。反馈可以排除干扰和信息失真，增强沟通的有效性。

小资料：美国管理协会总结出沟通中应注意的十个问题：①沟通前先将概念澄清。②检讨沟通的真正目的。③考虑好沟通时的一切环境。④计划沟通内容时，应尽可能听取他人的意见。⑤做好必要的记录。⑥可能时，尽量传递有效资料。⑦应有必要的反馈。⑧沟通时不仅要着眼于当前，更要着眼于未来。⑨言行一致。⑩应成为一位好听众。

3.4 管理的控制职能

3.4.1 控制概述

1. 控制的概念与作用

控制是管理的一项重要的职能，它与计划、组织、领导工作是相辅相成、互相影响的，它们共同被视为管理链的四个环节。所谓控制就是指为了实现组织目标、以计划为标准，由管理者对被管理者的行为活动进行检查、监督、调整等的管理活动过程。

在现代管理活动中，控制既是一次管理循环的终点，是保证计划得以实现和组织按既定的路线发展管理的职能，又是新一轮管理循环的起点，要保证组织的活动按照计划进行，控制是必不可少的。控制主要有两大作用：一是检验作用。它检验各项工作是否按预定计划进行，同时也检验计划的正确性和合理性；二是调节作用，在计划的执行过程中，对原计划进行修改并调整整个管理过程。

2. 控制的要求

（1）适时控制　组织活动中产生的偏差只有及时采取措施加以纠正，才能避免偏差的扩大，或防止偏差对组织不利影响的扩散。纠正偏差的最理想方法应是在偏差未产生以前就注意到偏差产生的可能性，从而预先采取必要的防范措施，防止偏差的产生。

（2）适度控制　适度控制即控制的范围、程度和频度要恰到好处。为此应注意以下几个问题：

1）防止控制过多或控制不足。

2）处理好全面控制与重点控制的关系。

3）使花费一定的控制费用得到足够的控制效益。

（3）客观控制　有效的控制必须是客观的，符合组织实际的。为此，控制过程中必须要贯彻“实事求是”的思想，必须要客观的了解和评价被控制对象的活动状况及其变化，必须深入实地调查研究。

（4）弹性控制　在控制中应建立信息反馈控制系统，通过该系统使被控制对象能够实现自我控制、灵敏适应环境。

3. 控制的类型

（1）按控制的目的和对象划分　按控制目的和对象划分，分为纠正执行偏差和调整控制标准两种类型。纠正执行偏差是使执行结果符合控制标准的要求，为此需要将管理循环中的实施环节作为控制对象，这种控制的目的就是为缩小实际情况与控制目标的偏差，即负馈控制。后者则是使控制标准发生变化，以便更好地符合内外现实环境条件的要求，其控制作用的发生主要体现在管理循环中的计划环节，也就是这种控制对象包括了控制标准本身，这种控制的目的就是使控制标准产生变动，使之与实际情况更接近，即正馈控制。

（2）按控制信息获取的时间划分　控制职能可以按照活动的位置，即侧重于控制事物进程的哪一阶段而划分为三种类型：前馈控制、现场控制和反馈控制。

1）事先识别和预防偏差的控制称为前馈控制，有时也称为预备式控制或预防式控制。

前馈控制旨在获取有关未来的信息，依此进行反复认真的预测，将可能出现的执行结果与计划要求的偏差预先确定出来，或者事先察觉内外环境可能发生的变化，以便提前采取适当的处理措施预防问题的发生。这种控制把重心放在流入组织的人力、物料和财务资源上，其目的在于保证高质量的投入。

2）现场控制则是一种同步、实时的控制，即在活动进行的同时就施予控制。管理者亲临现场进行指导和监督，就是一种最常见的现场控制活动。

3）反馈控制是在活动完成之后，通过对已发生的工作结果的测定，发现偏差和纠正偏差，或者是在内外环境条件已经发生了重大变化，导致原定标准和目标脱离现实时，采取措施调整计划。

（3）按采用的手段划分　按采用的手段不同，可以把控制划分为直接控制和间接控制两种类型。直接控制是控制者与被控制对象直接接触进行控制的形式。间接控制是控制者与被控制对象之间并不直接接触，而是通过中间媒介进行控制的形式。

3.4.2 控制的过程

1. 确定标准

要控制就要有标准，目标和计划是控制的总标准。为了对各项业务活动实施控制，还必须以总标准为依据设置更加具体的标准，如实物标准、成本标准、资本标准、收益标准、计划标准等等。在实际工作中，不管采用哪种类型的标准，都需要按照控制对象的特点来决定。

2. 衡量绩效

衡量绩效就是按照标准衡量工作实际绩效达到标准的程度，其实也是控制当中信息反馈的过程。在确定了标准以后，为了确定实际工作的绩效究竟如何，管理者首先需要收集必要的信息，考虑如何衡量和衡量什么。当工作实际绩效与标准产生差异时，就说明工作出现偏差。这一步骤包括两个方面内容：一是搜集反映实际绩效的信息；二是比较实际绩效与标准找出差异。

3. 纠正偏差

采用必要的措施纠正偏差是控制过程的关键。利用科学的方法，依据客观的标准，对工作绩效的衡量，可以发现计划中出现的偏差。纠正偏差就是在此基础上，分析偏差产生的原因，制定并实施必要的纠正措施。这项工作使得控制过程得以完整，并将控制与管理的其他职能相互联结。通过纠偏，使组织计划得以遵循，使组织结构和人事安排得到调整。

3.4.3 控制的方法

1. 预算控制

预算是以财务术语（如收入、费用以及资金等）或者以非财务术语（如直接工时、材料、实物销售量和生产量等）来表明组织预期要达到的目标，以此为标准来控制执行工作中的偏差，用数字编制的反映组织在未来某一个时期的综合计划和控制手段。预算可以称作是“数字化”或“货币化”的计划，它通过财务形式把计划分解落实到组织的各层次和各部门中去，使主管人员能清楚地了解哪些资金由谁来使用、计划将涉及到哪些部门和人员、多少费用、多少收入，以及实物的投入量和产出量等。预算的种类很多，概括起来可以分为以下几种：

（1）收支预算　收支预算是指组织在预算期内以货币单位表示的收入和经营费用支出的

计划预算，收入预算必须尽可能准确地估计各项收入的数量和时间，并努力提高其实现的可靠性。

（2）实物量预算　这是一种以实物单位来表示的预算，是货币量收支预算的重要补充。常用的实物量预算的单位包括直接工时数、台时数、原材料数量、面积、重量和体积等。

（3）资本支出预算　资本支出预算概括了专门用于厂房、机器、设备、库存和其他一些类目的资本支出。由于资本通常是企业最有限制性的因素之一，而且这类预算数额大、回收周期长，因此需要慎重考虑，单独列支，并将它与组织的长期计划工作密切结合起来。

（4）负债预算　这是指考虑一定时期的资产、债务和资本等账户的情况，设计筹资方式、途径和数量以及还款时间、方式和能力，防止出现"资不抵债"的情况，保持财务收支的平衡。从某种意义上说，这种预算是组织中最重要的一种控制。

（5）总预算　通过编制预算汇总表，可以用于公司的全面业绩控制。它把各部门的预算集中起来，反映了公司的各项计划，从中可以看到销售额、成本、利润、资本的运用、投资利润及其相互关系。总预算可以向最高管理层反映出各个部门为了实现公司总的奋斗目标而运行的具体情况。

2. 非预算控制

（1）审计法　审计是一种常用的控制方法，财务审计与管理审计是审计控制的主要内容。所谓财务审计是以财务活动为中心内容，以检查并核实账目、凭证、财物、债务以及结算关系等客观事物为手段，以判断财务报表中所列出的综合的会计事项是否正确无误，报表本身是否可以信赖为目的的控制方法。通过这种审计还可以判明财务活动是否符合财经政策和法令。所谓管理审计是检查一个单位或部门管理工作的好坏，评价人力、物力和财力的组织及利用的有效性。其目的在于通过改进管理工作来提高经济效益。

（2）统计报告法　统计报告法是使用统计方法对大量的数据资料进行汇总、整理、分析，以各种统计报表的形式及分析报告形式，自下而上向组织中有关管理者提供控制信息。使用这种方法，要求企业具备良好的基础工作，有健全的原始记录和统计资料。管理者通过阅读和分析统计报表及有关资料，找出问题、分析问题并解决问题。

（3）财务报表分析　财务报表是用于反映企业经营的期末财务状况和计划期内的经营成果的数字表。财务报表分析，也称经营分析，就是以财务报表为依据来判断企业经营的好坏，并分析企业经营的优劣势。它主要包括：利润率分析，指分析企业收益状况的好坏；流动性分析，指分析企业负债与支付能力是否相适应，资金的周转状况和收支状况是否良好等；生产率分析，指分析企业在计划期间内生产出多少新的价值，又是如何进行分配将其变为人工成本、应付利息和净利润的。

【复习思考题】

1. 什么是计划？计划工作的程序和方法是怎样的？
2. 什么是目标管理？目标管理的基本步骤有哪些？
3. 什么是组织？从事组织设计应遵循哪些原则？
4. 组织结构主要有哪些类型？各种类型有什么优缺点？
5. 怎样合理授权？
6. 领导权力如何构成？怎样合理运用？

7. 如何树立领导威信？
8. 激励的基本理论有哪些？如何应用这些理论？
9. 沟通有哪些类型？如何实现有效沟通？
10. 什么是控制？控制的方法有哪些？

【案例分析】

案例分析之一

巴恩斯医院

某一天，产科护士长黛安娜给巴恩斯医院的院长戴维斯博士打来电话，要求立即做出一项新的人事安排。从黛安娜的急切声音中，院长感觉到一定发生了什么事，因此要她立即到办公室来。5min 后，黛安娜递给了院长一封辞职信。

"戴维斯博士，我再也干不下去了，"她开始申述："我在产科当护士长已经四个月了，我简直干不下去了。我怎么能干得了这工作呢？我有两个上司，每个人都有不同的要求，都要求优先处理。要知道，我只是一个凡人。我已经尽最大的努力适应这种工作，但看来这是不可能的。让我给举个例子吧，请相信我，这是一件平平常常的事。像这样的事情，每天都在发生。"

"昨天早上 7:45，我来到办公室就发现桌上留了张纸条，是杰克逊（医院的主任护士）给我的。她告诉我，她上午 10 点钟需要一份床位利用情况报告，供她下午在向董事会作汇报时用。我知道，这样一份报告至少要花一个半小时才能写出来。30min 以后，乔伊斯（黛安娜的直接主管，基层护士监督员）走进来质问我为什么我的两位护士不在班上。我告诉她，雷诺兹医生（外科主任）从我这要走了她们两位，说是急诊外科手术正缺人手，需要借用一下。我告诉她，我也反对过，但雷诺兹坚持说只能这么办。你猜，乔伊斯说什么？她叫我立即让这些护士回到产科部。她还说，一个小时以后，她会回来检查我是否把这事办好了！我跟你说，这样的事情每天都发生好几次的，一家医院就只能这样运作吗？"

案例分析问题：
1. 这家医院的组织结构是怎样的？
2. 有人越权行事了吗？
3. 这个案例中，我发现了什么问题？

案例分析之二

赵副厂长该怎么办

某汽车零件制造厂的赵副厂长，分管生产。一个月前，他为了搞好生产，掌握第一手资料，就到第一车间甲班去蹲点调查。一个星期后，他发现工人的劳动积极性不高，主要原因是奖金太低，所以每天工人多的生产二十几只零件，少的生产十几只零件。

赵副厂长和厂长等负责人商量后，决定搞个定额奖励试点，每天每人以生产 20 只零件为标准，超过 20 只零件后，每生产一只零件奖励 0.5 元。这样，全班 23 个人都超额完成工作任务，最少的每天生产 29 只零件，最多的每天生产 42 只零件，这样一来，工人的奖金额大大超过了工资，使其他班、其他车间的工人十分不满。

于是，赵副厂长不得不修改了奖励标准，工人每天生产 30 只零件后，每生产一只零件奖励 0.5 元，这样一来，全班平均产量每天只维持在 33 只左右，最多的人不超过 35 只，赵副厂长观察后发现，工人并没有全力生产，离下班还有一个半小时左右，只要 30 只任务已完成了，他们就开始休息了。他不知道如何进一步来调动工人的积极性了。

案例分析问题：

1．赵副厂长在激励员工时采取的措施有什么不妥之处吗？

2．如果你是赵副厂长，会如何处理这个问题？

3．请运用所学知识，为该厂设计一个较合理的激励方案。

【技能实训】

1．实训目的：使学生学会运用企业管理各项具体职能。

2．实训内容与方式：

1）请分组模拟创办一家公司，结合所学组织结构内容，构建公司组织框架，并制定组织目标和相关行动方案。结束后，对比、讨论各自优劣。

2）阅读伟人或企业家传记，总结他们的领导风格与特点，进行交流。

3）就班级中的某一项工作，与老师沟通，然后进行书面总结。

3．实训成果：提供上述实训内容的设计报告或小论文。

第 4 章　企业经营战略

【学习目标】

1. 知识目标

- 了解企业经营环境。
- 熟悉企业经营战略的概念、特征及主要内容。
- 理解企业经营战略的不同类型、企业经营战略的实施与控制。
- 掌握 SWOT 分析法、企业经营战略的制定程序与方法。

2. 能力目标

- 能分析企业的外部和内部环境。
- 能参与企业经营战略的选择和制定。

【导入案例】

沃尔玛的新战略

沃尔玛公司是全球规模最大的零售巨头，其年销售额逾 3000 亿美元。如今它正面临着增长速度不断减缓的尴尬境地，并且公司在全球各地以及美国东北部地区的转型历程也并非一帆风顺，于是它开始踏上改革之路。在 2006 年 8 月份召开的公司年度股东会议上，沃尔玛公司首席执行官李 · 斯科特（Lee Scott）概要介绍了新战略的主要内容，他还引用公司创始人山姆 · 沃尔顿（Sam Walton）的名言说道："旧方法已经时过境迁，万事万物时刻都在变化。只有领先变化而动，我们才能获得成功。"

沃尔玛公司（Wal—Mart）以前瞄准的目标市场是钟爱折扣购物的工薪阶层消费者；当这一市场已经达到饱和状态之后，沃尔玛开始将商品种类扩展到有机食品、中高档酒类、高端消费电子产品以及流行服饰等领域，从而将其低价战略逐渐对准中高端顾客群体。沃顿商学院的教员以及市场分析人士认为，虽然该战略蕴藏着一定程度的风险，但这也是沃尔玛公司在激烈的市场竞争以及缺乏其他增长机遇的双重压力之下的必然出路。

启示：企业要在激烈的市场竞争中取胜，必须根据环境的变化改变公司的战略。

4.1　企业经营环境分析

4.1.1　企业外部环境分析

1. 宏观环境分析

企业宏观环境是指那些来自企业外部对企业战略产生影响、发生作用的主要社会力量。企业宏观环境可以概括为四大类：政治法律环境、经济环境、社会文化环境、科技环境。

（1）政治法律环境　政治法律环境是指一个国家或地区的政治制度、体制、方针政策、法律法规等方面。这些因素常常制约、影响企业的经营行为，尤其是影响企业较长期的投资行为。

政治环境分析主要要分析国内的政治环境和国际的政治环境。国内的政治环境包括以下一些要素：①政治制度。②政党和政党制度。③政治性团体。④党和国家的方针政策。⑤政治气氛。国际政治环境主要包括：①国际政治局势。②国际关系。③目标国的国内政治环境。

法律环境分析要分析的因素主要有：①法律规范，特别是和企业经营密切相关的经济法律法规，如《公司法》、《中外合资经营企业法》、《合同法》、《专利法》、《商标法》、《税法》、《企业破产法》等。②国家司法执法机关。在我国主要有法院、检察院、公安机关以及各种行政执法机关。与企业关系较为密切的行政执法机关有工商行政管理机关、税务机关、物价机关、计量管理机关、技术质量管理机关、专利机关、环境保护管理机关、政府审计机关。此外，还有一些临时性的行政执法机关，如各级政府的财政、税收、物价检查组织等。③企业的法律意识。企业的法律意识是法律观、法律感和法律思想的总称，是企业对法律制度的认识和评价。企业的法律意识，最终都会物化为一定性质的法律行为，并造成一定的行为后果，从而构成每个企业不得不面对的法律环境。④国际法所规定的国际法律环境和目标国的国内法律环境。

（2）经济环境分析　所谓经济环境是指构成企业生存和发展的社会经济状况和国家经济政策。社会经济状况包括经济要素的性质、水平、结构、变动趋势等多方面的内容，涉及国家、社会、市场及自然等多个领域。国家经济政策是国家履行经济管理职能，调控国家宏观经济水平、结构，实施国家经济发展战略的指导方针，对企业经济环境有着重要的影响。

企业的经济环境主要由社会经济结构、经济发展水平、经济体制和宏观经济政策等四个要素构成。

社会经济结构指国民经济中不同的经济成分、不同的产业部门以及社会再生产各个方面在组成国民经济整体时相互的适应性、量的比例及排列关联的状况。社会经济结构主要包括五方面的内容，即产业结构、分配结构、交换结构、消费结构、技术结构，其中最重要的是产业结构。

经济发展水平是指一个国家经济发展的规模、速度和所达到的水准。反映一个国家经济发展水平的常用指标有国民生产总值、国民收入、人均国民收入、经济发展速度、经济增长速度。

经济体制是指国家经济组织的形式。经济体制规定了国家与企业、企业与企业、企业与各经济部门的关系，并通过一定的管理手段和方法，调控或影响社会经济流动的范围、内容和方式等。

经济政策是指国家、政党制定的一定时期国家经济发展目标实现的战略与策略，它包括综合性的全国经济发展战略和产业政策、国民收入分配政策、价格政策、物资流通政策、金融货币政策、劳动工资政策、对外贸易政策等。

因此，企业的经济环境分析就是要对以上的各个要素进行分析，运用各种指标，以准确地分析宏观经济环境对企业的影响，从而制订出正确的企业经营战略。

（3）社会文化环境　社会文化环境包括一个国家或地区的社会性质、人们共享的价值观、人口状况、教育程度、风俗习惯、宗教信仰等各个方面。从影响企业战略制订的角度来看，社会文化环境可分解为文化、人口两个方面。

人口因素对企业战略的制订有重大影响。例如，人口总数直接影响着社会生产总规模；人口的地理分布影响着企业的厂址选择；人口的性别比例和年龄结构在一定程度上决定了社会需求结构，进而影响社会供给结构和企业生产；人口的教育文化水平直接影响着企业的人力资源状况；家庭户数及其结构的变化与耐用消费品的需求和变化趋势密切相关，因而也就影响到耐用消费品的生产规模等。对人口因素的分析可以使用以下一些变量：离婚率、出生和死亡率，人口的平均寿命，人口的年龄和地区分布，人口在民族和性别上的比例变化，人口和地区在教育水平和生活方式上的差异等。

文化环境对企业的影响是间接的、潜在的和持久的，文化的基本要素包括哲学、宗教、语言与文字、文学艺术等，它们共同构筑成文化系统，对企业文化有重大的影响。

企业对文化环境的分析过程是企业文化建设的一个重要步骤。企业对文化环境分析的目的是要把社会文化内化为企业的内部文化，使企业的一切生产经营活动都符合环境文化的价值检验；另外，企业对文化的分析与关注最终要落实到对人的关注上，从而有效地激励员工，有效地为顾客服务。

（4）科技环境　企业的科技环境指的是企业所处的社会环境中的科技要素及与该要素直接相关的各种社会现象的集合。粗略的划分企业的科技环境，大体包括四个基本要素：社会科技水平；社会科技力量；国家科技体制；国家科技政策和科技立法。

社会科技水平是构成科技环境的首要因素，它包括科技研究的领域、科技研究成果门类分布及先进程度和科技成果的推广和应用三个方面。社会科技力量是指一个国家或地区的科技研究与开发的实力。科技实力是指一个国家或地区的科技研究与开发实力。科技体制指一个国家社会科技系统的结构、运行方式及其与国民经济其他部门的关系状态的总称，主要包括科技事业与科技人员的社会地位、科技机构的设置原则与运行方式、科技管理制度、科技推广渠道等。国家的科技政策与科技立法指的是国家凭借行政权力与立法权力，对科技事业履行管理、指导职能的途径。

如今，变革性的技术正对企业的经营活动发生着巨大的影响。企业要密切关注与本企业的产品有关的科学技术的现有水平、发展趋势及发展速度，对于新的硬技术，如新材料、新工艺、新设备，企业必须随时跟踪掌握；对于新的软技术，如现代管理思想、管理方法、管理技术等，企业要特别重视。

2. 行业环境分析

一个公司的利润状况不仅取决于公司本身的盈利能力，还取决于它所处行业的整体吸引力。如果身处毫无吸引力的行业，即使是最优秀的公司恐怕也很难取得良好的经营业绩。行业与竞争分析有助于你把握行业的整体状况以及未来的利润前景，它的直接成果是使你对行业的经济特性、竞争状况、变革驱动因素、主要竞争对手及战略、关键成功因素、行业未来前景有一个全面、深入的理解和明确的展望。

（1）行业经济特性　研究一个行业的经济特性主要考虑的因素有：市场区域范围及规模大小、规模经济特征、行业进入与退出壁垒及难易程度、对资源的要求程度及平均投资回收期、市场成熟程度、市场增长速度、行业中公司的数量及其规模、购买者的数量及规模、分销渠道的种类及特征、技术革新的方向及速度、行业总体盈利水平等。

（2）竞争状况　战略管理专家迈克尔·波特（Michael E. Porter）在其经典著作《竞争战略》中，提出了行业结构分析模型，即所谓的“五力模型”。他认为：一个行业的竞争状态是各种竞争力量共同作用的结果，这些竞争力量主要包括五个方面：行业中现有公司之间的竞争状况、供应商的议价能力、顾客的议价能力、替代产品或服务的提供商为了争夺顾客所采取的进攻性行动、来自潜在进入者的威胁等。迈克尔·波特指出，这五大竞争力量共同决定了公司的盈利能力，并指出公司战略的核心，应在于选择正确的行业以及在行业中争取最具有吸引力的竞争位置。

（3）行业变革驱动因素　行业变革驱动因素是指那些改变整个行业及竞争环境的主要原因及因素。敏锐地判断行业驱动因素是为了在制定战略时充分考虑几年后行业将发生的变化对公司经营可能产生的影响。行业中的许多事件都可能会对行业产生重要的影响，这些都可能成为行业变革的驱动因素。迈克尔·波特在《竞争战略》中对行业变革驱动因素做了深入分析，并进行了归类，它们主要包括：行业的全球化趋势、行业增长率的变化趋势、顾客群及顾客对产品使用方式的变化、产品与服务的革新、技术变革、营销变革、技术的扩散、行业中大公司的进入或退出、成本和效率的变化、顾客偏好的变化、监管机构的影响力及政府政策的变化、行业不确定性和风险的降低、社会关注点、价值观和生活方式的变化等。

（4）主要竞争对手及战略　并非同一个行业中的所有公司都会形成激烈的竞争，在市场上竞争地位和竞争策略相似的公司竞争最为激烈，它们互为最直接的竞争对手，这些公司的组合构成了一个战略群体。同一战略群体中的各个公司往往具有相似的目标消费群、相似的市场战略、相似的市场地位、相似的技术水平、相似的产品属性及产品线、相似的分销渠道等。战略群体分析有助于将行业中的众多公司进行群体归类，并明确本公司的竞争地位及主要的竞争对手。战略群体图是一种有效的战略群体分析工具，它将行业整体分析与行业中特定公司个体分析有机地结合在一起。

要使公司在竞争中获得胜利，就必须确认主要的竞争对手，并理解竞争对手的战略及其意图。除此之外，还必须时时跟踪竞争对手的策略，并预测其可能采取的行动。不仅应关注现时的竞争对手，还应估计谁将可能成为未来最主要的竞争对手，并为此积极采取应对之策。不关注竞争对手是极其危险的，如果你不知道竞争对手将采取怎样的进攻性行动，也不打算针对竞争对手的特点制定相应的竞争策略，那么你就不可能战胜竞争对手。从某种意义上说，深刻地理解你的竞争对手甚至比理解你自己更为重要。

（5）关键成功因素　一个行业的关键成功因素（KSF）是指影响行业中的各个公司能否取得成功的关键因素，包括产品与服务属性、资源要求、竞争能力、特定战略等。它是行业中的公司取得成功的前提条件，但并不是充分条件。在探究行业的关键成功因素时，主要从顾客和竞争的角度加以分析。对以下两个问题的回答有助于你找出行业的关键成功因素：

1）行业中的各个公司主要通过什么方式满足顾客什么样的需求？顾客评估与选择各个竞争品牌及公司的基础和标准是什么？

2）行业中的公司要在竞争中取得成功及获得持久的竞争优势必须具备什么样的资源和竞争能力？

关键成功因素会因行业不同而有所差异，而且，即使是同一个行业，也会因为行业状况的差异和竞争环境的变化而有所不同。对于某一个特定的行业而言，在某一特定的时候，行业关键成功因素一般不会超过3～4个。作为公司领导者，你应该从诸多影响成功的因素中找出最为关键的因素，并在日常管理中聚焦于这些因素。

（6）行业未来前景 可以从对前面五个问题的分析和理解得出该行业未来前景的基本判断：该行业是否具有吸引力？一般而言，如果一个行业可预见的利润水平高于平均利润水平，那么可以认为该行业是有吸引力的；否则可认为该行业不具备吸引力。这只是对于整体行业吸引力的判断，并不能与某行业对某个特定企业的吸引力划等号。即使是具备吸引力的行业，对于某些公司来说也许并没有很强的吸引力，因为它们并不具备相应的资源和能力。相反，即使是一个没有吸引力的行业，但是如果一个公司在其中占据了别人难以获得的独特的竞争地位，那么它同样可获得高于平均利润水平的盈利。现在具有吸引力的行业将来未必还具有吸引力，要知道，由于高于平均利润水平的盈利前景，会有一些外来公司加入竞争行列，这样的结果势必会反过来影响行业的整体吸引力。同样的道理，现在并不具备吸引力的行业也会因为一些公司的退出而使之变得具有吸引力。

4.1.2 企业内部环境分析

1. 企业资源分析

企业拥有各种资源，是资源的特殊集合体，他们能否产生竞争优势取决于各种资源能否形成一种综合能力。那些与竞争对手相比具有资源的独特性和优越性、并能够与外部环境匹配得当的企业会具有竞争优势。

企业资源分为有形资源、无形资源和人力资源。有形资源是指一般在企业财务报表上能够查到的比较容易确认和评估的一类资产，包括企业财力资源、物力资源、市场资源和环境资源等；企业无形资源是指企业不能从市场上直接获得，不能用货币直接度量，也不能直接转化为货币的那一类经营资源，包括技术资源、信誉资源、文化资源和商标等；企业人力资源是指组织成员向组织提供的技能、知识以及推理和决策能力，又称人力资本。企业资源形成企业的经营结构，是构成企业实力的物质基础。企业能投入到经营活动中的资源是有限的。企业资源分析要从全局来分析，把握企业各种资源的数量、质量、配置等情况的现状、未来需求以及与理想的差距。企业资源的现状和变化趋势是企业制定总体战略和进行经营领域选择时最根本的制约条件。

2. 企业核心能力分析

企业核心能力是指决定企业生存和发展的最根本因素，它是企业持久竞争优势的源泉。积累、保持、运用核心能力是企业生存和发展的根本性战略，也是企业经营管理的永恒目标；计划、组织、协调、控制等各类管理职能都应该围绕企业核心能力而展开，生产、营销、财务等各个管理领域都应该以企业核心能力为中心。

在实践中，各个公司所表现出来的核心能力是多种多样的：生产高质量产品的技能，创建和操作一个能够快速而准确的处理客户订单系统的诀窍，新产品的快速开发，提供很好的售后服务的能力，选择良好的零售地点的技能，开发出受人欢迎的产品和革新能力，采购和产品展销的技能，在重要技术上的特有知识，研究客户需求和品位以及准确寻求市场变化趋势的良好方法的体系，同客户就产品的新用途和使用方式进行合作的技能，综合使用多种技术创造一个全新的产品的能力。

核心能力使公司拥有某种竞争能力，从而是一种真正的公司强势和资源。企业核心能力分析是从企业组织的本质和目标出发，从不同角度对核心能力进行层次分解，将核心能力落实到企业各个管理职能领域和经营管理业务活动中。

3. 企业的价值系统分析

“价值链”的分析方法是根据企业活动的连续过程来分析企业的能力。它是由美国哈佛商学院著名战略管理学家波特提出来的。他认为企业每项生产经营活动都是其创造价值的经济活动，企业所有的互不相同但又相互联系的生产经营活动，便构成了创造价值的一个动态过程，即价值链。

为了评价企业的能力，波特把企业的生产经营活动分成基本活动和支持性活动两大类。基本活动主要涉及如何将输入有效地转化为输出，它直接和顾客发生各种各样的联系。支持性活动主要体现为企业内部过程。

（1）*基本活动分析* 基本活动是指生产经营的实质性活动，一般可细分为五种功能，而每一种功能又可以根据具体的行业和企业的战略再进一步细分成若干功能。

1）内部后勤：它是指与产品的投入品的进货、仓储和分配有关的活动，如原材料的装卸、材料处理、入库控制、盘存、运输以及退货等。

2）生产运营：它是指将投入品转换成最终产品的活动过程，如机械加工与制造、工艺调整和测试、装配、包装、设备维修等等。

3）外部后勤：它是只指与产品的接收、库存、分销相关的活动，如最终产品的入库、接受订单、送货等。

4）市场营销和销售：它是指促进和引导购买者购买产品的活动，如消费者行为研究、广告、定价、销售渠道等。

5）商务支持和顾客服务：它是指保持或提高产品价值有关的活动，如安装、产品的调试、培训、修理、零配件的供应等。

应该注意，行业不同，每一项基本活动所体现出来的竞争优势也有所不同，即任何企业都是创造产品和服务的价值系统的一部分。对于分销商来说，原料的供应与成品的储运是最重要的功能；对于一个从事商业服务功能的企业来说，成品储运是关键要素；对于生产电脑、家电的企业来说，售后服务是最重要的功能。总之，各类基本功能都会在不同程度上体现出企业的竞争力。

（2）*支持性活动分析* 支持性活动是指用于基本活动，而且内部之间又相互支持的活动，一般可细分为三种活动， 包括企业基础性活动、技术活动、人力资源管理和开发。而每一种活动又可依据行业的不同进一步细分成若干独具特色的活动。支持活动既有支持整个价值链的功能，又分别与每项具体的基本功能有着密切的联系，企业的基本功能支持整个价值链的运行。企业要分析自己的内部条件，判断由此产生的竞争优势，首先要确定自己的价值功能，然后识别价值功能的类型，最后构成具有自身特色的价值链。

1）基础性活动：它是指企业的组织结构、控制系统以及文化等活动。企业的基础性活动与其他的支持活动不同，一般是用来支持整个价值链的运行。基础活动主要包括计划、财务、和质量控制以及法律服务等。

2）技术活动：又称技术研发和设计，是指可以改进企业产品和工序的一系列技术活动。它是一个广义的概念，既包括生产性技术、也包括非生产性技术。企业中每项生产经营活动中都包含着技术，它关系到产品的功能强弱、质量高低、和资源的利用效率。这些技术开发活动不仅仅是与企业最终产品直接相关，而且支持着企业的全部活动，成为判断企业实力的一个重要标志。

3）人力资源管理和开发：它是指企业员工的招聘、选拔、雇用、培训、提拔、考核、激励和退休等各项管理活动。这些活动支持着企业每项主体活动和基础活动，以及整个价值链。因为所有的活动都是由人来完成的，因此人力资源管理在调动职工生产积极性上起着重要的作用，影响着企业的竞争力。

4.1.3　综合分析：SWOT 分析法

SWOT 分析的主要目的在于对企业的综合情况进行客观公正的评价，以识别各种优势、劣势、机会和威胁因素，有利于开拓思路，正确地制定企业战略。SWOT 分析是把企业内外环境所形成的机会（Opportunities）、风险（Threats）、优势（Strengths）、劣势（Weaknesses）四个方面的情况，结合起来进行分析，以寻求制定适合本企业实际情况的经营战略和策略的方法。表 4-1 列出的是在 SWOT 分析中一般所需要考虑的因素。

表 4-1　SWOT 分析法需考虑的因素

	潜在外部威胁（T）	潜在外部机会（O）
外部环境	市场增长较慢 竞争压力增大 不利的政府政策 新的竞争者进入行业 替代产品销售额正在逐步上升 用户讨价还价能力增强 用户需要与爱好逐步转变 通货膨胀递增及其他	纵向一体化 市场增长迅速 可以增加互补产品 能争取到新的用户群 有进入新市场或市场面的可能 有能力进入更好的企业集团 在同行业中竞争业绩优良 扩展产品线满足用户需要及其他
	潜在内部优势（S）	潜在内部劣势（W）
内部条件	产权技术 成本优势 竞争优势 特殊能力 产品创新 具有规模经济 良好的财务资源 高素质的管理人员 公认的行业领先者 买主的良好印象 适应力强的经营战略 其他	竞争劣势 设备老化 战略方向不同 竞争地位恶化 产品线范围太窄 技术开发滞后 营销水平低于同行业其他企业 管理不善 战略实施的历史记录不佳 不明原因导致的利润率下降 资金拮据 相对于竞争对手的高成本及其他

SWOT 分析还可以作为选择和制定战略的一种方法，因为它提供了四种战略，即 SO 战略、WO 战略、ST 战略和 WT 战略，见表 4-2。

表 4-2　SWOT 分析所提供的四种战略

	内部优势（S） 1．…… 2．…… 3．……	内部劣势（W） 1．…… 2．…… 3．……

（续）

	内部优势（S） 1. …… 2. …… 3. ……	内部劣势（W） 1. …… 2. …… 3. ……
外部机会（O） 1. …… 2. …… 3. ……	SO 战略 依靠内部优势 利用外部机会	WO 战略 利用外部机会 克服内部劣势
外部威胁（T） 1. …… 2. …… 3. ……	ST 战略 依靠内部优势 回避外部威胁	WT 战略 减少内部劣势 回避外部威胁

SO 战略就是依靠内部优势去抓住外部机会的战略。如一个资源雄厚（内在优势）的企业，发现某一国际市场未曾饱和（外在机会），那么它就应该采取 SO 战略去开拓这一国际市场。

WO 战略是利用外部机会来改进内部弱点的战略。如一个面对计算机服务需求增长的企业（外在机会），却十分缺乏技术专家（内在劣势），那么就应该采用 WO 战略培养招聘技术专家，或购入一个高技术的计算机公司。

ST 战略就是利用企业的优势，去避免或减轻外部威胁的打击。如一个企业的销售渠道（内在优势）很多，但是由于各种限制又不允许它经营其他商品（外在威胁），那么就应该采取 ST 战略，走集中型、多样化的道路。

WT 战略就是直接克服内部弱点和避免外部威胁的战略。如一个商品质量差（内在劣势），供应渠道不可靠（外在威胁）的企业应该采取 WT 战略，强化企业管理，提高产品质量，稳定供应渠道，或走联合、合并之路以谋生存和发展。

SWOT 方法的基本点，就是企业战略的制定必须使其内部能力（强处和弱点）与外部环境（机遇和威胁）相适应，以获取经营的成功。

4.2 企业经营战略及类型

4.2.1 企业经营战略概述

1. 企业经营战略的概念及特征

企业经营战略是企业根据其外部环境和自身条件，为求得企业生存和发展，对企业发展目标的实现途径和手段的总体谋划，它是企业经营思想的集中体现，又是制定企业规划和计划的基础。根据以上定义，企业经营战略具有以下特征：

（1）全局性　经营战略是研究企业全局的指导纲领，它所反映的是有关企业全局性问题的重大决策。但是也要注意，全局是由一切局部构成，当某些局部的成败对全局具有决定性影响时，则这些局部问题就具有战略的性质。

（2）长期性　经营战略往往着眼于未来相当长的一段时间，而不只在短时期内起作用，因此，经营战略带有长期性的特征。

2. 企业经营战略的内容

企业经营战略系统都包括三项最基本的内容，即战略目标、战略方针和战略规划。

（1）战略目标　战略目标的重点是现代企业的成长方向，包括市场开发、产品开发、企业规模的扩大与兼并、竞争优势的增长。这是经营战略的出发点和归结点，因此，它在经营战略体系中居于主导地位。

（2）战略方针　经营战略方针是现代企业为了实现战略目标所制定的行为规范和政策性决策。如果把战略目标比作过河，战略方针就是解决桥和船的问题。没有正确的战略方针，任何战略目标都难以实现。因此，战略方针在现代企业经营战略体系中居于关键或核心地位，对现代企业战略目标的实现起保证作用。

（3）战略规划　战略规划是现代企业经营战略的实施和执行纲领。它的任务是把现代企业的战略目标具体化，把现代企业的战略方针措施化，并制定出分阶段实现战略目标的具体步骤。所以，它在现代企业经营战略的体系中处于一个特殊的地位，既是现代企业经营战略的一个重要组成部分，又是指导现代企业经营战略实施的纲领性文件。

小资料：战略一词始于军事，其内容亦可在古代的军事思想中找到答案。《三国演义》中的“隆中对”所描述的是幅绝佳的战略图景。在对客观形势和主观条件做了科学分析的基础上，诸葛亮首先为刘备集团确定了一个基本的战略目标——“三分鼎”，而实现这一战略目标的总方针就是“联吴抗曹”；最后，诸葛亮又为刘备设计了一套具体的战略规划——“先取荆襄后取川，待机而动争中原”。这一战略的前半部完全实现了；由于刘备未能始终如一地贯彻联吴抗曹的总方针，使后来的战略转移“待机而动”成了泡影。

4.2.2 企业经营战略的类型

1. 按照战略的目的性分类

按照战略的目的性，分为成长战略和竞争战略。

（1）成长战略　成长战略是指现代企业为了适应企业外部环境的变化，有效地利用企业资源，研究以成长为目标的企业经营战略。即现代企业如何选择成长基点（经营领域）、成长方向等成长机会，并为保证实现成长机会所采取的战略。对于中小企业来说主要问题是成长问题，因而中小企业多采取成长战略。成长战略的重点是产品战略和市场战略，即产品和市场领域的选择，规定产品和对市场开拓的方向和幅度。

（2）竞争战略　竞争战略是指现代企业在特定的产品和市场范围内，维持和扩大市场占有率所采取的战略。竞争战略有从现代企业所处的竞争地位出发，处于优势地位的企业要通过战略来维持这种优势并伺机扩大这种优势；处于劣势的企业要以竞争战略去改变这种劣势或缩小同优势企业的差距。竞争战略的重点是提高市场占有率和销售利润率。大型企业多采用竞争战略，常用的竞争战略有成本领先战略、差别化战略、集中战略等。

1）成本领先战略。整个战略的核心是要取得并维持比竞争对手更低的成本，从而能以较低的价格使高成本的竞争对手退出市场。

2）差别化战略。企业设法把产品与其他企业的产品区别开来，创造出在该行业中被认为是独一无二的特色。这种战略有可能使企业不降价甚至在高价格下增加市场份额。例如，家电生产企业以其独特的充分完善的售后服务为其特色，以争得新的顾客；房地产开发商以其规范的物业管理为其特色区别于其他开发商，把购房者吸引过来。

3）集中战略。该战略通过满足特定消费群体的特殊需要，或者集中于某一有限的区域市场来建立企业的竞争优势及其市场地位。例如，为糖尿病病人提供专用的低糖或无糖的食品；专门为大体型人群提供服装和皮鞋；为高收入阶层提供豪华型精品等等。集中战略有赖于市场的细分，确定有明显差异性的目标市场。可以按地域和顾客群体划分市场份额，然后进行适当的选择。

2. 按照战略的领域分类

按照战略的领域不同，分为产品战略、市场战略和投资战略。

（1）*产品战略* 主要包括产品扩展战略、维持战略、收缩战略、多样化战略以及产品组合战略等。

（2）*市场战略* 市场战略有市场渗透战略、市场开拓战略、新产品市场战略、产品寿命期市场战略、市场细分战略以及市场营销组合战略等。

（3）*投资战略* 这是一种资源分配战略，主要包括产品投资战略、市场投资战略、技术发展投资战略、企业联合与兼并投资战略等。就其类型来说，也可分为扩大型投资战略、维持型投资战略和撤退型投资战略。

产品战略、市场战略和投资战略互相关联，形成一个有机联系的战略金三角。在这个战略金三角中，产品战略位于主导地位，市场战略是一种支持战略，投资战略是一种保障战略。

3. 按照战略对市场环境变化的适应度分类

按照战略对市场环境变化的适应度，分为进攻战略、防守战略和撤退战略。

（1）*进攻战略* 其特点是不断地开发新产品和新市场，掌握市场竞争的主动权，不断地提高市场占有率。其具体内容包括技术开发、产品发展、市场扩展、生产扩展等方面。

（2）*防守战略* 也称维持战略。这种战略的特点并不是消极防守，而是以守为攻，后发制人。其具体内容有：战略指导方针上避实就虚，乘虚而入，避免与强劲对手正面竞争；在技术上实行拿来主义，以购买专利为主，不搞风险型开发投资；在产品开发方面实行紧跟主义，后发制人；在生产方面不盲目追求生产规模的扩大，而着眼于提高效率，降低成本。

（3）*撤退战略* 也称收缩战略。这种战略能保存企业实力，等到一有机会就可发动进攻。选择撤退战略的主要方法有：出卖部分资产，削减支出，削减广告和促销费用；加强库存控制，削减一部分管理人员，撤退出一些市场目标，将企业经营资源集中到企业的主导项目和核心市场上。

4. 按照战略的层次性分类

按照战略的层次性，分为公司战略、事业部战略和职能战略。

（1）*公司战略* 这是企业最高层次的战略，其侧重点有两个方面：一是从全局出发，选择企业从事经营范围的领域，其选择的出发点包括盈利性和关联性；二是在各个领域之间的资源分配。

（2）*事业部战略* 这是一种分散型经营战略。在分散经营的条件下，各事业部分别确定经营的产品、市场及地区范围，并根据竞争能力的优劣，确定扩展、维持或撤退的战略。

（3）*职能战略* 也称部门战略，其特点是按经营职能分别确定积累与运用经营资源的方法。主要内容是通过生产、销售、技术、财务等部门，为保证事业战略所追求的竞争优势制定长期发展规划。

4.3 企业经营战略的制定程序与方法

4.3.1 企业经营战略的制定程序

战略制定是企业的决策机构组织各方面的力量，按照一定的程序和方法，为企业选择合适的经营战略的过程。制定战略的一般程序是：

1．识别和鉴定企业现行的战略

在企业运营的过程中，随着外部环境的变化和企业自身的发展，企业的战略也应该作相应调整和转换。然而，要制定新的战略，首先必须识别企业的现行战略是否已经不适应于形势。因此，识别和鉴定企业现行的战略是制定新战略的前提。只有确认现行战略已经不适用时，才有必要制定新的战略。同时，也只有在认清现行战略缺陷的基础上，才能制定出较为适宜的新战略方案。

2．分析企业外部环境

调查、分析和预测企业的外部环境是企业战略制定的基础。通过环境分析，战略制定人员应该认清企业所面临的主要机会和威胁，洞察现有和潜在竞争对手的图谋和未来的行动方向，了解未来一段时期社会、政治、经济、军事、文化等的动向，以及企业由此而面临的机遇和挑战。

3．分析企业内部环境

企业可以通过内部分析来测定和评估企业的各项素质，摸清企业自身的状况，明确自身的优势与劣势。

4．准备战略方案

根据企业的发展要求和经营的目标，依据企业所面临的机遇和机会，企业列出所有可能达到的经营目标的战略方案。

5．评价和比较战略方案

企业根据股东、管理人员以及其他利益相关团体的价值观和期望目标，确定战略方案的评价标准，并依照标准对各项备选方案加以评价和比较。

6．确定战略方案

在评价和比较方案的基础上，企业选择一个最满意的战略方案作为正式的战略方案。有时，为了增强企业的战略的适应性，企业往往还选择一个或多个方案作为后备的战略方案。

4.3.2 企业经营战略的制定方法

根据企业特点与规模的不同，战略制定的方法一般可分为以下四种。

1．自上而下的制定方法

这种方法先由公司总部高层领导人制定企业总体战略，然后各职能部门与分厂根据总体战略的要求并结合自己的职责和发展的需要，制定本部门的分战略。这种方法通常被集权制企业采用。

2．自下而上的制定方法

高层领导对下层职能部门和分厂先不给任何指导，而由各基层单位根据自己的职能与发展需要提出单位的战略目标和任务；然后由公司总部根据企业的外部环境和内部条件综合各基层单位提出的目标和任务，去粗取精，有机整合，形成企业的总体发展战略。这种方法多为分权企业所采用。

3．上下结合的方法

这种方法是在企业制定总体战略的同时，要求各职能部门和基层单位也同时参与制定，通过上下对话，相互沟通，形成一个总体战略方案，作为评价的基础，提交企业领导。这种方法一般为规模较小或分权式企业采用。其优点是制定战略的时间可以缩短，执行效率较高。

4．建立规划小组的方法

为了集中时间和精力搞好企业的战略规划，建立一个由企业领导直接指挥的规划小组，在一定时间内从事战略制定工作。小组成员的组成实行企业领导、职能部门专门人员、关键的基层单位领导三结合，在年龄上实行老、中、青三结合。这样可以广泛听取各方面的意见，集思广益，形成一个较为完善的企业战略。这种方法既能适合于小型集权式企业，也适合于大型分权式企业。

4.4 企业经营战略的实施与控制

4.4.1 企业经营战略的实施

1．企业经营战略的实施主体

企业战略的实施主体是指负责和参与实施企业战略的人员，不仅包括企业的领导者，还包括广大的职能人员和基层领导直至全体职工。

形成一个战略实施主体后，一方面要求将战略管理的权限和职责从高层管理人员向战略实施主体转移和分配；另一方面需要培训和规范实施企业战略的各类人员的行为目标、价值观念和行为方式。

2．企业经营战略的实施对象

企业战略的实施对象主要是指企业战略实施的具体工作内容。它主要包括企业战略实施计划、企业战略预算、企业战略执行程序等。

（1）企业战略实施计划　包括执行战略规划和战略行动计划。执行战略规划是将战略所规定的目标、阶段、重点和对策细化成具体的行动措施要求的实施规划。战略行动计划是完成企业战略所需要的关键步骤和重大举措，其制定的目的是为战略的实施指明具体的行动方向。

（2）企业战略预算　它是指企业战略执行中所需资金与成本的预算，是战略实施计划的货币化、数量化。在进行企业战略预算时要注意两点：一是在资源分配上要区分战略业务和经营业务预算，应以企业的长远利益为重，使财务服从于战略；二是要正确看待战略的不稳定性，在资源分配与预算时，应把可能的效益与风险联系起来，为了长远的利益敢冒理智的风险。

3．企业经营战略实施中的行为方式与组织系统

企业战略实施中的行为方式，实质上反映了企业全体职工共同的价值观、企业文化、企业管理风格、企业精神，是在长期的生产经营活动中逐渐铸造的共同的行为准则和方式。

战略实施中的组织系统，包括战略层次系统和战略结构支持系统。

（1）战略层次系统　是将企业战略目标和任务层层分解、层层落实的组织系统。这个系统的职责是将最高层管理者的意图、观念、任务转化为下层管理者直至职工对工作的主动性、创造性和责任感，从而上下团结一心地去落实企业战略的每一项任务、措施和计划。建立层次系统的有效方法是目标管理。

（2）战略结构支持系统　指企业内部管理环节上各类人员的构成及其相互的责、权、利关系的总体。其作用在于，在组织结构上对责、权、利有明确的分工与配合，对战略的制定和执行起着促进作用。对组织结构的选择要考虑三个方面：一是能高效率地履行基本职能；二是能灵活地适应战略创新的要求；三是能对外部环境的变化及时做出反应，并能进行调整。

4.4.2 企业经营战略的控制

1．企业经营战略控制的概念与特点

战略控制主要是指在企业经营战略的实施过程中，检查企业为达到目标所进行的各项活动的进展情况，评价实施企业战略后的企业绩效，把它与既定的战略目标与绩效标准相比较，发现战略差距，分析产生偏差的原因，纠正偏差，使企业战略的实施更好地与企业当前所处的内外环境、目标协调一致，使企业战略得以实现。

战略控制的基本特征是对战略控制的一些基本的要求，它包括以下几个方面：

（1）适宜性　判断企业战略是否适宜，首先要求这个战略具有实现公司既定的财务和其他目标的良好前景。因此，适宜的战略应处于公司希望经营的领域，必须具有与公司的哲学相协调的文化。

（2）可行性　可行性是指公司一旦选定了战略，就必须认真考虑企业能否成功的实施，公司是否有足够的财力、人力或者其他资源、技能、技术、诀窍和组织优势，即企业是否有有效实施战略的核心能力。如果在可行性上存在疑问，就需要将战略研究的范围扩大，并将与能够提供所缺乏的资源或能力的其他公司或者金融机构进行联合，通过联合发展达到可行的目的。

（3）整体利益和局部利益、长期利益和短期利益的不一致性　企业的整体是由局部构成的。从理论上讲，整体利益和局部利益是一致的；但在具体问题上，整体利益和局部利益可能存在着一定的不一致性。企业战略控制就是要对这些不一致性的冲突进行调节，如果把战略控制仅仅看作是一种单纯的技术、管理业务工作，就不可能取得预期的控制效果。

（4）多样性和不确定性　公司的战略只是一个方向，但其过程可能是完全没有规律、没有效率和不合理的，因此这时的战略就具有多样性。同时，虽然经营战略是明确的、稳定的、且是具有权威性的，但在实施过程中由于环境变化，战略必须适时地调整和修正，因而也必须因时因地地提出具体控制措施，即是说战略控制具有不确定性。

（5）弹性和伸缩性　战略控制中如果过度控制，频繁干预，容易引起消极反应。因而针对各种矛盾和问题，战略控制有时需要认真处理、严格控制，有时则需要适度的、弹性的控制。战略控制中只要能保持正确的战略方向，尽可能地减少干预实施过程中的问题，尽可能多地授权下属在自己的范围内解决问题，就能够取得有效的控制。

2．企业经营战略控制过程的主要内容

（1）设定绩效标准　根据企业战略目标，结合企业内部人力、物力、财力及信息等具体

条件，确定企业绩效标准，作为战略控制的参照系。

（2）绩效监控与偏差评估 通过一定的测量方式、手段、方法，监测企业的实际绩效，并将企业的实际绩效与标准绩效对比，进行偏差分析与评估。

（3）纠正偏差 设计并采取纠正偏差的措施，以顺应变化着的条件，保证企业战略的圆满实施。

（4）监控外部环境的关键因素 外部环境的关键因素是企业战略赖以存在的基础，这些外部环境的关键因素的变化意味着战略前提条件的变动，必须给予充分的注意。

（5）激励战略控制的执行主体 通过一定措施激励战略控制的执行主体，以调动其自我控制与自我评价的积极性，保证企业战略实施的切实有效。

3. 企业经营战略的修订

为了保证企业目标的实现，需要根据战略实施过程中出现的偏差以及外部变化的环境，及时修订企业经营战略。战略修订是一件严肃的工作，必须有严格的工作步骤和审批程序。如果是不影响总体战略目标的局部性修订，可由执行机关修订，经综合部门批准，报总经理（厂长）备案；职能型战略的修订，由职能部门提出修订方案，报综合部门审定，由总经理（厂长）批准；总体战略的修订由综合部门提出修订方案，经总经理（厂长）会议讨论，并报董事会批准。

【复习思考题】

1. 企业的行业环境分析包括什么内容？
2. 企业的价值系统分析包括什么内容？
3. 企业经营战略的主要内容是什么？
4. 企业经营战略有哪些类型？
5. 如何制定企业经营战略？
6. 企业经营战略控制的主要内容是什么？

【案例分析】

长城高级润滑油公司的战略选择

一、长城高级润滑油公司面临的市场环境

长城高级润滑油公司（以下简称长城公司），是一家属于中国石油化工总公司的大型高级润滑油调和企业。其前身是1958年成立的六二一厂，1982年成立长城高级润滑油公司，并以“长城”作为产品的注册商标。经过几十年的努力，“长城”牌润滑油已经成为国内广大润滑油经销商以及用户公认的名牌产品。长城公司目前在紧紧抓住面临的发展机会的同时，又要不断迎接严峻的挑战。一方面是来自国内润滑油厂商的挑战，除了正规润滑油生产企业开始打破地域界限，参与全国竞争外，更由于国内润滑油市场的开放，造成了数以千计的非正规润滑油生产厂商涌入市场，这些非正规润滑油调和厂在利益的驱使下，制造低劣产品或仿冒名牌产品，冲击润滑油市场的正常秩序。另一方面是来自国外一些著名石油公司的挑战，他们看好中国润滑油市场的发展前景，在大量向中国出口成品油的同时，携带资金、技术、经营管理之优势，在中国各地建立独资、合资公司。

二、长城公司存在的问题

（1）问题 从1997年，长城公司就愈加突出地感觉到工作中面临的一些问题。包括：

1）面对复杂和激烈的竞争，公司从整体上如何面对？

2）如何能进一步提高销售量？

3）如何解决经销渠道混乱的现象？

4）如何抵御假油对长城公司销售和品牌形象的严重影响？

（2）市场调查 长城公司在外部调研机构的协助下，开展了大范围的市场调查，目的是进一步明确问题，找出原因以及解决问题的办法。因此市场调查的主要任务是：

1）对长城公司面临的竞争形势作出整体评价，研究长城公司的竞争战略。

2）对营销渠道和顾客需求做出较为准确的评估。

3）找出市场增长点，找出完成销售目标的方法。

（3）调查结果 通过市场调查，长城公司得出了关于整体市场情况、用户情况、市场情况和企业内部工作的全面认识和判断。

1）关于公司的整体市场情况，调研结果表明，高档润滑油市场存在着较大的市场机会。这是因为：汽车和其他使用润滑油的机械设备等每年都有较大的增长，同时不断有新的竞争者加入市场；低档润滑油的市场份额由于国家有关政策与用户的认识而逐渐下降。与此同时，高档润滑油的市场竞争越来越激烈。具体表现在，外国品牌大举进入，国内企业数量在增加，但许多品牌的市场份额在逐年下降，各企业在市场营销方面的投入都在迅速增加；对于高档润滑油的消费者来说，品牌的作用正在加强，外国品牌奉行的都是全国性的市场开拓策略，国内的许多地方品牌也在向其他地区渗透。

2）关于顾客需求，从调查分析中得出如下结论：消费需求发生了变化，顾客更加重视润滑油的质量和品牌形象，并希望对产品有更多的了解。长城公司的产品在中低档车用户中占有较大的市场份额，在高档车市场占有的份额较小，但在这两种市场中的份额都有下降趋势，长城公司的市场地位与用户对长城公司的认知是一致的。在不同地区，长城润滑油的市场地位差别较大；在用户重视的产品属性上，长城公司的产品既有优势又有劣势。但如果这些劣势得不到扭转，则长城公司的市场份额将呈持续下降趋势。基本结论是，长城公司需要从多方面改进自己的市场营销工作：产品质量、服务、销售渠道设计与管理、价格政策等。长城公司的产品有很好的用户基础，如果工作到位，则未来的发展仍是乐观的；但另一个方面，如果不能认识到问题的严重性，或是不能及时采取措施，则下滑的势头很可能会加快。

案例分析问题：

运用SWOT分析法，分析长城公司应采取的战略。

【技能实训】

1. 实训目的：使学生能够运用SWOT法分析制定企业经营战略。

2. 实训内容与方式：

1）找出实际的案例来说明成本领先战略、差别化战略和集中战略的差别。

2）运用SWOT分析法，分析自己所面临的主要外部机会和威胁，以及自己所具有的主要优势和弱点，建立个人战略，用于个人对未来的规划。

3. 实训成果：提出具体的某企业的经营战略分析报告。

第5章 市场营销

【学习目标】

1. 知识目标

- 了解市场营销学的一些基本理念。
- 熟悉、弄清市场营销调研方法。
- 掌握市场需求预测方法。
- 理解销售业务管理的基本内容。
- 掌握市场营销的4P策略。
- 了解电子商务的一些基本常识。

2. 能力目标

- 能分析企业产品滞销的原因。
- 能参与策划产品营销策略。
- 能编制市场营销计划。
- 能具备营销管理和营销策划能力。
- 能做市场销售和管理工作。

【导入案例】

商家打折大拍卖是常有的事，人们决不会大惊小怪。但有人能从中创意出“打1折”的营销策略。实在是高明的枯木抽新芽的创意。

日本东京有个银座绅士西装店。这里就是首创“打1折”销售的商店，曾经轰动了东京。当时销售的商品是“日本GOOD”。

具体的操作是这样的：先定出打折销售的时间，第一天打9折，第二天打8折，第三天第四天打7折，第五天第六天打6折，第七天第八天打5折，第九天第十天打4折，第十一天第十二天打3折，第十三天第十四天打2折，最后两天打1折。

商家的预测是：由于是让人吃惊的销售策略，所以，前期的舆论宣传效果会很好。抱着猎奇的心态，顾客们将蜂拥而至。当然，顾客可以在这打折销售期间随意选定购物的日子，如果你想要以最便宜的价钱购物，那么你在最后的那两天去买就行了，但是，你想买的东西不一定会留到最后那两天。

实际情况是：第一天前来的客人并不多，如果前来也只是看看，一会儿就走了。从第三天就开始一群一群的光临，第五天打6折时客人就像洪水般涌来开始抢购，以后就连日顾客爆满，当然等不到打1折，商品就全部买完了。

那么，商家究竟赔本了没有？你想，顾客纷纷急于购买到自己喜爱的商品，就会引起抢购的连锁反应。商家运用独特的创意，把自己的商品在打5、6折时就已经全部推销出去了。“打1折”的只是一种心理战术而已，商家怎能亏本呢？

5.1 市场调查与预测

5.1.1 市场调查

1. 市场调查的含义

市场调查是运用科学的方法，全面系统地收集、记录、整理、分析及报告有关市场信息及与之相关的资料和数据，为企业经营预测和决策提供客观准确依据的活动。

2. 市场调查的内容

（1）*市场需求调查* 市场需求调查包括以下三方面内容：①社会购买力的调查。指调查一定时期内用于购买商品的货币支付能力，包括社会环境的调查和消费者（或用户）调查两个方面。主要内容有人口及其增长情况、国民收入总值及国民收入增长、平均每人收入及平均家庭收入、消费水平及消费结构等。②购买行为调查。指购买动机和购买方式的调查。③产品销路调查。主要内容有：消费者的类型、现有的和潜在的购买人数、销售数量、销售方式、有无仓储设备、售后服务、运输成本、运输方式、运输路线等。

（2）*竞争情况调查* 此方面调查的主要内容有：①竞争对手的数量、生产规模、生产方式及生产成本。②竞争对手的市场占有率。③竞争对手的价格政策和产品推销方式。④竞争对手发展新产品的动向。⑤潜在竞争对手的情况等。

（3）*市场营销策略调查* 市场营销策略是指企业产品、价格、促进销售和销售渠道等方面的策略。市场营销策略调查主要是了解本企业市场营销策略实施效果和问题、竞争对手的市场营销策略及实施情况。

（4）*技术发展情况调查* 科学技术的进步，加快了产品的更新换代，所以现代企业必须及时、全面地了解国内外新产品的技术发展水平，积极采用新技术、新工艺、新材料，使企业产品在设计、制造工艺、设备、资源节约以及综合利用方面，较同行业保持先进性，从而增强企业竞争力。

3. 市场调查的方法

市场调查的方法有很多，如询问法、观察法、问卷调查法、实验法、抽样检查法、案卷调查法等。本节仅对前四种方法进行介绍。

（1）*询问法* 询问法是把所要调查的内容拟出提纲，通过一定方式向被调查者提出问题，以获取所需资料的方法。通常按询问的方式不同，又有以下几种形式：

1）面谈调查法。面谈调查法是调查者当面询问被调查者，并记载被调查人提供的答案，以获取资料的一种方法。这是通过向被调查者直接提出询问，获取所需资料的一种调查方式。它可分为个人面谈和小组面谈。

2）电话调查法。电话调查法是由调查者通过电话向被调查者询问，并记录被调查者的答案，以获取资料的一种调查方法。

（2）*观察法* 观察法就是由调查人员通过现场观察或借助观察仪器，记录行为和非行为的过程或数据，以达到收集新资料的目的。例如到商场观察售货员的服务态度、商品布置方式、竞争的广告和促销手段、以及记录行人流量以帮助选址决策等。

观察法通常有三种形式：一是完全参与观察，调查人员完全参与消费者的活动中，调查人员在整个调查活动中不暴露身份和目的，倾听消费者意见，观察消费者行为，以获得客观真实的第一手资料；第二种形式是不完全参与观察，调查人员参与消费者活动过程中不隐瞒身份，有针对性地观察和针对性地交谈，以获得正确、真实的消费者资料；第三种是旁观观察，调查人员置身于调查对象之外，从一个旁观者的角度进行观察和记录。

（3）问卷调查法　问卷调查法是按照调查的目的，由调查人员事先设计好调查问卷或表格，通过一定的方式将问卷传递给被调查者，要求被调查者回答问卷的相关问题，最后回收问卷并统计相应的结构以获得资料的一种调查方法。问卷调查法按问卷传递的方式包括以下两种类型：

1）邮寄问卷调查法。邮寄问卷调查法是调查人员事先设计好调查问卷，通过邮寄方式寄给调查对象，调查对象回答完后，同样采用邮寄方式寄给调查人员。邮寄问卷调查法通常覆盖的地理范围相当大，只要通邮的地方，就能进行访问，而且调查费用相当低，这是广泛收集意见最有效的方法。但这种方法只能提供简单的和语义清楚的问题，以免调查对象弄不清或误解调查人员想咨询的问题。

2）留置问卷调查法。留置问卷调查法是将设计好的问卷由调查者当面交给被调查者，并说明填写的方法和要求，由被调查者自己填写，再由调查人员定期收回。举例说明。

空调市场调查问卷

女士，先生：您好！

我是×××，××大学商学院学生，为了解空调市场情况，特利用课余时间从事电话访问，请您拨给我们20分钟时间请教您一些问题，谢谢您的合作。

1. 请您尽量指明您所知道的空调厂家名称。

2. 请问府上有没有装设空调？

□有　　□没有（跳问第8题）

3. 家中空调是什么牌？

4. 装在何处？

5. 请问当初购买时所考虑因素？

□省电　□无声　□清凉　□口碑好□赠品多□价格合宜□其他

6. 当初购买空调时由谁决定？

□自己　□配偶　□父母　□其他

7. 当初根据什么选择厂牌？

□家人共同决定　□亲友介绍　□经销商介绍　□广告

8. 您有没有计划再添装空调？

□是　　□否（跳问基本资料）

9. 您想何时添置?装在何处?装设地点？

10. 会不会再装原厂牌？

□会，为什么　　□不会，为什么

11. 您最希望空调公司赠送何种赠品？

12. 您平常看哪三个电视节目？

（1）　　（2）　　（3）

13. 空调公司售后服务，您感到重要吗？

□是　　□不很重要

基本资料

年龄□21—30岁　□31—40岁　□41—50岁　□50岁以上；　家人 □2人　□3人　□4人　□5人以上；　□房屋自有　□租赁

被调查人　　日期　　访问人　　督导员

（4）实验法　实验法将被实验者分为相互对照的小组，使他们受到不同的对待，通过对随机变量的控制，并对实验的不同效果加以解释，以求出真正的因果关系以及相关程度。

实验法选择试验对象有两种方式。当实验总体中的每一个体的差异性不大时，常采用随机抽样的方式选择试验对象，试验结果可以使用统计方法进行查验，即实验结果具有统计意义，此种方法称为随机实验。另一种称为非随机对比实验，即当实验总体差异较大时，采用判断抽样方式，选择组合具有可比性的实验对象。

5.1.2 市场预测

市场预测是在市场调查的基础上，运用科学的预测方法对市场商品供求状况以及影响因素进行分析研究，对未来的发展趋势作出判断和推测，为企业制定正确的市场营销决策提供依据。

1. 市场预测内容

市场预测的内容十分广泛，主要包括以下几方面：

（1）市场需求预测　市场需求是所有企业都关心的问题，也是市场预测最重要的内容。它是通过对过去和现在产品在市场上的销售情况和影响需求的各种因素的分析和判断，来预测市场对产品需求量有多大，发展变化趋势如何。进行市场预测前，应重点搞清市场环境因素对市场需求的影响，即国家经济政策、人口、购买力、竞争状况等因素对市场需求的影响。

（2）市场占有率预测　市场占有率是指本企业的产品销售量占该种产品市场销售总量的百分比，它实质上是企业竞争力的预测。主要内容有：①市场供给能力预测，主要了解同类产品生产厂家的数量、规模、生产成本、生产技术管理水平的状况和发展趋势。②本企业发展能力预测，包括企业生产规模、技术条件、货源供应、服务能力等的发展趋势。③市场占有率预测，是对本企业及竞争对手市场占有率现状及发展趋势的预测。

（3）与企业相关的科学技术发展趋势预测　预测内容主要有科学突破的可能性；科学转化为技术的可能性；与企业相关的新技术、新工艺、新材料的发展趋势和应用的可能性等。

2. 市场预测的方法

市场预测方法很多，常用方法有以下几种：

（1）购买者意向调查法　购买者意向调查法指通过直接询问购买者的购买意向和意见，据以判断销售量。如果购买者的购买意向是明确清晰的，这种意向会转化为购买行为，并且愿意向调查者透露，这种预测方法特别有效。但是潜在购买者数量很多，难以逐个调查，故此法多用于工业用品和耐用消费品，见表5-1所示。

表 5-1 购买意向概率调查表

在今后六个月内你打算买 34 英寸彩电吗？					
0.00	0.20	0.40	0.60	0.80	1.00
不买	不太可能买	有点可能买	很有可能买	非常可能买	要买

（2）专业人员分析法　在不能直接与顾客见面时，企业可以通过听取销售人员的意见估计市场需求。销售人员最接近市场，比较了解顾客和竞争者的动向，能考虑到各种非定向因素的作用，较快地做出反应。但由于销售人员没有受过预测技术教育，且受地位局限，对经济形势和企业营销总体规划不够了解，可能存在过于乐观或过于悲观的估计，过高或过低的期望值可互相抵消，从而使预测结果趋于合理。销售人员的预测表见表 5-2。

表 5-2 销售人员预测意见综合表

销售人员	预测项目	销售额/万元	概率	（销售额×概率）/万元
张	最高销售	3000	0.2	600
	可能销售	2100	0.5	1050
	最低销售	1200	0.3	360
	期望值			2010
王	最高销售	2500	0.3	750
	可能销售	2000	0.6	1200
	最低销售	1600	0.1	160
	期望值			2110
李	最高销售	2050	0.2	410
	可能销售	1800	0.6	1080
	最低销售	1600	0.2	320
	期望值			1810

如果三个销售人员素质接近，权重相同，则平均销售预测值为

$$\frac{2010+2110+1810}{3}=\frac{5930}{3}=1976.7\text{万元}$$

（3）专家意见法　企业也可以利用诸如经销商、分销商、供应商及其他一些专家的意见进行预测。由于这种方法是以专家为索取信息的对象，用这种方法进行预测的准确性，主要取决于专家的专业知识和与此相关的科学知识基础，以及专家对市场变化情况的洞悉程度，因此依靠的专家必须具备较高的水平。采用专家意见法具体可采用个别征求专家意见法、专家会议讨论法和专家函询法三种具体方式。

（4）市场试验法　市场试验法是指在新产品投放市场或老产品开辟新市场、启用新分销渠道时，选择较小范围的市场推出产品，观察消费者的反应，预测销售量。由于时间长、费用大，因而此类多用于投资大、风险高和有新奇特色产品的预测。

（5）时间序列法　时间序列法是将同一指标的若干历史数据按时间先后顺序排列成统一数列，根据其发展动向向前推移，求得未来市场预测结果的一种方法。常用时间序列法有简单平均法、加权平均法、移动平均法、指数平滑法等。

（6）直线趋势法　直线趋势法是把若干时期的历史数据，在坐标纸上作图（以 y 轴为预测的销售量，x 轴为时间）若能找到一条有倾向性的趋势线，说明预测对象随时间的推移量直线趋势变动，则可用该直线进行预测。其计算公式为

$$y=a+bx$$

式中，a 为直线在 y 轴上的截距；b 为直线斜率，代表年平均增长率；y 为销售预测的趋势值；x 为时间。

为使这条直线与实际资料数据各点的之距为最小，最能体现预测对象本身的变化规律，可利用数学上的最小二乘法求系数 a 和 b 的值。

先计算 $y=a+bx$ 的总和，即

$$\Sigma y=na+b\Sigma x$$

式中，n 为年份数。

然后计算 xy 的总和，即

$$\Sigma xy=a\Sigma x+b\Sigma x^2$$

为简化计算，可将 Σx 取 0，其方法是：若 n 为奇数，则取 x 的间隔为 1，将 x=0 置于资料期的中央一期；若 n 为偶数，则取 X 的间隔为 2，将 X=–1 与 X=1 置于资料中央上下两期。由此可得出

$$a=\sum y/n\text{；}\quad b=\sum xy/\sum x^2$$

【例 5-1】 假如某企业 2001～2005 年的销售额分别为 480 万元、530 万元、570 万元、540 万元、580 万元，现需运用直线趋势法预测 2006 年的销售额。

由于 $n=5$ 为奇数，且 x 的间隔为 1，故可将 $x=0$ 置于资料期的中央一期（即 2003 年），x 取依次为–2，–1，0，1，2；xy 依次为–960，–530，0，540，1160；x^2 依次为 4，1，0，1，4。所以

$$\Sigma y=2700;\quad \Sigma xy=210;\quad \Sigma x^2=10$$

代入公式，则得：a=2700/5=540；b=210/10=21，直线的预测方程为

$$y=540+210x$$

由于需预测 2006 年的销售额，所以将 x=3 代入上式，得

$$y=540+21\times3=603\text{ 万元}$$

即 2006 年的销售额将为 603 万元。

（7）统计分析法　统计分析就是运用一整套统计学方法发现影响企业销售的最重要的因素以及这些因素影响的相对大小。企业经常分析的因素，主要有价格、收入、人口和促销等。

统计需求分析将销售量 Q 视为一系列独立需求变量 X_1，X_2，…，X_n 的函数，即

$$Q=f(X_1,\ X_2,\ \cdots,\ X_n)$$

但是，这些变量同销售量之间的关系一般不能用严格的数学公式表示出来，而只能用统计分析来揭示和说明，即这些变量同销售量之间的关系是统计相关。

【例 5-2】 某饮料公司为预测各地区的销售量，通过运用统计分析方法，发现影响软饮料需求量的最主要因素是年均温度和人均收入，其表达方程式是

$$Q=-145.5+6.46X_1-2.37X_2$$

式中，Q 为年销售额；X_1 为地区平均温度（华氏）；X_2 为地区的人均年收入（百元）。

设某地区的年平均温度为 54°F，人均年收入为 2400 元，代入上式可测出该地区软饮料人均需求量

$$Q=-145.5+6.46\times54-2.37\times24=146.46$$

5.2 市场细分与目标市场

5.2.1 市场细分

1. 市场细分的含义

市场细分是指根据众多用户或众多消费者不同需求的特点，把企业某一产品的总体市场，划分为若干个用户群或消费者群，即细小市场的分类过程。

2. 市场细分的作用

（1）有利于发现市场机会 在买方市场条件下，企业营销决策的起点在于发现有吸引力的市场环境机会，这种环境机会能否发展成为市场机会，取决于两点：①与企业战略目标是否一致。②利用这种环境机会能够比竞争者具有优势并获取显著收益。显然，这些必须以市场细分为起点。通过市场细分可以发现哪些需求已得到满足，哪些只满足了一部分，哪些仍是潜在需求。相应地可以发现哪些产品竞争激烈，哪些产品较少竞争，哪些产品亟待开发。

（2）便于掌握不同顾客的需求特点，正确地进行产品开发 不同的用户或不同的消费者对产品的功能、质量、价格、包装、服务等，会提出不同的要求。

（3）便于确定重点目标市场 进行市场细分，掌握现有市场分布后，就能弄清哪些用户和消费者是企业的主要市场，哪些是次要市场；现有的主要市场将来能否巩固和扩大，现有的次要市场将来能否增加需求。经过分析后，就能把企业今后一定时期的重点目标市场确定下来，就能使企业把握住今后的主攻方向，明确企业经营重点。

（4）有利于制定市场营销组合策略 市场营销组合是企业综合考虑产品、价格、促销形式和销售渠道等各种因素而制定的市场营销方案，就每一特定市场而言，只有一种最佳组合形式，这种最佳组合只能是市场细分的结果。

（5）有利于提高企业的竞争能力 企业的竞争能力受客观因素的影响而存在差别，但通过有效的市场细分战略可以改变这种差别。市场细分以后，每一细分市场上竞争者的优势和劣势就明显地暴露出来，企业只要看准市场机会，利用竞争者的弱点，同时有效地开发本企业的资源优势，就能用较少的资源把竞争者的顾客和潜在顾客变为本企业的顾客，提高市场占有率，增强竞争能力。

3. 市场细分的方法

市场细分的方法是多种多样的，但通行的方法有四种：

（1）单一标准划分法 它是指根据市场主体的某一因素进行细分，如按品种来细分粮食市场、按性质细分服装市场、按用途细分钢材市场等。当然，按单一标准细分市场，并不排斥环境因素的影响作用。考虑到环境因素的影响作用更符合细分市场的科学性要求。

（2）主导因素排列法 它是指一个细分市场的选择存在多因素时，可以从消费者的特征中寻找和确定主导因素，然后与其他因素有机结合，确定细分目标市场。例如，职业与收入一般是影响女性青年服装选择的主导因素，文化、婚姻、气候则居于从属地位，因此，应以职业、收入作为细分女性青年服装市场的主要依据。

（3）综合标准法 它是根据影响消费者需求的两种或两种以上的因素综合进行细分。综合因素法的核心是并列多因素分析，所涉及的各项因素都无先后顺序和重要与否的区别。

（4）系列因素法　它是指细分市场所涉及的因素是多项的，但各项因素之间先后有序，由粗到细，由浅入深，由简至繁，由少到多。例如，鞋的市场细分就可以利用系列因素法。

鞋市场 { 城市、农村 } { 女性、男性 } { 老年、中年、青年、少儿 } { 中收入、低收入 } { 求廉心理、求结实耐用、求样式美观 }

4．市场细分的步骤

（1）选定产品市场范围　即确定进入什么行业，生产什么产品。产品市场范围应以顾客的需求，而不是产品本身特性来确定。例如，某一房地产公司打算在乡间建造一幢简朴的住宅，若只考虑产品特征，该公司可能认为这幢住宅的出租对象是低收入顾客，但从市场需求角度看，高收入者也可能是这幢住宅的潜在顾客。因为高收入者在住腻了高楼大厦之后，恰恰可能向往乡间的清静，从而可能成为这种住宅的顾客。

（2）列举潜在顾客的基本需求　比如，公司可以通过调查，了解潜在消费者对前述住宅的基本需求。这些需求可能包括：遮风蔽雨、安全、方便、宁静、设计合理、室内陈设完备、工程质量好等等。

（3）了解不同潜在用户的不同要求　对于列举出来的基本需求，不同顾客强调的侧重点可能会存在差异。比如，经济、安全、遮风蔽雨是所有顾客共同强调的，但有的用户可能特别重视生活的方便，另外一类用户则对环境的安静、内部装修等有很高的要求。通过这种差异比较，不同的顾客群体即可初步被识别出来。

（4）抽掉潜在顾客的共同要求，而以特殊需求作为细分标准　上述所列购房的共同要求固然重要，但不能作为市场细分的基础。如遮风蔽雨、安全是每位用户的要求，就不能作为细分市场的标准，因而应该剔出。

（5）子市场命名　根据潜在顾客基本需求上的差异，将其划分为不同的群体或子市场，并赋予每一子市场一定的名称。例如，西方房地产公司常把购房的顾客分为好动者、老成者、新婚者、度假者等多个子市场，并据此采用不同的营销策略。

（6）进一步分析每一细分市场需求与购买行为特点及原因　以便在此基础上决定是否可以对这些细分出来的市场进行合并，或作进一步细分。

（7）估计每一细分市场的规模　即在调查基础上，估计每一细分市场的顾客数量、购买频率、平均每次的购买数量等，并对细分市场上产品竞争状况及发展趋势做出分析。

5．细分市场的评估

对细分市场评估主要从以下几方面进行：

（1）有一定的规模和需求　作为目标市场，首先应具有一定的规模。因为企业开发一个新市场，需要付出较高的广告、宣传等费用，如果市场规模过小，企业进入后得不偿失，无利可图，这样的子市场就没有开发的价值；另一方面，市场上要有现实或现在的需求，这样，企业才有可能向市场提供适销对路、物美价廉的产品，以满足消费需求而获得盈利。

（2）有一定的购买力　目标市场要有消费者得到满足的需求。这样一旦具有现实的购买力时，这些需求便成为现实需求，构成现实的市场。企业进入这样的市场后，才有足够的销售收入。因此，确定目标市场，首先要进行消费者购买能力分析。不具备购买力的市场，尽管有潜在的需求，也不能作为目标市场。

（3）竞争者未完全控制　企业确定目标市场时，不仅要研究市场规模、需求状况和购买能力，还要分析掌握竞争对手在该市场上的经营状况，尤其要考虑竞争对手的经营战略。如果该市场未被竞争对手完全控制，企业进入市场后才能充分发挥优势。如果竞争者几乎控制了市场，但市场吸引力、本企业实力又较强，依然可以施法挤进这一市场参与竞争。竞争与协作并举，配合权利与公共关系等手段，力争在竞争中获胜。

（4）企业有能力经营　作为目标市场，除了应该具备上述条件外，还要考虑企业的营销能力。只有当企业的人力、物力、财力以及企业经营管理水平等主观条件具备时，才能将子市场作为企业的目标市场。

6．细分市场的选择

针对无差异营销策略、差异营销策略、集中营销策略三种目标市场策略各有优缺点，企业究竟采用哪种策略，就要根据具体情况，全面综合研究，才能做出选择。

（1）企业资源条件　如果企业资源充足，实力雄厚，可采用无差异或差异营销策略；如果企业资源无力兼顾整个市场时，最好选择集中营销策略。

（2）产品的特性　根据产品的不同特性采取不同的市场策略。有些产品，如食盐、煤炭等，尽管在品质上有差异，但差异不显著，消费者并不了解，也不严加区分。对这类产品，则应采用无差异市场营销策略。而有些产品其品质等方面差异性很大，如电视机、洗衣机、汽车、照相机等，消费者选择常以产品特性为依据。因此，经营这类产品，只能采用差异营销策略或集中营销策略。

（3）消费者需求的特点　如果消费者的需求、爱好、习惯和其他特点颇为接近，可采用无差异营销策略。反之，如果消费者需求、爱好、购买习惯等存在很大差异，则适宜采用差异营销策略或集中营销策略。

（4）产品的生命周期　如果产品处于投入期或成长期，为了探测市场需求量和现在顾客，可采用无差异市场策略。如果产品进入成熟期或衰退期，为了开拓市场，延长产品生命周期，则应采用差异营销策略或集中营销策略。

（5）竞争对手的市场营销策略　选择目标市场策略，往往还要看竞争对手的市场策略。如果竞争对手采用无差异营销策略，则本企业可采用差异营销策略与之竞争；如果竞争对手采用差异营销策略，而且竞争性又相当强，则本企业可采用集中营销策略。当然，也可采用同向策略，发挥优势。

5.2.2　目标市场和营销策略

1．目标市场含义

目标市场，是指企业为实现预期目标而要进入的市场。也就是企业在细分出来的若干子市场中，根据自身的资源和技术情况、管理水平和竞争状况，选择出对己最有利的而决定要进入的市场。企业的一切营销活动都是围绕目标市场进行的。选择和确定目标市场，明确企业的服务对象，关系到企业任务、企业目标的落实，是企业制定市场营销战略的首要内容和基本出发点。

企业确定目标市场的方式有两种：一种是先进行市场细分，然后选择一至数个细分市场即子市场作为自己的目标市场；另一种，不进行市场细分，而是以产品的整体市场作为目标市场。

2．目标市场的范围选择策略

运用市场细分化策略的企业，在选择目标市场时，可采用的范围策略主要有以下五种，如图 5-1 所示。

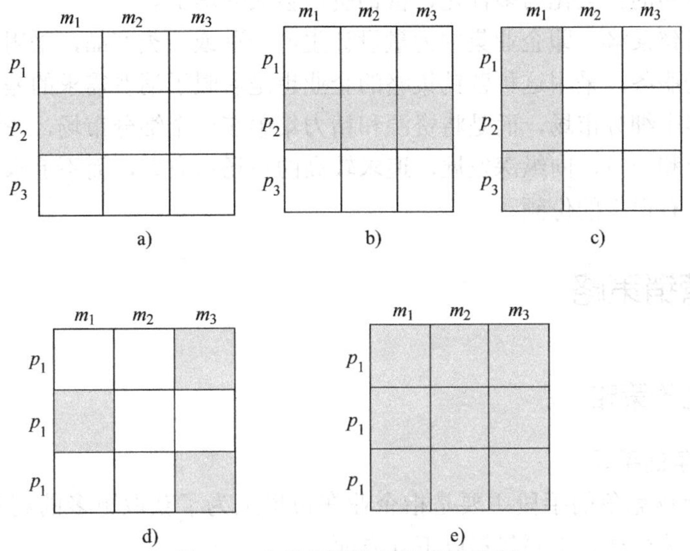

图 5-1 市场范围选择策略示意图

a）市场集中化 b）产品专业化 c）市场专业化 d）选择专业化 e）市场全面化

a）产品市场集中化。是指企业的目标市场无论是从市场（顾客）或是从产品角度，都是集中于一个细分市场。这种策略意味着企业只生产或经营一种标准化产品，只供应某一顾客群。这种策略通常为小企业所采用。

b）产品专业化。是指企业向各类顾客同时供应某种产品。当然，由于顾客群不同，产品在质量、款式、档次等方面会有所不同。

c）市场专业化。是指企业向同一顾客群供应性能有所区别的同类产品。

d）选择专业化。是指企业决定有选择地进入几个不同的细分市场，为不同的顾客群提供不同性能的同类产品。采用这种策略应当十分慎重，必须以这几个细分市场均有相当的吸引力，即均能实现一定的利润为前提。

e）市场全面化。即指企业决定全方位进入各个细分市场，为所有顾客提供他们所需要的性能不同的系列产品。这通常是资金雄厚的大企业为在市场上占据领导地位甚至力图垄断全部市场而采取的目标市场范围策略。

3．目标市场营销策略

企业确定目标市场的方式不同，选择目标市场的范围不同，营销策略也有所不同。概括起来，可供企业选择的目标市场营销策略有：无差异营销策略、差异营销策略、集中营销策略。

（1）无差异营销策略 实行无差异市场营销，就是把整体市场看作一个大的目标市场，不进行细分，用统一的营销组合去加以占领， 采用无差异市场营销战略的最大优点是成本的经济性。产品的大批量经营，会显著降低生产成本，减少促销费用。此外，不进行市场细分，也相应减少了市场调研、产品研制与开发、以及制定多种市场营销战略、战术方案等带来的成本开支。但是，无差异市场营销对市场上大多数产品是不适宜的。

（2）差异营销策略　即从细分后各子市场的需求差异性出发，推出不同的产品，通过不同的渠道，利用多种促销形式，以吸引各种不同的消费者。这种战略的最大优点是，可以有针对性地满足具有不同特征的顾客群的需求，提高产品的竞争力。但是，由于产品品种、销售渠道、广告宣传的扩大化与多样化，营销费用会大幅增加。

（3）集中营销策略　即企业集中力量设计生产一种或一类产品，采用一种市场营销组合为一个细分市场服务。采用这种营销策略的企业也是着眼于消费需求的差异性，但其目标不是整个市场或多个细分市场，而是将资源和精力集中在一个细分市场，在这个细分市场上，利用有限的资金和力量，向纵深发展，追求较高的市场占有率，而不追求在整个市场或多个细分市场上都占有很少的份额。

5.3 市场营销策略

5.3.1 市场竞争策略

1．市场竞争的手段

企业参与市场竞争的手段主要是指企业在市场上为了获取更多的利润或更高的市场占有率所采取的有关行动。主要包括以下几方面：

（1）价格竞争　价格竞争是围绕价格高低展开的竞争。企业制定价格的主要原则是要保证获得尽可能多的利润，同时还要尽可能限制更多的企业进入市场。在不同的市场结构中，企业的定价行为是不同的。一般来说，在价格竞争中，谁的商品便宜，谁就能取得竞争的优势。然而，商品便宜是以生产商品的个别劳动时间低于社会必要劳动时间，即个别价值低于社会价值为基础的。这样即使按低于社会价值的价格出售，只要这个价格高于个别价值，仍然可以从中得到正常利润，并能增强竞争机会，打开销路，占领市场。价格竞争是商场竞争的主要方式，其实质是商品价值的竞争。

（2）非价格竞争　主要指商品使用价值的竞争，即商品的品种、数量、质量、规格、性能、服务等方面的竞争。非价格竞争的目的在于扩大本企业产品与其他企业产品的差别，增加本企业产品的销售，形成限制其他企业进入的障碍。

（3）企业兼并　在市场竞争中，企业还会采用一种既不同于价格竞争，又不同于非价格竞争的竞争方式，这就是企业兼并。兼并的目的，一是为了扩大生产规模，加强企业在原有市场上的竞争优势。二是为了通过兼并进入新的产业领域，特别是通过混合兼并，可以利用其他产业的被兼并企业与该企业的原有联系，较快地进入这一领域。同时被兼并企业可以摆脱原有的某些困境，以求得更好的发展。

2．市场竞争策略

市场竞争作为商品经济的宏观规律，总是通过优胜劣汰机制强制地贯彻自身的要求。企业为了站稳脚跟，立于不败之地，纷纷寻求竞争的新思路和新手段。企业为适应市场形势发展而制定的营销方针和采取的营销手段就是市场竞争策略。现代市场竞争策略主要有：

（1）创新策略　企业要想在市场上取胜，就必须根据市场需要不断研制新品种、新花色、新式样的适销产品投放市场，以吸引顾客。创新是企业具有竞争力的前提。在企业营销活动中，有些管理者不是以奇取胜、努力创新，而是满足一般见解，习惯于“赶浪头、跟人跑”，市场上哪种产品热门、畅销，他就仿制哪种产品。这样做，省心省力，但不高明；在市场相对稳定的情况下，虽然风险小，但获利不大；在市场剧烈变动时期，这种拾人牙慧，步人后尘的经营方针，很可能使企业“赔了夫人又折兵”，人、财、物投进去，还没有形成生产能力就被淘汰。

（2）*以优质取胜*　质量是市场竞争力的核心。在市场经济条件下，“以质量求生存”已不再仅仅是一个响亮的口号，而是实实在在的现实。消费者购买商品、生产者购买设备和原材料，一般来说，首先考虑的是商品的内在质量和外观质量。如果一个企业的产品在质量上得不到顾客和用户的信任，那它就失去了市场竞争的基础。因此，企业只有生产和经营比竞争对手更好的优质产品，以争取更大的销售量和市场份额，才能赢得市场竞争的胜利。

（3）*以价廉取胜*　价格是市场竞争力的关键，追求物美价廉是一切购买者的天性。在质量相同的情况下，廉价产品会比高价产品具有更强的竞争力，因而降价往往成为提高市场竞争力的有力武器。

（4）*以服务取胜*　服务是市场竞争力的保证。“顾客就是上帝”，没有顾客和用户，产品就无从推销。在其他条件相同时，服务质量好坏是能否吸引更多顾客和用户的重要条件。实践证明，主动热情、周到细致的服务，可以帮助购买者了解产品、买好产品、用好产品、有利于扩大产品销路。

（5）*以快速取胜*　在现代市场上，时间就是金钱，速度就意味着胜利，在生产同种产品时，谁的生产周期短，能及时、及早上市，就能“先入为主”，在广大顾客心目中留下深刻印象。所以，以快速取胜已成为企业竞争的重要策略。

5.3.2　产品策略

1．产品的整体概念

产品是指能提供给市场、供使用和消费的可满足某种欲望和需要的任何东西。包括实物、劳务、场所、组织和构思等。企业应认识到，产品整体包括四个层次：核心产品、有形产品、附加产品和心理产品，如图 5-2 所示。

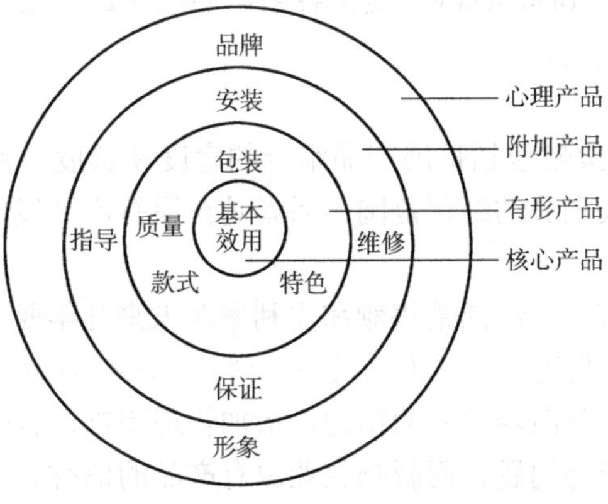

图 5-2　产品整体构成

（1）*核心产品*　核心产品也称实质产品，指产品能够提供给购买者的基本效用或益处，是购买者所追求的中心内容。如买自行车是为了代步，买汉堡是为了充饥，买化妆品是希望美丽、体现气质、增加魅力等。因此，企业在开发产品、宣传产品时，应明确地确定产品能提供的利益，产品才具有吸引力。

（2）*有形产品* 有形产品是产品在市场上出现时的具体物质外形，它是产品的形体、外壳，核心产品只有通过有形产品才能体现出来。产品的有形特征主要指质量、款式、特色、包装。如冰箱，有形产品不仅仅指电冰箱的制冷功能，还包括它的质量、造型、颜色、容量等。

（3）*附加产品* 附加产品指顾客购买产品所得到的各种附加利益的总和。它包括：安装、使用指导、质量保证、维修等售前售后服务。由于产品的消费是一个连续的过程，既需要售前宣传产品，又需要售后持久、稳定地发挥效用，因此，服务是不能少的。可以预见，随着市场竞争的激烈展开和用户要求的不断提高，附加产品越来越成为竞争获胜的重要手段。

（4）*心理产品* 心理产品指产品的品牌和形象提供给顾客心理上的满足。产品的消费往往是生理消费和心理消费相结合的过程，随着人们生活水平的提高，人们对产品的品牌和形象看得越来越重，因而它也是产品整体概念的重要组成部分。

2. 产品组合策略

（1）*产品组合及其相关概念*

1）产品项目：按产品目录中列出的每一个明确的产品单位，一种型号、品种、尺寸、价格、外观等产品就是一个产品项目。

2）产品线：指一组密切相关的产品项目。它可从多方面加以理解：满足同类需求的产品项目，如不同型号的电视机；互补产品项目，如电脑的硬件、软件等；卖给相同顾客群体的产品项目，如学生的文具等。可视经营管理、市场竞争、服务顾客等具体要求来划分产品线。

产品组合是指企业经营的全部产品线、产品项目结构或结合方式。

产品组合的宽度（width）是指该公司具有多少条不同的产品线。

产品组合的长度（length）是指它的产品组合中的产品品目总数。

产品组合的深度（depth）是指产品线中的每一产品有多少品种规格。

产品组合的相容度（consistency）是指各条产品线在最终用途、生产条件、分销渠道或者其他方面相互关联的程度。

（2）*产品组合策略*

1）扩展策略。扩展策略包括扩展产品组合的宽度和长度。前者是在原产品组合中增加一条或几条产品线，扩大企业的经营范围；后者是在原有产品线内增加新的产品项目，发展系列产品。

一般当企业预测现有产品线的销售额和盈利率在未来几年要下降时，往往就会考虑这一策略。这一策略可以充分利用企业的人力等各项资源，深挖潜力，分散风险，增强竞争能力。当然，扩展策略也往往会分散经营者的精力，增加管理困难，有时会使边际成本加大，甚至由于新产品的质量、功能等问题，而影响企业原有产品的信誉。

2）缩减策略。缩减策略是企业从产品组合中剔除那些获利小的产品线或产品项目，集中经营那些获利最多的产品线和产品项目。缩减策略可使企业集中精力对少数产品改进品质，降低成本，删除得不偿失的产品，提高经济效益。当然，企业失去了部分市场，也会增加企业的风险。

3）产品延伸策略。每一个企业的产品都有其特定的市场定位，如我国大陆的轿车市场，“别克”、“奥迪”、“帕萨特”等定位于中偏高档汽车市场，“桑塔纳”定位于中档市场，“夏利”、“奥拓”等则定位于低档市场。产品延伸策略是指全部或部分地改变公司原有产品的市场定位。具体做法有向下延伸、向上延伸、双向延伸。

① 向下延伸。向下延伸是企业原来生产高档产品，以后增加低档产品。向下延伸策略的采取主要是因为高档产品在市场上受到竞争者的威胁，本企业产品在该市场的销售增长速度趋于缓慢，企业向下延伸寻找新的经济增长点。同时，某些企业也出于填补产品线的空缺，防止新的竞争者加入的考虑，也实施这一策略。

② 向上延伸。向上延伸指企业原来生产低档产品，后来决定增加高档产品。企业采取这一策略的原因是：市场对高档产品需求增加，高档产品销路广，利润丰；欲使自己生产经营产品的档次更全、占领更多市场；提高产品的市场形象。

③ 双向延伸。原来生产经营中档产品，现在同时向高档和低档产品延伸，一方面增加高档产品，一方面增加低档产品，扩大市场阵地。

5.3.3 品牌、商标与包装策略

1．品牌和商标策略

品牌是产品的组成部分，著名的品牌可以提高产品的身价，也是产品营销的重要手段。

（1）品牌与商标的概念　品牌是企业用名称、名词、图案或这些因素组合形成的符号、其目的是藉以辨认某个销售者或某群销售者的产品或劳务，并使之同竞争对手的产品和劳务区别开来。

商标是一个专门的法律术语，它是一个品牌的一部分，在这里特指已获得专用权的注册商标，受法律的保护。

（2）品牌策略　对消费者来说，品牌或商标有助于消费者获得商品信息，便于消费者认牌购物；给消费者进行商品质量监督提供条件。

品牌策略很多，主要有：同一品牌策略、差异品牌策略、无品牌策略、并用品牌策略、品牌创新策略等。

1）同一品牌策略，即企业的不同商品使用同一品牌。其目的是可以利用成功的品牌推销新产品，扩大企业的影响，显示企业的实力，增强威望。但采用此策略一般应具有如下三个条件；品牌声誉好、产品质量好、企业形象好。

2）差异品牌策略，即企业的不同产品或同种产品使用不同的品牌。采用此策略可以便于企业的不同产品适应市场的不同需要，争取更多的消费者购买，并减少经营的风险。

3）无品牌策略，即企业的产品不用品牌。这主要是为了避免因企业市场名声小或商品品质较差所带来的不利影响或消费者不太计较品牌。适用的场合为商品本身的品质难以与其他同类商品相区别；消费者对产品有一定的认识，习惯上不大计较商品的来源及企业的名称。

4）并用品牌策略，即一种产品同时采用厂家品牌和中间商品牌。目的是可以充分利用厂家品牌和中间商品牌的声誉优势来推销商品；同时可以利用对方品牌的优势来提高弱势品牌的著名度。采用此策略的条件是：厂家品牌声誉好；中间商品牌的知名度和著名度也较高；或者是厂家品牌较差，以借用声誉较好的中间商品牌。

5）品牌创新策略，指舍弃陈旧品牌，设计新品牌和品牌推展，舍旧立新主要是因为原品牌不能反映商品的特点或环境的变化；品牌推展使设计的新品牌和旧品牌一脉相承，见新知旧，它既标志着商品的原基本特征，又标志着商品的不断革新和完善。

2. 包装策略

（1）包装的概念　产品包装，是指产品的盛器或外部的包壳和包扎等保持物。它是产品整体的一个重要组成部分，具有保护和美化产品、增加便利消费和信誉以及促进销售等功能。产品包装日益成为市场营销竞争的重要手段，有人把它称为“无声的推销员”。

产品包装按其在营销中的作用分为：运输包装和销售包装两种。

1）运输包装一般不随产品出售，只是保证商品在运输过程中的质量安全、数量完整；具备牢固、防潮、防外摄等作用。

2）销售包装随产品销售进入零售商店。并且伴随商品最终交给顾客，它不仅保护商品，而且在造型、结构、装潢、画面和文字说明、使用性能等方面能充分体现商品的优点、特性及美化要求，以便诱使顾客购买。

（2）包装策略　包装策略有类似包装策略和配套包装策略、再使用包装策略、色彩包装策略、更新包装策略、惯用包装策略、分层包装策略、等级包装策略、礼品包装策略、男性化包装策略、少儿用品包装策略等等，以下介绍几种常用的包装策略。

1）类似包装策略。指一个企业生产和营销的全部产品在其包装外形上采用相同的图案、近似的色彩、同一的特征，以便消费者通过包装认识到所包装产品是同一企业产品的包装策略。目的是提高企业的知名度，节省包装的设计费用，减少消费者对产品的不信任感；但要求产品在质量上必须具有一致性。

2）配套包装策略。指把各种有关联的产品组合在一起，置于同一包装容器中，便于顾客购买的产品的包装策略。此策略的特点是：同一包装中的商品之间必须有关联性，使顾客在不知不觉中熟知和习惯新产品，可节省包装费用。

3）再使用包装策略。指在原包装的商品用完后将空容器收回再作包装使用的产品包装策略。其特点是：能多次使用；引起消费者的回忆和重复购买；节省包装费；增加顾客卖出包装的收入。

4）分层包装策略。指按产品价值的高低分别采用与产品价值相匹配的包装材料、包装结构、包装形式和包装装潢的产品包装策略。其主要特点是：适应不同的需要；突出高质量产品的市场地位与特性；满足消费者的心理需要。

5.3.4 价格策略

价格是决定一种产品对买者是否具有引力的重要因素，是卖者营销的重要手段。价格是唯一能够增加企业收益的因素。因而，价格的制定和调整要有一定的依据，并实施必要的策略。

1. 影响企业定价的因素

企业作为独立的商品生产者和经营者，可以独立自主地自由定价，因此，定价是营销组合（4PS）的可控变数之一。但是，这种自由定价并不是随心所欲、不受任何制约的。价格的制定要受企业的外部因素和企业的内部因素的影响和制约。在定价时必须予以考虑（如图 5-3 所示）。企业内部因素包括营销目标、营销组合策略、成本及定价组织；外部因素包括市场和需求性质、竞争和其他环境因素（宏观经济状态、政府的法令政策等）。

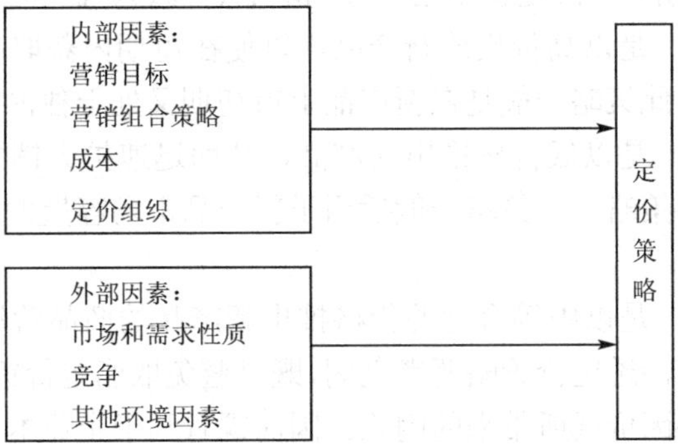

图 5-3　影响定价因素

2. 企业定价的基本方法

对于不同企业、不同产品和不同时期，产品定价考虑的因素有所不同。但无论怎样，企业定价时必须考虑产品成本和市场需求这两个方面。此外，还需考虑竞争者的价格以及其他各种内部和外部因素，并根据不同情况采取适当的定价方法。企业经常采用的定价方法主要有以下三类：

（1）*成本导向定价法*　即以产品的总成本为中心判定价格。这类定价法包括：

1）成本加成定价法。指以产品的单位成本为基础，加上预期利润，定出销价。其计算公式为

$$\text{单位产品营销价} = \text{产品单位成本} + \text{预期单位利润}$$

2）目标收益率定价法。它是根据企业的总成本和计划的销售量，确定一个目标收益率，定出销价。其计算公式为

$$\text{单位商品营销价格} = \frac{\text{总成本} + \text{目标利润}}{\text{预计销售量}}$$

式中，目标利润一般以目标利润率为基础求得，对现有商品采用成本利润率，对新商品一般采用目标收益率。

（2）*需求导向定价法*　需求导向定价法主要根据目标市场消费者对产品价值的理解和需求强度确定价格，而不是仅仅考虑成本一个因素。这类定价法有：理解价值定价法、区分需求定价法、比较定价法和相反向定价法等。其中理解价值定价法是指买方在观念上所理解的价值，而不是产品的实际价值。在采用这种定价法时，企业对消费者理解的商品价值要有一个正确的估计和判断，进行必要的销售调研，收集和分析各方面的信息，并通过各种宣传手段影响顾客的理解度。

（3）*竞争导向定价法*　指主要依据竞争者的价格定价，或与主要竞争者的价格相同，充分考虑自己商品的竞争能力，选择有利于在市场竞争中获胜的定价方法。这类方法主要有以下两种：随行就市定价，以本行业的主要竞争者的价格为企业定价的基础；投标定价法，买方引导卖方通过竞争成交的一种方法，通常用于建筑包工程、大型设备制造、政府大宗采购等。

3. 价格策略

（1）*不同寿命周期的定价策略*　处于不同市场寿命周期的产品，其定价方法和策略是不

同的，主要有以下几种方式：

1）试销期（投入期）产品定价策略。分为取脂、渗透、温和三种形式。

① 取脂定价策略，是以高价投放新产品，以便在短期内获取高额利润，尽快收回投资的商品营销定价策略。此策略一般是在新产品上市初期又处于独占市场地位时采用。

② 渗透定价策略，是以低价格推出新产品，从而迅速扩大销售量，尽可能地扩大市场占有率的商品营销定价策略。此策略一般适用于新产品市场容量大，竞争者容易仿制而需求弹性又较大的商品。

③ 温和定价策略，是以中等合理的价格推出新产品的商品营销定价策略。温和定价策略介于取脂定价策略和渗透定价策略两者之间，既可避免取脂定价策略因价高而具有的风险，又可避免渗透定价策略因价低所带来的困难。因而既有利于企业本身的利益，又利于顾客，许多企业在试销期多采用此策略。

2）成长期产品定价策略。此阶段定价不能太高也不能太低，企业必须分析市场价格趋势和竞争者的定价策略，采取对策，力求维护原价或适当降价。

3）成熟期产品定价策略。此期企业应比其他经销商早一步合理降价，尽可能同时采用非价格策略；并以社会性的观点考虑保持价格相对稳定，或利用转售借以维持价格。

4）衰退期产品价格策略。主要考虑减少损失，只要收入仍大于变动成本，一般应尽量减价出售，如果企业有其他商品可以经营，则可维持原价，让其自然减退，直至退出市场。

（2）价格调整策略　企业依据市场需求和产销的具体情况，应随时对基本价格进行调整，其主要策略有折扣或折让定价策略、差别定价策略。

1）折扣或折让定价策略。在定价过程中，先定出一个基本价格，然后再用各种折扣和折让来刺激中间商和用户，以促进销售。此策略的对象一般是中间商。常用的折扣或折让定价策略主要有现金折扣策略、数量折扣策略、交易折扣策略、季节折扣策略、折让策略等。

2）差别定价策略。指企业对同一产品在不同地方、不同用户或不同时间确定不同价格的策略。差别价格策略的目的在于占领更广泛的市场或有意识地开拓新市场，给予部分用户优惠价格以建立长期的交易关系。

采用该策略的条件是：市场必须是可细分的，且各细分市场的需求强度不同；产品不可能转手倒卖，高价市场上不可能有竞争者削价竞销；不致违法（有些国家法律禁止“价格歧视”）。

3）消费心理定价策略。指企业定价时，利用消费者的心理状态有意识地将产品价格定高或定低以扩大销售。此类策略主要有：零数定价、整数定价、声望定价及招待定价等。

5.3.5 分销渠道策略

产品从生产者到消费者（或用户）的转移必然经历一定的分销渠道，实施一定的渠道策略。这是因为生产者同消费者（或用户）之间存在着时间、地点、数量和所有权等方面的差异和矛盾，只有克服这些差异和矛盾，才能在适当时间、适当地点、按适当数量和价格，把产品从生产者转移到消费者（或用户）手中。分销渠道策略是营销组合策略中不可缺少的部分。

1. 分销渠道的类型及选择

（1）分销渠道的概念　分销渠道是指产品所有权从生产者向消费者或用户转移过程中所经过的各个环节连接起来形成的通道。分销渠道的起点是生产者，终点是消费者或用户，中间环节包括各种批发商、零售商、商业服务机构（交易所、经纪人等）。

（2）分销渠道的类型及选择　在现实经济生活中，分销渠道多种多样，基本的渠道结构有四种（如图5-4所示）。

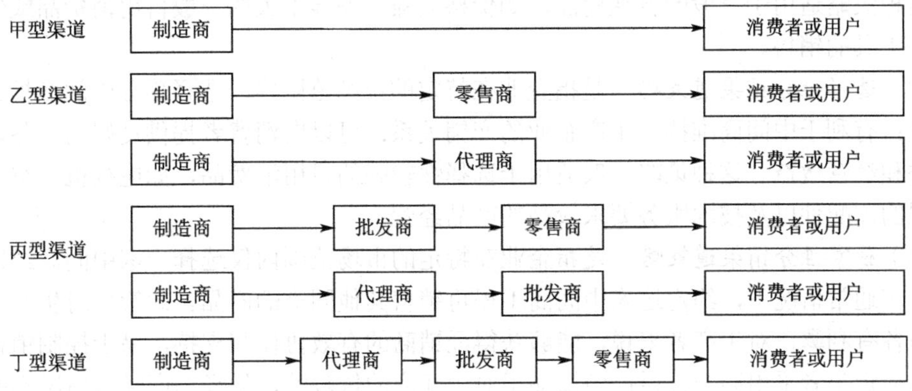

图5-4　基本渠道结构图

1）甲型渠道。亦称直接销售渠道，这是生产者把产品直接出售给消费者或用户。其基本特点是：没有中间商介入；生产者主要依靠自身的推销能力推销自己的产品；分销渠道短，有利于保证产品的使用价值；生产者与消费者直接见面，便于生产者直接了解市场需求，为顾客服务；可直接控制市场的价格，独占产品的营销利润，灵活性大。这种渠道适用于解活易腐商品、贵重品、定制品的销售，特别是生产技术复杂、需要提供特殊服务的产品。

2）乙型渠道。是一种间接销售渠道，指产品生产者通过一层中间环节，将产品转卖给消费者。对消费市场，中间环节为零售面对产业市场，其中间环节是代理商或经纪人。乙型渠道的基本特点是：只有一层中间环节介入，商品可迅速地转移到消费者手中；有利于加强零售商的责任感；有利于生产者开展售后服务，在总体上节省商品流通费用、降低商品营销价格。这种渠道可以使产销紧密联系，互相配合，便于树立厂店信誉，提高商品声望。但它要求消费者比较集中或需求量较大；企业自身资金力量雄厚等。

3）丙型渠道。是一种间接销售渠道，是指生产者经过两层中间环节，将产品最后转移到消费者。对消费市场，这两层中间环节为批发商和零售商；对产品市场来说，可能是销售代理与批发商。丙型渠道的基本特点是：有两个层次的中间商介入，可以节省商品生产者推销自己商品的时间和费用；有利于商品普遍的、广泛的销售；可以为生产者节省销货的时间及费用，又可以为零售商节省购货时间和费用。

4）丁型渠道。亦称间接销售渠道，它比起丙型渠道来讲，是在生产者和批发商之间增加了一个代理商。丁型渠道的基本特点是：分销渠道使产品转移时间长；支付的产品流通费用较多；但渠道出口的分散力强。

2．分销渠道策略及选择

企业在复杂多变的市场营销环境中，正确选择对自己有利的商品分销渠道，注意保持渠道的相对稳定，以及时、经济、方便地分销产品，这是非常重要的。企业决定每个渠道层次使用多少中间商，有三种策略可供选择：

（1）密集性分销策略　也称广泛分销策略，是指生产企业或批发商对中间商不加任何选择，尽可能的加以利用，广泛销售商品，扩大产品销量。此策略的特点是：无选择地尽可能多地用中间商推销产品；顾客能及时、就近、方便地购买到产品；生产的产品能迅速地进入流通领域；但中间商的专一性不强，生产者需增加商品促销费用；企业同中间商关系比较轻疏。这种策略适用于一般的普通商品，如价格低廉、差异不大的一般日用消费品或生产资料中的小工具的销售。

（2）选择性分销渠道策略　是指企业在特定的市场范围内，选择部分中间商推销商品。特点是：有利于中间商维持与生产企业的产销关系；可以向消费者提供良好的服务，提高商品声誉和经营效益。这种策略一般适用于选择性较强的日用消费品，如电视机、空调、专业性较强的需配件以及技术服务要求较高的产品经营。

（3）独家性分销渠道策略　是指企业在特定的市场范围内仅选择一家中间商经销特定的产品；在通常情况下，约定这家中间商不得再销售其他同类的商品。此策略对生产者和独家中间商各有利弊，对生产者来说，能够获得经销商的有效协作和支持，易于控制销售价格，防止其他竞争者采用同一渠道；但增加了对中间商的依赖性，如经销商经营情况不好，则会失去一定的市场，不易物色到理想的中间商。对中间商来说，可以享受某种商品的一切销售权利；并可获得生产者给予的各种优惠条件，可利用生产者的声誉和独销地位提升自身的声望。但如果生产发生变化或失去经销特权，则会造成较大的损失。这种策略一般适用于新产品、名牌产品以及有某种特殊性能和用途的产品。

5.3.6 促销策略

1．促销的含义

所谓促销，就是通过传递商品或劳务的信息，帮助顾客认识商品的存在性能和特征，以引起顾客的注意，提高顾客的兴趣，激发购买欲望。

2．促销手段类型

促销手段是指帮助或说服顾客购买产品而采取的信息传递方式。促销手段主要有人员推销与非人员推销两种类型。

（1）人员推销　人员推销是通过企业销售人员对顾客作口头介绍，以促进商品销售的方法。它可以是面对面的交谈，也可以通过电话、信函方式向消费者传递。其特点是：可以直接观察消费者的态度，了解对方的需要，并及时作出适当的调整；可以培养买卖双方的感情，保持长期的联系。但接触面窄，费用大。人员推销可表现为两种形式，一是派出推销人员与用户或消费者面谈推销业务，并同时向用户或消费者传递信息；二是生产企业设立产品销售门市部，由销售人员向消费者销售产品，并同时向消费者传递产品的有关信息。

（2）非人员推销　包括广告、营业推广、公共关系等促销方式。

1）广告。是一种有说服力的信息，指以盈利为目的的广告为主，以一定的人为目标对象，通过对大众的传播媒介所进行的有关商品、劳务、观念等方面的信息情报传递活动。其特点是公众性、渗透性、表现性和非人格性。广告是企业的一种重要的促销方式。

2）营业推广。是指除广告和人员推销外，凡能刺激消费者购买，改进零售商或批发商的推销效率和合作态度的促销方法。营业推广包括多种具体形式，如代价券、奖券、竞赛、附带赠品、赠寄、人员示范、抽奖、赠送试用样品、展览、发行刊物等。它的特点是能吸引顾客，刺激购买，但往往是短期效果。因此，营业推广是广告和人员推销的补充措施，是一种辅助性的促销工具。

3）公共关系。是指利用社会舆论去争取公众对企业和商品加深认识、理解，树立良好声誉的一系列活动。其特点是影响大、持久、容易得到消费者的欢迎、信任。

3．促销组合策略及选择

（1）促销组合的概念　企业在制定促销策略时，可以单独采用一种促销方法，但在多数情况下，企业往往将不同的促销方法结合使用，一般都以一种方法为主，其他方法为辅的方式制定促销组合策略。所谓促销组合，就是人员推销、广告、营业推广、公共关系等促销手段的搭配组合。企业的促销组合策略，就是根据有关因素，选择促销手段，分配促销力量，形成协调的促销组合，以最少的资金获得最有效的营销目标的各项活动过程。

（2）企业在设计促销组合策略时应考虑的因素　企业在设计促销组合策略时，应考虑的因素主要有产品性质、产品市场寿命周期、促销总策略等。

1）产品性质。由于各种促销方式对消费品和工业用品的促销效果不同，在通常情况下，消费品一般比工业品更多地使用广告，工业品则更多地使用人员推销，而公共关系宣传和营业推广对工业品和消费品来说都同等重要，并随着市场经济的发展成为重要的促销形式（如图 5-5 所示）。

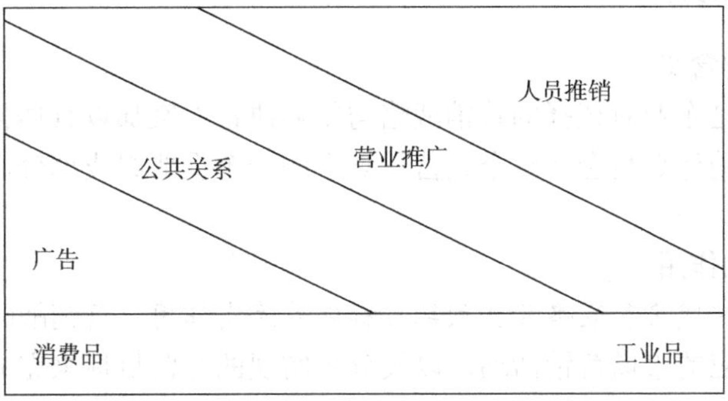

图 5-5　不同促销方式对消费品和工业品的影响

2）促销的总策略。企业促销活动的总策略有“推动”与“拉引”之别，所谓“推动”策略，就是以中间商为主要促销对象，把产品推进分销渠道，推上最终市场。“拉引”策略主要指利用非人员方式来吸引潜在顾客，使购买者产生对商品或劳务的需求及欲望，以促进商品或劳务销售的一种商品促销策略。显然，如果企业采取的是“推动”策略，则人员推销的作用最大；如果企业采用的是“拉引”策略，则广告的作用更强。

3）产品市场寿命周期。在产品市场寿命周期的不同阶段，促销的目标也不同，要相应地选择、编配不同的促销组合，制定特定的促销策略，大致情况见表 5-3。

表 5-3　产品市场不同寿命周期阶段与促销策略

产品市场寿命周期	促销重点目标	促销主要方式
试销期	了解认识产品	各种广告
成长期	增加兴趣与偏爱	改变广告形式
成熟期		
衰退期	促成信任，购买	营业推广为主，辅以广告、减价等
市场寿命周期各阶段	消除不满意感	改变广告的内容，利用公共关系

4．促销组合及促销策略的选择

在实际工作中，选择促销组合与促销策略的困难比较大，必须进行通盘考虑。企业在营销活动中，很少单纯使用一种策略，而常常二者兼用。究竟何时应以人员推销为主、何时应以非人员推销为主，则要看各方面的具体情况，可参考表 5-4。

表 5-4 促销组合及促销策略的选择

企业状况	产品特性	促销方式
规模小，无足够的资金，市场比较集中，渠道短	特殊品 选购品 产品使用方法及性能需改进的产品	以人员推销为主
市场大，拥有充分的资金	便利品 富有特色的产品 产品潜在需求大	非人员推销为主

5.4 营销计划与销售业务

5.4.1 营销计划的作用

1．营销计划的含义

营销计划，就是企业对选择的营销战略与策略决策方案加以具体化，对方案的实施所进行的统筹安排。营销计划是企业整个经营计划中的一个重要组成部分，是对企业市场营销活动的具体筹划。

2．营销计划的作用

（1）对企业营销战略和策略及其预期目标起着落实作用　营销战略的实施需要通过一系列的营销策略和相应的市场营销活动，以及分步实现的经营目标来完成。而对营销活动和分步要达到的经营目标，需要通过编制营销计划加以安排，使之具体化，落实到具体的单位和个人。

（2）对计划期企业资源分配起着导向作用　营销计划规定着企业按市场的需要和用户的订货合同所规定的产品品种、数量、质量等方面的要求，也安排了分部门、分地区所要开展的营销活动。因此，营销计划实际上对企业的技术开发、生产制造、市场营销等各个环节所需资源的分配起着指导作用，即企业资源必须按市场的需要进行合理的分配。

（3）对营销部门的工作起着纲领作用　营销计划中所规定的一系列经营目标，需要通过营销部门全体营销人员的努力才能完成。生产过程中创造的价值，要通过营销人员在流通过程中一系列的营销活动去实现，销售量和销售收入目标、盈利目标、市场占有率目标等，都是营销部门要完成的重要经营目标，这是营销部门及其工作人员的奋斗纲领。

（4）对各部门、各环节的工作，起着协调作用　制定和实施营销计划，不仅仅是营销部门的事，它关系着企业的各个部门和各个环节的工作，需要方方面面的协调配合。

5.4.2 制定营销计划的步骤

1．分析营销现状

对当前市场状况、竞争对手及产品、销售渠道和促销工作等，必须进行详细的分析，然后，市场销售部门开始进行销售预测。这种预测需要调研部门和其他部门相配合。

2．确定销售目标

销售部门应当把前一计划期的执行情况、对营销现状的分析、预测结果三者结合起来，提出下一计划期切实可行的销售目标。

3．制定销售策略

确立目标以后，企业各部门要根据销售目标的要求，充分考虑各种影响因素的变动情况，制定出可供选择的销售策略方案，并对各个方案的优劣进行初步的评价。

4．评价和选定销售策略

对各部门提出的销售策略方案，从企业整体角度和市场变动情况进行充分的论证和评价，权衡利弊，从中选择最佳方案。

5．综合编制销售计划

由负责销售的副总经理负责把各部门制定的计划汇集在一起，经过统一协调，编制每一产品包括销售量、定价、广告、渠道等策略的计划。汇总每一产品的销售计划，形成公司的全面销售计划。

6．对计划加以具体说明

对计划的各项要求加以具体说明，特别是计划表中不能反映的内容。包括各项指标确定的依据、完成指标需要做的各项准备工作、各部门之间的相互配合关系、相互保证的具体责任等。

7．执行计划

计划一经确定，各部门就必须按照既定的策略执行，按要求完成销售目标任务。

8．检查效率，进行控制

在执行计划过程中，要按照一定的评价和反馈制度，了解和检查计划的执行情况，评价计划的效率，也就是分析计划是否在正常执行。通常，市场会出现意想不到的变化，甚至会出现意外事件，如自然灾害等。销售部门要及时修正计划，或改变既定策略，以适应新的情况。

5.4.3　产品销售指标的分配和具体实施

通常将产品销售指标分为四类：

1．财务贡献指标

财务贡献指标，其实就是经常说的业绩。如果细分，财务贡献指标还可以分成三小类：第一小类是签单额度，即签了多少定单；第二小类是回款额，即有多少回款；第三小类是费用控制，即为了完成定单花了多少钱。这三小类指标组成了大的财务贡献指标。

2．客户增长指标

一些产品都不仅要有销售量，还要有客户覆盖量。客户增长指标包括两方面：第一是开发新行业，比如说原来面向电信行业销售时做得非常好，那么今年要求必须开发新的行业，不仅把产品卖到电信行业，还要卖到金融行业；第二是提高市场占有率，也就是要把竞争对手的份额尽量打压得比较低。

3．客户满意指标

这个指标可以说是一个公司在市场上的形象指标，因为客户的满意度决定了公司形象的良好程度。不能以为客户买了东西，已经把钱交了，就算完事了。实际上，销售队伍还有一种职责，形象地说，叫做企业和客户之间的润滑剂，通过其润滑和磨合作用，使客户不仅买了产品，而且感觉非常满意，愿意持续采购或者将产品介绍给朋友。

4. 管理动作指标

所谓管理动作指标，就是指按照公司要求来完成各种管理动作。这个指标往往容易被忽略，但实际上它也是一个非常重要的指标。它有助于公司更加有效地管理控制销售队伍。此外，尽管管理动作指标不涉及实际的绩效，但是能够对绩效起到有力的促进作用。

5.4.4 销售业务流程

销售流程是整个企业流程的一个部分，企业从内到外的主流程是研究开发、生产制造、物流运输、市场和销售、技术支持和服务等流程。在这个主流程外，还有人力资源、财务管理等支持性的流程。

市场和销售流程的形状像一个漏斗，包括三个主要的流程（如图 5-6 所示）：

（1）市场推广　该流程处于最上端，根据公司定位锁定的目标客户群，通过市场推广活动，培养客户需求，树立品牌形象，产生销售机会。

（2）销售流程　销售团队将通过各种渠道收集到的销售信息转变为订单的过程。销售流程经过从产品开发—生产—包装—销售—发货—被使用等数个环节，需要不同的部门进行沟通和协调，以保证产品能够顺利的销售出去、安全可靠地送到客户手中，并取得一定市场占有率和信誉度。

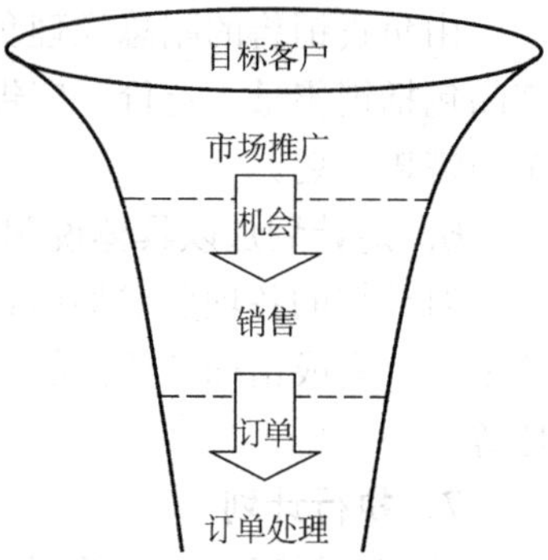

图 5-6　市场和销售流程

（3）订单处理流程　订单处理流程与销售流程紧密相连，包含合同管理、收款等过程。订单处理与企业的生产、物流运输流程相连，构成了企业内部与外部客户流程的重要的一环。

5.4.5 销售模式

对不同的客户、不同的产品应该采用不同的销售模式。按照采购对象与销售成本的不同，销售模式可以分为以下四种（如图 5-7 所示）：

（1）零售　向个人或家庭销售价值低的产品。消费者通常来到商场或者超市直接选择符合自己需求的产品。这种模式的特点是多种产品在一起销售，由客户根据需求自由选取。沃尔玛、家乐福这样的连锁超市和路边的小卖部都属于零售的方式。

	个人家庭	团体机构
价值高	专卖	直接销售
价值低	零售	分销代理

图 5-7　销售模式

（2）专卖　向个人或家庭销售价值高的产品。这类产品通常包括汽车、房屋、高档服装等。通常采购金额越大，消费者越为慎重，一般经过仔细地研究、分析和比较后才会做出采购决定。但是在一般的零售店里，售货员因为不是产品的生产者，他们不会站在产品供应商的角度进行推销，而且他们也不太了解自己销售的各种产品，因此也没有帮助客户分析的能力。所以，很多价值高的产品会建立自己的专卖销售系统，以便更好地帮助客户进行采购并提供更优秀的服务。

（3）直接销售 对于大型的团体和机构，销售价值高的产品往往采用直接销售的方式。例如，电信局采购电话交换设备；水电站采购发电机组；政府机关采购电脑设备等。客户的采购经历了发生采购需求、内部酝酿、方案设计、评估比较、谈判和安装实施等多个步骤。在客户的采购过程中，产品销售公司需要组建专业的销售团队，在客户采购流程的不同阶段与不同的人一起完成整个销售过程。

（4）分销代理 对于一些价值较低的产品，生产这种产品的公司不可能在整个市场范围内建立庞大的销售团队，因此利用行业内或者区域内的一些现有的销售渠道进行销售。这些代理商有专业的销售人员上门向客户进行推销。

5.4.6 销售业务管理

由于销售业务管理是保证企业顺利实现再生产过程的重要环节，同时又是企业改善经营活动、提高经济效益的有力手段；它需要了解市场，反馈信息，为企业生产决策、经营决策提供信息和指导，同时还要为消费者提供消费指导，组成完善的销售组织，培养精干的销售队伍，以实现企业生产的良性循环，提高企业的经济效益和社会效益。因此，销售业务管理涉及的内容相当广泛，具体地说，它包括以下几方面内容：

（1）市场调查和预测 包括传统市场、新市场、潜在市场的调查研究。

（2）制定市场开拓和销售方针 包括市场开拓、营销组合、销售策略、产品定价等。

（3）签订管理合同 包括组织订货、签订合同、执行合同等。

（4）编制销售计划 包括销售计划指标的确定，与企业生产、技术、财务部门计划的协调和平衡，销售计划执行情况的检查和分析等。

（5）组织产品推销 包括产品的商标与装潢设计、广播宣传、试销展销、派员推销、运输组织、销售推广等。

（6）销售服务 包括提供产品安装、调试与使用的技术指导、技术培训，实行“三包”，供应配件等。

（7）销售经济效果分析 包括销售费用与销售成本分析、销售费用效益分析、提高销售管理经济效益途径的分析等。

（8）销售人员的管理与培训 包括销售人员自我管理、销售人员的选择、业务培训、工作指导考核等。

5.5 电子商务

5.5.1 电子商务的含义及分类

1. 电子商务的含义

电子商务（Electronic Commerce，EC）是指通过计算机网络（特别是Internet网）进行的商务活动，当企业将自己的主要业务通过计算机网络与合作伙伴，包括客户、供销商等直接相联时，这时所进行的各种商务活动实际上就是电子商务。

电子商务有广义狭义之分。狭义的电子商务也可以称作电子交易，主要包括通过计算机网络进行的交易活动，如网上广告、网上洽谈、订货、收款、付款、客户服务、货物递交等活动。而广义的电子商务，则是包括电子交易在内的，利用网络进行的全部商业活动，因此，它还包括企业内部的商务活动，如市场调查与分析、生产、管理、营销、财务、客户联系以及企业间的商务活动等。

2．电子商务的分类

按照交易对象的不同，电子商务可以分为五种类型：

（1）*企业与消费者之间的电子商务（简称为B-C模式）* 即企业通过Internet网为消费者提供一个新型的购物环境——网上商店。消费者通过网络在网上购物、网上支付。由于这种模式节省了客户和企业双方的时间和空间，大大提高了交易效率，节省了不必要的开支，因此网上购物将成为电子商务的一个最热门的话题。

（2）*企业间的电子商务（简称为B-B模式）* 即企业与企业（Business-Business）之间，通过Internet网或专用网方式进行电子商务活动。企业间的电子商务是电子商务三种模式中最值得关注和探讨的，因为它最具有发展的潜力。

（3）*企业与政府之间的电子商务（简称为B-G模式）* 企业与政府之间的电子商务指的是企业与政府机构之间进行的电子商务活动。这种电子商务活动可以覆盖企业、公司与政府组织间的各种事务。例如，政府采购清单可以通过Internet网发布，企业、公司可以以电子化方式来完成对政府采购的响应，虽然目前在这方面的应用还比较少，仍处于初期的试验阶段，但是一旦政府加大采用电子商务技术的力度，这类电子商务的业务就会迅速增长。

（4）*消费者与消费者之间的电子商务（简称C-C模式）* 即消费者与消费者之间，通过Internet网进行电子商务活动。较多的是进行网上个人物品竞标，如eBAY网上拍卖。

（5）*消费者与政府之间的电子商务（简称C-G模式）* 消费者与政府之间的电子商务指的是政府对个人的电子商务活动。这方面的电子商务还没有真正出现，但政府机构为提高工作效率和服务质量，会逐渐效仿商业的服务模式，将个人纳税和社会福利保险的支付等通过网络来进行。

5.5.2 电子商务的交易模式

1．B2C电子商务的交易模式

B2C的商务交易模式主要分为卖方企业—买方个人的电子商务及买方企业—卖方个人的电子商务两种模式。

（1）*卖方企业—买方个人模式* 这是商家出售商品和服务给消费者个人的电子商务模式。在这种模式中，商家首先在网站上开设网上商店，公布商品的品种、规格、价格、性能等，或者提供服务种类、价格和方式，由消费者个人选购、下定单，在线或离线付款，商家负责送货上门。这种网上购物方式可以使消费者获得更多的商品信息，虽足不出户却可货比千家，买到价格较低的商品，节省购物的时间。当然这种电子商务模式的发展需要高效率和低成本的物流体系的配合。这种方式中，比较典型的代表就是全球知名的亚马逊网上书店（http://www.amazon.com）。

（2）*买方企业—卖方个人的电子商务* 这是企业在网上向个人求购商品或服务的一种电子商务模式。这种模式应用最多的就是企业用于网上招聘人才。如许多企业在深圳人才市场网（http://www.szhr.com.cn），招聘各类人才。在这种模式中，企业首先在网上发布需求信息，后由个人上网洽谈。这种方式在当今人才流动量大的社会中极为流行，因为它建立起了企业与个人之间的联系平台，使得人力资源得以充分利用。

2．B2B电子商务的交易模式

（1）水平网站 水平网站可以将买方和卖方集中到一个市场上来进行信息交流、广告、拍卖竞标、交易、库存管理等。水平网站一开始都以提供各大企业采购软件起家，如Ariba的Ariba.com和CommerceOne的MarketSite.net等，在积累了足够的客户群后才连带建立水平网站，因此这类网站也可视为各大企业内部采购部门的延伸，其主要客户一般是大型企业。之所以用“水平”这一概念，主要是指这种网站的行业范围广，很多的行业都可以在同一个网站上进行贸易活动。

（2）垂直网站 垂直网站是将特定产业的上下游厂商聚集一起，让各阶层的厂商都能很容易地找到物料供应商或买主。由三大汽车厂所形成的汽车零件交易网便是一种垂直市场，汽车厂不但能很快地找到有足够货源的零件供应商，供应商也可更迅速地将产品销售出去，甚至库存品也可通过拍卖的方式售出。之所以称之为“垂直”网站，是因为这些网站的专业性很强，它们将自己定位在一个特定的专业领域内，比如IT、化学工业、钢铁或农业。

5.5.3 电子商务的技术基础

1．Internet信息系统

Internet信息系统是指企业、组织和电子商务服务商在Internet的基础上开发设计的信息系统。交易中所涉及的信息流、物流和资金流都与信息系统紧密相关。在信息系统安全措施的保证下，通过支付系统进行网上支付，通过物流系统控制物流的顺利进行，最终保证企业、组织和消费者之间网上交易的实现。因此，Internet信息系统的作用是提供一个开放、安全和可控制的信息交换平台，它是电子商务系统的核心和基石。

2．网站建设

网站是在Internet上存储文件的地方，以服务器为载体。人们可以通过浏览器访问，查看网站文件，也可以通过远程文件传输方式上传、下载网站文件。网站是发布商务信息、实现商务管理和交易的重要方式，是电子商务系统的“窗口”。对于企业而言，网站是企业实施电子商务的基础设施和信息平台。企业网站被称为“网络商标”，是企业无形资产的重要组成部分，也是企业在网上宣传和反映企业形象和文化的重要窗口。

5.5.4 电子商务的支付系统及安全性

1．电子商务支付系统的含义

电子商务支付系统是因特网电子商务活动的重要系统，是网上购物和网上支付的重要保证。网上电子支付必须要得到高度电子化的银行金融机构的支持。

电子商务支付系统是采用数字化电子方式进行电子货币数据交换和结算的网络银行业务系统。也叫作网络银行支付系统电子化，是指整个网络银行的支付业务全面实现电子化、数字化。

2．电子商务支付系统的安全性

电子商务支付系统的安全要求包括：保密性、认证、数据完整性、交互操作性等。目前，国内外使用的保障电子商务支付系统安全的协议包括：SSL（Secure Socket Layer，安全套接层）、SET（Secure Electronic Transaction）等协议标准。

（1）SSL 协议　安全套接层协议方法（Secure Socket Layer，SSL）在网络上普遍使用，能保证双方通信时数据的完整性、保密性和互操作性，在安全要求不太高时可用。SSL 使用加密的办法建立一个安全的通信通道，以便将客户的信用卡号传送给商家。它等价于使用一个安全电话连接，将用户的信用卡通过电话读给商家。

（2）安全电子交易协议 SET　SET 是实现在开放的网络（Internet 或公众多媒体网）上使用付款卡（信用卡、借记卡和取款卡等）支付的安全事务处理协议。安全电子交易使用的安全技术包括：加密（公开密钥加密、秘密密钥加密）、数字信封、数字签名、双重数字签名、认证等。它通过加密保证了数据的安全性，通过数字签名保证交易各方的身份认证和数据的完整性，通过使用明确的交互协议和消息格式保证了互操作性。由于它实现起来比较复杂，每次交易都需要经过多次加密、HASH 及数字签名，并且须在客户端安装专门的交易软件，因此现在使用该协议的电子支付系统并不多。

5.5.5　电子商务物流

1. 电子商务物流含义

电子商务物流是伴随电子商务技术和社会需求的发展而出现的，它是辅之于电子商务真正的价值实现不可缺的重要组成部分，由于电子商务所独具的电子化、信息化、自动化等特点，以及高速、廉价、灵活等诸多好处，使得电子商务物流在其运作特点和需求方面也有别于一般物流。“流”畅和“速”达是电子商务物流体系最怡人的境界。

2. 电子商务物流的模式

（1）第三方物流　第三方物流是指由物流劳务的供方、需方之外的第三方去完成物流服务的物流运作方式。第三方就是指提供物流交易双方的部分或全部物流功能的外部服务提供者。在某种意义上，可以说它是物流专业化的一种形式。第三方物流随着物流业发展而发展，是物流专业化的重要形式。

（2）国际物流　国际物流就是组织货物在国际间的合理流动，也就是发生在不同国家之间的物流。国际物流的总目标就是为国际贸易和跨国经营服务，即选择最佳的方式与路径，以最低的费用和最小的风险，保质、保量、适时地将货物从某国的供方运到另一国的需方。

（3）第四方物流　第四方物流（4PL;4 Party Logistics）是一个供应链集成商，他调集和管理组织自己的以及具有互补性的服务提供商的资源、能力和技术，以提供一个综合的供应链解决方案。

（4）电子物流/虚拟物流　虚拟物流指以计算机网络技术进行物流运作与管理，实现企业间物流资源和优化配置的物流方式。

（5）绿色物流　绿色物流指在物流过程中抑制物流对环境造成危害的同时，实现对物流环境的净化，使物流资源得到最充分利用。

【复习思考题】

1. 市场调研的方法有哪些？如何进行市场需求预测？
2. 为什么要进行市场细分？市场细分有哪些标志和要求？

3. 选择目标市场有哪些条件，需要处理哪几个关系？
4. 什么是产品品牌？品牌有哪些基本功能？品牌决策包括哪些内容？
5. 产品定价应考虑哪些因素？定价有哪些方法？如何应用？
6. 什么是销售渠道？销售渠道有什么功能和特点？有哪些销售渠道策略可供选择？
7. 何谓促销？促销有哪些方式？其优缺点是什么？
8. 简述销售计划的作用，简述销售业务流程和模式。
9. 什么是电子商务？电子商务的分类有哪些？
10. 简述电子商务物流的模式。

【案例分析】

第五季——再造健力宝品牌

健力宝品牌自从 1984 年创办以来，就一直与体育、运动、全民健身、中国人走向世界、国家繁荣富强等联系在一起。提起健力宝这个品牌，不少中国人都对它有着很深的感情——这是中国人自己的知名品牌，而且有着很长一段时间的辉煌。但是，在潮流和时尚不断变换的今天，健力宝渐渐被遗忘了，在两乐（编者注：可口可乐、百事可乐简称两乐）文化的影响下，很多年轻人根本就不知道健力宝曾经被称为“中国魔水”，昔日辉煌的健力宝，节节败退，慢慢从一线城市里被挤了出来，仅在二三线城市和农村固守有限的尊严。健力宝的衰落原因不是一两句话就可以解释清楚的，其中有企业内部管理问题，更有品牌老化的问题。在认真分析了存在的诸多问题后，健力宝又重返市场。2002 年 5 月，健力宝集团推出了定位在“健康的休闲饮料”的全新品牌“第五季”。之后又力邀日本当红明星滨崎步为品牌做形象代言人，领导多品种产品上市，这些产品包括果汁、茶、水和 VC 碳酸饮料等四大系列三十多种产品。8 月，为了解决健力宝主品牌形象保守、老化的问题，健力宝主品牌进行了品牌重塑，推出以“超凡竞赛，超凡动力”为核心的新形象。健力宝一改以往所注重的大批发、大流通渠道，全面实行经销商合作伙伴制，通过零售终端大面积的品牌旗舰店建设，进行被健力宝内部人士称为“零售终端争夺的第一战”，从而实施深度覆盖，迅速树立健力宝“第五季”的品牌形象。

健力宝集团原旗下针对不同产品系列拥有不同品牌，各自都占据一定市场份额，但多品牌经营必然带来投资重叠和市场推广浪费。健力宝进行了品牌资源的整合，集中优势对市场作战，将原不同系列的产品统一在一个全新品牌“第五季”之下，并通过区隔品牌形成市场区隔，让健力宝和新品牌形成互补之势，以期获取更大饮料市场份额。事实上，以一个品牌将多个产品系列涵盖的做法在国内饮料市场是极其少见的。一般做法都是强调产品本身的概念，如“鲜橙 X”“XX 红茶”等。无论是统一，还是康师傅等品牌，在进入某一饮料领域时，都是采取这一策略，创造一个新的品牌。这种策略一方面强调了产品特征，同时也有降低品牌风险的考虑。缺点是品牌本身缺乏扩张力，只作为阶段性的战术占领市场。而第五季则是“项庄舞剑，意在沛公”，意欲以一个抽象概念——游离于春夏秋冬四季之外的时空概念“第五季”涵盖产品，使品牌的涵盖力更强，不为流行口味所左右，同时也能实现渠道、广告等多种资源的共享。可以看到，从第五季的品牌定位到品牌策略，第五季都采取了很多突破常规的做法。借助这一策略引发起市场的突破性进展，正是健力宝集团所期望的效果。

案例分析问题：

1. 第五季的市场定位如何？第五季能改变健力宝的传统形象吗？

2. 当代年轻人的消费观是什么？在营销中如何把时尚与年轻消费者有机地融合在一起？

3. 老品牌在步入一段低迷时期后，如何重新打造品牌价值？老品牌能为企业带来哪些方面的优势？它又有哪些负面影响？

4. “第五季”对健力宝来说，是一个正确的选择吗？说明理由。

5. 健力宝的症结到底是在产品、品牌、渠道？还是别的地方？

【技能实训】

1. 实训目的：使学生具备运用市场营销理论进行企业营销活动的能力。

2. 实训内容与方式：学生分组，以模拟公司为单位，组织市场调查，并进行市场细分；调查一家企业的产品市场，或搜集某领域产品的相关资料；运用所学知识进行市场细分，要求指出可以运用的主要划分标志及相应的细分市场；提出选择目标市场的建议。

3. 实训成果：提交各公司的市场细分报告；选择目标市场分析报告。

第 6 章　产品开发与创新

【学习目标】

1. 知识目标

- 了解产品工艺准备。
- 了解新产品的试制与鉴定。
- 熟悉、弄清产品生命周期各阶段的特点和营销策略。
- 理解产品创新的含义和分类。
- 理解新产品的划分和特点。
- 掌握产品的创新过程。
- 掌握产品的设计过程。

2. 能力目标

- 能树立产品创新和开发理念。
- 能分析产品处于生命周期的哪个阶段，应采用怎样的营销策略。
- 能参与产品的开发和创新。
- 能编制产品工艺设计的计划。
- 能具备产品设计管理能力。

【导入案例】

自从乐百氏败走中国饮料市场，在中国能与娃哈哈较量的国内企业，只剩下农夫山泉了。养生堂一贯有创新的习惯，农夫山泉品牌同样保持着这一良好的习惯。在矿泉水大战中，农夫山泉略输于娃哈哈。他们一直潜心苦修，终于在去年推出极具创新的农夫果园。在相当长的时间里，果汁饮料中只含有一种果汁，在推广过程中也特别强调产品的纯正。“农夫果园”是由三种不同水果混合而成的饮料，它的创新之处在于突破了消费者对果汁饮料的认识范围。

对于一个具有全新概念的产品，消费者必须有一个逐步接受的过程。这个时间的长短就是创新中必须面临的风险。农夫果园这次非常幸运，在新奇的“农夫果园，喝前摇一摇”诉求配合下，经过三个月广告宣传以后，养生堂就开始享受到了创新带来的滚滚财源。

正当养生堂为自己取得的不俗业绩进行欢庆准备的时候，他们的宿敌“娃哈哈”推出了“娃哈哈果钙饮料”。“娃哈哈果钙饮料”在“农夫果园”三种水果的基础上，不但增加了蔬菜汁还添加了“钙”元素。在推广过程中特别强调了这一点。以使消费者明白“娃哈哈果钙饮料”比对手的“农夫果园”材料更多，营养更丰富，更具创新意识。

其实“娃哈哈果钙饮料”属于典型的创新跟进型，只不过在“农夫果园”的基础上多增加了一种混合物而已。只有量变没有质变。至于加钙的诉求只是“娃哈哈钙奶”的外延延伸而已，这早已被娃哈哈用得轻驾就熟了。“娃哈哈果钙饮料”一投入市场，凭借自己巨大的网络优势，取得了不俗的战绩。

在娃哈哈的成长过程中，这种例子比比皆是。钙奶、纯净水、茶饮料这些为娃哈哈带来了巨大利润的产品，都不是由娃哈哈原创的新产品，但娃哈哈发现了其在市场中巨大的潜力，只不过在跟进时选择了最合适的时机。这种创新跟进的策略优点在于，让其他企业去承担市场培育过程中可能产生的风险，从而减少了企业进入前期市场的成本。

6.1 产品开发与创新概述

6.1.1 产品开发与创新特征和分类

现代企业是通过生产和提供产品来求得社会承认，证明其存在的价值，也是通过销售产品来补偿生产消耗、取得盈余、实现其社会存在的。产品是现代企业的生命，现代企业只有不断地创造新产品，才能更好地生存和发展。

1. 产品创新的含义

现代企业产品创新包括产品品种创新和产品结构创新。产品品种创新要求企业根据市场需要的变化，根据消费者偏好的转移，及时地调整企业的生产方向和生产结构，不断开发出用户欢迎的适销对路的产品。产品结构创新在于不改变原有品种的基本性能，对现在生产的各种产品进行改进和改造，找出更加合理的产品结构，使其生产成本更低、性能更完善、使用更安全，从而更具市场竞争力。

2. 产品创新的特征

（1）技术性　反映出当代高新科技水平、新技术产品最具有的效益。

（2）新颖性　即在商品功能、材料、技术、款式等方面具有先进性和独创性。

（3）同时具备硬件价值和软件价值　消费者购买一种商品，追求的不只是产品本身，而是某种需求和欲望的满足。因此产品开发与创新应当包括一切更加能满足购买者需求和欲望的新的“硬件”价值（使用价值）和“软件”价值（美学价值），或者说新的物质因素和非物质因素。所以，新产品与以前的商品比较，商品价值大幅度提高。

（4）受益非独占性　所谓非独占性，是指企业难以获取新产品所产生的全部收益。如一支可给消费者带来效用的新牙膏，其配方便是一项科研成果，这项成果的借鉴要比创造容易的多，所以，其他厂家可通过正常或非正常的手段掌握这种新配方，也生产这种牙膏或其变种。这就造成了新产品收益非独占性的特点。

（5）系统性　系统性有两层含义。一是指产品开发与创新要求企业内各个部门的密切配合，如研究开发部门与生产、销售部门的配合；二是指新产品的实现依赖外部环境的密切配合，这包括经济、政治环境及其他相关产业的技术水平发展等因素。

3. 产品创新的分类

（1）结构性创新　结构性创新有三个突出的特点。首先，它打破了以前产业对新技术的结构性支配。其次，是设计概念的持久性。这种创造性所产生的设计概念将在产业未来很长时间内占主导地位，比如 JVC 公司的 VHS 录像机和 IBM 公司的个人机。第三，是科学的作用。虽然基于科学突破的创新是支撑主导设计的基础，但主导设计本身并不是科学所激发的，而是技术与市场需要巧妙结合的产物。

（2）空缺创造式创新　使用现有技术利用新的市场机会是“空缺创造式”创新的核心。

这类产品创新对产品进行稳定、细腻的细化，改进或改变，使之支撑新市场向纵深发展。空缺创新只涉及较小的技术变化、隐私，对生产系统和技术知识的影响是渐进的。这些变化是建立在现有的技术能力之上，从而提高它在新兴市场细分中的可应用性。成功的空缺创造式创新要求企业将顾客的需要与技术的细致改进相配合。

（3）渐进性创新　渐进性创新所涉及的变化都是建立在现有技术和生产能力之上的变化和现有的市场和顾客的变化。这些变化的效果是加固了现有技能和资源。与其他类型的创新相比，渐进性创新更多地受经济因素所驱动。

（4）根本性创新　根本性创新是指企业首次向市场引入的、能对经济产生重大影响的创新产品或技术。根本性产品创新包括全新的产品或采用与原产品完全不同的技术，比如计算机和晶体管收音机等。

6.1.2　产品开发与创新的意义

产品是满足社会和消费者需求的实体，也是企业生存与发展的基础。随着社会需求的不断发展变化，企业也必须不断开发和创新产品，才能更加兴旺发达。从宏观经济的角度看，产品不断开发和创新也是整个社会生产力发展的标志。从企业市场经营的角度分析，新产品开发的重要意义表现在以下几方面：

1．不断开发新产品有利于企业提高市场竞争能力

在商品经济条件下，企业之间的竞争主要表现为产品竞争。企业的经济实力、科技力量、管理效能往往是通过产品形象得以充分显示。不断推出适销对路、品质优良的新产品能有效地提高企业的市场竞争力。

2．开发新产品有利于增强企业活力，提高企业素质

企业在开发新产品、开拓新产品市场过程中，必须进行深入细致的市场调查研究，必须改进生产技术，引进先进的技术设备，采用新的制造工艺，必须开发新的人才，这样才能增强企业的活力，提高企业素质。不难想象，如果企业产品长期不开发，使企业的生产、经营、科技活动处于相对停顿状态，企业就会失去活力。

3．开发新产品有利于企业提高经济效益

企业开发新产品，虽然需要投入一定的人力、物力、资金，但是用长远发展的观点分析，只有不断推出新产品，企业才能保持和扩大市场占有率，增加产品销售总额，提高企业经济效益。

4．开发新产品有利于提高企业的声誉和市场地位

市场活动的轴心就是产品，不断用新产品来取代销售额下降的老产品，这种取代一是补偿甚至增加企业利润；二是维护企业的荣誉和形象；三是充分利用被淘汰的产品的资源，源源不断地推出新产品，可以扩大市场，提高市场占有率和销售增长率；四是可以减少企业风险。

6.1.3　产品开发与创新的原则与方式

1．产品开发与创新的原则

新产品的开发投资多、风险大，在激烈竞争的市场条件下，企业必须采取慎重的态度，遵循一定的原则开发自己的新产品。企业新产品开发的原则如下：

（1）市场需求原则　任何新产品都要以满足社会需要为目的和出发点。因此开发新产品必须从社会需要和市场需要出发，才能找到新产品开发的合理方向，提高企业的市场占有率和经济效益，否则企业的生产经营活动将无法取得成功。

（2）竞争力强原则　新产品仅有市场需求还不够，在存在竞争的情况下，要想把产品销售出去，还必须具有竞争能力。为了保证有较强的竞争能力，新产品必须有特色，即要有较强的独创性、时尚性和适应性，能满足消费者新的需求和欲望。

（3）经济效益原则　经济效益是衡量新产品开发是否合理的主要指标。开发新产品必须做到经济效益显著，否则就失去了意义。经济效益包括企业经济效益和社会经济效益两个方面。从企业经济效益考察，新产品必须投资少、成本低、利润多；从社会效益考察，新产品必须安全可靠、节约能源。为了保证新产品的开发取得较高和较长远的经济效益，在产品开发时必须接受国家的宏观指导。

（4）技术优势原则　一项新的产品要想占领市场打开销路，重要的一条是产品生产技术过硬、质量比别的产品强。新产品开发必须根据企业的技术特长，发挥技术优势，为社会提供物美价廉、质优的产品。同时在技术上，要符合国家的技术政策，提高产品的通用化、标准化和系列化的水平。

2. 产品开发与创新的方向

随着科学技术的突飞猛进、社会经济的持续发展和人们生活水平的不断提高，国内外市场变化加快。从国内外生产、消费的发展状况以及市场动向来看，新产品开发的方向具有以下特点：

（1）产品设计多能化和个性化　所谓多能化，即指增加产品的功能，扩大产品的使用范围，力求做到一机多能、一物多用，使消费者能同时获得更多的物质需求与满足。而个性化即是指根据产品的功能、造型、构成以及风格、色彩等方面设计制造出体现个性美的具有创新意识的产品，使消费者能够在使用产品时，同时享受到心理上的满足。目前，多能化和个性化已成为产品设计的一大特色。

（2）生产经营多样化和系列化　所谓多样化、系列化，即指发展相关产品，并使同类产品向花色多、品种多、型号多、档次多的方向发展。世界上许多大企业虽然都集中力量发展自己的有特色的名牌产品，但不是搞单一的品种，而是搞整套系列和多种规格的产品。许多企业不仅拥有已投入市场的第一代产品，而且拥有即将投入市场的第二代产品，还拥有正在实验室中试验的第三代、第四代产品，甚至连第五代、第六代产品也已开始设计。

（3）科技、生产、市场紧密化　国外企业十分重视开发与生产的衔接。衔接包括科研成果的产品化和产品生产的批量化，二者缺一不可。事实证明，哪个企业的生产技术水平高，吸收消化现代科技成果快，开发新产品的时间早，它就能在激烈的竞争中赢得主动。正因为如此，从设计到产品投放市场的周期愈来愈短，科技、生产、市场呈现紧密化趋势。

（4）新产品的开发合作化　企业之间合作开发新产品，不仅是现代科技发展的必然趋势，也是国民经济发展的需要。通过企业间合作开发新产品，将推动企业乃至国家的经济不断向前发展，并且使新产品的开发达到更高的水平。从目前国内外的情况来看，主要有以下几种合作形式：合作研究开发；合作研究生产；合作生产；合作生产和销售；资金合作；人员合作；生产与咨询合作等。

3. 产品开发与创新的方式

采用什么样的方式开发和创新新产品，也是企业进行新产品开发时需要解决的重要问题。一般有四种方式可供企业选择：

（1）独立研制方式　这是企业依靠自己的科研、技术力量研究开发新产品。这种方式可以密切结合企业的特点，容易形成本企业的产品系列，使企业在某一方面具有领先地位；但独立研制型需要较多的研制费用。目前，我国许多大的公司、企业，都有自己的科研院所、实验室，进行新产品的独立研制。

（2）引进方式　利用已经成熟的制造技术，借鉴别人已经成功的经验开发新产品。采用这种方式不仅可以缩短开发新产品的时间，节约研制费用，而且可以促进技术水平和生产效率乃至产品质量的提高。但应注意，从生产企业引进的技术，通常是别人已采用的，此时要认真分析市场容量的大小，分析自己的竞争能力。

（3）研制与引进相结合　就是在开发新产品的方式上采取两条腿走路，既重视独立研制，又重视技术引进，两者有机结合，互为补充，会产生更好的效果。目前，国内外企业采用这种方式开发新产品较为普遍。

（4）协作研制　是企业与企业、企业与科研单位、企业与教学部门等之间的协作。这种开发方式有利于充分利用社会的科研力量，弥补企业力量的不足，有利于把科技成果迅速转化为生产力，有利于发挥各方面的优势和力量。

6.1.4　产品开发与创新的程序

新产品开发是一项艰巨而复杂的工作，要投入大量资金，冒很大风险。因此必须按照一定的科学程序来开发新产品。这一程序一般包括：调查、构思创意、构思筛选、产品设计、试制试验、鉴定评价和市场开发等阶段。

1．调查阶段

开发新产品的目的，是为了满足社会和用户的需要。用户的需求是新产品开发的主要依据。为此必须认真做好调查工作。新产品开发的调查一般包括技术调查和市场调查。

技术调查就是调查有关产品的技术现状和发展趋势，预测可能出现的新技术，为制定新产品的技术方案提供依据，把新技术运用到新产品中去，提高产品的技术水平。

市场调查就是要了解国内外市场对产品品种、规格、数量、质量、价格等方面的需要，从而根据需要开发新产品。

2．构思创意阶段

根据调查掌握的市场需求情况以及企业自身条件，充分考虑用户的使用要求和竞争对手的动向，对新产品进行构思，提出新产品开发的初步设想。

新产品构思要有创造性。可采用多种创造性技术进行新产品构思创意。如产品属性一览表法；消费者提问分析法；头脑风暴法；结构分析法等。通过这些方法，激发开发者的创造性思维，形成优秀的构思创意。

新产品构思必须集思广益，多方面寻找产品构思。产品构思的来源很多，有来自专业技术人员和科研机构、消费者和用户、企业管理人员和职工、高等院校和咨询机构、经销商和代理商、竞争者等。其中，消费者和用户对新产品的要求，是新产品构思的主要来源。

3．构思筛选阶段

从征集到的构思方案中选择出具备开发条件的构思创意。选择创意除要坚持新产品开发的正确方向外，还要兼顾企业长远的发展和当前的市场需要，要有一定的技术准备。创意筛选要慎重从事，防止误舍误用。

对新产品构思筛选，首先根据企业目标和资源条件评价市场机会的大小，从而淘汰那些市场机会小的构思；然后对剩下的构思利用加权评分予以分等，筛选后得到企业所能接受的产品构思。

4．新产品设计阶段

在创意筛选后，确定新产品开发方案，然后编制设计任务书，进行新产品设计。新产品设计任务书的内容包括：新开发产品的结构、特征、技术规格；新开发产品的用途和使用范围；与国内外同类产品的比较；开发这一新产品的理由和根据等。新产品设计又分为初步设计、技术设计和工作图设计三个阶段。

5．新产品试制试验阶段

新产品试制分为样品试制和小批试制。样品试制的目的是考核产品设计质量，考验产品结构、性能及主要工艺，验证和修正设计图样，使产品设计基本定型，同时要审查在工艺上存在的问题。小批试制是在正式生产线上生产，按正常生产管理并进行验证。

6．新产品鉴定评价阶段

产品试制后，必须进行鉴定，对新产品从技术上、经济上进行全面评价，以确定是否可以进入成批大量生产。通过鉴定，可以获得产品生产许可证或产品质量认证。

7．新产品的市场开发阶段

企业根据新产品的特色和市场需求进行经营决策，制定营销计划。可将产品投入 1～2 个选定的区域试销，观察顾客反应，确定新产品上市的时间、地点和对象。

新产品投放时间上要考虑新老产品的交替，减少积压，需改进的应待完善后再大量投入市场。新产品投放地点首先考虑重点地区，以便快速高效占领市场，而后再扩大到其他地区。

新产品投放选择销售对象应重点留意最先使用者、大量购买者、能影响别人购买的带头人等对象，通过他们来开拓市场，促进销售。

6.2 产品设计

6.2.1 新产品的含义、类型及特性

1．新产品的含义

所谓新产品，是指与老产品在技术指标、性能、结构、用途和使用方式上具有本质不同或明显差异的产品。按照新产品的开发过程，新产品大体可以划分为两个方面：一是利用最新技术开发出来的最新产品；二是在原有产品基础上进行技术改进的新产品。这两方面是相互联系的，又是相互区别的。但不论哪方面，作为新产品必须具有新的特征；或者具有新的构思和设计；或者具有新的用途；或者采用了新的原材料和元器件；或者有新的使用方法、新的使用形态、新的服务及伴随件等。

2．新产品的类型

从市场营销的观点，对新产品的类型可作如下划分：

（1）发明性新产品　主要指采用新原理、新结构、新技术，在世界范围内第一次发明的新产品。这类新产品的特点是：

1）它在世界范围内是首次发现或最先开发出来，具有独特的科学原理和技术功能。

2）它利用了人类最新的科研成果，并以最新的技术形态出现。

3）它开辟了最新的应用领域，对社会经济技术的发展将产生巨大的影响。

4）它最初开发出来时，一般具有某些不完善性。

（2）换代性新产品　主要是指采用新技术、新材料、新工艺，最先开发出来的具有绝对优势的新一代产品。比如，航空发动机从初期的活塞式，到 40 年代的涡轮喷气式，到 60 年代开始采用的涡轮风扇式；电视机从黑白电视机，到彩色电视机，到家用录相机等等。这类新产品的特点是：

1）它虽属最新的发明创造，但对原有产品的某些科学原理、用途或构造，仍具有继承性。

2）它和原有产品相比，技术上有重大突破，拥有最新的功能，经济效益也十分显著。

3）它能完全取代原有产品的应用领域，并能扩大到新的应用范围或领域。

4）它最初开发出来时，就具有比原有产品不可比的优越性，处于不同的技术高度，因而能迅速占有原有产品的市场。

（3）改进性新产品　主要是指通过新的设计或采用新的技术、工艺、材料，对原有产品的性能、结构、用途、品种及包装等方面作了重要改进或部分革新的新产品。比如，通过对汽车的造型、节能、用材、零件结构和安全装置等方面不断改进或开发，出现的一系列汽车新品种；通过对计时手表的不断改进和开发，产生的具有计算、录音、发报、储存数据、测试血压、预报气象等各种功能的新型手表等等。这种产品的特点是：

1）它与原有产品相比，在局部上有了重大的技术改进，具有明显的差异性和优越性。

2）它在原有产品的基础上发掘出新的功能，或者在不改变主要功能的情况下，其他性能的设计有了突出的改进。

3）它只是局部的革新，其制造技术或结构设计与原有产品相比没有根本性的差别，基本上属于同一代产品的技术水平。

4）它具有继续开发的性质，开发的时间比较短，容易形成新品种系列。

3. 新产品的特性

（1）先进性　新产品的设计必须更为合理或有独到之处，在技术性能、结构、指标上必须具有一定的先进性。如果新产品在总的设计和技术水平方面还落后于原有产品，不管在其他方面有什么改进，都不可能成为新产品，更不可能取代原有产品。

（2）效益性　新产品对生产者和消费者都必须具有经济效益。如果一种产品在技术性能上很先进，但生产它耗资巨大，生产者做不起，消费者买不起，那也不能成为现实的新产品。一般来说，随着产品的不断更新，新产品应较之原有产品更具有效益性，只有在增加产品功能的情况下，又不断降低成本、降低售价，才会具有效益性，才会受到消费者的欢迎。

（3）实用性　工业企业开发的新产品，不是样品、展品、礼品，必须十分讲究实用性，如果一种堪称“物美价廉”的新产品，没有实用价值，或者使用不安全、不方便、不符合消费者的习惯，也不会为消费者所接受。

（4）适应性　一种新产品试制出来以后，如果不能获得相应的市场，或者不能适应市场条件的变化，就没有继续生产的价值。新产品的适应性越强，其生命力也越强。假若某种产品是根据某一特殊需要开发出来的，它只能算作特制产品，而不能成为消费者所乐用的新产品。

（5）创造性　任何新产品与原有产品相比，都应具有新的特征，或者采用了新的原理、结构，或者采用了新的材料、元器件，或者具有新的用途、新的功能等。没有差异，没有创新，就没有新产品可言。即使是对原有产品的部分改进，也是在原有产品基础上的一种创造性劳动的结果。

6.2.2　产品的选择

推广新产品可以提升企业市场销量，是获得新的盈利点和突破口的绝佳时机。借助推广新产品，企业可以实现调整产品结构，完善渠道网络，增强盈利能力，从而提升核心竞争力的发展目标。选择新产品是一门学问，企业要想更好地选择到适合自己推广的新产品，就必须把握好以下四个关键点：

1．产品的角色定位是否明晰

在选择新产品时，一定要能够洞察未来产品发展的方向，而不能不辨未来产品发展的趋势，去刻意为上新产品而上新产品。要判断新产品角色定位与使命是否清晰。产品一般分为三类：一是高档的树形象产品，它对于提升品牌形象，促进产品升级有很大的作用；二是中档的上量的利润产品，是企业必须重点抓的产品，它以销量和规模来求得利润；三是低端的参与市场竞争的战略性产品，它的作用就是参与市场“厮杀”，一旦完成使命，往往就要作为“炮灰”而“牺牲掉”。

2．产品的独特卖点是否很突出

产品是否有卖点，以及卖点是否突出，对于一个新产品的成功至关重要。一个没有卖点的产品是注定行而不远的。因此，在选择新产品时，一定要看清楚产品的独特卖点到底在哪里？一般情况下，产品的卖点体现在如下几个方面：一是产品包装，即要看产品有没有“卖相”，是不是很“抓眼”，能否很好地吸引分销商以及消费者的眼球。二是产品功效，即它能给消费者或顾客带来什么样的好处，效果是什么。三是产品外延，即产品能否给消费者或顾客带来额外的利益，比如，名牌服装除了通常的产品功能外，还能给人带来身份的象征、心理的满足，名牌产品往往服务较佳，消费者或顾客没有后顾之忧等。

3．产品是否是市场上空档产品

在选择新产品时，一定要了解哪些产品能够为企业带来较大的盈利空间以及利润点，并且是可以长期培育而成为自己发展源的。新产品中的差异化的空档产品可以实现这一战略目标。企业在选择新产品时，所谓的差异化的空档产品一般符合以下特点：一是市场上没有此类规格，比如，市场上如果只有小包装的产品，就可以选择大包装的新产品。二是市场有此规格但没有此项功能，比如，同样都是电饭煲，规格、型号都相同，但新产品却具有提示、提醒等人性化的功能，这样就与竞争品牌有了区隔和差异化。三是市场有此规格、有此功能但却有新的诉求点，比如有的饼干在原有口味、性能的基础上，提炼出加锌、加钙，更营养、更健康的概念，就在市场上形成了独有的品类。空档产品是企业在推广新产品、扩大产品盈利能力的有效渠道，也是企业选择新产品所要重点考虑的对象。

4．产品是否是企业的长线产品

企业开发新产品时必须要明白或搞清楚以下几点：一是新产品是否是企业的长线产品。二是产品能否支撑其长远发展。即企业自身的资金、运力、人员、管理等方面的能力能否支撑其这支产品的持续、健康、稳定发展。只有选择了企业的长线新产品，其培育和推广才有价值，这样才能更好地把握住厂家与市场的脉搏，推出满足市场需求的新产品。

6.2.3　产品设计的要求

一项成功的设计，应满足多方面的要求。这些要求，有社会发展方面的，有产品功能、质量、效益方面的，也有使用要求或制造工艺要求。一些人认为，产品要实用，因此，设计产品首先是功能，其次才是形状；而另一些人认为，设计应是丰富多彩的、异想天开的和使人感到有趣的。设计人员要综合地考虑这些方面的要求。下面详细讲述这些方面的具体要求：

1．社会发展的要求

设计和试制新产品，必须以满足社会需要为前提。这里的社会需要，不仅是眼前的社会需要，而且要看到较长时期的发展需要。为了满足社会发展的需要，开发先进的产品，加速技术进步是关键。为此，必须加强对国内外技术发展的调查研究，尽可能吸收世界先进技术。有计划、有选择、有重点地引进世界先进技术和产品，有利于赢得时间、尽快填补技术空白、培养人才和取得经济效益。

2．经济效益的要求

设计和试制新产品的主要目的之一，是为了满足市场不断变化的需求，以获得更好的经济效益。好的设计可以解决顾客所关心的各种问题，如产品功能如何、手感如何、是否容易装配、能否重复利用、产品质量如何等；同时，好的设计可以节约能源和原材料、提高劳动生产率、降低成本等。所以，在设计产品结构时，一方面要考虑产品的功能、质量；另一方面要顾及原料和制造成本的经济性；同时，还要考虑产品是否具有投入批量生产的可能性。

3．新产品的使用要求

新产品要为社会所承认，并能取得经济效益，就必须从市场和用户需要出发，充分满足使用要求。这是对产品设计的起码要求。使用的要求主要包括以下几方面的内容：

（1）*使用的安全性*　设计产品时，必须对使用过程的种种不安全因素，采取有效措施，加以防止和防护。同时，设计还要考虑产品的人机工程性能，易于改善使用条件。

（2）*使用的可靠性*　可靠性是指产品在规定的时间内和预定的使用条件下正常工作的概率。可靠性与安全性相互关联，可靠性差的产品，会给用户带来不便，甚至造成使用危险，使企业信誉受到损失。

（3）*使用的容易性*　对于民用产品（如家电等），产品易于使用十分重要。

（4）*美观的外形和良好的包装*　产品设计还要考虑和产品有关的美学问题及产品外形和使用环境、用户特点等的关系。在可能的条件下，应设计出用户喜爱的产品，提高产品的欣赏价值。

4．制造工艺的要求

生产工艺对产品设计的最基本要求，就是产品结构应符合工艺原则。也就是在规定的产量规模条件下，能采用经济的加工方法，制造出符合质量要求的产品。这就要求所设计的产品结构能够最大限度地降低产品制造的劳动量，减轻产品的重量，减少材料消耗，缩短生产周期和制造成本。

6.2.4　产品设计的过程

一般产品设计的过程应该由产品构思、总体设计、技术设计、工作图设计几个阶段构成。

1. 产品构思

产品构思来源于对市场需求所进行的分析，来源于技术的推动，也可能来源于竞争对手的产品和服务。通过与顾客的交流，倾听顾客的心声，听取他们对改进产品的建议，以此来分析顾客的需求，挖掘新产品创意。产品构思的另一个来源是R&D（技术与研发），将研究出来的新技术应用于新产品开发，由新技术推动新产品的开发。

2. 总体设计

通过市场需求分析，确定产品的性能、设计原则、技术参数，概略计算产品的技术经济指标和进行产品设计方案的经济效果的分析。

3. 技术设计

将技术任务书中确定的基本结构和主要参数具体化，根据技术任务书所规定的原则，进一步确定产品结构和技术经济指标，以总图、系统图、明细表、说明书等综合形式表现出来。

4. 工作图设计

根据技术设计阶段确定的结构布置和主要尺寸，进一步作结构的细节设计，并逐步修改和完善。绘制全套工作图样和编制必要的技术文件，为产品制造和装配提供确定的依据。

产品设计是一个递阶、渐进的过程。产品设计是从产品要实现的总体功能出发，从系统层构思产品方案，然后逐步细化，划分成不同的子系统、组件、部件、零件，最后确定设计参数。

6.3 产品的工艺准备

6.3.1 产品工艺准备范围和内容

1. 工艺准备范围

工艺管理是为了实现产品设计要求、确定产品制造方法和技术准备的一系列组织计划、监督和控制工作的总称。产品设计主要解决生产什么产品的问题，至于怎样生产这种产品，包括确定使用什么样的设备和工具，采用什么样的加工顺序和方法，则需要通过工艺设计和工艺管理来解决。

工艺准备的工作范围，按新产品品种分，则包括全新产品和改进、改型新产品。若按新产品试制阶段分，则可分为样机试制工艺准备、小批试制工艺准备和批量生产工艺准备三种；对生产批量较小的新产品，则只包括样机试制和小批试制两个阶段的工艺准备。

2. 工艺准备的内容

（1）*产品设计的工艺性分析与审查* 根据工艺技术要求、企业的设备能力及外协的可能性，评定产品设计是否合理，是否能够保证企业在制造这种产品时获得良好的经济效益。它既要考虑设计上的先进性和必要性，又要考虑工艺上的经济性和可能性。要在保证产品结构、性能及精度的前提下，努力改善其工艺性，使所设计的产品尽量符合本企业的制造条件。

（2）*制定工艺方案* 工艺方案是工艺准备的总纲，是工艺设计的指导性文件。它要指出产品试制或生产过程中的技术关键问题及其解决方法，规定各项工艺工作应遵循的基本原则。

工艺方案的主要内容有：新产品的质量要求及特点；关键工艺及其解决方案、生产组织形式和工艺路线的安排原则；工艺规程的编制原则、形式和工艺装备的设计原则与工艺装备系数的确定和专用设备设计原则；工艺准备工作量的估算及工作进度安排；工艺方案的经济效益的分析等。

（3）编制工艺规程　工艺规程是最基本的工艺技术文件，是组织生产和指导工人操作的基础资料。它说明制造方法和顺序、设备的选择、切削用量的选取、工艺装备的确定、设备的调整方法、工作量和等级，以及其他零件加工条件和装配技术等。

工艺规程的不同形式适用于生产不同类型零部件的不同技术要求。单件小批生产或样品试制，一般只编制工艺过程卡；特殊的关键件可编制工艺卡；成批生产必须编制工艺卡；有些复杂的关键零件需编制工序卡；大批大量生产时，绝大部分零件都要编制工序卡。

（4）工艺装备的设计与制造　工艺装备是保证实现产品设计要求和工艺目的不可缺少的手段。包括工具、夹具、量具、模具、检具、辅助工具和工位器具等。工艺装备可分为通用和专用两种类型，前者适用不同零件加工，通常应用于按工艺专业化原则组成的生产单位中，由专业厂生产；后者是针对特定零件加工而设计制造的，多见于按对象专业化原则组成的生产单位中。采用多少专用工艺装备，既是一个技术问题，也是一个经济问题。增加专用工装数量可以提高生产效率，保证产品质量，但必然延长准备时间，同时为产品更新换代带来负担。

工装设备的设计与制造应纳入企业的生产技术准备计划，并应加强日常管理。工艺装备的制造与管理，一般由企业工具部门负责，习惯上称工具管理，包括工具的分类、编号、维修、保管、领用、发放和报废等方面。

6.3.2　产品工艺设计

产品工艺设计是指按产品设计要求，安排或规划出把原材料加工成产品所需要的一系列加工过程、工时消耗、设备和工艺装备需求等的说明。工艺过程是结构设计过程和制造过程的结果，一方面可以反馈给产品设计用以改进产品设计，另一方面可以作为生产实施的依据。产品工艺设计的主要任务是确定产品制造工艺及其相应的后勤支持过程。具体而言是指按产品设计要求，安排或规划出把原材料加工成产品所需要的一系列加工步骤和设备、工装需求的过程，如图 6-1 所示。

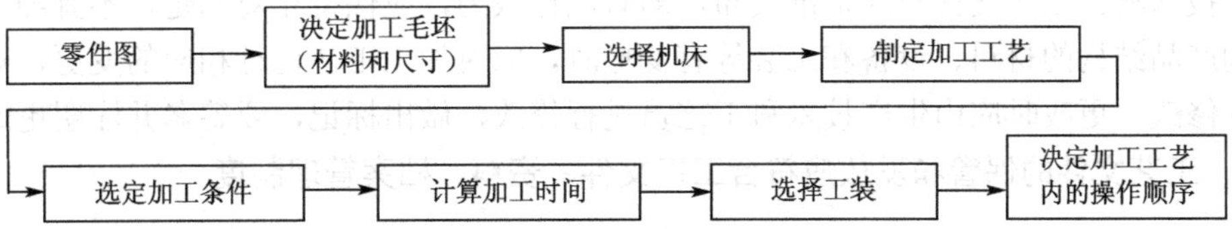

图 6-1　工艺过程设计的内容

6.3.3　产品工艺定额制定

产品工艺定额是指产品在生产加工过程中应达到的原材料正常消耗的数量标准，是原材料成本控制中生产投料数量的依据，也是制定生产定额的依据。建立和控制工艺定额是组织技术管理的基本内容，也是组织成本管理重要的基础工作。产品工艺定额包括原材料的有效消耗和工艺损耗两部分：

1）有效消耗是指构成产品的材料净耗，如产品净重的消耗或净含量的消耗。

2）工艺损耗是指生产准备和加工过程中，由于产品形状或性能必需产生的损耗，如机械加工产品的边角余料、化工产品的工艺损失等。这些工艺损耗是制造企业生产过程中不可避免的，而且是不可回收利用的。工艺损耗量取决于产品设计工艺、生产技术条件和人员的操作水平。

6.3.4 产品工艺文件管理

工艺文件是工厂指导生产、加工制作和质量管理的技术依据。为了确保工艺文件在生产中的作用，严明工艺纪律，保证生产的正常运行，特制定工艺文件管理制度。同时，工艺文件必须符合生产过程的工艺技术要求。

工艺文件归厂技术管理部门管理，对技术文件进行管理包括作好归档、登记、保管、收发等各项工作，并建立工艺文件登记目录。工艺文件在生产中要经过生产实践的考验，并不断地进行完善和改进。

1．工艺文件的编制

1）编制工艺的依据有：产品图样和技术标准、企业生产条件、批量大小、相关的工艺标准。

2）工艺文件的种类有：工艺文件目录、工艺流程、设备工装明细表、铸造、退火、机加工工序卡、作业指导书等。

3）工艺文件由生产技术科编写，编制的工艺文件要做到流程合理，加工方法正确，工艺参数准确，控制方法合理，格式符合有关标准的规定，真正起到指导生产的作用。对于关键工序设控制点，明确控制内容和控制方法。

2．工艺文件的审批

工艺文件由生产技术科编写，组织质检科等有关部门会签，经主管厂长批准，方可作为正式文件下发执行。

3．工艺文件的更改

工艺文件更改应有利于产品质量的提高，并符合相关标准的规定，更改时必须填写更改通知单，严格履行审批手续，更改部分的图线、数字、文字、符号等应清晰、正确，更改权属生产技术科。工艺文件一经批准发布，即有法律效力，应保持相对稳定，不宜经常变动。但遇到产品结构的材料、设备和工装等有变更时，应对加工工艺进行相应的变更，对工艺文件进行修改。更改时应由生产技术科工艺员进行修改，做出标记，要签名并注明更改日期。

4．工艺文件的保管和发放应符合工厂文件、资料、档案管理制度

6.4 新产品的试制与鉴定

6.4.1 新产品试制工作阶段划分

新产品试制是在产品按科学程序完成“三段设计”的基础上进行的，是正式投入批量生产的前期工作。试制一般分为样品试制和小批试制两个阶段。

1）样品试制是指根据设计图样、工艺文件和少数必要的工装，由试制车间试制出一件（非标设备）或数十件（火花塞、电热塞、管壳等类产品）样品，然后按要求进行试验，借以考验产品结构、性能和设计图样的工艺性，考核图样和设计文件的质量。此阶段应完全在研究所内进行。

2）小批试制是在样品试制的基础上进行的，它的主要目的是考核产品工艺性，验证全部工艺文件和工艺装备，并进一步校正和审验设计图样。此阶段以研究所为主，由工艺科负责工艺文件和工装设计，试制工作部分扩散到生产车间进行。

6.4.2　新产品试制工作程序

1）进行新产品概略工艺设计。根据新产品任务书，提出利用厂房面积、设备、测试条件等的设想和简略工艺路线。

2）进行工艺分析。根据产品方案设计和技术设计，作出材料改制、元件改装、选配复杂自制件加工等项工艺分析。

3）产品工作图的工艺性审查。

4）编制试制用工艺卡片。包括：①工艺过程卡片（路线卡）。②关键工序卡片（工序卡）。③装配工艺过程卡（装配卡）。④特殊工艺、专业工艺守则。

5）根据产品试验的需要，设计必不可少的工装。参照样品试制工装系数为 0.1～0.2，小批试制工装系数为 0.3～0.4 的要求，本着经济可靠、保证产品质量要求的原则，充分利用现有工装、通用工装、组合工装、简易工装、过渡工装（如低熔点合金模具）等。

6）制定试制用材料消耗工艺定额和加工工时定额。

7）零部件制造。总装配中应按质量保证计划，加强质量管理和信息反馈，并作好试制记录，编制新产品质量保证要求和文件。此项工作在批试阶段由全质办牵头组织工艺科、检验科进行。

8）编写试制总结。着重总结图样和设计文件验证情况，以及在装配和调试中所反映出的有关产品结构、工艺及产品性能方面的问题及其解决过程，并附上各种反映技术内容的原始记录。

9）编写试制试验报告。试验报告是产品经全面性能试验后所编的文件，试制试验的试验项目和方法按产品技术条件、试验程序、步骤和记录表格进行。

10）编写试用（运行）报告。试用报告是产品在实际工作条件下进行试用试验后所编制的文件，试用（运行）试验项目和方法由技术条件规定，试验通常委托用户进行，其试验程序步骤和记录表格，由研究所设计室负责编制。

11）编制特种材料及外购、外协件定点定型报告，由研究所负责。

6.4.3　新产品鉴定

鉴定是对新产品从技术上、经济上作全面的评价，以确定是否可进入下阶段试制或正式投产，它要本着对社会、对用户和对国家负责的精神，严肃认真和公正地进行。在完成样品试制和小批试制的全部工作后，按项目管理级别申请鉴定。

鉴定分为样品试制后的样品鉴定和小批试制后的小批试制鉴定，不准超越阶段进行。属于已投入正式生产的产品的系列、规格、开发产品，经过批准，样品试制和小批试制鉴定可以合并进行，但必须具备两种鉴定所应有的技术文件，资料和条件不得草率马虎。

（1）按鉴定大纲完成样品或小批试制产品的各项测试。

（2）按鉴定大纲备齐完整成套的图样及设计文件要求。

1）鉴定应具备的图样及设计文件——供鉴定委员会用的成套资料。

2）正常生产应具备的图样及设计文件——供产品定型后，正常投产时，制造、验收和管理用的成套资料（产品应备晒40套，发设计、工艺、全质办、检验科、生产技术科、工具、装配、零件加工车间、总师办存档）。

3）随产品出厂应具备的图样及设计文件——随产品提交给用户的必备文件。

（3）组织技术鉴定。履行技术鉴定书签字手续，其技术鉴定的结论内容是：

1）样品鉴定结论内容：

① 审查样品试制结果，设计结构和图样的合理性、工艺性以及特种材料解决的可能性等，确定能否投入小批试制。

② 明确样品应改进的事项，搞好试制评价（B评价）。

2）小批试制鉴定结论内容：

① 审查产品的可靠性，审查生产工艺、工装与产品测试设备，各种技术资料的完备与可靠程度，以及资源供应、外购外协件定点定型情况等，确定产品能否投入批量生产。

② 明确产品制造应改进的事项，搞好产品生产工程评价（C评价）。各阶段应具备的技术文件及审批程序按产品图样、设计文件、工艺文件的完整性及审批程序办理。

【复习思考题】

1. 产品生命周期如何划分？各阶段的特点和营销策略是什么？
2. 产品创新的含义是什么？如何进行分类？
3. 简述产品创新的过程。
4. 简述新产品的划分及特点。
5. 简述产品设计的过程。
6. 简述产品工艺设计在产品开发中的作用和设计过程。
7. 简述新产品鉴定的原则与要求。

【案例分析】

柯达的新产品开发

从19世纪80年代到20世纪80年代，柯达公司在世界照相领域中的霸主地位一直没有动摇。“创新技术、突破生活”是柯达公司的座右铭，也是柯达的成功之本。

柯达的创始人乔治·伊士曼20岁时，就对照相机感兴趣，虽然没有积蓄，他却开始着手研究照相干板。为了实现这一梦想，1881年1月，他把自己极端珍视的5500美元的积蓄作为准备资金，在罗契斯特创立了照相干板制造公司。干板的制造，比原来的湿板更困难。但从玻璃板的干板到软件，一步一步接近照片的大众化。这个公司便是伊士曼·柯达的前身。当年乔治·伊士曼27岁。乔治一边制造照相干板，一边对照相机的全部构造及性能进行仔细研究，他一直想制造出一种操作简单的照相机。经过7年的苦苦研究，终于研制出一种小型口袋式照相机，命名为“柯达第一号”。

此后，柯达公司还连续推出“袖珍型全自动照相机”和“立即显像摄影机”，可以说是在世界照相史上具有划时代意义的两次突破。

柯达公司认识到，某种类型照相机若能长期销售就可盈利累累，但同时又要顾及业余摄影爱好者玩腻某型照相机之后就减少购买软件的倾向。因此，柯达的策略就是每隔一段时间就推陈出新，让新一代的青年接触到新型的柯达相机。在这样激烈的竞争中，柯达公司的首脑们并不过分紧张，在位于罗契斯特的柯达总部，主管们显得异常沉稳和镇定，他们总是善于控制业务变动的步伐，从容地开发与发展多种新产品，掌握每一种产品的寿命以获得最大的利润。这也是柯达一贯的管理领导艺术。

柯达公司享誉世界的声誉，除以上业绩之外，还跟它改良影印机的成功分不开。20世纪50年代后期，柯达就在光电照相机方面进行了一定的研究，但在影印机市场上，有技术领先、实力强大的世界影印机巨头金禄和万国商业机器公司与之竞争。金禄早在1960年就以914型影印机首先进入市场获得成功。多年来金禄的影印机畅销全球，几乎独占市场。而万国商业机器公司当时也有10%的市场份额。柯达是迟来的新手，因而遇到许多巨大的难题。

柯达公司并没有甘拜下风，而是以其稳健的作风作出抉择，要制造一种最新的产品。通过对影印机市场的调查，了解到用户的兴趣在于产品的品质、快速、可靠与简便。在对市场的需要前景进行科学预测后，经过综合平衡，柯达决定所生产的新产品专门为大公司服务。柯达要夺取市场，必须使自己的新产品在技术性能方面超过其他公司，于是制定了新产品开发的优质战略。1967年，一名叫沙莱的人发明了一种新的文件重组反馈器，这种装置能自动处理一堆需要复印的原件。沙莱给各大影印公司致函，寻求被采用的机会。金禄公司寄了一张空白表格让他填写，但柯达公司却立即委托专利律师打电话和沙莱直接洽谈。当时，尽管柯达对沙莱的发明没有马上利用，但却很快取得了这项发明的专利权。几年后，柯达公司影印实验室对沙莱的文件重组反馈器进行了研究改进，柯达的工程师终于使它圆满地运行。于是柯达影印机可以一面复印，一面装订。这就比其他要等复印全部完了之后才能装订的影印机多了令人羡慕的优越性。另外，给新产品的“必备”条件帮了大忙的还有INTEL公司推出的8008号微处理器，它使柯达影印机健全了“故障排除系统”。

当一系列难题终于得到解决之后，柯达公司的EK影印机开始上市。这种影印机由于能一边复印，一边装订，得到用户的一致好评。它的多功能性，即使是老牌的金禄公司和万国商业机器公司也望尘莫及。

案例分析问题：

1. 柯达公司在新产品开发中运用了怎样的模式？
2. 柯达公司值得我国企业借鉴的地方有哪些？
3. 柯达公司稳步求胜的战略与公司注重产品创新的战略是怎样有机结合在一起的？

【技能实训】

1. 实训目的：使学生具备参与企业产品工作的初步能力。
2. 实训内容和方式：选择某一类企业，调查分析其产品创新情况，为其制定产品创新开发的战略和研发程序。采用分组形式组织实训，资料可从网上检索得到。
3. 实训成果：某企业产品创新与开发战略及实施方案。

第 7 章　技术经济分析

【学习目标】

1. 知识目标

- 理解掌握技术经济分析的基本原理。
- 理解掌握资金时间价值的概念和计算方法。
- 掌握投资静态指标计算分析方法。
- 掌握技术经济分析的动态方法。
- 掌握项目可行性研究的步骤和方法。

2. 能力目标

- 能运用静态法进行投资项目的技术经济分析与评价。
- 能运用动态法进行投资项目的技术经济分析与评价。
- 初步具备投资项目的技术经济分析基本能力。

【导入案例】

租赁还是自建

东港机械厂是一家多品种小批量生产的国有小型企业，在改革开放的形势下，企业原有的运作方式受到了极大冲击，企业员工议论纷纷："大鱼吃小鱼，小鱼吃虾米，迟早我们企业会被吃掉。"人心浮动，干劲不足，思"跳"可谓人心所向。产品市场怎样呢？该厂是为下游厂家生产专用零件的，由于长期的合作关系，达成了一种默契，迄今为止，下游厂家还没有试图更换合作伙伴的意向。在某种意义上，按订货生产的方式显得不尽完善，因为潜在的市场需求往往从订货单上不易发现，通过市场预测，胡厂长决定产品的产量一部分按订货要求生产，另一部分按潜在的市场需求生产，以备不时之需。这就不得不储备一些紧俏的原材料。原材料要有储备，产品也要储备，这就使原有的仓储条件显得格格不入了，在全厂大会上胡厂长指出："全体员工必须振奋起来，努力工作，如果企业效益上来了，职工也一定会获得收益。不能因为对未来企业发展的预期感到茫然而使企业发展处于停顿状态，我们应积极努力去寻找、开拓新的产品市场，并将现有产品与服务不断完善。这都需要改善生产条件，完善仓储设施……"胡厂长的话还没有说完，就有人插话道："现在能应付一天就算一天，一旦新建了仓库，随之又被大企业兼并或者市场萧条，岂不徒劳无益！"胡厂长说："经济形势的发展给每个企业都会带来影响，不能因此而消极地持观望态度，坐以待毙。办企业也如逆水行舟，该是力争上游！好，现在我说具体些，根据我们的生产经营特点和职能科室提供的资料，增设仓库已是当务之急，问题的关键是要确定是自建还是租用仓库好？"与会的大多数人纷纷议论这一问题，最后达成了共识。

这两个方面的详细情况是：①租赁仓库，每年租金 20 万元，其中含有维修费，租期 10

年。②自己建仓库，初始投资100万元，先建小仓库，4年后增加投资50万元，扩建仓库，前4年每年维护费用为1万元，后6年每年2万元，10年后残值为40万元，年利率为6%。

请问，如果你是厂长应如何决策？

7.1 技术经济分析概述

7.1.1 技术经济分析的含义

技术经济分析在我国是一门正在发展着的应用科学。从广义上来说，它是研究技术和经济的关系的科学；从狭义上来说，它是用经济的观点分析和解决技术上的问题的科学。总之，技术经济分析就是在社会再生产过程中，根据我国经济、技术、资源和国防等具体条件来分析、计算和论证各种技术政策、技术措施和技术方案的经济效益，并在多方案的比较中选择最优方案的一门应用科学。

7.1.2 技术经济分析的基本原则

技术经济分析是分析技术方案、技术措施和技术政策的经济效益。我们的目的是要用最少的劳动消耗和占用来取得最大的社会效益和经济效益，以满足日益增长的社会需要。为达到上述目的，在进行技术经济分析时必须遵循以下原则。

1. 宏观经济效益和微观经济效益相结合

一般说来，宏观经济效益是微观经济效益的前提和保证，微观经济效益是宏观经济效益的基础，没有微观经济效益的提高，宏观经济效益的提高也是难以实现的。但是在实际工作中，有时也会出现矛盾情况，特别是对稀缺和紧张资源的利用，两种评价常会得出截然不同的结论。因此每个企业以至每个部门、每个地区都要有全局观念，应在努力提高本单位经济效益的同时，关心全社会的经济效益，使微观经济效益服从宏观经济效益。

2. 短期效益和长远效益相结合

短期效益是指技术方案近期的直接效益；长远效益是指在以后才显现出来，而且是由于逐渐的重复积累才发生作用的效益。例如一些科学技术的研究项目、教育项目和一些能源交通建设项目等，往往属于后一种情况。在市场经济条件下，既要关心目前的技术经济效益，又要着眼于长远的技术经济效益。应选择两者兼优的方案，或者把长远技术经济效益最好的方案选为最优方案。

3. 定性分析与定量分析相结合

一个技术方案的实施，可能带来许多方面的效益，有定性的，也有定量的。定量的效益是指那些可以用数量来表示的效益；定性的效益是指那些不能用数量表示的效益。例如一种新设备的使用，不仅在提高劳动生产率、降低成本等方面有效益，还能带来降低工人劳动强度、改善劳动环境等其他方面的效益。前者就是定量的效益，后者就是定性的效益。在对技术方案或工程项目进行技术经济效益的分析时，需要把定性分析和定量分析结合起来。

4. 技术和经济相结合

对工程项目进行技术经济分析时，既要分析技术上的先进性、可行性，又要分析经济上的合理性。技术上先进是指技术上可靠、成熟、安全、指标先进；经济合理是指花费了投资后能取得良好的经济效果。技术经济紧密结合，相互促进。

7.1.3 技术经济分析的指标体系

对技术方案、技术措施以及技术政策的技术经济效益进行评价时，首先应该确定评价的依据和标准。但是，一个技术方案、技术措施、技术政策，在评价其经济效益时，是很难用一个统一的数学公式概括的。要做出准确而全面的评价就必须要借助和运用一系列有关的技术经济指标，也就是说用一个指标体系来综合反映技术方案或工程项目的经济效益。

1. 按评价指标所反映的经济性质分类

可以分为时间性评价指标、价值性评价指标和比率性评价指标。时间性评价指标是指用时间来衡量技术方案对资金的回收或清偿能力的指标；常用的有静态投资回收期、动态投资回收期、追加投资回收期、贷款偿还期等。价值性评价指标是指反映技术方案的净收益绝对量大小的指标；常用的有净现值、净年金、年成本等。比率性评价指标是指反映技术方案的单位资金获（盈）利能力的指标；常用的有简单投资收益率、投资利润率、内、外部收益率、净现值率、效益-费用比率等。

2. 按评价指标是否考虑时间因素分类

可以分为静态评价指标和动态评价指标两类。静态评价指标有静态投资回收期、简单投资收益率等；动态指标有净现值、内部收益率和动态投资回收期等。

7.1.4 技术经济分析的可比条件

为了全面和正确地反映被比较方案的相对经济性，各方案之间必须具有可比性，即表示各方案使用价值和劳动耗费的指标必须一致、可比，否则，这些方案就不能进行相互比较。技术经济分析中的可比性问题，概括起来有四个方面，即满足需要的可比、消耗费用的可比、价格的可比、时间的可比。

1. 满足需要的可比性

满足需要的可比是指相互比较的各个技术方案满足同样的社会实际需要，并且彼此之间能够相互替代。无论什么样的技术方案，其目的都是为了满足一定的需要。在技术经济分析中，要将这一方案同另一方案比较的话，则两个方案必须都能满足相同的需要。否则，它们就不能互相代替，就不具备进行互相比较的基础。技术方案通常是以产品的数量、品种和质量来满足社会需要的，故不同技术方案满足需要的可比性，主要表现为在数量、质量和品种方面的可比。

2. 消耗费用的可比性

每个技术方案的实现，都需要消耗一定的社会劳动或费用。在进行方案对比时，要使各方案的消耗费用具有可比性，采用相同的计算原则和方法来进行分析和比较。例如，当实现某一技术方案时，既有一次费用（投资），又有经常费用（运行费），这些费用包括研究、开发、勘探、设计、建设、生产、储存、运输、使用、维修等费用。在方案比较时，就应注意各方案的费用应具有相同的内容，不要一个方案包括这几项费用，而另一个方案则包括另外几项费用，否则就失去可比的基础。

3. 价格的可比性

对各个技术方案进行技术经济效果比较时，都要借助于价格来计算。所以，价格必须是可比的。价格可比是指在计算各技术方案经济效果时，必须采用合理的一致的价格。合理的价格是指价格能够反映产品价值和各种产品之间比价合理。国外在进行投资效果评价时，采用影子价格。所谓影子价格是在社会最优生产组织情况下，供应与需求达到均衡时的产品和资源的价格，它可以通过解数学规划的方法求得。

4．时间的可比性

在对不同技术方案进行经济分析时，时间上要求具备两个可比条件。第一，要求相互比较的各个方案必须采用相同的计算期。因此，不能对甲方案的各项经济数据采用一种计算期，对乙方案采用另一种计算期，并把计算期不同的两个方案进行相互比较。第二，技术方案在不同时间发生的费用与收益，不能直接加减，应利用复利公式将其换算到同一时点上进行比较。两个方案，即使它们的计算期相同，它们所占用和消耗的人力、物力、财力以及所生产的产品在数量上相同，如果它们的各项投入与产出的时间先后有所不同，则它们的经济效果也是不同的。这是因为需要考虑资金时间因素。例如，借贷资金占用的时间越长，支付的利息越多，资金回收的时间越早，支付的利息就越少。正是由于各项投入和产出在时间上的先、后、迟、早都会有所不同，在对方案进行经济分析时，就必须把各方案各项不同时间的投入和产出按资金时间因素折算到同一时点上，这样方案才有可比性。

7.1.5　技术经济分析的程序

技术经济分析的一般程序如下：

1．确定分析目标

确定分析目标是技术经济分析的第一步，也是起决定作用的一步。因为技术经济分析的主要目的是为了寻求达到目标的最佳方案，如果目标选择不合适，整个分析工作将毫无意义。选择分析目标时，一定要有正确的指导思想并遵循一定的原则。

2．收集资料、调查研究

资料是技术经济分析的基础，收集的资料完整与否，将直接影响分析的质量。因此，进行分析之前，必须围绕分析目标进行大量的调查研究，广泛收集、整理和分析有关资料。收集资料时要注意资料的及时性、可靠性、准确性。

3．找出各种可能的技术经济方案

为了解决某一目标的问题，往往会有许多种可能的方案。我们应当根据所掌握的国内外技术经济情况，实事求是地进行全面的细致的考虑，列出各种可能的技术经济方案。

4．拟定相应的经济效益指标体系

为了衡量各种可能的技术方案经济效益的大小， 要拟定一系列的经济效益指标，建立一套指标体系，并规定这些指标的计算方法。同时，还要处理好指标可比性问题。

5．指标计算分析

技术经济问题比较复杂，仅凭经验、常识和推理是不行的，必须运用科学的分析计算方法。有些还要借助于现代数学和应用电子计算机。

6．综合评价

通过定量分析和定性分析，找出各种技术经济方面的利弊得失，然后进行综合评价。经过综合分析评价，进行方案优选。

7. 完善方案

根据综合评价及选优的结果，在可能的条件下，进一步对优选方案采取完善措施，使方案具有更大的经济效益。

7.2 资金的时间价值

7.2.1 资金的时间价值的相关概念

资金时间价值，是指一定量的资金在不同时点上的价值量的差额。相当于没有风险和没有通货膨胀的条件下的社会平均利润率。

对于资金的时间价值，可以从两方面来理解，第一，从投资者角度看，资金用于生产与交换活动会给投资者带来利润，表现为资金的增值，使资金具有时间价值；第二，从消费者的角度看，资金一旦用于投资，就不能用于限期消费，资金的时间价值体现为放弃现期消费，而换取按放弃时间长短计算的报酬。

资金的时间价值表现为两种形式，其一，把资金投入生产与流通领域产生的增值，称为利润获盈利；其二，把资金存入银行所得到的增值额（报酬）称为利息。在技术经济分析中，利息不仅指银行存款利息，还包括其他投资可能获得的报酬。一个计息周期内所得的利息额与本金的比率称为利息率（利率），一般用百分数表示，公式为

$$i = I / p \times 100\%$$

式中，i 为利息率；I 为一个计息期的利息额。

利息有单利计息和复利计息之分，单利计息仅用本金计算利息，对本期所获得的利息下期不计入本金，不计算利息。公式为

$$I_n = P\,n\,i$$

n 个计息周期后的本利和为

$$F_n = P(1 + in)$$

式中，F_n 为本利和；I_n 为利息；n 为计息期。

复利计息是以本金与以前各期累计利息之和为基数计算利息的方法。每一计息周期的利息都要记入本金计算利息，也就是通常所说的利滚利的计息方法。其计算公式为

$$F_n = p(1 + i)^n$$

在技术经济分析中，资金的时间价值均采用复利计算，其常用的概念有：

（1）终值（F） 是指现在一定量资金在未来某一时点上的价值。如存入银行一笔现金 100 元，年利率为复利 10%，经 3 年后一次性取出本利和 133.10 元，这 3 年后的本利和 133.10 元即为终值。

（2）现值（P） 未来某一时点上的一定量的资金按一定利率和时间折合为现在的价值。如上述的 133.10 元折合为现在的价值为 100 元，100 元即为现值。

（3）折现（或贴现） 是指把将来某一时刻的资金，按一定的利率折算为现在时刻的资金额。折现时所用的利率称为折现率。

（4）年金（A） 也叫等额年金，是指在 n 期内，每期连续存入（或支付）等额的款项，

到期一次收回本金；或一次存入若干款项，每期连续等额领取本息，直到本息全部领完为止。

（5）实际利率和名义利率 实际利率是指计息周期实际发生的利率；名义利率是指计息周期的利率乘以一年内计息周期数所得的数值。计息周期分为年、季、月、周、日等。其换算公式如下

$$\text{实际利率} \ i_{\mathrm{m}} = (1 + i_{\mathrm{a}} / m)^{m} - 1$$

式中，i_{m}为实际利率；i_{a}为名义利率；m为每年复利计息次数。

【例 7-1】 若名义利率i_{a}=20%，半年计息一次，每次计息用利率为20%÷2=10%，则年实际利率就不是 10%了，而是$i_{\mathrm{m}} = (1 + 10\% / 2)^{2} - 1 = 21\%$。计算货币的时间价值是按实际利率计算的。

（6）内部报酬率（又称内部收益率） 是指项目投资渴望达到的收益率，即能使投资项目的净现值等于零时的折现率。

（7）等值和等值计算 等值是在考虑了时间因素的情况下，不同时点发生的绝对值不等的资金可能具有相等的经济价值。如将 100 元现金存入银行，年利率为 10%，两年后的本利和为 121 元，也就是说，现在的 100 元和两年后的 121 元绝对值虽不相等，但两年后的 121 元与现在的 100 元经济价值是相等的，称为等值。在技术经济分析中，把不同时点上的资金价值按照一定的利率换算为与之等价的另一时点上的资金价值的过程称为资金的等值计算。

（8）现金流量和现金流量图 在技术经济分析中，把某一技术方案在整个寿命周期内的货币收入称为现金流入，货币支出称为现金流出。现金流入量和现金流出量的代数和称为净现金流量。现金流入量、现金流出量和净现金流量统称为现金流量。现金流量是以项目作为一个独立系统，反映项目在寿命周期内实际货币流入和流出的资金运动。现金流量只计算现金收支，不计算项目内部的现金转移（如折旧、应收及应付款等）。

为了便于分析和计算项目在寿命周期内现金的流入和流出情况，在技术分析中，一般要绘制现金流量图，如图 7-1 所示。

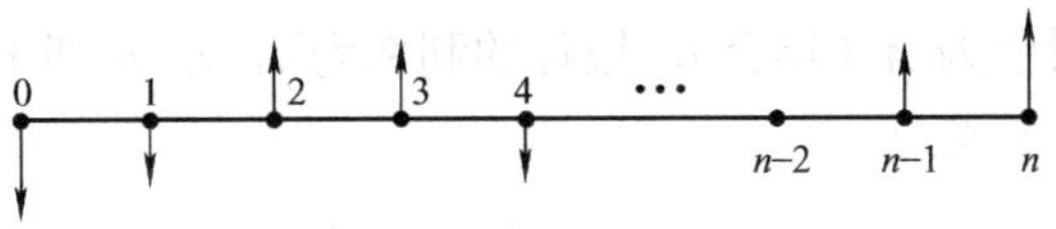

图 7-1 现金流量示意图

现金流量图中，横坐标表示时间，每一个格表示一个单位时间（年、月、季）；垂直箭线表示现金流量，箭头向下，表示现金流出；线头向上表示现金流入，箭线的长短表示现金流量的大小。在技术经济分析中，一般约定计息周期单位为年；投资发生在年初；经营费用、销售收入与残值收回发生在年末。

7.2.2 资金时间价值的基本公式

在考虑资金时间价值的情况下，不同时点上发生的收入和支出，不能直接相加或相减，只有通过资金的等值计算，把他们换算到同一时点上，才能进行分析和比较。资金时间的计算，分为一次性偿付和等额分期偿付计算两大类。

1. 一次支付终值公式

已知现值 P，利率 i，求终值 F，如图 7-2 所示。计算公式为

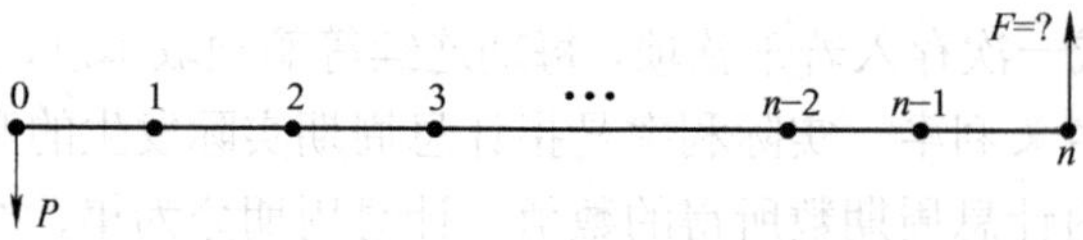

图 7-2　一次支付终值现金流量图

$$F = P(1+i)^n$$

式中，$(1+i)^n$ 为一次支付终值系数或复利终值系数，用（F/P，i，n）表示，可由复利系数表查得，故公式可简化为

$$F = P(F/P, i, n)$$

【例 7-2】 某公司进行工程建设，向银行贷款 100 万元，年利率为 10%，两年后一次还清，求该公司应还款多少万元？

解
$$F = P(1+i)^n = 100\times(1+10\%)^2 = 121\text{万元}$$

2．一次性支付现值公式

如果已知终值 F，利率 i，求现值 P，如图 7-3 所示。其计算公式为

$$P = F\frac{1}{(1+i)^n}$$

式中，$1/(1+i)^n$ 称为现值系数，或折现系数，用符号（P/F，i，n）表示，可由复利系数表查得，故公式可以简化为

$$P=F(P/F,\ i,\ n)$$

【例 7-3】 如果 5 年后要从银行取 10000 元，在利率 5%的情况下，现在需要存入银行多少钱？

解
$$P = F(P/F,\ 5\%,\ 5) = 10000\times 0.78353 = 7835.30\text{元}$$

3．年金终值公式（等额支付终值公式）

已知连续等额支付值为 A（年金），银行的利率为 i，求 n 期末的本利和（即终值）F，如图 7-4 所示。其计算公式为

$$F = A\frac{(1+i)^n - 1}{i}$$

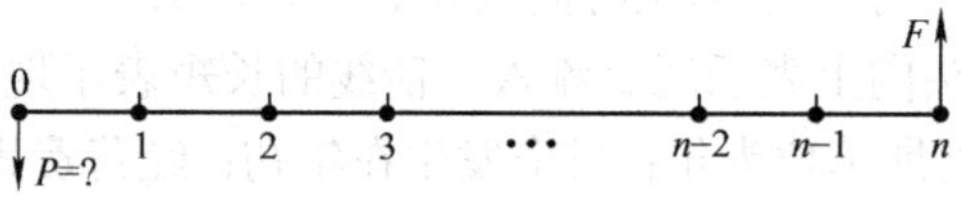

图 7-3　一次支付现值现金流量图

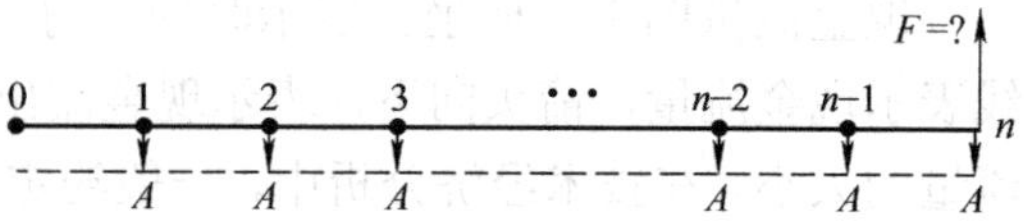

图 7-4　年金终值现金流量图

式中，$\dfrac{(1+i)^n - 1}{i}$ 称为年金终值系数，可查表求得，用（F/A，i，n）表示。故上述公式可以简化为

$$F=A(F/A,\ i,\ n)$$

【例 7-4】 某投资项目年投资额为 100 万元，连续 5 年建成，年利率 i 为 6%，问项目建成投产时的投资总额为多少？

解　　　$F=A\dfrac{(1+i)^n-1}{i}$ =100×(F/A，6%，5)=100×5.6371=563.71 万元

4．偿债基金公式（存储基金公式）

已知将来一定时期需要一笔资金，求 n 个计息周期内每次需要等额投入的金额 A 为多少，即年金终值公式的逆运算，如图 7-5 所示。其计算公式为

$$A=F\frac{i}{(1+i)^n-1}$$

式中，$\dfrac{i}{(1+i)^n-1}$ 称为偿债基金系数，用$(A/F，i，n)$ 表示。故上述公式可简化为

$$A=F(A/F，i，n)$$

【例 7-5】 某公司计划在 5 年内筹集建设资金 500 万元，银行贷款利率为 10%，问每年年末至少要存多少钱？

解　　　$A=F(A/F，i，n)$=500×(A/F，10%，5)=500×0.1638=81.9 万元

5．资金回收公式

从银行借入一笔资金后，在 n 个计息期末等额偿还本利。已知现值 P，利率 i，求在每个计息期末偿还的资金 A，如图 7-6 所示。其计算公式为

$$A=P\frac{i(1+i)^n}{(1+i)^n-1}$$

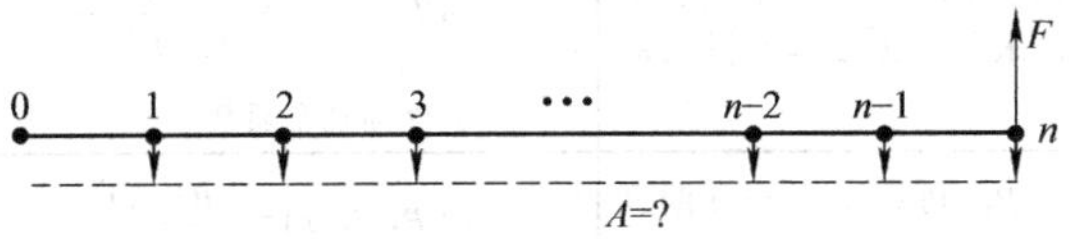

图 7-5　偿债基金现金流量图

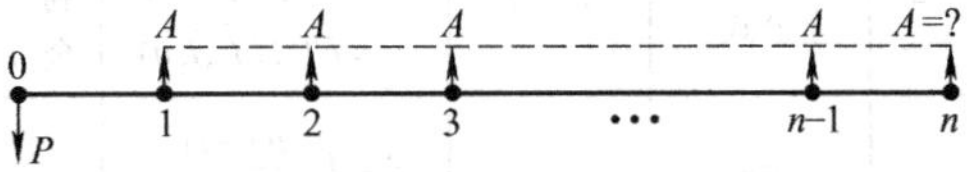

图 7-6　资金回收现金流量图

式中，$\dfrac{i(1+i)^n}{(1+i)^n-1}$ 称为资金回收系数，可查表求得，用（$A/P，i，n$）表示，上述公式可简化为

$$A=P(A/P, i, n)。$$

【例 7-6】 有一项银行贷款 100 万元，年利率为 10%，分 5 年偿还，问每年至少应偿还多少才能还清全部贷款。

解　　　$A=P\dfrac{i(1+i)^n}{(1+i)^n-1}$ =P(A/P, i, n)=100×(A/P, 10%, 5)=26.38 万元

6．年金现值公式

在 n 个计息期内，逐年等额收益（或支付）一笔资金，求此收益（或支付）的现值。该公式为资金回收公式的逆运算。已知 A, i, n，求现值 P，如图 7-7 所示。其计算公式为

$$P=A\frac{(1+i)^n-1}{i(1+i)^n}$$

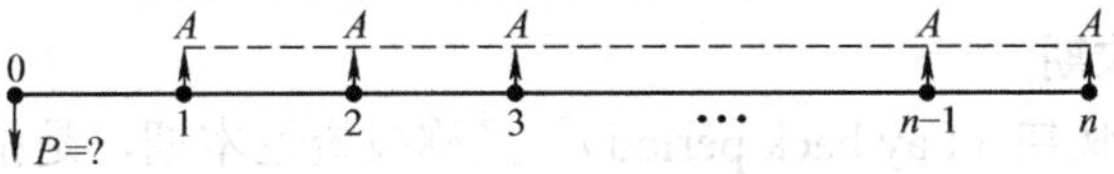

图 7-7　年金现值现金流量图

式中，$\dfrac{(1+i)^n-1}{i(1+i)^n}$ 称为年金现值系数，用（P/A, i, n）表示，可查表求得，故上述公式可简化为

$$P=A(P/A,i,n)$$

【例 7-7】 某工程项目投产后，每年净收益达 2 亿元，公司希望在 10 年内，连本带息把该项目投资全部收回。如果年利率为 10%，问该公司在项目开始时最多能筹集多少资金？

解 $P=A\dfrac{(1+i)^n-1}{i(1+i)^n}=2(P/A,10\%,10)=2\times6.144=12.288$ 亿元

为了便于使用，技术经济分析中，常用的资金时间价值计算公式汇总见表 7-1。

表 7-1 技术经济分析中常用的资金时间价值计算公式

序号	公式名称	已知→未知	公　式	应用说明	复利系数
1	一次支付终值公式	$P\to F$	$F=P(1+i)^n=P(F/P,i,n)$	已知现值 P，利率 i，求 n 期末的本利和	$(F/P,i,n)=(1+i)^n$ 为一次支付复利总系数
2	一次支付现值公式	$F\to P$	$P=F\dfrac{1}{(1+i)^n}=F(P/F,i,n)$	已知终值 F，利率 i，求现值 P	$(P/F,i,n)=1/(1+i)^n$ 为一次支付现金系数
3	年金终值公式	$A\to F$	$F=A\dfrac{(1+i)^n-1}{i}=A(F/A,i,n)$	已知连续期末等额支付值 A，利率 i，求 n 期末本利和 F	$(F/A,i,n)=\dfrac{(1+i)^n-1}{i}$ 为年金终值系数
4	偿债基金公式	$F\to A$	$A=F\dfrac{i}{(1+i)^n-1}=F(A/F,i,n)$	已知预期 n 年后需要一笔资金 F，利率为 i，求每年需要等额投入资金 A	$(A/F,i,n)=\dfrac{i}{(1+i)^n-1}$ 为偿债基金系数
5	资金回收公式	$P\to A$	$A=P\dfrac{i(1+i)^n}{(1+i)^n-1}=P(A/P,i,n)$	已知现值 P，利率 i，要在 n 期等额收回，每期应收回多少才能收回全部投资本息	$(A/P,i,n)=\dfrac{i(1+i)^n}{(1+i)^n-1}$ 为资金回收系数
6	年金现值公式	$A\to P$	$P=A\dfrac{(1+i)^n-1}{i(1+i)^n}=A(P/A,i,n)$	已知等额期末偿付金额 A，利率 i，期数 n，求现值 P	$(P/A,i,n)=\dfrac{(1+i)^n-1}{i(1+i)^n}$ 为年金现值系数

7.3 技术经济分析的基本方法

在进行技术经济分析，评价工程项目投资的经济效果时，按是否考虑资金的时间价值分为静态评价方法与动态评价方法。考虑资金时间价值的方法称为动态评价方法；不考虑资金时间价值的方法称为静态评价方法。

7.3.1 技术经济分析的静态方法

静态评价法是指不考虑资金的时间价值的技术经济评价指标。主要有：静态投资回收期、投资效果系数、追加投资返本期等。

这类评价方法具有简单明了、易于计算的特点，适用于对技术方案的初步分析和粗略评价。

1. 静态投资回收期

（1）静态投资回收期（Pay back period） 又称投资返本期，是指从项目投建之日起，用项目各年的净收入（年收入减年支出）将全部投资回收所需要的期限，其单位通常用年表示。

计算投资回收期时，根据是否考虑资金的时间因素，可分为静态投资回收期和动态投资回收期；投资回收期的起点一般应从项目投资建设之日算起，有时也从投产之日或贷款之日算起。

（2）*计算公式* 静态投资回收期，可以表示成如下的通式

$$\sum_{t=0}^{T_p}(CI-CO)_t=0 \quad 或 \quad \sum_{t=0}^{T_p}NCF_t=0$$

式中，CI 为现金流入；CO 为现金流出（包括投资）；NCF_t 为第 t 年的净现金流量，$NCF_t=(CI-CO)_t$；T_p 为静态投资回收期。

（3）*静态投资回收期的评价依据* 运用静态投资回收期指标评价技术方案时，需要与基准投资回收期 T_b 相比较。若 $T_p<T_b$，则方案可以考虑接受；若 $T_p>T_b$，则方案应予以拒绝。若有多个方案，则以投资回收期最短的方案为优。

【例 7-8】 某建设项目的投资及各年收入和支出情况见表 7-2，求其静态投资回收期？

表 7-2 某建设项目的投资及各年收入和支出情况

年 份		0	1	2	3	4	5	6	7	8	9	10	合 计
现金流量情况	1. 建设投资	180	240	80									500
	2. 流动资金			250									250
	3. 总投资（1+2）	180	240	330									750
	4. 收入				300	400	500	500	500	500	500	500	3700
	5. 支出（不含投资）				250	300	350	350	350	350	350	350	2650
	6. 净收入（4–5）				50	100	150	150	150	150	150	150	1050
累计净现金流量$\sum Ct$		–180	–420	–750	–700	–600	–450	–300	–150	0	150	300	

从表中可以看出，第 8 年时累计净现金流量为 0，即该项目的静态投资回收期为 8 年。

对于各年净收入不同的项目，投资回收期通常用列表法求解。根据表格法，计算静态投资回收期的实用公式为

$$T_p=T-1+\frac{第（T-1）年的累计净现金流量的绝对值}{第T年的净现金流量}$$

式中，T 为项目各年累计净现金流量首次出现正值或零的年份。

2．静态投资效果系数

（1）*静态投资效果系数含义及表达式* 静态投资效果系数即简单投资收益率，是在不考虑资金时间价值的情况下，每元钱（单位投资）每年的净收益。表示为项目在正常生产年份的净收益与投资总额的比值，其计算公式

$$R=\frac{NB}{K}$$

式中，K 为投资总额，全部投资额或投资者的权益投资额；NB 为正常年份的净收益（或平均年收益）。根据不同的分析目的，NB 可以是纯利润，可以是利润税金总额，也可以是年净现金流入等；R 为静态投资效果系数，根据 R 和 NB 的具体含义，它可以表现为各种不同的具体形态。

（2）*静态投资效果系数评价依据* 用静态投资效果系数评价投资方案的经济效果，需要与基准投资收益率作比较。设基准投资收益率为 R_0，判别准则为：若 $R\geq R_0$，则项目可以考虑接受；若 $R<R_0$。则项目应予以拒绝。

【例 7-9】 某项目年平均收益额为 150 万元，项目投资总额为 750 万元，假定全部投资中没有借款，现已知基准投资收益率 R_0=15%，试以静态投资效果系数判断项目取舍。

解 由已知条件有 R=150/750=0.2=20%

由于 $R>R_0$=15%，故项目可以考虑接受。

（3）静态投资效果系数的特点及适用条件 静态投资效果系数未考虑资金的时间价值，而且舍弃了项目建设期、寿命期等众多经济数据，故一般仅用于技术经济数据尚不完整的项目初步研究阶段。静态投资效果系数具有简单明了、综合性强的特点，它表明了单位投资每年的正常净收益。

3．追加投资回收期

（1）追加投资回收期及表达式 追加投资回收期又称差额投资回收期，追加投资回收期是指用投资大的方案所节约的年经营成本来偿还其多花的追加投资（或差额投资）所需要的年限。设两个对比方案的投资分别为 K_1 与 K_2，年经营成本为 C_1 与 C_2，年净收益相同（或效用相同、或无法计量），并设 $K_1 \le K_2$，$C_1 \ge C_2$。在不考虑资金时间价值的条件下，则静态差额投资回收期（ΔT）计算公式

$$\Delta T=\frac{K_2-K_1}{C_1-C_2}=\frac{\Delta K}{\Delta C}$$

若两方案的年净收益不同，年产量为 Q_1 与 Q_2，则需要转化为单位产量参数后再求算。静态差额投资回收期(ΔT)计算式为

$$\Delta T=\left(\frac{K_2}{Q_2}-\frac{K_1}{Q_1}\right)\Bigg/\left(\frac{C_1}{Q_1}-\frac{C_2}{Q_2}\right)$$

（2）追加投资回收期的评价标准 当 $\Delta T \le T_b$ 时，则投资大、成本低方案的追加投资回收时间较短，投资大的方案较优；当 $\Delta T > T_b$ 时，则投资大、成本低方案的追加投资回收时间较长，投资小的方案较优。

如果参与比较的可行方案较多，一般需要两两比较、淘汰，循序进行。但计算和比较的工作量较大。应当指出，差额投资回收期法可以用来比较方案间的优劣与好坏，至于某一较优的方案本身的经济性如何，是否可行，还不能断定，还须另做判别。因此，差额投资回收期法仅适合于可行方案间的比较和选优。

【例 7-10】 某公司计划建设一座厂房，有两个方案可供选择，第一方案投资额为 1000 元，年营业费用为 1200 万元，第二方案的建设投资为 1500 万元，年营业费用为 800 万元，标准投资回收期 T_b=5，若两方案的效果相同，问如何决策？

解

$$\Delta T=\frac{K_2-K_1}{C_1-C_2}=\frac{1500-1000}{1200-800}=1.25\text{年}$$

因为 $\Delta T=1.25<T_b=5$，因此应选择第二方案。

7.3.2 技术经济分析的动态方法

技术经济分析的动态方法，主要包括动态投资回收期法、 净现值（*NPV*）法、净现值指数（*NPVI*）法、内部收益率（*IRR*）法、净年值（*NAV*）法、净未来值（*NFV*）法、费用现值和费用年值（*PC*、*AC*）法、外部收益率（*ERR*）法等。本书主要介绍前四种方法。

1．动态投资回收期法

为了克服静态投资回收期未考虑资金时间价值的缺点，在投资项目评价中有时采用动态投资回收期法。动态投资回收期 T_p^* 是能使下式成立的值（单位：年）

$$\sum_{t=0}^{T_p^*}(CI-CO)_t(1+i_0)^{-t}=0$$

用动态投资回收期评价投资项目的可行性，需要与基准投资回收期 T_b 相比较，若 $T_p^* \le T_b$，则项目可以被接受，否则应予以拒绝。

【例 7-11】 某项目有关数据见表 7-3。基准折现率 i_0=10%，基准投资回收期 T_b=8 年，试计算动态投资回收期，并判断该项目的可行性。

表 7-3　动态投资回收期计算表 (i_0＝10%)　（单位：万元）

年　份　t	0	1	2	3	4	5
1．投资支出	−20	−500	−100			
2．净收入				150	250	250
3．净现金流量$(CI–CO)_t$	−20	−500	−100	150	250	250
4．现值系数$(1+10\%)^{-t}$	1.0	0.9091	0.8264	0.7513	0.6830	0.6209
5．折现值	−20.0	−454.6	−82.6	112.7	170.8	155.2
6．累积折现值 $\sum(CI-CO)_t(1+i_0)^{-t}$	−20	−474.6	−557.2	−444.5	−273.7	−118.5
年　份　t	6	7	8	9	10	
1．投资支出						
2．净收入	250	250	250	250	250	
3．净现金流量$(CI–CO)_t$	250	250	250	250	250	
4．现值系数$(1+10\%)^{-t}$	0.5645	0.5132	0.4665	0.4241	0.3855	
5．折现值	141.1	128.3	116.6	106.0	96.4	
6．累积折现值 $\sum(CI-CO)_t(1+i_0)^{-t}$	22.6*	150.9	267.5	373.5	469.9	

解　计算各年净现金流量的累积折现值 $\sum(CI-CO)_t(1+i_0)^{-t}$。明显，投资回收期应在第 5 年和第 6 年之间。可以采用插值法计算，可按下式计算

$$T_p^*=\begin{pmatrix}\text{累计折现值出}\\\text{现正值的年数}\end{pmatrix}-1+\frac{\text{上年累计折现的绝对值}}{\text{当年净现金流量的现值}}=6-1+\frac{118.5}{141.1}=5.84\ \text{年}$$

计算结果表明，$T_p^*<T_b$，故项目可以被接受。

与静态投资回收期指标相比较，动态投资回收期考虑了资金的时间价值，但计算较为复杂，通常只适用于辅助性评价。

2．净现值（NPV）法

净现值（NPV）法就是通过比较各个技术方案在寿命周期内的累计净现值来决定方案取舍的方法。按一定的折现率将各年净现金流量折现到计算期初（第零年）(t 通常是期初)的现值累加值就是净现值。计算公式

$$NPV=\sum_{t=0}^{n}\left(CI-CO\right)_t\left(1+i_0\right)^{-t}=\sum_{t=0}^{n}CF_t\left(1+i_0\right)^{-t}$$

式中，CI 为现金流入量；CO 为现金流出量；$CF_t=(CI–CO)_t$ 为第 t 年的净现金流量；n 为计算

期（年）；i_0为基准折现率（目标折现率）。

当$NPV \geq 0$时，方案可行。若有多个可行方案，以净现值最大的方案为最优。显然，一方面可用于独立方案的评价及可行与否的判断，也可以用于多方案的比较选择。

【例 7-12】 某项目建设期为一年，期初投资 20000 元，以后每年因节能所带来的净收益为 3000 元，假定年利率为 6%，该项目的寿命为 18 年，期末收回残值 1000 元，问该方案是否可采纳？

解 $NPV = -20000 + 3000(P/A, 6\%, 18) + 1000(P/F, 6\%, 18)$

$= -20000 + 3000 \times 10.828 + 1000 \times 0.3503$

$= 12834.3$(元)

计算表明，$NPV = 12834.3 \geq 0$，故该方案经济上是可行的。

3．净现值指数法（*NPVR*）

净现值指标用于多方案比较时，不考虑各方案投资额的大小，因而不直接反映资金的利用效率。为了考察资金的利用效率，通常用净现值指数（*NPVR*）作为净现值的辅助指标。净现值指数是项目净现值与项目投资总额现值之比，其经济涵义是单位投资现值所能带来的净现值。其计算公式为

$$NPVR = \frac{NPV}{K_{\mathrm{P}}} \times 100\% = \frac{\sum_{t=0}^{n}(CI - CO)_t(1+i_0)^{-t}}{\sum_{t=0}^{n}K_t(1+i_0)^{-t}} \times 100\%$$

式中，K_{P}为项目总投资现值。

【例 7-13】 某建设项目有两个方案，第一个方案的净现值为 1650 万元，投资额现值为 9000 万元，第二方案的净现值为 1500 万元，投资额现值为 7500 万元，问应如何决策？

解 根据题目条件有

第一方案

$$NPVR_1 = \frac{NPV_1}{K_{\mathrm{P1}}} \times 100\% = \frac{1650}{9000} \times 100\% = 18.3\%$$

第二方案

$$NPVR_2 = \frac{NPV_2}{K_{\mathrm{P2}}} \times 100\% = \frac{1520}{7500} \times 100\% = 20.2\%$$

计算表明，$NPVR_1 < NPVR_2$，所以，尽管第二方案的净现值小于第一方案，但从现金使用效率方面看，第二方案优于第一方案。

4．内部收益率（*IRR*）法

内部收益率（*IRR*）是指项目在整个计算期内，各年净现金流量的现值累计等于零(或净年值等于零)时的折现率。内部收益率是效率型指标，它反映项目所占用资金的盈利率，是考察项目资金使用效率的重要指标。

其计算公式为

$$IRR = \sum_{t=1}^{n}(CI - CO)_t(1+IRR)^{-t} = 0$$

式中，*IRR* 为项目的内部收益率；*n* 为项目的经济寿命周期。

如果 $IRR \geq i_0$，则项目在经济效果上可以接受；如果 $IRR < i_0$，则项目在经济效果上不可接受。上面的公式是一个高次方程，不能直接解出，通常使用内插法计算求其近似解。

具体求解方法为：先给出一个折现率 i_1，计算相应的 $NPV(i_1)$，如果 $NPV(i_1)>0$，说明要求的 $IRR>i_1$；相反则说明要求的 $IRR<i_1$。根据这个信息，将折现率修正为 i_2，求 $NPV(i_2)$的值，反复计算，逐步逼近。最终得到两个比较接近的折现率 i_m 与 i_n（$i_m < i_n$），使得 $NPV(i_m)>0$，$NPV(i_n)<0$，最后用插值的方法确定 IRR 的近似值。计算公式为

$$IRR = i_m + \frac{|NPV(i_m)|}{|NPV(i_m)| - |NPV(i_m)|} \times (i_n - i_m)$$

为减少误差，i_m 与 i_n 两者之差一般不超过 2%，最大不超过 5%。

【例 7-14】 某公司拟建一容器厂，初始投资为 5000 万元，预计在 10 年寿命期中每年可得净收益 800 万元，第十年末残值为 2000 万元，若基准收益率为 10%，试用 IRR 评价该项目。

解　1）采用试算的方法，找到 i_m 与 i_n。为使 i_m 计算出的 $NPV>0$，现以 i_m=12%计算

$$NPV_m=[-5000+800(P/A,12\%,10)+2000(P/F,12\%,10)] =164.2 \text{ 万元}$$

为使 i_n 计算出的 $NPV>0$，现以 i_n=13% 计算

$$NPV_n= [-5000+800(P/A,13\%,10)+2000(P/F,13\%,10)] = -69.8 \text{ 万元}$$

2）由内插法计算得

$$IRR= 164.2\times(13\%-12\%)/164.2-|-|69.8|=12.7\%$$

计算结果表明，该技术方案的 IRR=12.7%> i_0 =10%，该方案可行。

7.3.3　不确定性问题分析

在进行技术经济分析时，由于外部环境变化的不可预见性（如政策的变化、市场的变化、技术工艺进步）和数据资料的误差等不确定因素的影响，将给技术方案的经济评价带来误差和风险。为了减少风险，必须分析各种不确定因素对方案经济效益产生的影响，以便在方案的评价和实施过程中加以考虑和控制。这里主要介绍盈亏平衡分析和敏感性分析两种方法。

1．盈亏平衡分析

盈亏分析是通过分析产量（Q）、成本（C）、和利润（E）三者之间的数量依存关系，确定项目的盈亏平衡界限（BEP），分析和预测产销量、价格和成本等不确定因素的变动对盈亏的影响的一种分析方法。

2．敏感性分析

各种不确定因素对技术方案经济效益的影响程度是不一样的，影响较大的为敏感因素，影响小的称为非敏感因素。敏感性分析就是对影响方案经济效益的少数关键不确定因素的影响程度进行预测分析。常用的因素敏感性分析法，即在假定其他因素不变的情况下，研究一个因素变动对方案的经济效益影响的敏感程度。然后，根据各因素对技术方案的经济指标的影响程度，找出影响较大的技术方案的敏感因素，并采取相应的措施，以减少方案选择的风险性。

进行敏感性分析的一般步骤为：确定经济效益分析的指标；选择需要分析的不确定因素；对敏感性因素进行分析计算，计算时先固定其他因素，每次只变动一个因素，并限定变动范

围（如±5%、±10%、±15%、±20%等），并将计算结果与引起的经济效益指标的变动建立起数量对应关系，用图或表的形式表示出来，找出最敏感因素，对方案的风险情况作出判断。

7.4 项目的可行性研究

可行性研究是在第二次世界大战后提出的，20 世纪 60 年代在各个领域得到迅速发展，现在已经形成一门运用多种科学成果保证最佳经济效果的综合性学科。发达国家在选择建设项目前，对发展规划、产品更新、技术改造和技术引进等不论项目大小都需要进行可行性研究。我国在国务院和国家计委的有关文件中明确规定：“所有新建、扩建大中型项目以及所有利用外资进行基本建设的项目都需要有可行性研究报告。”

7.4.1 可行性研究的含义和作用

1. 可行性研究的含义

可行性研究是指对拟建的工程项目在技术上是否可能、经济上是否有利、建设上是否可行所进行的综合分析和全面科学论证的技术经济研究活动。其目的是为了避免或减少建设项目决策的失误，提高投资的综合效果。

2. 可行性研究的作用

可行性研究是投资项目建设前期的重要研究工作，从宏观上可以控制投资的规模和方向，改进项目管理；微观上可以减少投资决策失误，提高投资效果。其具体作用主要有以下几方面：①作为投资项目决策依据。②作为投资项目设计的依据。③作为向银行贷款的依据。④作为向当地政府及环保部门申请建设执照的依据。⑤作为该项目与有关部门互订协议、签订合同的依据。⑥作为本工程建设基础资料的依据。⑦作为科研试验、设备制造的依据。⑧作为企业组织管理、机构设置、职工培训等工作安排的依据。

7.4.2 可行性研究的阶段和程序

1. 可行性研究的阶段划分

工程项目建设在时间上分为投资前决策、投资和生产三个时期。在投资前决策时期要进行可行性研究，其目的是为投资决策提供科学依据。可行性研究分为机会研究、初步可行性研究、详细可行性研究和评价报告四个阶段。目的和要求如图 7-8 所示。

（1）*机会研究*　这一阶段的主要任务是为拟建项目投资方向提出建议，即在一个确定的地区或部门，根据资源条件，对市场进行调查和预测，选择建设项目，寻求最有利的投资机会。这一阶段的研究是比较粗略的，对投资和成本估算的精确度在±30%左右，所需费用约占总投资的 0.1%～1%。

（2）*初步可行性研究*　一般工程项目，单靠机会研究还不能决定是否值得投资，还需要进行初步可行性研究，进一步判断这个项目是否有生命力。这一阶段投资和成本估算的精确度在±20%左右，所需费用约占总投资的 0.25%～1.5%。初步可行性研究要对方案进行筛选，剩下的有限方案再作比较深入的研究。

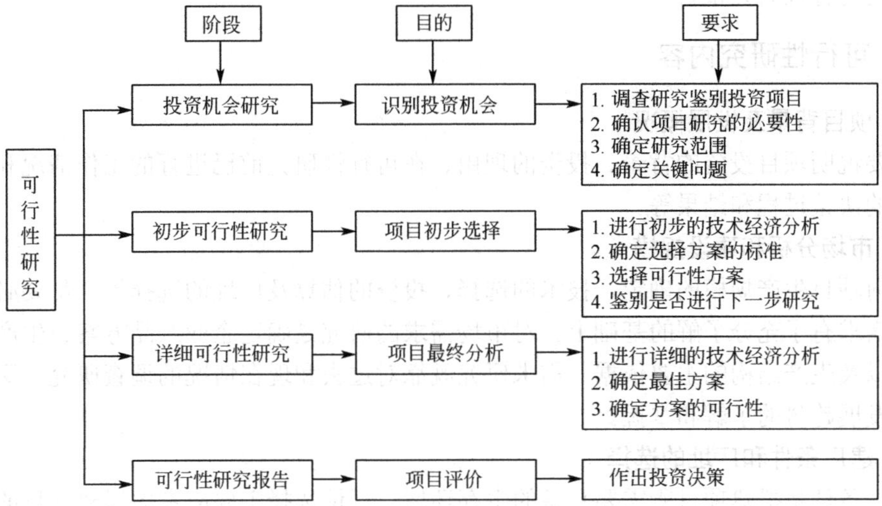

图7-8 可行性研究的阶段及要求

（3）详细可行性研究 本阶段重点研究项目的方案比较和规划的形成。主要针对具体项目进行深入的技术经济论证，重点研究有关生产纲领、厂区和厂址选择、工艺技术、设备选型、土木工程、车间划分、生产系统、投资总额、建设时间、还本付息年限、组织机构设立等问题，并进行多方案比较选优。这个阶段是可行性研究的关键阶段，工作量大，时间长，牵涉的相关因素多，计算的投资和成本的精确度在±10%左右，所需费用也较多。

（4）评价报告 是根据上述不同阶段的研究，对项目进行评定，并提出正式报告，在报告中应作出该项目是否可行的结论和建议。报告中应包括下列内容：①项目的背景和历史。②市场和工厂生产能力。③原材料和其他投入物。④建厂地区和厂址。⑤项目设计。⑥工厂机构和管理费用。⑦项目实施时间和进度。⑧企业经济评价和国民经济评价。

2．可行性研究的步骤

（1）筹划准备 主要了解项目提出的背景、可行性研究的主要依据、研究的目标和意图，确定研究项目的范围、界限，确定研究的内容，制定工作计划等。

（2）调查研究 本步骤进行实地的调查和技术经济研究工作，涉及的项目很多，每项调查研究都要分别作出评价。

（3）优化和选择方案 把前阶段项目调查研究的各个不同方面的内容进行组合，设计出各种可供选择的方案，确定选择方案的重点问题和选择标准，并经过多方案的分析、评价、比较，推荐最佳方案。

（4）详细研究 对选出的方案进行更详细的研究，复查和核定各项分析材料，明确建设项目的范围、投资、经营费用和收入等数据，进一步对建设项目经济和财务特性作出更详细准确的评价，证明所选方案在设计和施工方面是可以顺利实现的，在财务、经济上是有利的；说明成本、价格、销售量、建设工期等不确定因素变化时，对企业经济效益产生的影响。

（5）资金筹措和规划 对建设项目的资金来源进行全面具体的筹划，对项目不同的资金筹划方案进行分析比较，尤其是中外合资项目更应做好详细的资金筹措规划。

（6）编写可行性研究报告 根据可行性研究报告书的形式、结构和内容的规范要求，编写详尽的可行性研究报告。

7.4.3 可行性研究内容

1. 项目背景及发展概况

主要说明项目投资的背景、投资的理由、在可行性研究前已进行的工作情况和成果、重要问题的决策过程和结果等。

2. 市场分析和建设规模

任何项目生产规模的确定、技术的选择、投资的估算及厂址的选择等，都要必须建立在对市场需求有了充分了解的基础上。对市场需求的研究是确定企业产品方案、生产规模、工艺方案以及生产结构的主要依据。需求研究既靠对过去和现在情况的调查研究，又靠对科技和经济发展趋势的了解和掌握。

3. 建厂条件和厂址的选择

建厂条件是拟建项目所需要具备的生存环境。厂址选择主要应考虑拟建项目的条件是否能够满足，主要包括拟建项目所需的基础设施、原料、燃料、动力等需求的供应可靠程度；产品需求市场规模和发展前景、政策法律情况等。对可供选择的厂址要进行充分的技术经济比较，确定最满意的选址方案。

4. 项目的技术方案

主要研究项目所采用的生产方法、工艺流程、工艺设备及其相应的总平面布置、主要车间组成及建筑物结构形式等技术方案。并要估算土建工程量和其他工程量，绘制初总平面图、工艺流程示意图等。

5. 环境保护和劳动安全

环境保护和劳动安全问题越来越受到人们的重视。国家已经制定了一系列法律、法规。在项目建设中，必须贯彻执行，对于影响环境和劳动卫生安全的各项因素都要在可行性研究中给予全面分析和客观的评价，并提出切实可行的防范措施。按国家规定，凡是对环境有影响的建设项目都必须编制环境影响报告书，并上报有关部门审批。

6. 企业组织和劳动定员

根据项目规模、组成和工艺流程，提出相应的企业组织机构、劳动定员总数、劳动力来源及相应的人员培训计划。

7. 项目实施进度安排

项目实施是指从正式确定建设项目，到项目达到正常生产这段时间。包括项目的实施准备、资金的筹集安排、勘查设计和设备订货、施工准备、生产准备、试运转直到竣工验收和交付使用等各个阶段。其中的各个环节有的相互影响，前后紧密衔接，有的平行交叉进行。因此，要对各项目的各个环节进行统一规划、综合平衡，作出科学合理的安排。

8. 投资估算与资金筹措

投资估算是指对项目所需资金总额及所需时间的预算；资金筹措是确定各项资金的筹资渠道和方式，制定用款计划，这是项目实施的基本前提。

9. 财务与经济效益分析评价

财务评价是根据国家有关财税政策、市场情况分析，预测拟建项目未来的效益和费用，考察项目建成后的盈利能力、偿债能力以及外汇平衡能力等财务状况，判断建设项目在经济上的合理性。评价方法采用动态分析和静态分析相结合，以动态分析为主。具体评价指标主要有内部收益率、投资回收期、贷款偿还期、净现值和投资利润率等指标。

10. 可行性研究结论和建议

可行性研究结论和建议是指对项目的研究分析结果，从经济上和技术上进行全面总结评价，提出结论性的意见和建议。

【复习思考题】

1. 简述技术经济分析的基本原则。
2. 技术经济分析的指标有哪些？
3. 简述技术经济分析应遵循的程序。
4. 什么是资金的时间价值？其计算的基本公式有哪些？
5. 技术经济分析的静态指标如何计算？
6. 技术经济分析的动态指标如何计算？
7. 什么是项目的可行性研究？可行性研究的程序是什么？
8. 可行性研究的主要内容有哪些？
9. 某企业拟购买一台设备，价格500万元，有两种付款方式：一次性付款，优惠12%；分期付款，则不享受优惠，首次付40%，第一年末付30%，第2年末付20%，第3年末付10%。

假设企业购买设备用的是自有资金，机会成本10%，问选哪种方式付款合适？

10. 某投资者5年前以200万元价格买入一房产，过去5年内每年的净现金收益为25万元，现在该房以250万元出售。若投资者要求的年收益率为20%，问此投资能否达到？

11. 某企业拟购买一台设备，预计设备的使用寿命为5年，在寿命期内每年生产可获得的纯收益6.5万元，若该企业期望的投资收益率为15%，问企业可接受的设备价格是多少？

12. 某房产现售价为20万元，首期付款为5万元，其余可用贷款。还款期为20年，每月付1140元，问该贷款的年利率是多少？若还款期为30年，每月付859.2元，问该贷款的年利率是多少？

【案例分析】

戴维斯卡车公司投资预算

戴维斯卡车公司是一家三兄弟自家经营的企业。老大的女婿保罗·伍尔考特近来获得了这个公司的助理会计员的职务，他有权审查资本投资项目。他详细地分析了4项主要建议，简要地叙述各个项目，连同其生命周期的成本和现金收入（税后利润+加折旧）如附表所示。伍尔考特根据来年的现金预测表，估计大约有300000元的资本投资可以从企业内部（折旧和未发红利）来解决。过去已经使用的内部资金成本是12%，伍尔考特认为没有理由再超过这个数。任何追加资本的预算都必须来自三兄弟，而且为了筹措这些资金，他们要清理所持证券（这个公司有一个政策——除了数目很小，时间很短的银行借款以外，不得用任何借债的办法来筹措资金，伍尔考特一直想改变它而至今未能如愿）。

在和戴维斯兄弟们进行讨论时，伍尔考特断定他们在外界投资的机会成本是16%，换句话说，超过内部解决的300000元以上的资金是能给的，但任何增加的资金成本是16%，而不是12％。

伍尔考特正在为公司编制5年的财务计划，估算这个时期的投资机会和财政来源。这个计划期还仅仅处于形成阶段，所以伍尔考特不能将其正式列入他当年的资本预算政策，然而，他能说服戴维斯兄弟用借款的办法筹措资金，这样可以降低该企业的资金成本。第二，他觉得新建立起来的引导新投资思想而设立的雇员激励规划将会产生结果，因此，企业将来会有更好的有用的投资建议，能使戴维斯在比过去高的收益率上进行更多的投资。

附表

投资建议方案如下：A. 增加芝加哥终点站的设施；B. 扩大芝加哥终点站的计划；C. 购买4台新的拖拉机拖斗设备；D. 大美尼索塔装置专门为采矿用装卸设备。

		A	B	C	D
费用		100000	100000	200000	100000
收入：年	1	20500	70000	44500	27740
	2	20500	50000	44500	27740
	3	20500	15000	44500	27740
	4	20500	10000	44500	27740
	5	20500		44500	27740
	6	20500		44500	
	7	20500		44500	
	8	20500		44500	
	9	20500		44500	
	10	20500		44500	

案例分析问题：

1. 计算每个项目的内部收益率（*IRR*）。

2. 净现值（*NPV*），即12%和16%的净现值（提示：B项目的内部收益率用24％，试算一下）？

3. 戴维斯卡车公司在明年应当进行些什么项目？

4. 如果该公司以前在它的资本结构中已经有过借款，资本的全部成本现在为10％，这对你们的答案会有什么影响？

【技能实训】

1. 实训目的：培养学生对工程项目的技术经济分析能力。
2. 实训内容：编制上述案例的技术经济分析报告。
3. 实训成果：项目经济技术分析报告（3000字）。

第 8 章 企业财务管理

【学习目标】

1. 知识目标

- 理解财务管理的含义和企业的财务活动与财务关系。
- 熟悉企业资金的筹集渠道和方式。
- 掌握企业资金成本构成与计算和最佳资本结构的确定。
- 了解企业长期资产和流动资产的管理方法。
- 理解企业成本费用概念、构成及预测控制。
- 掌握各项财务指标的分析和计算方法与运用。

2. 能力目标

- 能够处理企业各种经济关系。
- 能够计算各种筹资成本，选择企业的筹资渠道和方式。
- 能够确定企业综合资金成本和最佳资本结构。
- 能够进行企业成本费用的预测与控制。
- 能够进行企业各项财务指标计算与分析。

【导入案例】

中天股份有限公司是一家新兴的软件公司，公司曾以库房作抵押向银行借款 100 万元。公司成立后，运营情况良好，业务发展很快，市场需求不断增大，产品出现供不应求，行业利润可观，企业发展空间广阔。公司决定开发新的市场，扩大投资规模，需要注入新的资金。该公司去年销售额虽达到 1000 元，可是由于生产扩大，公司流动资金周转困难，影响了公司的生产经营活动正常进行。公司面临的问题是：如何确定长期投资策略？如何为长期投资策略筹资？如何解决流动资金不足的问题？企业可以通过发行股票和债券筹资；可以向银行或其他金融机构借款。而各种筹资方式的筹资成本高低和风险大小不同，如何选择筹资方式或筹资方式组合筹集资金对企业的发展更有利？

中天发展中所面临一系列的决策，可归纳为筹资决策和投资决策问题，这是财务管理的重要内容。

8.1 企业财务管理概述

财务管理是基于企业生产经营过程中客观存在的财务活动和财务关系而产生的、利用价值形式对企业生产经营活动进行的管理；是企业组织财务活动，处理与各方面财务关系的一项综合性管理工作。

在市场经济条件下，财务管理在企业管理中的地位和作用越来越重要，它直接影响到企业经济效益的提高，关系到企业生存和发展。

8.1.1 企业的财务活动

企业的财务活动是以现金收支为主的企业资金收支活动的总称。在市场经济条件下，企业生产经营活动中的各种财产、物资价值的货币表现就是资金。拥有一定数额的资金是企业进行生产经营活动的必要条件。企业生产经营活动过程，一方面表现为物资的不断购进和售出，另一方面表现为资金的支出和收回，企业生产经营活动不断进行，就会不断的产生现金的收支。企业的财务活动主要有：企业筹资引起的财务活动、企业投资引起的财务活动、企业生产经营引起的财务活动、企业分配引起的财务活动。

8.1.2 企业的财务关系

企业财务关系是企业在组织财务活动中与各有关方面发生的经济关系。企业的筹资活动、投资活动、经营活动、财务成果的分配的活动与企业各方面都要发生广泛的联系。主要表现为以下几方面：

1. 企业与其所有者之间的财务关系

主要是指企业的所有者向企业投入资本，企业向所有者支付投资报酬形成的经济关系。这种关系体现为所有权和经营权的关系。双方必须按照合同、章程规定，履行各自的权利和义务。

2. 企业与其债权人、债权人同其他债权人之间的关系

主要是指企业向债权人借入资金，并按借款合同的规定按时支付利息和归还本金所形成的经济关系。表现为：公司与贷款银行的借贷关系；公司与公司之间的经济关系；公司与个人之间的关系。公司必须恪守信用，及时、如数偿还债务；其他债务人也要依法偿还债务。

3. 企业与内部各单位之间的关系

主要是指企业内部各单位之间在生产经营各环节中相互提供产品和劳务所形成的经济关系。企业在实行内部经济核算时，各单位之间相互提供产品和劳务要进行计价计算。这就在企业内部形成了资金结算关系，表现为企业内部各单位之间的经济利益与经济责任关系。

4. 企业与职工之间的关系

主要是指企业向职工支付劳动报酬过程中所形成的经济关系。职工向企业提供一定数量和质量的劳动，企业应据以向职工支付相应的劳动报酬。体现了职工和企业在劳动成果上的分配关系。有时企业与职工之间还存在着商品交换关系和债权人和所有者之间的关系。

5. 企业与税务机关之间的关系

主要是指企业要按税法规定依法纳税而与国家税务机关所形成的经济关系。任何企业都要按照国家税法的规定及时、足额地缴纳各项税款。企业与税务机关的关系反映的是依法纳税与依法征税的权力义务关系。

8.1.3 企业财务管理的内容

企业财务管理的主要内容包括四个方面：

1. 资金筹集管理

资金筹集管理是企业财务管理的一项基本内容。主要是根据企业经营的需要，确定企业的资金需要量、使用期限；分析不同来源和不同的筹资方式对企业正常经营和发展可能产生的影响；选择最经济的资金供应渠道和资金筹集方式；决定企业的最佳资本结构。

2．资金的运用管理

企业资金运用管理是指为保证企业生产经营活动正常进行和经营目标的实现，对生产经营中各项资金的有效运用所进行的管理活动。资金运用管理包括两个方面：①对资金占用和耗费的管理。具体分为固定资金管理和流动资金管理。首先企业筹集资金一部分用于购建厂房、设备等劳动手段，需要进行固定资产管理；另一部分用于购买原材料等劳动对象和支付工资等费用，需要进行流动资产管理。②对外投资的管理。企业可以对外直接投资或间接投资。

3．资金收回和分配的管理

资金收回和分配管理是指对有效收回资金与合理分配资金所进行的管理活动。企业要加强产品销售管理，最大限度的回收货币资金，并对回收资金进行合理分配，用来补偿生产经营中的耗费、缴纳税款，按规定提取盈余公积金、公益金，最后在投资者之间进行分配。

4．成本费用管理

成本费用管理就是以对制造成本和期间费用的管理。它是企业财务管理的核心内容，合理减低成本费用，对于节约资金使用，提高经济效益，具有决定性的意义，成本费用管理的具体内容包括：成本费用的分析和预测、成本费用计划管理和成本费用控制。

8.1.4　企业财务管理的任务

企业财务管理的任务主要包括以下几个方面：建立健全企业财务制度，做好财务管理的基础工作；根据企业生产经营特点，合理组织财务活动；依法筹集资金并有效合理的使用资金；如实反映企业财务状况；做好财务收支计划、控制、核算、分析和考核工作；降低成本费用和增加公司盈利；合理分配公司利润，依法保证投资者权益不受侵犯；实施财务监督和维护财经纪律。

8.2　筹资管理

8.2.1　资金筹集原则

资金筹集是指企业通过各种渠道和方式取得生产经营所需资金的财务活动。这是企业财务活动的第一环节，也是企业进行生产经营的前提和条件。企业筹集资金时应把握以下四个原则：

1．满足需要原则

资金筹集是在正确预测和科学决策的基础上进行的，要以满足生产经营需要为首要原则。具体要求是：筹资数额要能够保证生产经营的需要；筹资期限要与生产经营或建设周期相吻合；筹资时间配比要及时，使资金的投放与运用同生产经营的需要紧密衔接。

2．低成本原则

筹资管理的重要内容就是在筹资的过程中进行筹资成本与效益的比较和分析，选择低成本、高效益的筹资渠道与筹资方式，最大限度地降低资金的使用成本和筹资费用。

3．合法原则

在企业筹资过程中，树立法律意识，坚持按国家政策法规办事，采取合法的手段，通过合法渠道和方式，取得合法的资金，投入合法用途。

4．稳定原则

筹资是企业财务管理的重要工作，必须坚持稳定性原则。包括筹资资金的稳定性，即尽可能取得期限较长的借款；筹资方式的稳定性，即要选择股票、债券等方式，并不要频繁变动筹资方式；要与提供资金的金融机构建立长期稳定的合作关系。

8.2.2 企业筹资的渠道

筹资渠道，是指取得资金的来源途径。随着市场经济的发展，筹资渠道出现了多样化格局。目前，我国企业的筹资渠道主要有：

1．国家财政资金

国家财政资金是国有企业最主要的资金来源渠道，特别是国有独资企业，其资本全部是由国家投资形成的。现有的国有企业的资金来源中，其资本部分大部分是国家财政直接拨款方式形成的，还有些是国家对企业税前还贷和减免各种税款形成的，都属于投入资金，产权归国家所有。

2．银行信贷资金

银行信贷是企业重要的资金来源。主要有工商银行、农业银行、建设银行、中国银行、交通银行等商业银行贷给企业的基建贷款、更新改造贷款、流动资金贷款以及专用贷款等。

3．非银行金融机构资金

非银行金融机构是指政府主办的其他金融机构，主要有保险公司、信托投资公司、租赁公司、证券公司、财务公司以及农村信用合作社和城市信用合作社等。

4．其他企业资金

其他企业资金是指通过与其他企业联营、入股及各种商业信用等方式吸收其他企业的资金投入。

5．民间资金

民间资金是指城乡居民（包括企业职工和其他城乡居民）手中持有的闲置的货币资金。

6．企业留利资金

企业留利资金是指企业按法定程序从利润中提取的盈余公积金和未分配利润等，这是企业内部筹资渠道。

7．境外资金

境外资金主要是指国外和我国港澳台地区的银行、公司、其他经济组织、个人手中的资金。通过中外合资经营、合作经营以及补偿贸易等方式利用外资，是企业筹资的又一重要渠道。

8.2.3 企业筹资方式

筹资方式是指企业取得资金具体方法和形式。筹资渠道和筹资方式既有联系，又有区别。同一筹资渠道可以采用不同的筹资方式，同一筹资方式也可适用于不同的筹资渠道。目前企业的筹资方式主要有吸收直接投资、发行普通股票和优先股票、长短期借款、发行公司债券、商业信用、融资租赁与经营租赁等。

1．吸收直接投资

吸收直接投资是指企业按照共同经营、共担风险、共享利润的原则直接吸收国家、法人、个人、外商投入资金的一种筹资方式。出资方式可以是现金出资、实物出资、无形资产出资等。

吸收直接投资的优点是：筹资方式简便、速度快，可以在较短的时间内迅速筹措到资金；吸收直接投资出资方式机动性较大，可以是现金、实物或无形资产；吸收直接投资财务风险较低。缺点是其中的权益性出资容易分散企业的控制权，造成筹资成本较高。

2．发行普通股

普通股是股份有限公司发行的无特别权利的股份，是最基本、最标准的股份。是作为股东向公司承担责任和享受相应权利的股份。普通股具有三个主要特征：①没有到期期限，不能直接收回股本。②股利具有不确定性。③是权益性证券。普通股的持有者是公司的股东，享有作为股东的权利，也承担相应的责任。

3．发行优先股

优先股是具有某种优先权的股份，是股东权益的组成部分，具有债券与股票的双重性质。优先股具有三个特征：①优先股具有一定的优先权，即优先取得股息，优先分配公司剩余财产等。②优先股的股息预先确定，从公司税后利润中支付。③优先股没有参与公司经营管理的权限。

4．发行公司债券

公司债券是指企业依照法定程序发行、约定在一定期限内还本付息的有价证券。债券是一种确定债权债务关系的凭证，发行者和购买者分别为债权人和债务人。债券可以在证券市场上流通转让。企业发行债券的目的是向社会筹集闲散资金，以解决企业资金的不足。按需要企业可发行偿还期限超过一年的长期债券，也可发行偿还期限在一年以内的短期债券。

5．长短期借款

长短期借款是企业从银行和其他金融机构等取得的各种借款。它形成了筹资企业与银行和其他金融机构之间的债权债务关系，属于债权性质筹资。目前我国工商企业长期借款的种类主要有流动资金借款、固定资产投资借款、技术改造借款和科研开发借款。借款期限一般为1～5年不等。短期借款的种类主要有：工业周转借款、临时性借款、票据贴现借款和买方信用贷款等，借款期限一般为1年以内不等。

6．融资租赁

融资租赁是指出租者按合同规定将固定资产（主要指设备）租给承租者使用，并向承租者收取一定租金（租金包括设备价款、租赁手续费和垫资利息等），于租赁期满付清租金后，将固定资产的所有权转给承租方的交易行为。融资租赁实质上是相当于企业从租赁公司分期付款购买固定资产。因此，融资租赁是一种债权性长期筹资方式。

7．商业信用

商业信用是指企业在商品交易中，以分期付款、延期付款、预收货款或延期交货等形式而形成的借贷关系。它是企业之间的一种直接信用行为，是企业筹集短期资金的主要来源。主要形式有：应付账款、商业汇票、票据贴现、预收账款、应付费用等。

8. **其他筹资方式**

除了上述筹资方式外，应交税金、应付利润、应付工资、应付福利费等流动负债，也是企业筹资金的方式，属于债权性的短期筹资方式。

8.2.4 资金成本

1. **资金成本概述**

企业从各种渠道和采取各种筹资方式筹集的资金不能无偿使用，要付出一定的代价。资金成本是指企业取得和使用资金而支付的各种费用，包括资金筹集费用和资金使用费用。资金筹集费用包括：发行股票和债券的注册费、印刷费、代办费、向银行借款的手续费等；资金使用费用包括：利息、股利等。资金筹集费用的特点是一次性支付，其实质是冲减企业筹资总额；资金使用费用的特点是在资金使用期间内不断支付。资金成本通常用资金成本率表示，其计算公式为

$$资金成本率=\frac{资金占用费用}{筹集资金总额-资金筹集费用}\times 100\%=\frac{筹集资金总额\times 资金占用费率}{筹集资金总额\times (1-筹资费用)}\times 100\%$$

资金成本是资金时间价值的表现，它通常还包括投资风险价值、物价变动等因素；资金成本是市场经济条件下转让资金使用权而发生的资金使用者向资金所有者支付的费用。因此，资金成本是资金所有权和使用权分离的必然结果；资金成本从资金使用权看，是企业的一项费用支出；从整个社会看，资金成本最终由纯收入补偿。

资金成本是选择资金来源、拟定筹资方案的依据；资金成本是评价投资项目可行性的主要经济标准；资金成本是评价企业经营成果的依据之一。

2. **各种资金来源的资金成本计算**

资金成本计算的一般公式体现了资金成本的计算原理，但是，没有反映出各种不同资金来源的资金成本指标的确定方法。由于各种不同资金来源影响资金成本的因素不同，因此，应该分别加以研究。

（1）权益成本

1）优先股成本率。企业发行优先股需要支付注册费、代销费等筹资费用，并以税后利润定期支付股息，其计算公式为

$$优先股成本=\frac{优先股年股息支出}{优先股发行总额\times (1-筹资费率)}\times 100\%$$

【例 8-1】 某公司发行优先股总额为 400 万元，年股息率为 8%，发行费率为 3%。则优先股的资金成本率为

$$优先股成本=\frac{400\times 8\%}{400\times (1-3\%)}\times 100\%=8.25\%$$

2）普通股成本率。确定普通股成本率基本上与优先股相同，但是，普通股股利不固定，根据每年公司盈利情况决定，通常是逐年增长的，其计算公式为

$$普通股成本率=\frac{普通股年股息支出}{普通股发行总额\times (1-筹资费率)}\times 100\%+预计每年股利增长率$$

【例 8-2】 某公司发行普通股总额为 600 万元，年股利率为 10%，发行费率为 2%，以后每年股利增长率为 2%，则普通股成本率为

$$普通股成本率=\frac{600\times10\%}{600\times(1-2\%)}\times100\%+2\%=12.2\%$$

3）留存收益成本率。企业的留存收益实质上是普通股股本的增加额。普通股股东虽然没有以股利的形式取得此项收益，但是，可以从股票市价的提高中得到补偿。留存收益成本率的计算方法与普通股成本两率相同，只是不考虑筹资费用因素。其计算公式为

$$留存收益成本率=\frac{留存收益总额\times普通股年股利率}{留存收益总额}\times100\%+预计每年股利增长率$$

【例 8-3】 某公司留存收益总额为 60 万元，普通股年股利率为 10%，预计每年股利增长率 3%，则留存收益成本率为

$$留存收益成本率=\frac{60\times10\%}{60}\times100\%+3\%=13\%$$

（2）债务成本　企业发行债券或从银行借款筹集资金，要按规定支付利息。利息支出最终要计入成本费用，从而使企业减少一部分所得税。因此，企业实际负担利息不包括这部分少缴的所得税。另外，企业发行债券、取得借款，也要支付筹资费用。因此，长期债务成本率的计算公式为

$$长期债务成本率=\frac{长期债务利息支出\times(1-所得税率)}{长期债务总额\times(1-筹资费率)}\times100\%$$

【例 8-4】 某公司发行长期债券 500 万元，年利息率为 12%，所得税税率为 33%，筹资费率为 1%，则长期债券成本率为

$$长期债务成本率=\frac{500\times12\%\times(1-33\%)}{500\times(1-1\%)}\times100\%=8.12\%$$

3．最优资本结构

资本结构是指企业各种不同的资金来源占资金总额的比重。它是决定企业综合资金成本高低的一个重要因素。寻求最优资本结构就是研究不同资本结构的筹资方案，找到综合资金成本最低的资本结构，确定最优组合。其计算公式为

$$\begin{matrix}综合资金\\成本率\end{matrix}=\sum\begin{matrix}某种资金来源\\占全部资金比重\end{matrix}\times\begin{matrix}该种资金来源\\的资金成本率\end{matrix}$$

【例 8-5】 某公司创立时，有三个筹资方案可供选择，见表 8-1。

表 8-1　筹资方案

资金来源	A 方案		B 方案		C 方案	
	比例%	资金成本%	比例%	资金成本%	比例%	资金成本%
普通股股票	50	12	40	12	30	12
优先股股票	30	10	20	10	10	10
长期债券	10	8	30	8	40	8
长期借款	10	6	10	6	10	6
合计	100		100		100	

如果选择综合资金成本最低的方案，如何决策？

由公式和表中数字计算可知：

A 方案的综合资金成本率为

$$50\%\times12\%+30\%\times10\%+10\%\times8\%+10\%\times6\%=10.4\%$$

B 方案的综合资金成本率为

$$40\%\times12\%+20\%\times10\%+30\%\times8\%+10\%\times6\%=9.8\%$$

C 方案的综合资金成本率为

$$30\%\times12\%+10\%\times10\%+40\%\times8\%+10\%\times6\%=8.4\%$$

从计算结果来看，C 方案综合资金成本率最低，应选择 C 方案。但是，筹资活动存在一定风险，因此，最优资本结构的确定取决于资金成本的权衡。企业最优资本结构的理想目标是：综合资金成本率最低与筹资风险尽可能小的有机结合。

8.3 资产管理

企业资产管理包括流动资产管理、固定资产管理、无形资产和长期待摊费用管理、长期投资管理和其他资产管理五类，本章仅介绍流动资产管理和固定资产管理。

8.3.1 流动资产管理

1. 流动资产的含义及特点

流动资产是指企业在一年或超过一年一个营业周期内变现或耗用的资产。流动资产按照所起作用不同可以分为两大类：

（1）*生产领域的流动资产* 包括：①储备以待耗用的资产，主要有原材料、辅料、低值易耗品、产品和生产设备的修理用备件、包装物等。②生产过程中的资产，主要有在制品、自制半成品及待摊费用等。

（2）*流通领域的流动资产* 包括：产成品资产，如脱离了生产过程即将进入流通过程的库存商品等；结算资产，结算中的商品、应收销货款、预付购货款等；货币资产，包括库存现金和各种存款。

流动资产的特点主要有三个方面：①具有较强的流动性，周转期短。②在不断的循环周转中，不断改变资产的形态。③流动资产的价值一次性的转移到产品中，并一次性收回补偿。

2. 流动资产的管理

（1）现金管理

1）现金管理目标。现金（也称货币资金）是指企业在生产经营活动中停留在货币形态的资金。现金管理主要是对库存现金和各种存款的管理。现金是企业可以立即作为支付手段的流动性最强的资产，是维持企业生产经营活动正常进行的极为重要的条件。但是现金过多，会增加资金的占用成本，降低资金的使用效率。因此对现金的管理目的有两个：①现金的数量必须保证生产经营的需要。②尽可能降低企业闲置资金的数量，降低资金成本。

2）最佳现金余额。现金管理的核心问题是合理的控制资金余额。最佳现金余额是指既能保证企业经营对现金的需要，又能使资金成本最低的资金数量。确定最佳现金余额的方法很多，在现金需要量确定的情况下，可以根据存货管理的经济批量模型的原理确定。当企业现金支出量不确定时，要采用随机模式确定最佳现金余额。

3）现金管理要求。主要有以下几方面：①科学的编制资金收支预算，实现现金的预算控制。主要内容包括资金的收入、支出、余额和资金的筹集等。②采取恰当的收账方法，加速款项的收回；在不影响信用的前提下适当的延缓资金支付。③加强现金的开支控制，严格遵守现金的管理规定，合理的控制现金开支范围和支出数量。

（2）应收账款管理

1）应收账款的管理目标。应收账款相当于是企业向客户提供的贷款，其目的是扩大产品销售，增加企业收益。这种商业信用的提供必然会增加企业的资金成本和形成坏账的风险。因此企业对应收账款的管理目标是：在对应收账款的收益和风险进行权衡分析的基础上，寻求企业综合效益最大化。

2）制定合理的信用政策。是指通过收益和风险的权衡比较，对最佳应收账款水平进行规划与控制。信用政策包括信用标准和信用条件。信用标准就是企业给予顾客商品信用所要求的最低标准，常用企业可允许的坏账损失率来表示；信用条件是企业所规定的顾客支付货款的条件，包括信用期限和顾客提前付款的现金折扣。

3）加强收账管理。收账是指企业向顾客收回到期的应收款项。企业要在收账费用、坏账损失和应收账款机会成本三者之间进行权衡的基础上，选择适宜的收账费用水平，确定合理的收账政策，并加强对收账的管理。

（3）存货的管理

1）存货管理目标。存货是流动资产占用比例最大的项目，存货管理对企业财务状况影响很大。存货管理的目标是既要充分保证生产经营的需要，又要最大限度地减少库存，降低存货占用资金数额。

2）存货的管理要求。①原材料存货的管理。要运用经济订购批量模型，科学确定材料最佳采购批量，并加强库存及消耗的管理，努力降低原材料库存。②在制品存货管理。运用准时制（JIT）生产方式科学控制投产时间和批量，实现生产的成套性及均衡性，最大限度地降低在制品存货。③产成品存货管理。企业要大力开展市场营销，促进产品的销售，降低库存商品库存数量。

8.3.2 固定资产管理

1. 固定资产的含义和特征

（1）固定资产的含义　固定资产是指使用年限较长，单位价值在规定的标准以上，并在使用中始终保持其原有实物形态的资产。

（2）固定资产的特征　固定资产主要有价值较高、使用时间较长、使用过程中保持原有实物形态、其价值通过折旧方式摊入成本费用、价值补偿与实物更新期不一致等特征。

（3）固定资产的分类　固定资产可按不同标志进行分类：按经济用途分类，可以分为经营性固定资产和非经营性固定资产；按其产权分类，可以分为自有固定资产和租入固定资产；按使用状态分类，可以分为使用中的固定资产、未使用的固定资产、不需用的固定资产；按实物形态分类，可以分为房屋及建筑物、机器设备、电子设备、运输及其他设备等。

2. 固定资产计价

（1）固定资产计价原则 按照我国现行的财务制度的规定，计算企业固定资产的价值，应按取得时的实际支出入账。如购入固定资产价值包括买价、运费、装卸费、安装调试费、保险费和其他固定资产达到可使用状态前发生一切合理的必要的支出。

（2）固定资产的计价方法 固定资产的计价方法三种：①原始价值（又称原值）。是指按建造或购置固定资产时的实际全部支出计算的固定资产价值。反映固定资产的投资规模和设备能力。②净值（折余价值）。是指固定资产原值减去累计已提折旧后的余额。反映固定资产的使用与新旧程度。③重置价值。是指按现实市场条件重新购置或建造同样的固定资产所需要的全部支出计算的固定资产价值。反映当前该类相同的固定资产的市场价值。

3. 固定资产折旧

（1）固定资产折旧含义 固定资产折旧是指在固定资产使用过程中，由于磨损（有形磨损和无形磨损）而转移到成本费用中的那部分价值。固定资产在使用过程中，逐期提取的折旧形成的累计折旧额，用于固定资产的更新。

（2）固定资产折旧额的计算方法 固定资产折旧的计算方法主要有四种：

1）平均年限法。这种方法又称为直线折旧法。这是按照固定资产的使用年限来平均计算固定资产折旧额的方法，计算公式为

$$\text{固定资产年折旧额}=\frac{\text{固定资产原值}-\text{预计残值}-\text{清理费用}}{\text{固定资产预计使用年限}}$$

2）工作量法。这种方法也称作业法。它是以固定资产的工作量或使用时间来计算折旧额的一种方法。如汽车按行使里程、机器设备按小时或台时来计算折旧。

3）双倍余额递减法。是以双倍的直线折旧率作为折旧率，以逐期递减的固定资产初期账面净值作为计提基数，来计算各期折旧额的一种折旧方法。

4）年数总和法。是以固定资产的尚可使用年限与其预计使用年限的各年数字之和相比作为该年固定资产折旧率，并以固定资产的原值减去预计净残值后的差额作为折旧额，计算确定各期折旧的一种方法。

4. 固定资产的管理要求

根据固定资产的特点，企业固定资产管理基本要求如下：

（1）维持固定资产的再生产能力 要维持固定资产的再生产能力，必须保护好固定资产，对固定资产进行定期的维护和维修。除做好固定资产的购置、验收、保管工作外，还应做好以下三方面工作：①编制固定资产目录。②建立固定资产登记簿和卡片。③定期清查和盘点固定资产。

（2）提高固定资产的使用效率 提高固定资产使用效率，是提高企业生产效率、增加产量、提高经济效益的重要措施。具体应做好以下几方面工作：①提高设备的有效运转时间。②提高设备的利用强度。③合理安排生产任务，正确使用机械设备。

（3）合理确定企业固定资产的实际需要量 根据企业设计的生产规模，计算确定企业固定资产的实际需要量，这是一项固定资产管理的基础工作。合理的需要量要求要以满足企业正常生产的需要为标准，既不能因生产能力不足影响生产，也不能出现设备能力浪费现象。

（4）加强固定资产投资决策，提高投资效益 企业进行固定资产投资决策时，应运用科学的方法，对不同投资方案进行分析比较，以投资少、见效快、效益高为标准，选择最满意

的投资方案，保证固定资产投资产生良好的经济效益。

8.4　成本分析与控制

8.4.1　成本费用含义和种类

成本是企业为生产产品和提供劳务而发生的各种耗费；费用是企业为销售产品，提供劳务等日常活动的经济利益流出。成本费用管理就是对企业生产经营过程中，所有费用的发生和产品成本的形成所进行的计划、控制、核算、分析和考核等一系列工作的总称。

1．生产成本和期间费用

（1）生产成本又称制造成本　是产品生产制造过程中发生的成本。一般由直接材料、直接人工与制造费用三个项目组成。以某一产品为对象，归集到产品中去的直接材料、直接人工和制造费用称为产品成本。

1）直接材料，是指企业生产过程中用于产品生产、构成产品实体的原料、主要材料以及有助于产品形成的辅助材料、设备配件、外购半成品、燃料、动力、包装物、低值易耗品和其他直接材料等。

2）直接人工，是指生产过程中直接改变原材料的性质或形态所耗费的人工成本，包括直接从事产品生产的人员工资和按规定计提的福利费等。

3）制造费用，是指企业各生产单位为组织、管理和服务生产所发生的各项费用，包括各生产单位的管理人员的工资和福利费、固定资产的折旧费、修理费、水电费等。

（2）期间费用　是指企业管理部门发生的不计入产品成本而直接计入当期损益的属于某一期间的费用。包括管理费用、财务费用和营业费用。

1）管理费用，是指企业行政管理部门为组织和管理企业的生产经营活动而发生的各项费用。如公司经费、工会经费、业务招待费、研究开发费用等。

2）财务费用，是指企业为筹集和使用资金而发生的各项费用。如金融机构的手续费、使用期间的借款利息支出、汇兑损失等。

3）营业费用，是指企业为销售产品和提供劳务而发生的各项费用以及专设销售机构的各项费用。如销售人员的工资、广告费、展览费、业务费等。

2．固定成本、变动成本和混合成本

（1）固定成本　是指在一定条件下，其总额不随业务量的变动而变动的相对稳定的成本。如固定资产折旧、企业管理费等。

（2）变动成本　是指在一定条件下，其总额随业务量的变动而变动的成本。

（3）混合成本　是指介于固定成本和变动成本之间的，其总额不随业务量变动成比例变动，但又不是固定不变的成本。

3．可控成本和不可控成本

（1）可控成本　是指在会计期间内，成本的发生能被称为考核对象（如责任中心）所控制的成本。如对于生产单位直接材料成本、生产工人工资等。

（2）不可控成本　是指不能被特定责任中心加以控制的成本。如生产车间的设备折旧费、电力涨价成本、材料涨价成本等。

可控成本和不可控成本是相对的，如材料采购成本对采购部门来说是可控成本，而对于生产部门来说是不可控成本。区分可控成本和不可控成本是为了明确责任，实施有效的成本控制。

4．沉没成本和付现成本

（1）沉没成本　是指过去发生的、还未得到补偿的（如折旧）或当前决策不能改变的成本（如设备更新时，旧设备的固定资产原值）。

（2）付现成本　付现成本是指某项决策引起的需要立即支付现金的成本。

5．相关成本和无关成本

（1）相关成本　是指与决策直接有关的成本。

（2）无关成本　是指与某一决策方案没有直接联系的成本或方案比较中各个被选方案中项目金额相同的成本。沉没成本和不可避免成本属于无关成本。

6．机会成本和差别成本

机会成本和差别成本不是同一分类方法的两种成本，这里只是对两种成本进行解释。

（1）机会成本　是指决策时，从多个可选方案中选择某一方案而放弃另一方案所丧失的最大潜在效益。机会成本以资源紧缺性和多用性为前提，它不是实际意义上的支出或费用。考虑机会成本，可以保证决策方案最优化。

（2）差别成本　是指不同的备选方案间预计成本的差额。

8.4.2　本量利分析

本量利分析是指对成本、业务量和利润之间的相互关系分析的简称。它是研究销售利润与销售数量、销售价格、销售成本的内在联系，为企业预测决策提供依据的分析方法。本量利分析的基本公式为

$$\begin{aligned}\text{利润}&=\text{销售收入}-\text{变动成本}-\text{固定成本}\\&=\text{销售数量}\times\text{单价}-\text{销售数量}\times\text{单位变动成本}-\text{固定成本}\\&=\text{销售数量}\times(\text{单价}-\text{单位变动成本})-\text{固定成本}\end{aligned}$$

上式揭示了影响利润变动的四个因素，即销售单价、销售数量、固定成本和单位变动成本，这四个因素可以用图形表示。利用本量利基本公式，可以进行企业保本点分析、目标利润分析、目标成本分析、销售价格分析等。

1．盈亏平衡点（保本点分析）

盈亏平衡点又称保本点，是指在企业不盈不亏（利润为零）时的业务量。也就是当销售收入总额等于成本总金额时的销售量或销售额。其计算公式为

$$\text{保本点销售量}=\frac{\text{固定成本总额}}{\text{单价}-\text{单位变动成本}}\text{；保本销售额}=\text{保本销售量}\times\text{单价}$$

【例 8-6】 某公司生产甲产品，单价为 15 元，单位变动成本为 9 元，固定总成本为 60000 元，问该公司的保本销售量是多少？

解　由计算公式有

$$\text{该公司保本点销售量}=\frac{60000}{15-9}=10000\text{ 件}$$

2．安全边际

如果公司实际生产甲产品的数量为 15000 件，超过保本点的销售量为 5000 件，或者说超过保本点的销售额为 75000 元，在进行本量利分析时，把实际销售量超过保本点的销售量称为安全边际。计算公式为

$$\text{安全边际}=\text{企业实际销售量(额)}-\text{保本点销售量(额)}$$

承上例　　安全边际=15000–10000=5000 件(75000 元)

该指标反映企业经营的安全程度。实际产量超过保本点销售量越多，企业经营安全程度越好。

3．边际贡献

本量利公式中，销售收入与变动成本的差额称为边际贡献。销售单价与单位变动成本的差额称为单位边际贡献。单位边际贡献与销售单价之商称为边际贡献率。因此利润也可以表示为

$$\text{利润}=\text{安全边际}\times\text{边际贡献率}$$

承上例，该公司的

$$\text{边际贡献}=15000\times15-15000\times9=90000\text{元}$$

$$\text{单位边际贡献}=15-9=6\text{元}$$

$$\text{边际贡献率}=\frac{90000}{15000\times15}\times100\%=\frac{6}{15}\times100\%=40\%$$

$$\text{利润}=75000\times40\%=30000\text{元}$$

4．目标利润情况的本量利分析

在企业目标利润、单位变动成本、销售价格、固定总成本一定的前提下，确定实现目标利润的销售量。由量本利公式推出其计算公式为

$$\text{实现目标利润的销售量}=\frac{\text{固定总成本}+\text{目标利润}}{\text{单价}-\text{单位变动成本}}=\frac{\text{固定总成本}+\text{目标利润}}{\text{单位边际贡献}}$$

$$\text{实现目标利润销售额}=\frac{\text{固定总成本}+\text{目标利润}}{\text{边际贡献率}}=\left(\text{单价}\times\text{实现目标利润的销售量}\right)$$

上例中，如果该公司当年的目标利润为 30000 元，则

$$\text{实现目标利润的销售量}=\frac{60000+30000}{15-9}=\frac{60000+30000}{6}=15000\text{ 件}$$

$$\text{实现目标利润的销售额}=\frac{60000+30000}{40\%}=15000\times15=225000\text{ 元}$$

8.4.3　成本控制

成本控制是指在生产经营过程中，按照成本费用计划和管理要求，对发生的各项生产经营耗费和支出进行约束和调节，发现并纠正偏差，将实际成本控制在计划目标成本的范围的活动。按照成本费用发生的时期不同，成本控制可分为事前控制、事中控制、事后控制。

1．事前控制

成本的事前控制是指在成本费用形成之前进行的成本控制。事前控制主要包括两方面：一方面是产品设计阶段的成本控制，即对产品设计成本和产品质量成本进行控制；另一方面

是编制制造成本费用计划，成本费用计划是在成本预测的基础上，预先规定公司计划期成本费用的耗费水平和降低成本总目标的措施方案，它是成本控制的重要依据，也是企业生产经营计划的重要组成部分。成本费用计划包括制造成本和期间费用的预算。

2．事中控制

成本的事中控制是对成本费用发生过程进行控制。即在产品生产过程中，根据成本计划，对公司各生产部门发生的各项费用支出进行严格地计量、监督，采取有效措施及时纠正偏差，以保证实现成本目标。事中控制通常采用制度控制、定额控制、指标控制和产量控制。

3．事后控制

成本的事后控制是指产品成本形成后，将实际发生的成本和预先确定的标准进行对比，找出成本差异发生的原因，以便采取有效措施降低成本。这是成本控制不可缺少的环节，必须加以重视。成本差异是指在一定时期生产一定数量的产品所发生的实际成本与目标成本的差额，可以分为数量差异和价格差异。

8.5 财务分析与评价

财务分析是利用财务报表及其他核算资料进行分析和评价，以了解和判断公司财务状况和经营成果，预测发展趋势，发现存在的问题，并提出企业的改进措施。

8.5.1 财务分析的资料来源与步骤

1．财务分析的资料来源

财务分析的资料主要来源于三个方面：①会计表资料，主要包括资产负债表、利润表和现金流量表。②日常核算资料，主要是各种会计账簿、凭证、单据等明细记录资料。③核算外资料，主要是指各种政策规定、制度、调查报告、预测方案、可行性研究报告。

2．财务分析的步骤

企业财务分析的具体步骤和程序，需要根据分析的目的，由分析人员自己设计。财务分析的一般步骤如下：

1）明确分析目的，制定分析计划。一般可以选择企业财务计划、历史水平、同行业水平为标准。

2）收集加工整理资料。这是开展财务分析的基础。

3）根据分析目的，运用科学的分析方法，深入分析比较、研究所收集的资料，这是财务分析的关键环节。

4）作出分析结论，提供分析报告。开展财务分析的目的，就是要在分析、研究、评价的基础上，为企业经营决策提供真实可靠的资料。

8.5.2 财务分析与评价的指标体系

1．偿债能力分析

偿债能力分析是企业偿还到期包括短期和长期债务的能力。偿债能力分析就是短期偿债能力分析和长期偿债能力分析。

（1）短期偿债能力分析　短期偿债能力是指企业在一定期间内（一年或一个营业周期

内）以流动资产偿还流动负债的能力。评价企业短期偿债能力的指标主要有流动比率、速动比率和现金流动负债比率。

1）流动比率。流动比率是指流动资产与流动负债的比率。它表明企业每一元流动负债有多少资产作为偿还的保证，反映企业用可在短期内变为现金的流动资产偿还到期流动负债的能力。计算公式为

$$流动比率=\frac{流动资产}{流动负债}\times100\%$$

流动比率越高，说明偿债能力越强，债权人越有保障。但过高的流动比率表明流动资产占用过多，公司获利不强，不是一种理想的财务状况。国际上通常认为流动比率下限为100%；流动比率等于200%时比较适宜。它表明企业财务状况稳定可靠，除了满足日常生产经营的流动资金需要外，还有足够的财力偿付到期的短期债务。

【例 8-7】 某公司 2006 年 12 月 31 日流动资产总额为 2800 万元，流动负债总额为 1280 万元，则

$$流动比率=\frac{2800}{1280}\times100\%=218.5\%$$

该公司年末流动比率超过了一般公认标准，反映该公司具有较强的短期偿债能力。

2）速动比率。速动比率是指速动资产与流动负债的比率。速动资产是指流动资产减去变现能力较差且不稳定的存货、预付账款、待摊费用、待处理流动资产损失等之后的余额。由于剔除了存货等变现能力较弱的不稳定资产，因此，速动比率比流动比率能够更加准确、可靠地评价企业资产的流动性及其偿还短期负债的能力。其计算公式为

$$速动比率=\frac{速动资产}{流动负债}\times100\%$$

式中，速动资产=货币资金+短期投资+应收账款+应收票据

=流动资产−存货−预付账款−待摊费用−待处理流动资产损失

一般情况下，速动比率越高，表明企业偿还流动负债的能力越强。国际上通常认为，速动比率等于 100%较为适当。如果速动比率小于 100%，企业将面临很大的偿债风险；如果速动比率大于 100%，尽管偿债的安全性很高，但会因为企业的速动资产占用过多而大大增加企业的机会成本。

【例 8-8】 某公司 2006 年 12 月 31 日流动资产总额为 350 万元，存货为 100 万元，待摊费用为 30 万元，预付账款为 20 万元，流动负债总额为 200 万元，则

$$速动比率=\frac{350-100-30-20}{200}\times100\%=100\%$$

计算表明，该公司速动比率达到公认标准，流动负债偿还能力较强。

3）现金流动负债比率。现金流动负债比率是企业一定时期的经营现金净流量同流动负债的比率，它可以从现金流量的角度来反映企业当期偿付短期负债的能力。其计算公式为

$$现金流动负债比率=\frac{年经营现金净流量}{年末流动负债}\times100\%$$

式中，年经营现金净流量是指一定时期内，企业经营活动所产生的现金及现金等价物的流入量与流出量的差额。

现金流动负债比率越高，说明企业经营活动产生的净现金流量对当期流动负债的保证程度越高。但该指标并不是越大越好，该指标过大表明企业流动资金利用不充分，盈利能力不强。

【例 8-9】 某公司 2006 年 12 月 31 日，流动负债为 3400 万元，年经营现金净流量为 5000 万元。已知该公司 2005 年现金流动负债比率为 88.24%。

计算 2006 年：现金流动负债比率 $=\dfrac{5000}{3400}\times100\%=125\%$

计算表明公司 2006 年的现金流动负债比率比 2005 年有明显增长，可以肯定该公司的短期偿债能力增强。

（2）**长期偿债能力分析** 长期偿债能力，指企业偿还长期负债的能力。衡量企业偿还长期负债的能力的指标主要有资产负债率、产权比率和已获利息倍数。

1）资产负债率。资产负债率是企业负债总额与资产总额的比率。它是衡量企业利用债权人资金的程度，也就是企业的资产中有多大比例是负债形成的。其计算公式为

$$资产负债率=\frac{负债总额}{资产总额}\times100\%$$

资产负债率揭示了资产与负债的依存关系，即负债偿还资产保证程度，是国际上公认衡量企业偿债能力和经营风险的重要指标。该指标越低企业偿还长期负债的能力越强。国际上一般认为，该指标为 60%比较好。

【例 8-10】 某公司负债总额为 220 万元，资产总额为 360 万元。则

$$资产负债率=220/360\times100\%=61.1\%$$

计算表明，该公司的资产负债率超过了国际公认的标准，负债率偏高。

2）产权比率。产权比率是负债总额与所有者权益总额的比率，是企业财务结构稳健与否的重要标志，也称资本负债率。它反映企业所有者权益对债务人的权益的保障程度。其计算公式为

$$产权比率=\frac{负债总额}{所有者权益总额}\times100\%$$

一般情况下，产权比率越低，表明企业的长期偿债能力越强，债权人权益的保证程度越高，风险越小。

【例 8-11】 某公司 2006 年负债总额为 6500 万元，实收资本为 12000 万元，盈余公积为 1600 万元，未分配利润为 2900 万元。则

$$该公司的产权比率=\frac{6500}{12000+1600+2900}\times100\%=39.39\%$$

计算表明该公司 2006 年末的产权比率不高，长期偿债能力较强，债权人的保障程度较高。

3）已获利息倍数。已获利息倍数是指企业一定时期息税前利润与利息支出的比率。反映了获利能力对债务偿付的保证程度。其中，息税前利润总额是指利息总额与利息支出的合计数。利息支出指实际支出的借款利息、债权利息等。其计算公式为

$$已获利息倍数=\frac{息税前利润总额}{利息支出}\times100\%$$

其中，息税前利润总额=利润总额+利息支出=净利润+所得税+利息支出

该指标是衡量企业长期偿债能力大小的重要标志。一般情况下，已获利息倍数越高，表明企业偿债能力越强。国际上通常认为，该指标为3时较为适当。从长期来看，若要维持正常偿债能力，已获利息倍数至少应大于1。

【例8-12】 某公司2006年利润总额为800万元，利息支出为200万元，则

$$\text{已获利息倍数}=(800+200)/200=5$$

计算表明，该公司的已获利息倍数5超过了国际公认的标准3，可以肯定该公司的偿债能力较强。

2．营运能力分析

营运能力是指企业基于外部市场环境的约束，通过内部人力资源和生产资料的配置组合而对财务目标实现所产生作用的大小。营运能力表明企业资金的运用能力，主要通过以下指标予以揭示。

（1）*应收账款周转率* 应收账款是指产品销售或者提供劳务等应向购货方或接受劳务方应收取而未收的款项。应收账款周转率以销售收入与应收账款平均占用额的比率来表示，也可以用应收账款周转天数来表示。反映的是一定时期内应收账款转为现金的平均次数或应收账款周转一次所需的天数。表明企业赊销账款的收现速度，其计算公式为

$$\begin{matrix}\text{应收账款周转率}\\(\text{周转次数})\end{matrix}=\frac{\text{销售收入}}{\text{应收账款平均占用额}}\quad\text{或}\quad\begin{matrix}\text{应收账款周转期}\\(\text{周转天数})\end{matrix}=\frac{360}{\text{应收账款周转率}}$$

式中，应收账款平均占用额是指企业应收账款年初数与年末数的平均数。

在一定时期内，应收账款周转次数越多，表明企业应收账款回收速度越快，变现能力越强。周转天数越少，说明应收账款被外部企业占用的时间越短，变现能力越强，管理工作的效率越高。

【例8-13】 某公司2006年销售收入为20000万元，应收账款的年初余额为1200万元，年末余额为1300万元，则该公司

$$\begin{matrix}\text{应收账款周转率}\\(\text{周转次数})\end{matrix}=\frac{20000}{(1200+1300)\div 2}=16\text{次；}\quad\begin{matrix}\text{应收账款周转期}\\(\text{周转天数})\end{matrix}=\frac{360}{16}=22.5\text{天}$$

（2）*存货周转率* 在流动资产中，存货占用比重较大，所以对存货的使用效率进行分析显得非常重要。存货周转率是指一定时期内，销售成本与存货平均占用额的比率。其计算公式为

$$\begin{matrix}\text{存货周转率}\\(\text{周转次数})\end{matrix}=\frac{\text{销售成本}}{\text{存货平均余额}}\quad\text{或}\quad\text{存货周转天数}=\frac{360}{\text{存货周转率}}$$

式中，存货平均余额是指一个会计年度内，年初存货与年末存货的平均值；销售成本是指一年内的销售成本。

存货周转率表示一定时期内存货周转的次数或周转一次所用的天数，该指标反映存货的周转速度。存货周转速度的快慢，不仅反映出企业采购、库存、生产、销售各环节管理工作状况的好坏，而且对企业的偿债能力及获利能力产生决定性的影响。一般情况下，存货周转率越高，周转天数越少越好，存货周转率越高或周转天数越少，表明其变现的速度越快，资

金占用越少，存货的变现能力越强。

（3）流动资产周转率　流动资产周转率是指企业一定时期主营业务收入净额与平均流动资产总额的比率，是反映企业流动资产周转速度的指标。其计算公式为

$$\underset{\text{(周转次数)}}{\text{流动资产周转率}}=\frac{\text{主营业务收入净额}}{\text{平均流动资产总额}} \quad \text{或} \quad \underset{\text{(周转天数)}}{\text{流动资产周转期}}=\frac{360}{\text{流动资产周转率}}$$

式中，平均流动资金总额是指流动资金总额的年初数与年末数的平均数。

在一定时期内，流动资金周转次数越多，表明以相同的流动资产完成周转额越多，流动资产的利用效果越好。从流动资金周转期看，周转一次用的天数越少，表明流动资产经历生产和销售各阶段时占用的时间越短，资产的利用效率越高。

（4）固定资产周转率　固定资产周转率是反映固定资产利用情况的主要指标。它是用一定时期主营业务收入净额与平均固定资产净值的比值来表示。其计算公式为

$$\underset{\text{(周转次数)}}{\text{固定资产周转率}}=\frac{\text{主营业务收入净额}}{\text{平均固定资产净值}} \quad \text{或} \quad \underset{\text{(周转天数)}}{\text{固定资产周转期}}=\frac{360}{\text{固定资产周转率}}$$

式中，平均固定资产净值为固定资产净值年初数与年末数的平均数。

固定资产周转率越高，表明企业固定资产利用越充分，也表明固定资产投资得当、结构合理、利用效果好。反之则表明固定资产使用效率不高，提供成果不多，企业营运能力不强。

3. 盈利能力分析

盈利能力是指公司利用现有资源或资产获取利润的能力。它表明公司获利水平的高低，以及获利的稳定性和持久性。反映企业盈利能力的指标主要有：总资产报酬率、净资产收益率、销售毛利率、销售净利率、成本利润率、盈余现金保障倍数等指标。

（1）总资产报酬率　总资产报酬率是指一定时期内获得的报酬总额与平均资产总额的比率。它是反映企业资产综合利用效果的指标，也是衡量企业利用债权人和所有者权益总额所取得盈利的重要指标。其计算公式为

$$\text{总资产报酬率}=\frac{\text{息税前利润总额}}{\text{平均资产总额}}\times 100\%$$

总资产报酬率全面反映了企业全部资产的获利水平，企业所有者和债权人对该指标都非常关心。一般情况下，该指标越高，说明企业资产利用效益越好。整体企业的盈利能力越强，经营管理水平越高。

（2）净资产收益率　净资产收益率是指企业一定时期净利润与平均净资产的比率。它是反映权益性资本投资收益水平的指标，是企业盈利能力指标的核心。其计算公式为

$$\text{净资产收益率}=\frac{\text{净利润}}{\text{平均净资产总额}}\times 100\%$$

式中，平均净资产总额为企业所有者权益的年初数与年末数的平均数。

净资产收益率是评价企业自有资本及其积累获取报酬水平的最具综合性的重要指标，它反映企业资本运营的综合效益。净资产收益率越高，表明企业自有资本的获利能力越强，运营效益越好，对企业投资人、债权人的保障程度越高。

（3）销售毛利率　毛利是指销售收入与销售成本之间的差额。销售毛利率就是毛利与销售收入的比率。其计算公式为

$$销售毛利率=\frac{毛利}{销售收入}\times 100\%$$

式中，毛利=销售收入 – 销售成本。

销售毛利率是指每一元销售收入扣除销售成本后，还有多少剩余。销售成本除以销售收入又称为销售成本率，上述公式又可以变为

$$销售毛利率=1-销售成本率$$

（4）销售净利率　销售净利率是指净利润与销售收入的比率。净利润是指税后利润，等于利润总额扣除所得税后的利润。其计算公式为

$$销售净利率=\frac{净利润}{销售收入}\times 100\%$$

销售净利率指标反映的是每一元销售收入中创造的净利润所占份额。通过对销售净利率的分析，可以促使企业在扩大销售、提高收入的同时，注意改善经营管理，提高盈利水平。

（5）成本利润率　成本利润率是指企业一定时期的利润总额与成本费用总额的比率。它揭示了企业为取得利润而付出的代价，是反映企业投入产出水平的重要指标。其计算公式为

$$成本利润率=\frac{利润总额}{成本费用总额}\times 100\%$$

式中，成本费用总额=主营业务成本+营业费用+管理费用+财务费用。

一般情况下，成本费用水平低，则企业的盈利水平高。因此成本利润率越高越好。表明企业为取得利润而付出的代价越小，成本费用控制越好，盈利能力越强。

（6）盈余现金保障倍数　盈余现金保障倍数是指企业一定时期的经营现金净流量同净利润的比值，反映了企业当期净利润中现金收益的保障程度，真实地反映了企业盈余的质量。其计算公式为

$$盈余现金保障倍数=\frac{经营现金净流量}{净利润}$$

盈余现金保障倍数从现金流入和流出的动态角度，对企业收益的质量进行评价，并对企业的实际收益能力再一次进行修正。

4．发展能力分析

发展能力是企业在生存的基础上，扩大规模、壮大实力的潜在能力。分析发展能力主要考察以下五项指标：销售（业务）增长率、资本积累率、总资产增长率、三年销售平均增长率和三年资本平均增长率。这里只介绍前三个指标。

（1）销售（业务）增长率　是指企业本年主营业务收入增长额与上年主营业务收入总额的比率。主要反映企业主营业务收入的增减变动情况，是评价企业成长状况和发展能力的重要指标。其计算公式为

$$销售增长率=\frac{本年主营业务收入增长额}{上年主营业务收入总额}\times 100\%$$

式中，本年主营业务收入增长额=本年主营业务收入总额–上年主营业务收入总额。

销售增长率是衡量企业经营状况和市场占有能力、预测企业经营业务拓展趋势的重要标志。不断增加的主营业务收入，是企业生存的基础和发展条件。该指标越高，表明增长速度越快，企业市场前景越好；如果该指标小于 0，则说明产品和服务适销不对路，市场份额萎

缩。实际工作中，一般应结合企业历年的主营业务收入水平、企业市场占有情况、行业未来发展及其影响企业发展的潜在因素进行前瞻性预测，或者结合企业前三年的销售增长率作出趋势性的分析判断。

（2）资本积累率　资本积累率是企业本年所有者权益增长额与年初所有者权益的比率。它反映企业当年资本的积累能力，是表示企业发展潜力的重要指标。其计算公式为

$$资本积累率=\frac{本年所有者权益增长额}{年初所有者权益}\times100\%$$

式中，本年所有者权益增长额=所有者权益年末数–所有者权益年初数。

资本积累率是企业当年企业所有者权益总的增长率，反映企业所有者权益在当年变动水平和企业资本的积累情况。也反映了企业资本的保值和增值情况。该指标越高，表明企业的资本积累的速度越快，抗风险、持续发展的能力越强；如果该指标为负值，则表明企业资本萎缩，所有者利益受到损害，应予以重视。

（3）总资产增长率　总资产增长率是企业本年总资产增长额同年初资产总额的比率，它反映企业本期资产规模的增长情况。其计算公式为

$$总资产增长率=\frac{本年总资产增长额}{年初资产总额}\times100\%$$

式中，本年总资产增长额=资产总额年末数–资产总额年初数

总资产增长率是从企业资产总量扩张方面衡量企业的发展能力，反映企业规模增大对企业发展后劲的影响。该指标越高，表明企业一定时期内资产经营规模扩张速度越快。在实际工作中应结合企业资产规模扩张的质量分析。

【复习思考题】

1. 企业财务管理的含义是什么？
2. 企业有哪些财务活动？会发生哪些财务关系？
3. 企业财务管理的内容有哪些？
4. 简述企业的筹资渠道和方式。
5. 如何计算企业各种筹资成本，确定企业最佳资本结构？
6. 何为流动资产？流动资产管理包括哪些内容？
7. 何为固定资产？例举一般工业企业固定资产项目有哪些？
8. 固定资产的计价方法有哪些？
9. 何为固定资产折旧？折旧方法有哪些？
10. 固定资产的管理要求有哪些？
11. 何为成本费用？工业企业的成本费用是如何构成的？
12. 现代企业成本的概念有哪些、如何理解？
13. 何为本量利分析？它能为企业生产经营决策提供哪些有用信息？
14. 何为企业财务分析？其资料来源哪几方面？
15. 企业财务分析应遵循什么程序？
16. 企业偿债能力分析的指标有哪些？如何计算？

17. 企业营运能力分析的指标有哪些？如何计算？
18. 企业盈利能力分析指标有哪些？如何计算？
19. 企业发展能力分析指标有哪些？如何计算？

【案例分析】

联营公司中的资本抽出

财务专业研究生毕业的张小姐应聘于北京某国有独资公司，试用期过后，公司将她临时抽调到公司下属的一个联营公司做主管会计。联营公司的主要经营业务是为客户提供塑料彩色印刷服务。联营公司的法人营业执照上注明注册资金 500 万元，张小姐所在公司是甲方，协议出资 300 万元，占注册资本的 60%；乙方协议出资 200 万元，占注册资本的 40%。甲方拥有绝对控股权。公司在经营中的最大困难是资金短缺，这个问题如不能迅速解决，就会影响公司经营目标的实现。因此，联营公司的总经理在见到张小姐的第一面就开门见山地提出了这个问题，并要求她在最短地时间内予以解决。

张小姐首先请求联营公司的开户银行给予信贷支持。但银行不但不同意发放贷款，反而催促张小姐在一个月内归还 200 万的前期贷款。这时，张小姐才知道联营公司问题的严重性。她迅速要来联营公司的会计报表和账簿，认真分析公司的财务状况。首先对公司的资产负债表进行了偿付能力的分析。使她感到惊奇的是，按照资产负债表所提供的数据而计算的短期偿付能力指标竟达到了国际上公认的流动比率 2∶1 和速动比率 1∶1 的标准。为什么公司如此良好的财务状况却不能履行自己的偿债责任呢？她开始怀疑公司会计报表的真实性。她索性将公司的报表、账簿和会计凭证都搬到自己的办公桌上。这时，下班时间已到，但她决定“挑灯夜战”。

夜战的成果是辉煌的。她通过查账、核对、思考和分析，理出了头绪：联营公司乙方在三年前按照联营协议书的规定，应该出自 200 万元人民币。乙方将 200 万元通过银行转入联营公司创立的临时账户，当会计师事务所验资并出具证明后，竟以预付工程款的名义将该笔资金转入乙方的账户。而联营公司并没有委托乙方搞任何工程，联营公司实际上没有乙方任何资产。由于乙方抽逃资金，造成资本金严重不足，联营公司被迫向银行贷款 200 万元（已累计支付利息 12 万元），来购置机器设备。联营公司现已亏损 13 万元。目前，200 万元的短期贷款已到期，但没有现金可用于归还。因银行贷款未能如期偿还，公司的信誉下降，继续举债也碰到了困难。

案例分析问题：

1. 请分析说明联营公司资金困难的原因？
2. 乙方抽逃资金，使甲方蒙受了哪些损失？
3. 结合第一章内容，查阅公司法有关规定，说明应如何处理这件事？

【技能实训】

1. 实训目的：培养学生对财务状况的分析能力。
2. 实训内容和方式：由教师组织学生编写企业财务分析报告。主要财务数据见表 8-2。

表 8-2 精美公司仅三年的主要财务数据和财务比率如下

财务指标	2004	2005	2006
销售额（万元）	4000	4300	3800
总资产（万元）	1430	1560	1695
股本（万元）	100	100	100
留存收益（万元）	550	550	550
所有者权益合计（万元）	650	650	650
应收账款周转期（天）	18	22	27
存货周转率（次数）	8.0	7.5	5.5
总资产周转率（次数）	2.80	2.76	2.24
流动比率（%）	1.19	1.25	1.20
产权比率（%）	138	140	161
长期负债/股东权益（%）	50	46	46
销售毛利率（%）	20	16.3	13.2
销售净利率（%）	7.5	4.7	2.6
总资产净利率（%）	21	13	6

3. 实训成果：分析报告一份（3000 字），分析内容包括：

（1）请分析说明该公司获利能力变化及原因是什么？

（2）分析说明该公司资产、负债及所有者权益的变化及其原因。

（3）假如你是该公司的财务经理，2007 年你应从哪些方面改善公司的财务状况和经营业绩。

第 9 章　生产过程的组织

【学习目标】

1．知识目标

- 掌握企业生产过程的构成和企业生产类型的划分方法。
- 掌握企业生产单位的专业化形式。
- 掌握企业生产过程的时间组织和空间组织方法。
- 了解合理组织生产过程的基本要求等。
- 熟悉流水线的基本形式和连续流水线组织设计的基本步骤。
- 了解柔性制造系统的构成及运行过程等内容和特点。

2．能力目标

- 能针对企业的特点正确地选择合理的生产过程组织方式。
- 能进行简单的流水线设计。
- 能参与一些先进生产运作方法的实施。

【导入案例】

20 世纪 80 年代，为了提高日产公司的产品竞争力，日产公司开展了一项技术革新运动。它的高技术“智能车身装备系统”（IBAS），是一项十分伟大的长期开发计划。智能车身装备系统的核心是 51 个机器人组成的群体，这些机器人能抓起车身部件，把他们排列起来，其精确度在 0.1mm 以内，然后进行焊接和检查。这些工作都在 46s 内完成。从原则上说，它可以组装各种车型。不过，日产公司现在平均每个智能车身装备系统只制造三种车型的汽车，其中有些车身又有几种不同的款式。

日产公司生产一种新车型的汽车需要三个月的准备（过去需要 12 个月），主要是在生产继续运转的情况下为机器人编制程序和建立周边作业。日产公司设在座间的工厂负责工程设计的经理关根良忠说：“总有一天可能会做到，在日本建立的数据通过电话或卫星传送出去，在世界各地的工厂同时开始生产某一新车型的汽车。”

日产公司把自己的战略说成是“五任何”：该公司的任何人，可以在任何时间、任何地点，生产出任何批量和任何车型的汽车。这位经理说，“智能车身装备系统”是朝这个目标迈出了一大步。他还说：“最低限度的经济规模现在是同一家工厂的总产量而不是个别车型连接起来”。这就是说，一个“智能车身装备系统”每月可以处理大约 20000 辆汽车，至于是哪些车型占用了生产能力，这无关紧要。当美国汽车制造商正在考虑放弃整条汽车生产线的时候，日产公司正在加速用更多的生产线来填补市场的空隙。

思考与提示：

1. 日产公司的生产方式有何特点？
2. 日产公司的生产方式与传统的模式相比先进性表现在何处？

9.1 生产过程

9.1.1 生产过程的含义

生产过程是工业企业最基本的活动过程。任何产品的生产，都必须经过一定的生产过程。企业的生产过程包括劳动过程和自然过程。劳动过程是劳动者利用劳动手段（设备和工具），按照一定的方法、步骤，直接或间接地作用于劳动对象，使之成为产品的全部过程。自然过程是借助于自然力，改变加工对象的物理和化学性能的过程，如铸件的自然时效、化工产品的化合作用等。

企业的生产过程有广义及狭义之分。广义的生产过程是指从生产技术准备开始，直到把产品制造出来、检验合格入库为止的全部过程。狭义的生产过程是指从原材料投入生产开始直到产品检验合格入库为止的全部过程。

9.1.2 生产过程的构成

对于工业企业，根据承担的任务不同，企业的生产过程可划分为基本生产过程、辅助生产过程、生产技术准备过程、生产服务过程。在生产过程的四个部分中，基本生产过程占主导地位，其他过程都是围绕着它而进行的。四个部分既有区别，又有联系，核心是基本生产过程。

1. 基本生产过程

基本生产过程是指与企业的基本产品实体构成直接相关的生产过程。所生产的产品以市场销售为目的。

2. 辅助生产过程

辅助生产过程是指为保证基本生产过程的实现，不直接构成基本产品实体的生产过程。例如，企业不以销售为目的，仅为本企业的需要而进行的动力生产与供应、工具制造、设备修理等。

3. 生产技术准备过程

生产技术准备过程是指投产前所做的各项生产技术准备工作。如产品设计、工艺设计、工艺准备、材料与工时定额的制定、新产品试制等过程。

4. 生产服务过程

生产服务过程是指为基本生产和辅助生产的顺利进行而从事的服务性活动，如原材料、半成品、工具等的供应、运输、库存管理等。

9.1.3 合理组织生产过程的基本要求

为了使得生产过程能够顺利进行，必须使整个生产过程的各个工艺阶段、各生产环节以及各道工序之间都能相互衔接、密切配合、协调工作。合理组织生产过程的目的，是使产品在生产过程中行程最短、时间最省、耗费最少、效益最好。为此，组织生产过程必须满足以下要求：

1. 生产过程的连续性

生产过程的连续性是指物料处于不停的运动之中，且流程尽可能短，它包括时间上的连续性和空间上的连续性。时间上的连续性是指物料在生产过程的各个环节的运动，自始至终处于连续状态，没有或很少有不必要的停顿与等待现象；空间上的连续性是指生产过程各个环节在空间布置上合理紧凑，使物料的流程尽可能短，没有迂回往返现象。

保持生产过程的连续性，可以缩短产品的生产周期，加速流动资金的周转，提高资金利用率。

2. 生产过程的平行性

生产过程的平行性是指物料在生产过程中实行平行交叉作业。平行作业是指相同的零件同时在数台相同的机床上加工；交叉作业是指一批零件在上道工序还未加工完时，将已完成的部分零件转到下道工序加工，这样可以大大缩短产品的生产周期。

3. 生产过程的比例性

生产过程的比例性是指生产过程的各组成部分和各生产要素之间，根据产品的要求，在生产能力上保持一定的比例关系。它是生产顺利进行的重要条件。

4. 生产过程的均衡性

生产过程的均衡性是指产品在加工过程中从投料到最后完工，在相等的时间间隔内，产量大致相等或递增。各工作地经常保持均匀的负荷，不发生时松时紧、前松后紧的现象，保证均衡地完成生产任务。

5. 生产过程的柔性

生产过程的柔性也称适应性，是指企业能根据市场需求的变化，灵活进行多品种小批量生产的适应能力。用户需要什么样的产品，企业就生产什么样的产品，需要多少就生产多少，何时需要，就何时提供。

以上五项要求是相互联系、相互制约的。生产过程的比例性是实现连续性、平行性的重要条件，是保证均衡性的前提；均衡性、连续性、平行性又相互影响、相互作用；适应性是市场经济对生产过程提出的要求，不与市场需要挂钩，追求连续性、平行性与均衡性是毫无意义的。

9.2 生产类型

9.2.1 确定生产类型的必要性

每个工业企业所生产的产品品种不同，产品产量和生产条件也不同，各自具有自己的生产特点。生产特点不同，反映在生产工艺、所需设备、生产组织形式和企业计划工作上也不一样，它对企业的技术经济指标有很大影响。为了便于分析和研究其共同的生产特点和规律性，必须按照不同的标志，将工业企业划分为不同的生产类型。

9.2.2 生产类型的划分

1. 按生产工艺特点划分

（1）采掘提取型　采掘提取型生产是指从地下或海中采掘或提取产品。如采矿企业、石油企业等。

（2）合成型　合成型生产是指把不同成分的原材料合成成产品。如水泥企业、化工企业等。

（3）分解型　分解型生产是指把原材料加工处理后，分解成多种产品。如炼油企业、焦化企业等。

（4）调制型　调制型生产是指通过改变加工对象的形状和性能而制成的产品。如橡胶厂、轧钢厂等。

（5）装配型　装配型生产类型中，物料的基本单位通常为零件，产品通常是由不再拆分的单个零件通过组装形成的，零件可进一步组装成更大的部件，直至最终产品，零件、部件、产品可以单独存储。如机械制造企业等。

2．按产品按照顾客要求定制的程度划分

（1）备货型生产类型　它是预先对市场需求进行预测，在此基础上制定生产计划，然后进行生产，产品有库存。产品的库存是备货型生产的主要特点，它多是大批量生产企业采用的生产方式，如日用生活品的生产、通用件的生产等。

（2）订货型生产类型　根据用户的订货要求进行生产，生产完成后就立即交货，所以产品不存在库存问题。

3．按生产的重复程度划分

（1）大量生产类型　大量生产类型是指长期大量生产一种或几种产品的生产类型。其主要特点是生产品种单一、产量大、生产重复性高，每个工作地都长期固定完成一道或少数几道工序，工作地专业化程度高。通常采用高效率的专用设备和专用工艺装备，机械化、自动化水平较高，可以按加工对象布置车间的设备，实现流水生产。如煤炭生产、电力生产、建材生产、化工生产等。

（2）成批生产类型　生产的产品品种较多，每种都有一定的批量，生产有一定的重复性，工作地的专业化程度比大量生产低。根据生产的稳定性、重复性和工作地专业化程度，通常将成批生产划分成“大批生产”、“中批生产”和“小批生产”三种。由于大批生产与大量生产的特点相近，所以习惯上合称“大量大批生产”。同时，小批生产的特点与单件生产相近，习惯上合称“单件小批生产”。一般订货型生产多属于成批生产类型。

（3）单件生产类型　产品品种繁多，每种只生产一件（台）或少数几件（台），生产的重复程度低，工作地专业化程度很低。通常使用较多的通用设备和工艺装备，只有在不使用专用设备和专用工艺装备就不能达到技术要求时，才采用专用设备和专用工艺装备。要求工人具有较高的技术水平和较广泛的生产知识，以适应多品种单件生产的要求。如轮船制造、飞机制造、建筑业等都属于单件生产。

9.2.3 生产类型对企业技术经济指标的影响

不同的生产类型对设计、工艺、生产组织和生产管理的影响是不同的，因而导致经济效益上的巨大差别。一般来讲，大量生产由于采用专用设备，劳动生产率高，产品成本低，经济效益好。单件生产劳动生产率低，产品成本高，经济效益较差。各种生产类型对各项技术经济指标的影响见表9-1。

表 9-1　各种生产类型对技术经济指标的影响

技术经济指标	大量生产	成批生产	单件生产
工作地担负的程序	很少，一般为 1～2 道	较多	很多
生产设备	可采用专用设备	既有专用又有通用设备	大多要用通用设备
生产设备的布置	可按对象原则排列	既按对象又按工艺原则	只能按工艺原则排列
设备利用率	高	较高	低
工艺装备	可采用专用工艺设备	专用和通用工艺装备均可	多采用通用工艺装备
零部件互换性	必须能互换	在一定范围内互换	很少能互换
工艺装备系数	大	较大	小
技术水平的要求	低	较高	高
劳动生产率	高	较高	低
适应品种变化能力	差	较好	好
计划管理工作	比较简单	比较复杂	复杂

9.3　生产过程的组织

9.3.1　生产过程的空间组织

生产过程的空间组织，主要是研究企业内部怎样划分和设置生产单位的问题。企业生产单位的组成是与企业生产过程相适应的。企业为了实现其生产过程，必须在企业内部设置相关的生产单位和部门。依据企业生产过程的构成其空间组织一般应包括生产技术准备部门、基本生产部门、辅助生产部门、生产服务部门。

生产技术准备部门是为基本生产和辅助生产提供产品设计、工艺设计和工艺装备设计、非标准设备设计等技术文件，并负责新产品试制工作的生产单位。

基本生产部门是指直接从事企业基本产品生产、实现企业基本生产过程的生产单位。如机械制造工业包括准备车间、加工车间、装配车间等。

辅助生产部门是指实现辅助生产过程，为基本生产提供产品或劳务的生产单位。包括各种辅助生产车间（如工具车间、模具车间、机修车间、电修车间等）和动力部门（热电站、压缩空气站、煤气站、氧气站、锅炉房、变电所等）。

生产服务部门是指为基本生产和辅助生产服务的单位，包括运输部门（机车队、汽车队、装卸队等）、仓库（包括材料库、工具库、成品库、半成品库等）。

企业生产单位设置的合理与否，直接影响到企业生产经营活动的正常进行，影响企业的产品方向、生产专业化协作程度、企业的生产规模、产品结构和工艺特点以及企业生产单位的组成模式。

企业生产单位的组成，涉及企业内部各车间的分工与协作关系，是生产过程空间合理组织的一个重要问题。生产单位的组成应遵循的基本原则为工艺专业化原则和对象专业化原则。

1．工艺专业化原则

（1）工艺专业化原则的内容　工艺专业化原则就是按照生产过程各个阶段的工艺特征来建立的企业生产单位。在按工艺专业化原则设置的生产单位里，集中了同类机械设备和同工种的工人，对多种产品或零件进行相同工艺方法的加工，如车工车间、铸造车间，或者在机械加工车间内设置车工工段、铣工工段、磨工工段等，如图 9-1 所示。

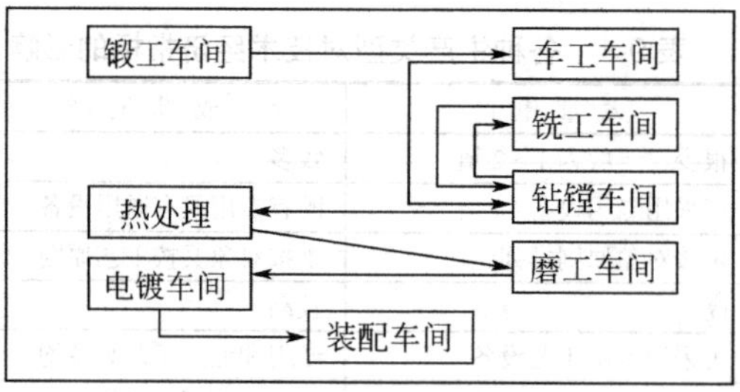

图 9-1 工艺专业化例图

（2）工艺专业化的优点：

1）对产品品种变化的适应能力强。当加工对象改变时，不必重新布置设备、调整设备、调整工艺装备。

2）生产系统的可行性高。由于同种设备集中在一个生产单位，因而便于充分利用设备和生产面积，个别设备一时发生故障或进行修理，对整个生产过程影响较小。由于相同设备集中在一起，可以提高设备负荷系数，相应减少了设备的投资费用。

3）工艺及设备管理较方便，便于进行专业化的技术管理，有利于培养技术力量，开展同工种工人之间的劳动竞赛，提高工人的技术水平。

（3）工艺专业化的缺点：

1）产品在加工过程中运输路线长，运输劳动量大。在生产过程中，大量的半成品要由一个车间转到另一个车间，这样，半成品转移过程中会经常出现交叉运输和返回运输，延长了加工路线，其结果是运输工具、运输工人和中间仓库增多，增加了生产费用。

2）协作关系复杂，协调任务重。工艺专业化在生产单位之间的生产联系和协作关系复杂，使车间之间的计划管理、在制品管理、质量管理以及产品的成套性和半成品库的管理都比较复杂。

3）在产品量大，生产周期长，生产过程中半成品转移时，增加了运送时间、停放时间，这就必然要延长生产周期，增加了在制品，其结果是流动资金占用量增大。

按工艺专业化原则设置生产单位适用于专业方向尚未确定、生产的产品不稳定、专业化程度较低、生产类型是单件小批生产型企业。

2. 对象专业化原则

（1）对象专业化原则的内容　对象专业化原则是指把加工对象全部或大部分工艺过程集中在一个生产单位中，组成以产品、部件、零件（零件组）为对象的专业化生产单位。在对象专业化的生产单位中，集中了为制造某种产品（零部件）所需的设备、工艺装备和工人，对相同的产品进行不同的工艺加工。其工艺过程基本上是封闭的，即每个生产单位完成其负责的全部工艺过程。例如连杆车间、齿轮车间、曲轴车间等，如图 9-2 所示。

（2）对象专业化的优点：

1）可减少运输次数，缩短运输路线，节约运输费用，节约运力，并能减少仓库和生产车间的占用面积。

2）协作关系简单，简化了生产管理。

3）便于采用先进的生产组织形式，例如按流水生产、成组加工等先进生产组织形式组织生产，可采用专用高效设备和工艺装备。

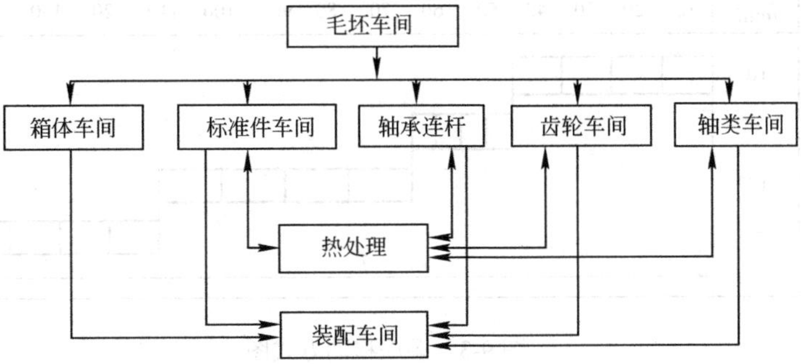

图 9-2　对象专业化例图

4）在产品少，生产周期短，提高了生产的连续性，减少了生产中在制品的占用量，从而节约流动资金，加速资金周转。

（3）对象专业化的缺点：

1）对品种变化适应性差。

2）工人之间的技术交流比较困难。

3）工艺及设备管理较复杂，由于设备分散使用，设备利用率较低，而且当某一台设备出现故障时，会影响整个生产线的生产。

按对象专业化原则设置的生产单位适用于专业方向已经确定，产品的结构、产量、品种较稳定，工种和设备比较齐全和配套，生产类型是大量大批或成批生产的企业。

在实际生产过程的组织中，纯粹按工艺专业化原则或按对象专业化原则布置的较少，常见是同时采用两种专业化形式来进行生产单位的布置，即在对象专业化形式的基础上采用工艺专业化形式，如锅炉厂的铸造车间、锻造车间；在工艺专业化形式的基础上采用对象专业化形式，如铸造车间的箱体造型工段、床身造型工段，以取二者的优点。

9.3.2　生产过程的时间组织

生产过程的时间组织是指在加工过程中，对加工对象从时间方面进行合理组织，保持生产过程的连续性，以求缩短产品的生产周期，提高设备利用率和劳动生产率。产品的生产周期是指从原材料投入生产开始，直至产成品验收入库为止所需要的全部时间。它也可以指完成某一工艺阶段的生产周期。

缩短产品生产周期的途径，首先要合理确定劳动对象在生产过程中的移动方式。零件的移动方式同一次生产的零件数量有关，当一次生产的零件只有一件时，零件只能顺次地经过各工序，而不能同时在不同工序上进行加工。缩短零件生产周期，只能在缩短工序时间和工序间的停留时间方面挖潜力。当生产的零件数为两个或两个以上，即按一定的批量进行加工时，零件在工序间就有不同的移动方式。零件的移动方式通常有顺序移动、平行移动和平行顺序移动三种方式。

1. 顺序移动方式

顺序移动方式是指一批零件在前道工序全部加工完毕后才整批地转移到后道工序继续加工，如图 9-3 所示。

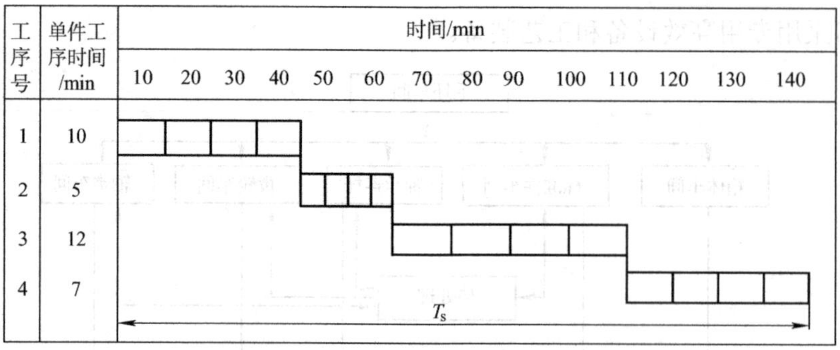

图 9-3　顺序移动方式图

在顺序移动方式下，加工周期同零件批量和工序时间成正比。大量工件有等待加工和运输时间，生产周期长，资金周转慢；但这种方法组织与计划工作简单，设备调整时间少，运输工作量小。因此，这种移动方式多在批量不大和工序时间很短的情况下采用。

以 n 代表一批零件的数量，m 代表工序数，零件在第 i 道工序的单件工时定额为 t_1（min/件），假设工序间的运输时间和辅助时间忽略不计，只考虑加工时间，则加工周期 $T_{顺}$可按下列公式计算

$$T_{顺}=t_1+t_2+\cdots+t_m+(n-1)t_e=n\sum_{t=1}^{m}t_i$$

【例 9-1】某车间某种零件的批量为 4 件，共有 4 道加工工序，其单位工序时间定额分别为 t_1=10min；t_2=5min；t_3=12min；t_4=7min。则其移动方式如图 9-3 所示。其加工时间为

$$T_{顺}=4\times(10+5+12+7)\text{ min}=136\text{min}$$

2．平行移动方式

平行移动方式是指在一批零件中，每个零件在前道工序加工完之后，立即转移到后道工序去继续加工，形成各个零件在各道工序上平行地进行加工，如图 9-4 所示。

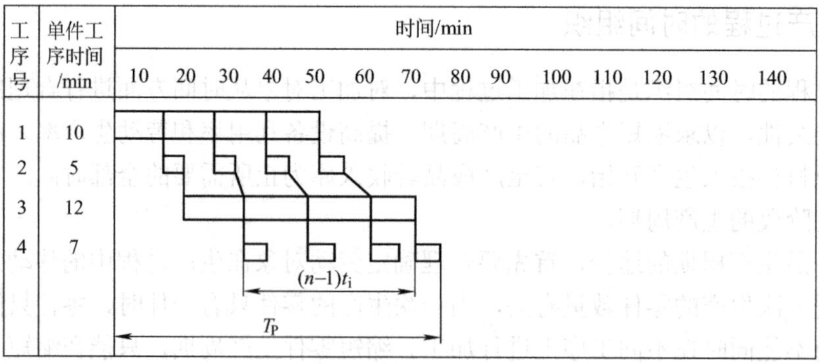

图 9-4　平行移动方式

在平行移动方式下，一批零件的加工周期最短。但在相邻工序中，当后道工序单件时间较短时会出现设备停歇现象。只有当各工序加工时间相当时，设备方可连续进行生产。采用平行移动方式，一批零件的加工周期 $T_{平}$的计算方式如下

$$T_{平}=t_1+t_2+\cdots+t_m+(n-1)t_e=\sum_{t=1}^{n}t_i+(n-1)t_{长}$$

【例 9-2】 承上例，该批零件采用平行移动，则加工周期为

$$T_{平}=[10+5+12+7+(4-1)\times 12]\text{min}=70\text{min}$$

3. 平行顺序移动方式

平行顺序移动方式是平行移动方式和顺序移动方式的结合。即一批零件在某道工序尚未全部加工完毕，就将已加工好的一部分零件转到下一道工序加工，并使下道工序能连续地全部加工完该批零件。在平行顺序移动方式下，因长短工序的次序不同有两种安排方法：

第一，当前道工序的加工时间小于或等于后道工序的加工时间时，前道工序加工完的每一个零件应立即转入后道工序去加工，即按平行移动方式逐件转移。

第二，当前道工序的单件加工时间大于后道工序时，后道工序（较短工序）开始加工时间的确定，是在前道工序（较长工序）一批零件加工完毕后，才开始后道工序一批零件中最后一个零件的加工。依此反推，可求得该工序的开工时间，如图 9-5 所示。

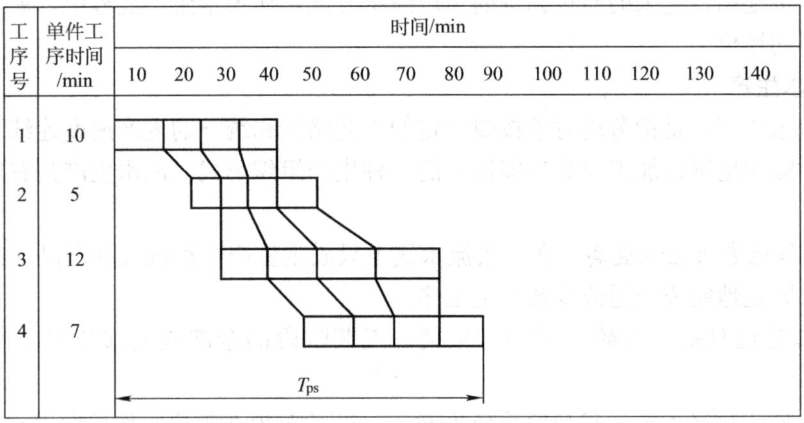

图 9-5 平行顺序移动方式

由图 9-5 可以看出，平行顺序移动方式下的一批零件的加工周期，可用顺序移动方式下的加工周期减去相邻两工序的重合部分时间之和得到；相邻两工序的重合部分时间之和可用该批零件数减 1 乘上相邻两工序加工时间中较短的一个，这个时间用 $t_{短}$表示，平行顺序移动方式下一批零件的加工周期计算公式为

$$T_{平顺}=n\sum_{t=1}^{m}t_i-(n-1)\sum_{t=1}^{m-1}t_{短}$$

【例 9-3】 假如例 9-1 的零件采用平行顺移动方式，各工序时间不变则有

$$T_{平顺}=[4\times(10+5+12+7)-(4-1)\times(5+5+7)]\text{min}=82\text{min}$$

以上三种移动方式的优缺点比较见表 9-2。

表 9-2 三种移动方式的比较

项 目	平行移动	平行顺序移动	顺序移动
生产周期	短	中	长
运输次数	多	中	少

（续）

项　目	平行移动	平行顺序移动	顺序移动
设备利用	差	好	好
组织管理	中	复杂	简单

选择产品（零件）移动方式时，应结合企业的生产条件，考虑产品（零件）的批量大小，零件的重量，零件加工工序的时间长短，车间、工段、小组的专业化形式等因素。一般地说，批量小、工序时间短、零件重量比较轻时，宜采用顺序移动方式；批量大、工序时间长、零件比较重时，宜采用平行移动或平行顺序移动方式。工艺专业化的车间、工段、小组，宜采用顺序移动方式，对象专业化的车间、工段、小组，则宜采用平行移动方式或平行顺序移动方式。总之，要根据企业生产的特点，加以综合分析比较后，再选择其中最适宜的移动方式。

9.3.3 流水组织生产方式

流水生产又叫流水作业或流水线。它是把高度的对象专业化生产组织和劳动对象的平行移动方式有机地结合起来的一种先进的生产组织方式。在大量生产过程中，流水生产方式占有十分重要的地位。

1. 流水生产

所谓流水生产，是指劳动对象按照一定的工艺路线和统一的生产速度连续不断地通过各个工作地，顺序地进行加工产品（零件）的一种生产组织形式。流水生产具有以下几个主要特征：

（1）工作地专业化程度高　在一条流水线上只固定生产一种或几种产品（或零件），每个工作地都固定地完成一道或少数几道工序。

（2）工艺过程是封闭的　劳动对象某一工艺阶段的全部或大部分工序都在流水线中完成。

（3）工作地按照工艺过程的顺序依次排列　劳动对象在工序间作单向流动。

（4）生产的节奏性强　即流水线按固定的节拍进行生产。

（5）生产过程的连续程度高　劳动对象流水般地在工序间连续移动。

从上述特征可以看出，流水生产方式是一个具有较高连续性、节奏性和封闭性的先进生产组织形式。

2. 组织流水线生产的条件

实现流水线生产需要具备一定的条件和要求。其中主要条件如下：

1）产品的产量要足够大，以保证流水线上各个工作地处于正常负荷状态。

2）产品结构和工艺要求相对稳定，以保证专用设备和工艺装备能发挥出潜在效益。

3）工艺过程应能划分为简单的工序，便于根据工序同期化的要求进行工序的合并和分解，且各工序的工时不能相差太大。

4）厂房建筑和生产面积容许安装流水线的设备和运输装置。

3. 流水线的组织设计

流水线的组织设计包括流水线节拍的确定、设备需要量和负荷系数的计算、工序同期化设计、工人的配备、输送方式设计、流水线平面布置设计、流水线技术经济评价等。

流水线形式不同，决定了组织设计方法也各不一样。现以单一对象流水线的组织设计程序为例加以简要说明。

（1）确定流水线的节拍　节拍是指流水线上连续出产两件相同制品（产品、部件或零件）的间隔时间。它是流水线上其他一切设计计算的出发点。其计算公式为

节拍=计划有效工作时间/计划期产量

计划有效工作时间，是从制度工作时间里扣除修理机器设备的停工时间和工人节假日休息时间以后的全部时间；计划期产量是按生产计划规定的出产量并考虑废品数量而确定的。如果计算出来的节拍数值很小，同时零件的体积、重量也很小，不便于逐件运输，则可以采取整批运输。顺序出产两批相同制品的时间间隔称为节奏，它的计算公式为

节奏=节拍×运输批量

（2）工序同期化及计算设备数量（工作地）　工序同期化是组织流水线的必要条件。所谓工序同期化，是指根据流水线节拍的要求，采用技术组织措施来调整工序时间，使之尽可能与流水线节拍相等或成整数倍比关系。同期化程度一般允许在 0.85～1.04 范围内变化。

（3）计算工人人数　在以手工操作为主的流水线上，流水线工人人数可由下式计算

每个工作地需要的工人数=每日工作班次×每一个工作地同时工作的人数

各工作地的工人人数之和即为整个流水线上的工人人数。

在以设备加工为主的流水线上，配备工人要考虑实行多设备看管的可能性及配备后备工人的百分比。

（4）选择运输装置　流水线上使用的运输装置有传送带、传送链、滚道、重力滑道和各种运输车辆。选择运输装置既要考虑产品形状、尺寸、重量、精度要求，又要考虑流水线的类型。

强制节拍流水线上，一般采用连续式工作传送带、间歇式工作传送带、分配传送带。自由节拍流水线上，一般采用连续式运输带或滚道、平板运输车等运输装置。粗略节拍流水线上，一般采用滚道、重力滑道、手推车、叉车等运输工具。当采用传送带运输时，需计算传送带的速度和长度，其计算公式分别为

传送带的速度=相邻两工作地的中心距/流水的节拍或节奏

传送带的长度=2×工作地长度之和+技术上需要的长度

（5）流水线的平面布置　流水线的平面布置应使工人的操作方便、产品的运输路线最短以及有效地利用生产空间。当整个生产过程由若干条流水线组成时，还必须考虑流水线之间的合理衔接。

流水线平面布置的形状一般有直线形、L 形、U 形、E 形、环形和 S 形，如图 9-6 所示。

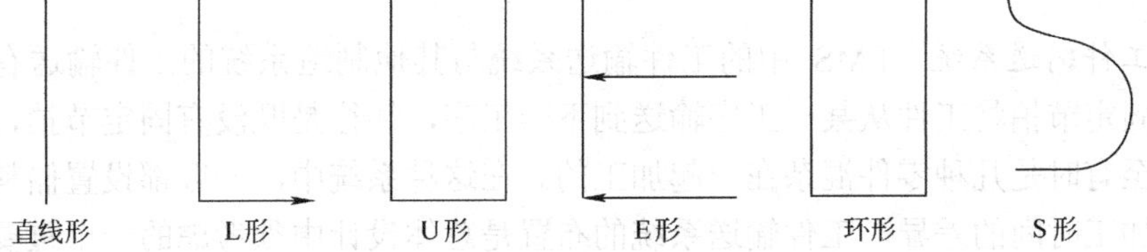

图 9-6　流水线平面布置图

一般来说，当工序及工作地较少时，采用直线形；当工序或工作地较多时，可采用双直线排列，或采用 L 形、U 形、S 形等；E 形一般用于零件加工和部件装配结合的情况；环形在工序循环重复时采用。

排列工作地时，要符合工艺流程，整个流水线布置要符合产品总流向，尽可能缩短运输路线，减少运输工作量。

（6）流水线经济效益指标计算及评价　因为组织流水线需投入较多的资金，故必须对流水线的经济效益进行评价，对流水线经济效益的评价可以从绝对指标计算和相对指标计算两个方面进行。限于篇幅，这里就不作详细介绍了。

9.3.4　柔性制造系统

1. 柔性制造系统的概念

柔性制造系统（Flexible Manufacturing System，简称 FMS）是在计算机控制下，为实现某种生产目的而连接起来的一系列自动输送装置、数控加工设备和其他辅助装置（如排屑、检测、报警、显示装置等）的总和。它不但能实现信息流、物料流和加工过程的自动化，而且能在一定范围内完成由一种零件加工到另一种零件加工的自动转换。根据系统所含机床数量、机床结构的不同，可将系统分成三类：柔性制造装置（FMU）、柔性制造单元（FMC）、柔性制造系统（FMS）。

2. 柔性制造系统的构成

典型的 FMS 的基本组成部分如图 9-7 所示。

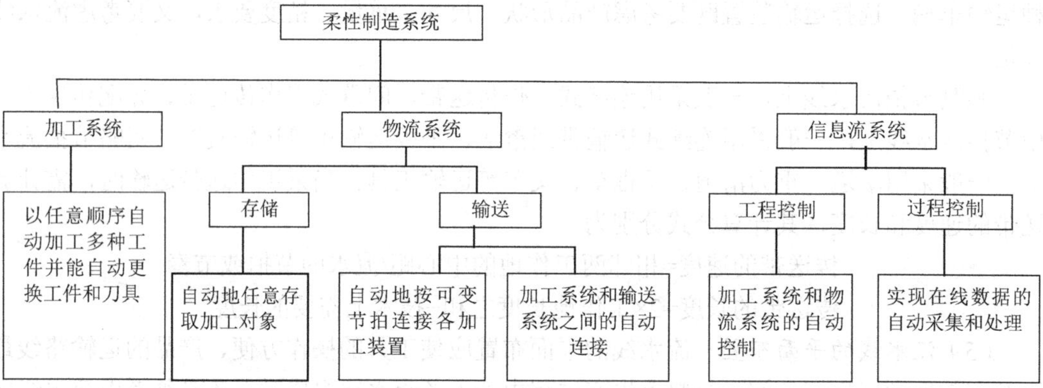

图 9-7　柔性制造系统的构成

（1）FMS 的加工系统　柔性制造系统的主要加工机床是加工中心，其中以卧式加工中心最多。加工中心类型取决于零件类型、尺寸、重量、应用情况以及用户的意向等多种因素的综合分析。

（2）工件输送系统　FMS 中的工件输送系统与其他制造系统的工件输送有很大区别，它不是按固定节拍将工件从某一工序输送到下一工序，往往是既没有固定节拍，又没有固定顺序，甚至有时是几种零件混杂在一起加工的。在这种系统中，一般都设置储料库以调节各个工位上加工时间的差异。工件输送系统的布置是总体设计中须考虑的一个重要问题，它影响 FMS 的整体效果。

工件输送的基本方式有三种：

第一种为直线输送方式。输送装置沿机床一侧布置或从两排机床中间通过。输送工具是各种类型的传送带或运送小车，早期的 FMS 常采用这种方式。

第二种为环形输送方式。机床布置在环形输送线的外侧，输送工具除各种类型的滚子传送带和运送小车外，还有架空单轨悬吊式输送设备。这种方式便于实现随机输送，具有较大的灵活性，应用较为广泛。

第三种是闭环输送方式。整个传输带由许多随行夹具和托板组成，可连续运行。借助托板上的编码器能自动识别地址，从而可以任意编排工件的传送顺序。

除上述三种基本输送方式外，还有工业机器人，主要用于中等尺寸回转体工件的传递。

3. 柔性制造系统的运行过程

FMS 应设计成一个虚拟的加工过程，当给出零件的描述说明后，就对加工该零件的任务进行分解，为零件安排加工路线、机床、刀具、夹具和质量测试等。当一个零件被输入计算机后，首先进行分析是否可以用该 FMS 来完成。决策逻辑包括系统所有的约束和能力，还要进行生产的经济批量和经济分析。其次是选择零件组。通常根据成组技术的原理按相似性将零件分组，当然，其他条件，如零件的几何形状、加工使用共同的刀具或夹具、生产成本、材料成分，也可作为分组的依据。有关零件设计以及零件需求数量和日期等信息来自高一级的数据。最后，计算机生成零件的工艺过程和生产作业计划。这些过程都通过优化过程完成。

在生产过程中，如出现“瓶颈”现象，则需要重新调度另一种零件加工。如果排队的零件仍然过多，就要采用判定规则使等待时间最短。每个零件都有自己的加工路线，当零件到达就激活零件程序、零件加工路线计划和质量测控程序，并开始加工。为使系统能在最佳状态下运行，加工过程还要随时采集操作数据、设备状况数据和质量数据，并送到上一层计算机进行评价。如果生产过程正常，这些数据就作为历史数据存档；如果检测到问题，计算机就会找出问题所在，并努力使系统恢复正常。

9.4 先进的生产系统

9.4.1 精益生产方式（LP）

1. 精益生产方式的概念及目标

精益生产（Lean Production，简称 LP）是美国麻省理工学院数位国际汽车计划组织（IMVP）的专家对日本“丰田 JIT（Just In Time）生产方式”的赞誉之称。精，即少而精，不投入多余的生产要素，只是在适当的时间生产必要数量的市场急需产品（或下道工序急需的产品）；益，即所有经营活动都要有益有效，具有经济性。精益生产虽然在上世纪八九十年代（20 世纪 90 年代末加入了柔性生产）已经成型，但现在仍然是制造业最佳的生产组织体系和方式之一，无论是其精益的思想还是具体的操作方法，都是我国制造企业应该认真学习与努力去实践的。

2. 实施精益生产方式的主要方面及要求

虽然对一个企业来说，并不一定要全面实施精益生产，即使部分有效实施也能取得良好的效果。但下面的要求还是值得我们注意的：

1）精益生产的基础——通过5S活动来提升现场管理水平。

2）准时化生产—JIT生产系统。在顾客需要的时候，按顾客需要的量，提供产品。由一系列工具来使企业实现准时化生产，主要工具有：按节拍生产；持续改进KAIZEN；流水生产；单元生产（Cell）——U形布置；价值流分析VA/VE/VSM；方法研究IE；拉动生产与看板PULL & KANBAN；目视化管理；缩短生产周期；全面生产保全（TPM）；快速换模。

3）标准质量管理原则，要贯彻到产品开发和生产全过程。

4）发挥团队的主观能动性是精益生产的基本运行方式。要鼓励团队精神，推倒企业各部门之间的墙壁。

5）目视管理。不仅是管理者，而且要让所有员工对公司的状况一目了然。信息充分沟通，最好的办法是把所有的过程都摆在桌面上，可视化而不是暗箱操作。

6）不断追求完美。企业管理理念和员工的思想非常关键，纵然永远达不到理想的完美，也要不断前进，即使进步是点点滴滴的。

3．精益生产方式的优越性及效果

据统计，与大量生产方式相比，精益生产方式的优越性主要表现在以下几个方面：

1）需人力资源——无论是在产品开发、生产系统，还是工厂的其他部门，与大量生产方式下的工厂相比，最低能减至1/2。

2）产品开发周期——最低可减至1/2或2/3。

3）生产过程的在制品库存，最低可减低至大量生产方式下一般水平的1/10。

4）工厂占用空间——最低可减至采用大量生产方式下的1/2。

5）成品库存——最低可减至大量生产方式下平均库存水平的1/4。

6）产品质量——可大幅度提高。

9.4.2 准时化生产（JIT）

准时化生产方式（Just In Time，简称JIT），又称无库存、零库存、超级市场生产方式。它是指企业的生产系统，按照用户的订货要求，以必要的原材料，在必要的时间和地点，生产必要的数量和完美质量的产品零部件，以杜绝超量生产，消除无效劳动和浪费的一种效益化生产方式。准时化生产方式的推广，获得了显著的效益。如丰田公司1976年流动资金周转率达63次，是当时日本平均水平的8.85倍，是美国的10多倍。

1．JIT生产方式的目标及其体系

准时化生产方式的基本思想集中体现在其目标上。JIT有三种手段来达到其目标。JIT生产方式的基本目标以及实现这些目标的三个手段和方法，包括这些目标与各种手段方法之间的相互内在联系如图9-8所示。

（1）适时适量生产　适时适量生产的方式内容如下：

1）生产同步化。生产同步化，即工序间不设置仓库，前一工序的加工结束后，使半成品立即转到下一工序去，装配线与机械加工几乎平行进行。在铸造、锻造、冲压等必须成批生产的工序，则通过尽量缩短作业更换时间来尽量缩小生产批量。生产的同步化通过“后工序领取”这样的方法来实现。

2）生产均衡化。生产均衡化是实现适时适量生产的前提条件。所谓生产的均衡化，是指总装配线在向前工序领取零部件时应均衡地使用各种零部件，生产各种产品。为此在制定生产计划时就必须全面考虑，然后将其体现在产品生产顺序计划之中。

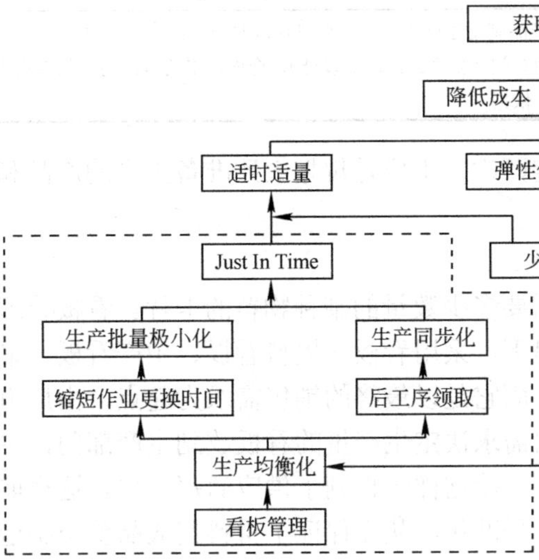

图 9-8　JIT 的目标及三种支持手段

（2）弹性配置作业人数　根据生产量的变动，弹性地增减各生产线的作业人数，以及尽量用较少的人力完成较多的生产。

（3）质量保证方法　在 JIT 生产方式中，通过将质量管理贯穿于每一工序之中来实现提高质量与降低成本的一致性。具体方法是“自动化”。自动化是指融入生产组织中的这样两种机制：第一，使设备或生产线能够自动检测不良产品；第二，生产第一线的设备操作工人发现产品或设备的问题时，有权自行停止生产的管理机制。

2. JIT 生产方式中生产计划的特点

在历来的生产计划方式中，生产指令同时下达给各道工序，即使前后工序出现变化或异常，也与本工序无关，仍然按照原指令不断地生产，其结果是造成各道工序间生产量的不平衡。因此，造成工序间的在制品库存也就很自然了。

在 JIT 生产方式中，计划部门只对除最后一道工序以外的其他工序出示每月大致生产的品种和数量计划，作为其安排作业的一个参考基准，而真正作为生产指令的投产顺序计划只下达到最后一道工序（如总组装线）。其余各道工序的作业现场没有任何生产计划表，其需要生产的品种与数量是由后一道工序在需要的时候顺次向前一道工序传递的看板中指定的。

现在很多企业都采用 JIT 生产方式，这些企业在实施 JIT 生产方式的过程中，对生产计划的制定和控制方式当然不可能完全一样，但其基本思想是相同的。一般说来，JIT 生产方式需要制定三种生产计划，见表 9-3。

表 9-3　JIT 生产方式的三种生产计划及作用

种　类	主 要 作 用
长期生产计划（1～3 年）	年度财务预算、固定资产（设备等）和不动产（厂房等）的投入、预定开发新产品类别及预定淘汰目前还在生产的产品类别、生产布局规划等
中期生产计划（数月）	评价在未来数月里，生产能力、供应商及采购部门能否对应，各部门人员是否不足（或富余）

（续）

种　类	主要作用
短期生产计划（短期）	对最终产品制定生产指令，既要确保准时出货给客户，又要产品库存量最小化。同时为其他车间（生产最终产品以外）、仓库、采购等部门提供制定生产指令、交货指令的参考依据

其中，长期生产计划一般一年制定两次，主要是规划大致准备生产的产品和数量，而不将它具体化。

3. 看板管理

看板就是用来表示出某工序何时需要多少数量的某种物料的卡片。看板管理方式，在精确测定生产各工序环节作业效率的前提下，采用看板（提料看板、生产看板、采购看板等）作为前后作业之间联系与沟通的工具，而它是以最终的销售需求为起点，由后道作业向前道作业按看板所示信息提取材料。就如由需求决定生产量的看板放到生产部门，生产部门按照生产所需决定原材料看板放到原材料处，就这样一直到了供应商那一块。这样前道作业按看板所示信息进行补充生产，保证了生产平准化，从而保证了材料到成品整个制造过程畅通无阻，不会出现瓶颈现象。

JIT 的运用会给企业带来许多收益，它不仅局限于对存货管理效率的提高——节省存货资金的占用，仓库空间的占用，以及与之相关的保管人员的减少等，还包括由于流动资金的占用而减少的借款利息支出，或者企业用这笔资金进行其他投资所获得的回报，降低其机会成本，最关键的收益是实现了 JIT 所追求的目标，即消除企业生产经营全过程中所有无价值的活动和耗费。最终结果是生产成本大幅度下降，提高了劳动生产率，提高了产品质量，更好更快地满足了顾客的需求。

9.4.3 敏捷制造

1. 何谓敏捷制造

敏捷化思想的出发点是基于对未来产品和市场发展的分析。随着人民生活水平的不断提高，人们对产品的需求和评价标准将从质量、功能的角度转向客户满意度最大、资源保护、污染控制等方面。产品市场总的发展趋势将从当今的标准化和大批量到未来的多元化和个性化，一小时照片冲印和立等可取的配眼镜服务就是我们今天能看到的敏捷制造的范例。

敏捷制造的观念认为，在未来的新生产模式下，决定产品成本、产品利润和竞争能力的主要因素是开发、生产该产品所需的知识的价值而不是材料、设备和劳动力。发达国家在认识到他们无法与发展中国家在人员工资和劳动力成本上竞争之后，希望能尽可能地扩大利润中由知识所创造的那部分，希望掌握迅速把知识融进产品转变为利润的方法和手段。

2. 敏捷制造的实施

竞争使得一个产品的生命周期越来越短，制造技术越来越复杂，生产批量越来越少。过去大批量生产的刚性生产线，显得越来越不适应了。竞争要求企业能将原有的刚性生产模式改成敏捷化的生产模式；要求企业能迅速进行重组，以对市场机遇作出敏捷反应，生产出用户所需要的产品。当发现单独生产不能作出敏捷反应时，希望能通过高速信息公路的工厂子网和其他企业进行合作，从组织跨企业的多功能开发组合到动态联盟，来对机遇作出快速响应。敏捷的概念就是要提高企业的应变能力，提高其驾驭未来市场和竞争环境的能力，使其能从变化调整中掌握主动并赢得竞争。敏捷制造要求企业能最充分、有效地利用各种信息和现代技术，能通过并行工程和仿真技术的利用，通过对全生产过程的仿真模拟来实现第一个产品就是最优产品的目标，从而彻底取消原型和样机的试生产过程。敏捷性使企业能以更快的速度、更好的质量、更低的成本和更优质的服务来赢得市场竞争。

9.4.4　计算机集成制造系统(CIMS)

计算机集成制造系统是在 1974 年由美国的约瑟夫·哈林顿博士首次提出来的。这一概念包括两个基本观点：第一，从产品研制到售后服务每个周期的全部活动，是一个不可分割的整体，应紧密联结安排，不能单独考虑；第二，整个生产过程的活动，实质上是一系列数据处理的过程，每一过程都有数据的产生、分类、传输、分析、加工等处理，其最终产出的产品，可以看作是数据的物质表现。

计算机集成制造系统(CIMS)是基于 CIM 的思想而形成的系统，是 CIM 的具体实现，是应用现代管理技术、制造技术、信息技术、自动化技术、系统工程技术于一体的系统工程。它综合并发展了企业生产各环节有关的计算机辅助技术，即计算机辅助经营决策与生产管理(MIS、OA、MRP)、计算机辅助分析和设计技术(CAD、CAE、CAPP)、计算机辅助制造技术(CAM、CNC、DNC、FMC、FMS)、计算机信息辅助技术（网络、数据库）、计算机辅助质量管理与控制等。

CIMS 的核心在于集成，在于企业内的人、生产经营和技术这三者之间的信息集成，以便在信息集成的基础上使企业组成一个统一的整体，保证企业内的工作流程、物质流和信息流畅通无阻。

1. CIMS 的一般结构

CIMS 作为一个现代综合系统是由以下四个分系统构成的：

（1）*管理信息分系统*　它以 MPRⅡ为核心，通过对市场调研与预测、生产运作系统设计与运行、市场营销、财务管理、企业综合管理等各种信息进行收集与处理，并进行系统集成，为决策和指挥提供支持。

（2）*产品设计与工程制造设计自动化分系统*　它通过用计算机来辅助产品设计、制造准备及产品性能测试工作，可以大大提高产品开发的效率。

（3）*制造自动化或柔性制造分系统*　运用不同的数控机床等先进制造设备和子系统，提高生产系统的自动化程度和制造柔性，增强生产对市场的适应程度，提高企业的生产效率与经济效益。

（4）*质量保证分系统*　CIMS 有科学严格的质量决策与控制体系，确保从产品设计、制造、检验到售后服务全过程的产品质量。

2. CIMS 集成的三个阶段

制造业的自动化大体上分为刚性自动化、柔性自动化和集成自动化三个阶段。20 世纪 70 年代以前，主要利用机械设备，实现大批量生产，用自动化技术代替人的体力劳动，目的是提高劳动生产率，这一时期为刚性自动化阶段。20 世纪 80 年代中期以前，主要利用柔性制造系统实现多品种、小批量生产，解决高生产率与柔性的统一，目标是在继续提高劳动生产率的同时，实现产品本身和制造过程的柔性，这一时期为柔性自动化阶段。20 世纪 90 年代以后，主要利用计算机集成制造系统，实现全局优化的集成生产，目标是将不同种类和功能的自动化孤岛集成起来，实现全局优化，这一时期为集成自动化阶段。

制造自动化系统位于企业制造环境的底层，是直接完成制造活动的基本环节。它覆盖了企业从车间层至设备层的全部功能和活动。通常，制造自动化系统由制造系统、控制系统、物流系统、监测系统和机器人组成。制造系统用于对工件或产品进行物理加工的操作，它直接完成零件或产品的各种加工和装配，主要包括各种数控机床、加工中心、柔性制造单元等加工设备、测量设备和装配设备。控制系统用以实现对制造系统的操作过程控制，是制造自动化系统集成信息流、决策流的基础。它控制全系统协调运行，包括车间层管理与控制、单元层控制、工作站控制及物流控制等功能。物流系统是制造自动化系统物流集成的基础，它完成对工件和工具的存储、搬运、装卸等三大操作功能。监测系统是制造自动化系统工作质量保证的基础，它完成制造过程中对加工对象、加工设备及加工工具的在线自动监测。机器人除在传统的搬运、装卸过程中大量应用外，在焊接、装配、喷涂、测试、清洗等生产过程中，目前正朝着开放式结构、分布式处理的方向发展。开放式结构即建立公共的硬件、软件平台，面向不同的应用环境，适应多种系统的需求。分布式处理包括各种设备的网络互联、分布式数据管理、分布式数据库和实施多任务并发处理。随着自动化向管理和技术领域的渗透和发展，制造自动化系统必然要同管理信息系统和技术信息系统集成起来，并最终形成集成制造系统。

3. 实施 CIMS 的效益

在 20 世纪 70 年代和 80 年代早期，工业发达国家付出极大努力实践 CIM 的概念和技术，但世界上只有少数几个公司在实施中取得了示范性的潜在效益，表现在以下几个方面：

1）降低成本。

2）提高生产力。

3）提高柔性（灵捷性）。

4）提高产品可制造性。

5）提高产品质量。

6）减少生产准备时间。

7）增加员工满足感。

8）增加用户满意度。

然而，在世界范围，多数公司几乎都不很成功，并没有获得像少数公司获得的那样大的经济效益。

为跟踪国外这一先进技术，我国在 1987 年开始实施“863 高技术计划”的 CIMS 主题。这一时期国外正强调 CIMS 的核心是“集成系统体系结构”，我国在实施中不可避免受其影响，经过 10 年多的努力实施，已经取得了一定的成绩。

【复习思考题】

1. 什么是生产过程？它由哪几部分组成？
2. 合理组织生产过程的要求是什么？
3. 什么是工艺化原则和对象化原则？各有哪些优缺点？
4. 一批零件在工序间的移动方式有几种？各种方式适用于哪些零件生产？
5. 怎样理解流水线的特点、应用条件与涉及内容？连续流水线组织设计的基本步骤有哪些？

6. 已知某产品的批量为 6 件，经历 5 道工序进行加工，各道工序的单件加工时间分别为 t_1= 5 min，t_2 = 2 min，t_3 = 5 min，t_4 = 3 min，t_5 = 4 min。试绘制某产品在工序间的三种移动方式图，并计算整批某产品的加工周期。

7. 某厂计划设计一条年产某种零件 5 400 件的流水线，该零件顺次经过 5 道工序，各道工序的单件加工时间分别为：15 min，14 min，9 min，16 min，5 min。试计算：

1）流水线节拍。

2）各道工序工作地数目。

3）各道工序工作地负荷系数。

4）整个流水线总的负荷率（该厂实行 3 班制，每班 8 h；流水线全年有效工作日数为 300 天）。

【案例分析】

恰逢其时的管理方式

近年来，美国数万家公司纷纷推行一种叫做“恰逢其时”的管理方式。这种管理方式的大体内容是：在电脑的辅助下，大刀阔斧地简化生产过程，减少零件库存。在从原材料进厂到成品上市的整个过程中，每一个环节要十分紧密地衔接，杜绝“停工待料”和“停料待工”现象，有效地提高生产效率。在通用汽车公司生产“土星牌”汽车的生产车间，新安装了 101 扇自动门。这些门平时是关闭着的，人力打不开，只有到了该门所管辖的那道工序需要某种零件的时候才会自动打开，把零件送进去。

譬如在流水线上缓缓运行着的汽车到了需要装配座椅的时候，另一家生产座椅的公司从电脑主机上收到送货指令，随即用卡车把座椅运到通用汽车公司的工厂里来。这时候，靠近装配座椅工段的那道门自动打开，座椅被直接送上装配线，这就叫“恰逢其时”。

这种管理方式的好处是减少了仓储费用，缩短了从仓库到装配线的运输时间和距离，从而可以降低生产成本。此外，这样也能促使装配线不出任何事故，保证准确无误，迫使生产部门提高工作质量和产品质量。

推行这种新的管理方式的关键是提高工人的素质，把工人培养成掌握多种技能的多面手，为此，已经或准备实行这项管理制度的美国企业都不惜花费巨款培训职工。通用汽车公司规定，每个工人每年都要抽出百分之五的工作日参加培训班，学习各种专业技能。

案例分析问题：

1. 通用汽车公司的这种简化生产过程的管理方式反映了什么组织原则？
2. 同时追求杜绝“停工待料”和“停料待工”的目标是否有风险，什么情况下出现？
3. 所谓“恰逢其时”的管理方式的实施需要具备何种条件？

【技能实训】

1. 实训目的：培养学生组织企业产品生产的能力。

2. 实训内容和方式：通过参观一家工厂的生产流程，用所学知识，制定一家制造工厂的产品制造流程。

3. 实训成果：企业生产情况报告；生产流程图。

第 10 章　生产计划与控制

【学习目标】

1. 知识目标

- 熟悉生产计划的含义和作用。
- 了解生产计划系统层次和功能及相互关系。
- 理解和熟悉企业年度生产计划指标内涵。
- 掌握年度生产计划的制定程序和方法。
- 掌握企业生产能力的核定方法。
- 掌握短期作业计划的编制与实施。
- 掌握网络计划技术及应用。

2. 能力目标

- 能够计算确定企业的生产计划指标。
- 组织企业生产计划的编制。
- 制定企业的生产能力计划。
- 能够编制和组织生产作业计划。
- 能够根据实际资料和要求编制网络计划。

【导入案例】

草 籽 娃 娃

草籽娃娃迅速成为这个夏天风行一时的新产品。尽管现在才是 1994 年 7 月中旬，可是自从 4 月中旬开始生产以来，Seiger Marketing 已经两次搬迁和扩建它的草籽娃娃生产分厂及仓库。即使这样，现在的生产水平仍然使它位于安大略省的多伦多工厂的设备生产能力达到了其物理极限。

现在，一切都是不确定的，然而，草籽娃娃的合伙人，也是西方商学院的新近毕业生安顿·拉比和龙能·哈拉里，却不愿意给草籽娃娃的生产主管——商学院同学本·瓦拉蒂任何实质性建议。只是会说："保持弹性。我们也许会拿到 10 万件的订单，但是如果这些订单没有拿来，我们既要保持现有人员，又不保有承担巨大的库存。"基于这种不确定性的背景，来寻求提高生产能力的方法，这些方法的实施是不能以牺牲弹性和提高成本为代价的。

当草籽娃娃的主人把它们从盒子里取出时，他们会发现一个光秃秃的惹人喜爱的人头状得小东西，这个小东西得直径大约为 8 cm 左右。在水中浸泡之后，把草籽娃娃放在潮湿的环境中呆上几天，它就会长出一头漂亮得绿发。草籽娃娃主人的创造力能够通过发型的变化表现出来。草籽娃娃的销售工作是从多伦多地区的花店和礼物商店开始的，但由于产品获得了广大顾客的普遍欢迎和认可，分销工作通过 K-Mart、Toys R Us 和沃尔玛特这样的商店在全国范围内展开。到7月中旬，有10万多个草籽娃娃在加拿大售出，向美国的出口工作也已经开始。

草籽娃娃通过一个混合批量流水生产过程加工出来。6个填充机操作员同时工作，把锯末和草籽装进尼龙袋子里，这样就制成了基本的球形体。操作员把球形体放入塑料的装载盒里，每盒可装25只。在另一个批量作业地，一个操作工人把带有塑料外衣的导线在一个简单的模具上缠绕一下就制成了草籽娃娃的眼睛。

接下来的作业过程是一个由工人组成的流水线。三个塑形工把球形体从装载盒拿出来，通过加工使球形体看起来像人头，这包括为他们塑造出鼻子和耳朵。在塑形工旁边有两个工人，他们把先前做好的眼睛架在草籽娃娃的鼻子上，并把两只塑料的小眼睛用胶水粘在镜框里。经过塑形和组装的草籽娃娃都转交给一个工人，他负责用植物颜料给它画上一个红红的嘴巴，画完后把它们放在一个晾干架上。经过5个小时的晾干以后，两个包装工人把草籽娃娃放进盒子，然后再把它们装入便于运输的箱子里。

为了分析研究生产能力，本和他的日常监管鲍勃·韦克拉莫对草籽娃娃的各加工工序及转移时间做了估计。估计的时间如下：填充需1.5 min；塑形需0.8 min；制作眼睛需0.4 min；构造眼镜需0.2 min；涂染需0.25 min；包装需0.33 min。除去不可避免的拖延和休息时间，本得出他可以对一个8 h班次按7 h计算实际工作时间。

你认为应如何安排？

10.1 生产计划与生产能力

10.1.1 生产计划概述

1. 生产计划含义

生产计划是根据对市场需求的预测，从企业的实际生产能力出发，为有效地满足预测和订货，确定的企业在计划期内应完成的产品生产任务及其进度的安排。它具体规定企业在计划期（年、季、月）内应当完成的产品品种、质量、产量、产值、出厂交货期限等一系列生产指标。它不仅规定了企业内部各车间的生产任务和生产进度，还规定了企业之间的生产协作任务。生产计划的主要任务是充分挖掘企业内部资源，合理利用企业资源，不断生产出国内外市场适销的商品，以提高企业经济效益。

2. 生产计划系统

生产计划系统是包括预测功能、需求管理、作业计划、材料计划和能力计划等，并以生产控制信息的迅速反馈连接构成的复杂系统。其高效运转的关键是提高系统中每个计划的质量和效率，并不断改善信息的交流。市场的不确定性和变异性是生产计划系统运作的主要障碍，这就要求生产计划系统不断提高它的应变能力和柔性。生产计划系统的功能组成如图10-1所示。

（1）长期生产计划　长期生产计划的主要任务是进行产品决策、生产能力决策和确定竞争优势的决策。性质属于战略计划范围，在此基础上可以制定经营计划。长期生产计划与同期销售计划、市场预测和资金供应计划应协调一致，一般期限为5年以上，并且每年进行滚动修改。

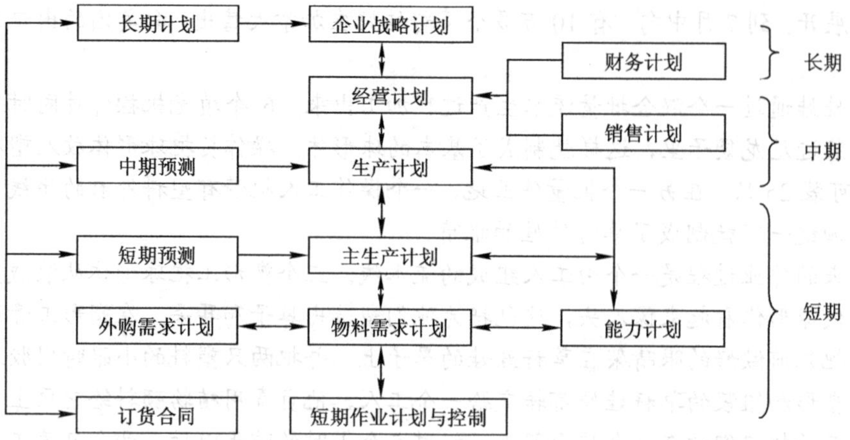

图 10-1　生产计划系统示意图

（2）中期生产计划　中期生产计划属于战术性计划，一般称为生产计划或生产计划大纲。计划期通常为一年，也称为年度生产计划。年度生产计划的主要任务是根据产品市场预测和顾客订货的合同信息，确定企业在计划年度内的生产任务。在制定生产计划时，必须要进行生产能力的核定与平衡，尽可能充分利用现有生产能力，最大限度满足顾客需求，获取利润。

（3）短期生产计划　短期生产计划又称生产作业计划，它的任务是依据用户的订单，合理安排生产活动中的每一细节，确保按用户要求的质量、数量和交货期交货。其主要内容有：

1）主生产作业计划，简称主生产计划。对一般加工装配企业来讲，它是生产计划系统的核心。一般期限为季度或月度，确定季度、月度的投入产出。它按照生产计划规定的任务和实际的顾客订货合同制定作业计划，规定生产的品种、数量、加工进度和完工时间及每个生产单位的任务和投入产出进度，是所有短期生产活动，包括采购、外协、制造和装配等活动的依据。

2）物料需求计划。是根据产品结构将主生产计划展开为详细的材料需求、零件生产及外协外购计划，解决什么时间、需要什么、需要多少的问题。

3）短期作业计划。根据零部件生产计划，具体规定每种零件的投入和产出时间，以及每台设备上的零件的加工顺序。

4）能力计划。对短期零部件的生产计划进行任务与能力的详细平衡。

5）生产控制与反馈。是将生产过程的状态信息，如加工进度、库存变动、设备故障、出勤情况、质量问题等及时反馈，以便有关部门及时采取有效措施，确保计划实现。

一般情况下，不同类型的企业生产计划的侧重点不同。对流程型企业，生产连续进行，生产能力可以明确核定，属于备货型生产，短期生产作业计划和中期计划的作用更为突出。对于制造装配型企业，其生产能力随着产品结构的变化而变化，是动态的，难以在制定中期生产计划时明确核定，属于订货型生产。中期生产计划只能起到一定的指导作用，企业计划的重点是短期生产作业计划。对于接近二者之间的、类似于流水作业的加工装配性质的企业来说，中期生产计划的作用越来越得到重视。

10.1.2　年度生产计划

1．年度生产计划主要指标

生产计划是由一系列指标构成的，这些指标反映在计划期内对企业生产活动的各方面要求。主要包括产品品种、质量、产量、产值和产品出产期限。

（1）*产品品种指标*　是企业在计划期内生产产品的品名和种数，以及企业计划期内生产新产品的指标。它作出企业在计划期内“生产什么”的决策。必须按照具体的用途、规格、型号详细规定。

（2）*产品质量指标*　是指企业在计划期内各种产品应达到的质量标准。产品质量指标符合所签合同规定的技术要求或国家有关质量标准。质量指标有两大类：一类是反映产品本身质量的指标，如产品寿命、产品精度等；另一类是反映产品生产企业的工作质量指标，如废品率、合格品率、返修率等。

（3）*产品的产量指标*　是指企业在计划期内出产合格产品的数量。它作出企业生产多少的决策。反映了企业可以向社会提供合格产品的数量。一般以实物单位计量表示，如汽车以“辆”表示、电视机以“台”数表示。

（4）*产值指标*　是指企业在计划期内用货币单位计算和表示的产品产量指标。产值指标是反映企业生产总成果的指标。产值指标按其所包含的内容不同，可划分为商品产值、总产值和工业增加值三种形式。

（5）*出产期限*　是指为了保证按期交货确定的产品出产期限。正确的确定出产期限很重要，因为若出产期太紧，保证不了按期交货，会给用户带来损失，也给企业信誉带来损失；若出产期太松，不利于争取顾客，还会造成生产能力浪费、库存费用增加。

对于订货型生产企业，确定交货期和产品价格是主要决策项目；对于备货型生产企业，主要是确定产品品种和产量。

2．生产计划的编制步骤和滚动式计划

（1）*生产计划编制步骤*　生产计划编制的中心内容是确定企业在计划期内各项生产指标应达到的水平和应采取的措施。编制生产计划实质是一个重要的决策过程，其基本步骤如下（见图10-2）：

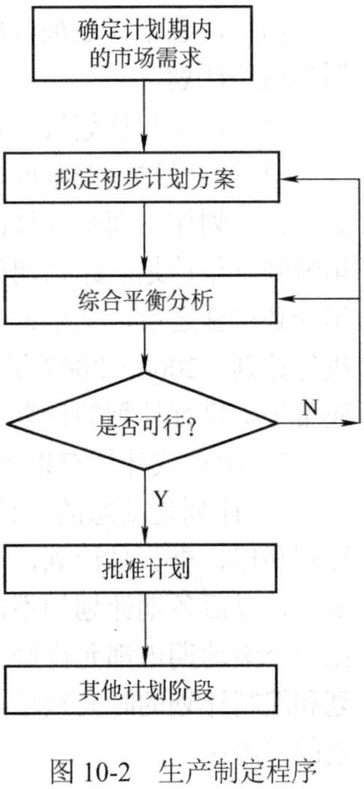

图10-2　生产制定程序

第一步骤：调查研究与预测，确定计划期内的市场需求。

需要的信息来源包括企业经营目标和生产战略、用户的直接订单、市场需求分析与预测、未来库存计划、资源供给分析、能力分析等。

第二步骤：统筹安排，拟定初步计划方案。

生产计划方案主要是指各种产品生产计划指标的方案。主要包括产品的品种、质量、产量、产值和利润等指标的优选和确定；确定产品生产结构；将总指标分解为各分厂和车间的生产指标等。

第三步骤：综合平衡，确定生产计划指标。

对提出的计划指标方案，按照充分利用企业的生产能力与现有的资源的原则进行综合平衡。主要内容包括：年度生产任务与生产能力平衡；年度生产任务与物资供应平衡；年度生产任务与劳动力平衡；年度生产任务与财务成本平衡；生产任务与生产技术准备、生产任务与外部协作、生产与销售、数量与质量、整机与配件等方面的平衡。

第四步骤：正式编制与批准生产计划。

生产计划经过反复核算、综合平衡，最终以确定的生产计划指标为核心，编制正式的计划文本。主要工作包括审核并最后确定生产计划指标；安排产品的出产进度；按车间确定生产任务；编制与外单位的生产协作计划；编制企业生产计划表如表 10-1 所示；报决策机关批准执行。

表 10-1　2006 年工业产值和产品产量计划表

产品名称（规格、型号）		单　位	上年预计	计 划 年 度						备注
			全年预计	1～9 月实际	全年	一季度	二季度	三季度	四季度	
主要产品	产品 A	台	1100	900	1200	280	300	320	300	
	产品 B	台	–	–	100	40	30	–	–	
外售维修配件		套	160	120	200	–	–	100	100	
总产值（按不变价格计算）		万元								
商品产值（按现行价格计算）		万元								
增加值（按现行价格计算）		万元								

第五步骤：计划实施控制与评估。

在计划实施过程中要加强跟踪控制，评估实现程度与出现的偏差，制定有效措施，包括对计划的必要调整与完善。

（2）滚动式计划编制方法

1）滚动式计划是编制计划的新方法，是在市场经济条件下，企业对生产计划自觉地进行主动调节的有效方法。滚动式计划的具体编制方法如下：

第一，整个计划被分成几个时间段，其中第一个时间段为执行计划，后几个时间段的计划为预计计划。

第二，执行计划较具体，要求按计划实施。预计计划比较粗略。

第三，经过一个时间段，根据执行计划的实施情况以及企业内、外条件的变化，对原来的预计计划作出调整与修改，原预计计划中的第一时间段的计划就变成了执行计划。如 2001 年编制五年计划，计划期从 2002 年至 2006 年，共五年。若将五年分成五个时间段，则 2002 年计划实施之后，又根据当时的条件编制 2003～2007 年的五年计划，其中 2003 年的计划为执行计划，2004～2007 年的计划为预计计划。依次类推，修改计划的间隔期称为滚动期，它通常等于执行计划的计划期。滚动计划的时间段可为年、季、月或更短的时间间隔。

2）滚动式计划有以下特点：

① 计划是动态的，计划的应变性和严肃性均得到了保证。原来编制的三年或五年长期计划和年、季、月计划，一经编制完成后，一般情况下不再变动。如果第一期实施结果出现偏差，以后各期计划如不作调整，计划就会流于形式。而滚动计划，无论是长期还是短期，在一个滚动期内都允许修改，因此能适应市场的需要，具有应变性的特点。同时，因执行计划和编制计划的时间接近，内外部条件不会发生很大变化，可以基本保证完成，又体现了计划的严肃性。

② 提高了计划的连续性，便于建立正常的生产秩序和组织均衡生产。如图10-3所示，计划的滚动期为五个月，时间段为一个月。1月份编制2、3、4、5、6月计划，2月份编制3、4、5、6、7月计划，其中，1月份编制4、5、6月计划和2月份编制的5、6、7月计划是预计计划。在一个滚动期内，执行计划和预计计划应为多长时间，企业可根据具体情况而定。

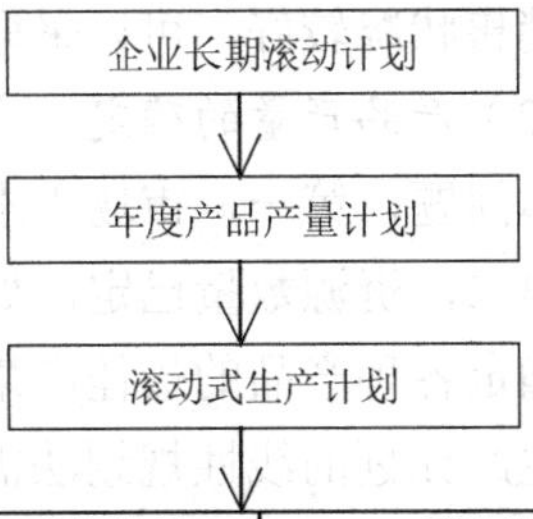

编制时间	实行计划		预计计划		
1月份	2月	3月	4月	5月	6月
2月份	3月	4月	5月	6月	7月
3月份	4月	5月	6月	7月	8月

图10-3　滚动式生产计划

3. 年度生产计划指标的确定

（1）*产品品种的确定*　产品品种的确定一般采用盈亏分析法和收入利润顺序法。通过盈亏分析，先确定各种产品的盈亏平衡点，再比较各种不同产品的边际利润，以此确定多种产品的生产顺序。当然，对于单一产品生产的企业，通过盈亏平衡点可以确定产品的保本点产量和产值。

收入利润顺序法是对生产的各种产品按销售收入和利润排序，并将其绘制在收入利润图上，以便于直观分析。表10-2所列为10种产品的收入和利润顺序，将其绘制成收入利润顺序图，如图10-4所示。

表10-2　销售收入利润顺序表

产品名称	A	B	C	D	E	F	G	H	I	J
销售收入顺序	1	2	3	4	5	6	7	8	9	10
利润大小顺序	3	2	5	2	7	6	8	6	10	9

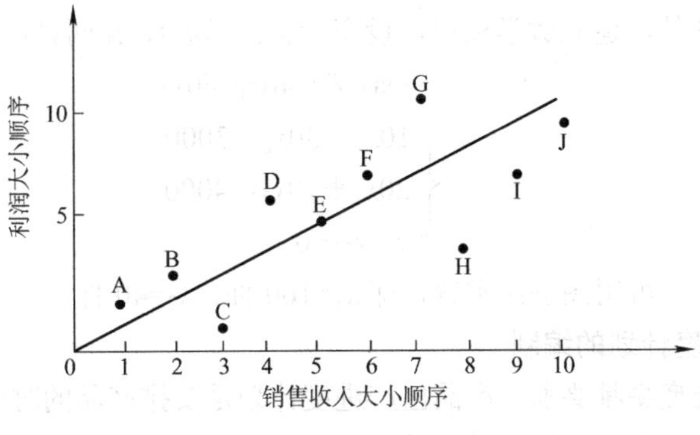

图10-4　收入利润顺序图

从图中可以看出，所列产品基本可以分为两种，一种是图10-4斜线下方的产品，如C、H、I、J产品，销售收入次序在后，利润次序在前。表明这类产品利润较大。其原因主要是产品成本较低或销售价格较高。在生产能力允许的情况下，应增加这些产品的生产量。另一种是图10-4斜线上方的产品，销售收入次序在前，利润次序在后，表明这类产品利润比正常情况要少。对这类产品要进行进一步分析。如果是新产品，处于导入期，销售收入低，同时是未定型产品，成本高利润少，可以通过改进设计和工艺，扩大宣传力度，采取扶植政策，继续生产；如果是处于衰退期的老产品，就应采取停产或转产；若另有质量等其他问题，但市场销售状况较好，可以采取相应的改进措施后，适量生产。

（2）*产品产量的确定* 产品产量确定通常可采用线性规划法确定。线性规划法可解决两类具体问题，第一，市场需求已定，如何统筹安排、精心策划，用最少的资源来满足市场需求；第二，资源数量已定，如何合理的利用和调度，以取得最大利润。利用线性规划法，就是要确定各种产品的最佳产量，以使企业所获得的利润最大或支付的成本最低。

生产计划的线性规划法需要建立线性规划模型，主要由四部分组成：

1）变量：又称决策变量，如生产计划中的产品产量，一般用 x_1, x_2 ……表示不同品种产品的产量。

2）目标函数：是指系统目标的数学描述，线性规划的目标函数是求系统的极值，如产值、利润、效率的极大值或原材料消耗、成本费用的极小值。

3）约束条件：是实现系统目标的限制因素，涉及到系统内部条件和外部环境各个方面，如生产能力约束，原材料、能源约束，库存水平约束等。

4）变量非负限制：所有决策变量均应大于或等于零。

线性规划法适用于生产多种产品类型的企业，解决具有多种约束条件的生产计划问题。对于约束条件较少的生产计划问题，可以采用图解法或表上作业法。约束条件较多的生产计划问题要采用单纯形法，可借助计算机求解。这里仅介绍图解法。

【例 10-1】某企业生产 A、B 两种产品，它们分别要在甲、乙两种设备上加工生产。甲设备现有生产能力为 3000 工时，乙设备现有生产能力为 4000 工时。已加工一件 A 产品需甲设备工时 10 工时，乙设备工时 20 工时；加工生产一件 B 产品需甲设备 30 工时，乙设备 10 工时。如果 A 产品的利润是 40 元/件；B 产品的利润是 60 元/件。在保证企业获取最大利润的前提下，安排企业产品生产计划。

解 根据所给条件，建立数学模型，设变量 x_1, x_2 为 A、B 两种产品的生产数量。

目标函数为

$$\max Z = 40x_1+60x_2$$

约束条件为

$$\begin{cases} 10x_1+30x_2 \leqslant 3000 \\ 20x_1+10x_2 \leqslant 4000 \\ x_1, x_2 \geqslant 0 \end{cases}$$

此问题只有两个变量，可用图解法求解，即 x_1=160 件；x_2=40 件。

4．产品出产进度计划的编制

（1）*产品出产进度安排要求* 产品出产进度计划是安排产品的时间和顺序的计划。基本要求是①要保证订货合同规定的品种、质量、数量和期限。②对于多种产品生产，应进行产品品种的合理搭配，使企业生产均衡，负荷饱满。③保证生产所需的原材料、外购件、外协件的供应时间和数量与出产进度协调一致。④要保证生产技术准备工作与产品出产进度相衔接。

（2）*产品出产进度安排* 由于生产类型的特点不同，安排出产进度的方法也有一定差别。

大量大批生产企业。由于产品品种数很少，产量大，生产的重复程度高，多采用备货型生产方式。产品出产进度的安排，主要是确定计划期内不同时期的平均日产量。常用的安排方式有四种：①均衡分配方式。是指将全年计划产量平均分配给各季、各月的出产方式。这种方式适用于需求稳定、生产自动化程度较高的情况。②分期递增方式。是指每隔一段时间平均日产水平有所增长，而在该段时间内每月出产量大致相等的出产方式。③小幅度连续增长方式。是指各季、各月的产量逐渐小幅的不断增长的出产方式。④抛物线递增分配方式。是将全年产量按开始增长较快、以后逐渐缓慢递增的方式安排各月任务的出产方式。上述②、③两种方式适用于市场需求逐步增加，企业劳动生产率稳步提高的情况。

成批生产企业。由于生产产品种类较多，各种产品的产量相差较大，不宜采用大量大批生产类型的产品出产方式。具体方法有：对于产量大并且经常出产的产品，可按“细水长流”方式均衡的安排每月的生产任务；对于有订货合同的产品，要按合同规定的数量与交货期的要求予以安排，以减少库存；同一系列不同规格的产品，当产量较少时，尽可能安排同一时期生产，这样可以集中组织通用件的生产；新产品的生产应分散安排，使新产品的技术准备工作均衡，保证新产品的试制质量。

单件小批生产企业，由于订单具有随机性，产品往往又是一次性需求，产品的出产进度计划应以订货合同为依据，结合企业的生产能力统筹安排。

安排好产品出产进度计划后，还要将生产任务分配到各个基本车间，使各车间之间的生产任务在时间上、数量上相互衔接平衡，保证企业生产任务的顺利完成。

10.1.3 企业生产能力分析

生产计划是否可行，主要取决于企业各环节生产能力的保证程度。核定企业生产能力是实现企业生产计划综合平衡分析中的重要内容，是反映企业生产可能性的重要指标。正确核定企业生产能力是企业生产经营决策的前提。

生产能力的核定过程，是发现问题结决问题的过程。对于薄弱环节，凡经过努力能够改善的，生产计划编制可以考虑接受；对于暂时不能克服的瓶颈环节，也就是下一步改扩建或技术改造的方向。

生产能力计划按计划期的长短可分为：长期、中期和短期能力计划。生产能力计划与生产计划的关系如图10-5所示。

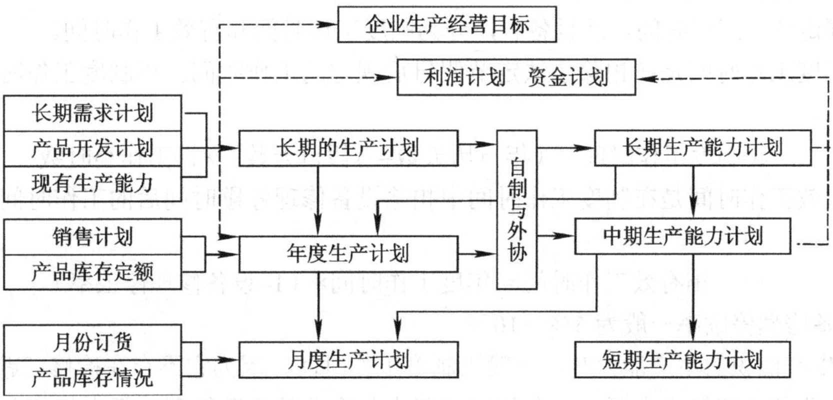

图10-5 生产能力与生产计划的关系

1. 生产能力的含义和影响因素

(1) 生产能力的含义 企业的生产能力是指设备能力、人员能力和管理能力的总和。设备能力是指设备和生产面积的数量、水平、生产效率与使用时间的组合；人员能力是指人员的数量、技术水平、出勤率与有效工作时间的组合；管理能力包括管理机构及其运行效率，管理人员的素质、经验、水平、工作态度与运用先进管理理论、方法等诸因素的组合。在实际计算能力时，由于管理能力只能作定性分析，所以生产能力主要是设备能力和人员能力。即企业在一定的生产技术组织条件下，在一定时期内（通常以年计算）直接参与生产过程的固定资产（设备、厂房和其他生产性建筑物）和人力资源所能生产一定种类和一定质量产品的最高数量，或者所能加工处理一定原材料的最大数量。

生产能力一般分为设计能力、核定能力和计划能力三种。

1）设计能力是指企业在设计任务书和技术文件中规定的生产能力。这个生产能力一般在企业建成后经过一段时间试产后才能达到。企业在制定长远规划时使用设计能力。

2）核定能力是指企业在产品方向和组织技术条件发生了重大变化，原有设计能力已不能真实地反映实际情况时，重新调查核定的生产能力。核定生产能力是在新的假设条件下可能实现的能力，它不是真正的现实生产能力，一般可作为企业进行技术改造时核定生产能力的依据。

3）计划能力（又称现实生产能力）是企业在计划年度内充分考虑了现有的和能够实现的各种措施后实际可达到的生产能力，是编制企业生产计划的依据。

（2）影响生产能力的因素　企业的生产能力主要由以下四项因素决定。

1）生产中的设备数量和生产面积。现代企业作业离不开大量的专业设备和作业场地，设备数量包括现有的全部用于生产的设备，不论是运转的、维修与正在修理的或已到企业尚待安装的，还是因任务不足而暂时停用的设备，均应加以计算。生产面积不包括一切非生产用房屋的面积和场地。生产面积的数量、制造厂的铸造、铆焊和装配车间意义重大。

2）生产中的设备效率和人力资源中劳动者的科技水平与劳动技能的熟练程度。从设备和生产面积来看，它的生产效率从两个方面来体现，一个是单台设备或单位面积在单位时间内的产量的定额；另一个是单台设备或单位面积生产单位产品的时间定额。但是这两方面效率的水平状况都离不开劳动者的科技水平和劳动技能熟练程度。特别是技术飞速发展的今天，劳动者掌握的科学技术已成为企业生产力发展的源泉。

3）固定资产工作时间。从设备看，分为制度工作时间和有效工作时间。

① 制度工作时间是在扣除了法定节假日后规定的工作时间。年制度工作时间的计算公式为

$$\text{年制度工作时间} = (\text{年日历天数} - \text{节假日天数}) \times \text{日工作小时数}$$

② 有效工作时间是在制度工作时间中扣除设备修理停歇时间后的工作时间，其计算公式为

$$\text{年有效工作时间} = \text{年度工作时间} \times (1 - \text{设备修理停工率})$$

式中，设备修理停歇率一般为5%～10%。

计算生产面积的生产能力时，一般用制度工作时间，因为它不存在检修问题。

4）企业的经营管理水平。企业的生产能力与企业的经营管理水平密切相关。管理的作用，就在于从时空上合理地组织协调这些因素的相互关系，使其发挥出最大的综合作用，形成最大的生产能力。因此，在研究生产能力时，企业管理水平是不可忽视的重要因素。

2．设备组生产能力核定

生产能力核定，一般是先计算设备组的生产能力，然后确定工段、小组的生产能力，再确定车间以至全厂的生产能力。当工段、小组的生产能力取决于生产面积时，则按生产面积

计算。

（1）**单一产品生产时，设备组生产能力的计算** 当设备组生产单一产品时，其生产能力用生产实物数量表示，计算公式为

$$\text{设备组的生产能力}=\text{设备数量}\times\text{单台设备有效工作时间}\times\text{单位设备单位时间产量定额}$$

$$\text{设备组的生产能力}=\frac{\text{设备数量}\times\text{单台设备有效工作时间}}{\text{单位产品台时定额}}$$

当生产能力由生产面积大小决定时，其计算公式为

$$\text{生产面积生产能力}=\text{生产面的数量}\times\text{生产面积利用时间}\times\text{单位时间单位面积产量定额}$$

$$\text{生产面积生产能力}=\frac{\text{生产面积的数量}\times\text{生产面积的利用时间}}{\text{单位产品占用生产面积时间定额}}$$

生产面积的利用时间可按制度工作时间计算。

（2）**多种产品生产条件下的生产能力计算** 当设备组生产多种产品时，可按标准产品、代表产品、假定产品计算生产能力。

1）按标准产品计算生产能力。标准产品是对具有不同规格的同类产品进行综合计算时所用的一种实物量单位，把不同品种、规格的同类产品换算成标准产品后，按单一品种产品生产条件下的方法进行计算。

2）按代表产品计算生产能力。代表性产品是指产量大、占用工时较多或结构、工艺上具有代表性的产品。其他产品用换算系数折合成代表性产品后，按单一品种生产条件下的方法计算代表产品的生产能力，再根据计划产量和换算系数计算出各种产品分配生产能力。换算系数的计算公式为

$$\text{换算系数}=\text{某种产品台时定额}/\text{代表产品台时定额}$$

采用代表产品法确定生产能力具体步骤如下：

第一步：计算代表产品表示的设备组生产能力

$$\text{代表产品生产能力}=\frac{\text{年有效工作时间}\times\text{设备台数}}{\text{代表产品台时定额}}$$

第二步：将各种产品计划产量换算成代表产品表示的总产量

$$\text{计划总产量}=\sum\text{某种产品的产量}\times\text{该种产品与代表产品的换算系数}$$

第三步：计算设备负荷系数

$$\text{设备负荷系数}=\frac{\text{代表产品生产能力}}{\text{代表产品表示的计划总产量}}$$

设备负荷系数小于1时，计划产量大于生产能力，反之，生产能力大于计划产量。

第四步：计算具体产品的生产能力

$$\text{某种产品的生产能力}=\text{某种产品代表产品生产能力}\times\text{设备负荷系数}$$

【例10-2】某企业生产A、B、C三种产品，各种产品在机加工车间铣床组的计划台时定额分别为20、25、15台时，铣床组共有铣床25台，两班生产，每班工作8小时，设备停修率为5%。如果以A为代表产品，各种产品的计划产量见表10-3，请核算该铣床组的生产能

力并与计划相比较；计算设备组负荷系数。

表 10-3 三种产品计划产量

产品名称	计划产量/台	单位产品铣床台时定额/台时
A	2000	20
B	1000	25
C	1200	15

解 第一步：计算以产品 A 代表的铣床组生产能力为

$$铣床组生产能力=\frac{8\times 2\times(365-111)\times(1-5\%)\times 25}{20}=4826台$$

第二步：计算代表产品表示的总产量

代表产品表示的总产量=2000×1+1000×25/20+1200×15/20=4150 台

第三步：计算负荷系数

铣床组的负荷系数=4826/4150=1.163

计算结果：设备的负荷系数大于 1，表明铣床组的生产能力大于计划产量。

第四步：计算具体产品的生产能力

A 产品的生产能力=2000×1.163=2326 台

B 产品的生产能力=1000×1.163=1163 台

C 产品的生产能力=1200×1.163=1396 台。

具体产品的生产能力表示在现有生产能力情况下，每种产品的最大生产能力。

具体计算时可采用列表的方法进行。仍用上例，如表 10-4 所示。

表 10-4 代表产品法生产能力计算表

产品名称	产品计划产量/台 ①	单位产品台时定额/台时 ②	换算系数 ③=②/20	折合代表产品产量 ④=③×①	代表产品生产能力 ⑤	设备负荷系数 ⑥=⑤/Σ④	还原为各种产品的生产能力/台 ⑦=④×⑥
A	2000	20	1	2000	4826	1.163	2326
B	1000	25	1.25	1250			1163
C	1200	15	0.75	900			1396
合计				5150			

3）按假定产品计算生产能力。假定产品是计算生产能力时假定的折合量单位。当生产的产品种类较多，而产品结构、工艺和加工劳动量相差很大时，采用假定产品的计算单位计算生产能力。计算步骤如下：

第一步：计算假定产品的台时定额，其计算公式为

$$\begin{matrix}假定产品\\台时定额\end{matrix}=\sum\begin{matrix}第i种产品\\台时定额\end{matrix}\times\begin{matrix}第i种产品的产量占假\\定产品总产量的比重\end{matrix}$$

第二步：计算以假定产品表示的设备组生产能力和设备负荷系数

$$\begin{matrix}假定产品表示的\\设备组生产能力\end{matrix}=\frac{年有效工作时间\times设备台数}{假定产品台时定额}$$

$$设备负荷系数=\frac{假定产品表示的设备组生产能力}{假定产品总产量}$$

第三步：计算各种计划产品生产能力

某种产品的计划生产能力=某种产品产量×设备负荷系数

承上例，假设三种产品结构不相似，以假定产品为单位计算铣床组生产能力。

解 ① 计算假定产品台时定额

$$假定产品台时定额=\frac{2000}{4200}\times 20+\frac{1000}{4200}\times 25+\frac{1200}{4200}\times 15=19.76台时$$

② 计算假定产品表示的设备组生产能力和设备负荷系数

$$\begin{matrix}假定产品表示的\\设备组生产能力\end{matrix}=\frac{8\times 2\times (365-111)\times (1-5\%)\times 25}{19.76}=4885台$$

$$铣床组设备负荷系数=\frac{4885}{4200}=1.163$$

③ 计算各种计划产品最大生产能力

A 产品的生产能力=2000×1.163=2326 台

B 产品的生产能力=1000×1.163=1163 台

C 产品的生产能力=1200×1.163=1396 台

需要注意的是，生产能力的核算过程是一个动态过程，生产计划每作一次调整都需要重新核定生产能力状况，直到设备负荷系数接近于 1 时，计划与生产能力基本达到平衡。

3．生产单位能力的确定

生产单位是按设备组的生产能力综合平衡后确定的，在设备组之间存在不平衡时，主要考虑生产单位中的主要设备组，以它的能力作为本单位的生产能力，如果存在低于主要设备组生产能力的薄弱环节，应对薄弱环节采取措施，使其和主要设备组的生产能力达到平衡。

4．企业生产能力的确定

企业生产能力是在各生产单位能力综合平衡的基础上确定的。首先以主要生产单位的生产能力作为企业的生产能力的依据，主要生产单位可以是产品劳动量较大、在生产中经常出现瓶颈的关键车间；也可以是设备价值最高的关键设备所在的车间。因为关键设备价值高，难以替代。也有人认为，以最小车间生产能力来确定，因为企业生产能力受制于最小车间能力。在实际工作中，需要对具体问题作具体分析，一般在主要生产单位的能力确定之后，其他生产单位需以主要生产单位为基准，调整自己的生产能力，使之与主要生产单位能力相协调与平衡。

10.2 生产作业计划

10.2.1 生产作业计划含义和内容

1．生产作业计划的含义

生产作业计划是具体执行计划，是企业组织日常生产活动的行动方案和考核依据，它是根据年度生产计划的要求，将企业内部的每个生产单位在较短时间的生产任务作详细安排，从而保证企业按品种、数量、质量、期限全面完成生产任务，并为企业均衡生产创造有力条件，使生产活动取得良好的经济效益。

2. 生产作业计划工作的内容

生产作业计划工作主要包括两个方面：第一，生产作业计划的编制，就是把企业年度生产计划任务（品种、产量、质量、期限等）一项一项具体分配到每个生产单位、每个工作中心和每个操作工人。规定他们在月、周、日以至每一轮班中的工作任务。即生产什么、生产多少、在哪个设备上生产和什么时间生产。第二，生产作业控制，就是通过监督、检查和统计各项计划进度的完成情况，及时发现和解决计划执行过程中发生的各种问题，纠正产生的各种偏差，保证生产任务顺利完成。

本节主要介绍生产作业计划的期量标准、作业计划的编制和作业计划的控制三部分内容。

10.2.2 生产作业计划的期量标准

期量标准，又称作业标准，是指为加工对象（零件、部件、产品等）在生产期限和生产数量上所规定的标准数据。期量标准中的“期”就是时间，“量”就是数量。它是具体编制生产作业计划的主要依据，合理的期量标准是组织均衡生产的有效工具。正确制定期量标准，对于编制好作业计划，提高生产效率和生产管理水平有着重要作用。

不同类型的工业企业，有不同的期量标准。

1. 大量流水生产作业的期量标准

大量流水生产作业的期量标准有节拍、流水线工作指示图标、在制品定额等。其中，节拍在第九章已经介绍。

（1）流水线工作指示图表　连续流水生产作业的流水线工作指示图表比较简单，因流水线上各道工序基本上是同期化的，所以在表内只规定了整个流水线工作制度、工作时间和休息时间。

间断流水线的工作指示图表比较复杂，要确定看管周期、具体安排流水线上每台设备在看管期内的任务数量、工人的看管台数、设备负荷等，具体形式见表10-5。

表10-5　间断流水线工作指示图表

流水线名称	工作班数	日产/件	节拍/（分/件）	运输批量/件	节奏/min	看管期/h	看管期产量/件
轴加工流水线	2	240	4	1	4	2	30

工序号	工时定额/h	工作地号	设备负荷率（%）	工人号	劳动组织	看管周期内工作指示图表												看管期内产量（件）
						10	20	30	40	50	60	70	80	90	100	110	120	
1	8	01	100	01	多机床看管													15
		02	100															15
2	3	03	75	02	到05工作地													30
3	5	04	100	03														24
		05	25	02														6
4	4	06	100	04														30
5	3.8	07	95	05														30

（2）在制品定额　在制品是指在生产过程中尚未制造完成的产品，是指正在进行工艺加工、技术检验、运输传递的零件、部件、毛坯等制品。

在制品定额是指在一定的技术组织条件下，为保证生产正常进行，生产过程的各个环节所占用的最低在制品数量。

大量生产在制品占用量可分为流水线内部和流水线之间的占用量。流水线内部在制品占用量包括公益占用量、运输占用量、工序间流动占用量、车间内的保险占用量。流水线间的占用量包括库存流动占用量、流水线间运输占用量。

1）流水线内部在制品占用量定额(Z_t)

① 工艺占用量 Z_1 的计算。计算公式为

$$Z_1=\sum_{i=1}^{m} S_i q$$

式中，m 为流水线上的工序数；S_i 为第 i 道工序的工作地数；q 为同在一个工作地上加工的零件数。

② 运输占用量 Z_2 的计算。计算公式为

$$Z_2=mn_2$$

式中，n_2 为运输批量。

③ 工序间流动占用量 Z_3 的计算。工序间流动占用量是由于相邻工序生产效率不同而产生的，其数量在零和最大值之间周期性变化。计算公式为

$$Z_3=\frac{T_h S_{上}}{t_{上}}-\frac{T_h S_{下}}{t_{下}}$$

式中，T_h 为前后相邻工序同时工作时间；$S_{上}$为上道工序的工作地数；$S_{下}$为下道工序的工作地数；$t_{上}$为上道工序的单件工时定额；$t_{下}$为下道工序的单件工时定额。

计算结果，若 Z_3 为正值，表示在制品最大值在期末；若 Z_3 为负值，表示在制品最大值在期初。

④ 保险在制品 Z_4 的计算。其计算公式为：

$$Z_4=\sum_{i=1}^{m}\frac{T_{ci}}{t}$$

式中，T_{ci} 为第 i 道工序从发生故障到回复正常所需的最短时间；t 为该工序时间定额。

⑤ 流水线内部在制品定额 Z_t 的计算。其计算公式为：$Z_t=Z_1+Z_2+Z_3+Z_4$。需要说明的是，在连续流水线上，由于工序是连续的，因此不存在工序间流动占用量 Z_3，其计算公式为

$$Z_t=Z_1+Z_2+Z_4$$

2）流水线间在制品定额 Z_5，可用下列公式计算

$$Z_5=Z_2+Z_3+Z_4$$

式中，$Z_2=\frac{T_h}{R_{上}}-\frac{T_h}{R_{下}}$，其中，$R_{上}$为上道工序流水线节拍；$R_{下}$ 为下道工序流水线节拍。

2. 成批生产类型的期量标准

成批生产的期量标准有批量、生产间隔期、生产周期、提前期、在制品定额等。

（1）批量和间隔期　批量是指一次投入（或出产）生产同种制品（产品或零部件）的数量。生产间隔期是相邻两批同种制品投入或产出的间隔时间。在产品生产任务确定后，平均日产量不变时，批量大，生产间隔期就会延长；反之，批量小，生产间隔期就相应缩短。批量与生产间隔的关系可用下列公式表示为

$$批量 = 生产间隔期 \times 平均日产量$$

确定批量和生产间隔期的方法有以量定期法和以期定量法两种。

1）以量定期法。就是根据技术经济效果的综合要求，先计算出一个批量，然后在根据生产任务和批量来确定生产间隔期。

计算批量有两种方法：

① 最小批量法：就是从充分利用设备这一因素出发来考虑计算的最小批量。计算公式为

$$最小批量 \geq \frac{设备准备结束时间}{单件时间 \times 设备允许损失系数}$$

式中，设备允许损失系数一般为0.02～0.12，根据生产类型加以选择。

② 经济批量法。经济批量法也称最小费用法。是根据单位产品（零件）总费用支出最小的原则来确定批量。计算公式为

$$生产批量 = \sqrt{\frac{2 \times 年计划产量 \times 设备每次调整费用}{零件单位成本 \times 库存保管费率}}$$

2）以期定量法。就是先将零件按复杂程度、工艺特点、价值大小等因素分类，然后主要凭经验确定各类零件的生产间隔期。价值大的间隔期短，价值小的间隔期长，然后根据间隔期和生产任务确定各类零件的批量。当生产任务变动时，生产间隔期不变，只调整批量。常用的生产间隔期标准见表10-6。

表 10-6 常用的生产间隔期标准

生产间隔期标准/日	1	2	6	24	72
投入批次/（次/月）	24	12	4	1	1/（次/季）

（2）生产周期 产品的生产周期是指从原材料投入生产开始，到成品出产为止的全部日历时间。产品的生产周期由各零部件生产周期组成，包括零件的毛坯生产周期、机加工生产周期和装配生产周期，以及各工艺阶段之间的保险期时间之和。零部件的生产周期由该零件的各个工艺阶段或工序的生产周期组成，如图10-6所示。

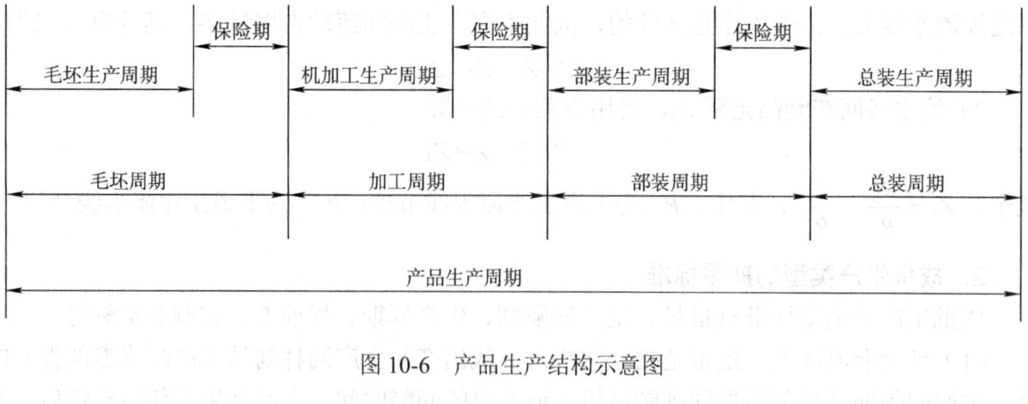

图 10-6 产品生产结构示意图

确定生产周期标准，一般先根据生产流程，确定零件在各个工艺阶段上的生产周期；然后确定零件加工生产周期；最后确定产品生产周期。

1）零件工序生产周期。是指一批零件在某道工序上的作业时间，其计算公式为

$$T_{oi}=\frac{t_i Q}{SF_e k_t}+t_{pi}$$

式中，T_{oi}为一批零件的第i道工序生产周期，单位为h或min；t_i为单件工序生产时间，单位为min；Q为零件批量，单位为件或个；S为同时完成该工序的工作地数，单位为个；F_e为有效工作时间，单位为min；k_t为工时定额完成系数；t_{pi}为第i道工序准备结束时间，单位为min。

2）零件加工生产周期。是指零件从投入时刻起至加工完毕的时间长度。零件在整个加工过程中要经过多道工序加工，生产周期在很大程度上与零件在各工序之间的移动方式有关，典型的零件移动方式有：顺序移动、平行移动和平行顺序移动，其中平行移动的时间最短，顺序移动的时间最长。因此，生产周期需要用一个平行系数加以修正。一般顺序移动方式的系数为1.0，顺序平行移动的系数为0.5～0.8之间。其计算公式为

$$T_o=a\sum_{i=1}^{m}T_{oi}+(m-1)t_d$$

式中，T_o一批零件的加工生产周期，单位为h；a为平行系数；m为工序数目；t_d为零件在工序间移动的平均间断时间，包括检验、运输和等待时间，单位为h。本套公式也适用于计算装配阶段的生产周期。

3）产品生产周期。产品生产周期是各工艺阶段生产周期与所有保险期之和。保险期包括工艺规定的自然时效时间。跨车间工序间的协作时间及生产安全期时间，由企业具体分析而定，其计算公式为

$$T_o=T_{o1}+T_{is1}+T_{o2}+T_{is2}+T_{o3}+T_{is3}+T_{o4}$$

式中，T_o为产品生产周期；T_{o1}为毛坯生产周期；T_{o2}为机加工生产周期；T_{o3}为部件装配生产周期；T_{is1}为毛坯保险期；T_{is2}为机加工保险期；T_{is3}为部件装配表现期；T_{o4}为组装生产周期。以上单位均为h。

（3）**生产提前期**　生产提前期是指产品（零件）在各生产环节出产（投入）的时间与成品出产时间相比要提前的时间。产品在每一个生产环节都有投入和出产之分，因而提前期也分为投入提前期和出产提前期。

投入提前期是指产品（零件）在各车间的投入日期比产品出产日期提前的时间。出产提前期是指产品（零件）在各车间的出产日期比产成品出产日期提前的时间。提前期的计算是按工艺过程相反的顺序进行的。以机械企业为例，装配车间的出产提前期为零。各车间的提前期及相互关系，如图10-7所示。

计算生产和投入提前期是以生产周期和生产间隔期为基础的，有以下两种情况：

1）当前后两工艺阶段生产间隔期相等时，生产提前期的计算公式为

某车间投入提前期=本车间出产提前期+本车间生产周期

车间出产提前期=后车间投入提前期+保险期

2）当前后两工艺阶段的生产间隔期不相等时，生产提前期计算公式为

某车间投入提前期=本车间出产提前期+本车间生产周期

$$\text{某车间出产提前期}=\text{后车间投入提前期}+\text{保险期}+\text{本车间生产间隔期}-\text{后车间生产间隔期}$$

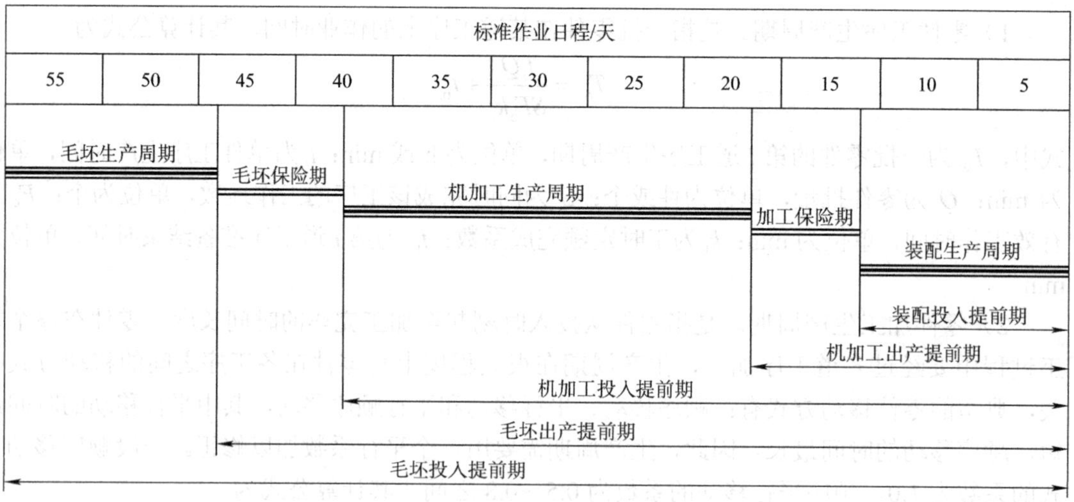

图 10-7 机械工业生产提前期

（4）*在制品定额* 在制品定额是指在一定技术组织条件下，各生产环节为了保证生产衔接所必须的、最低限度的在制品储备量。其计算公式为

车间内在制品定额=生产车间平均每日生产量×生产车间生产周期

库存半成品定额=平均每日需用量×库存定额日数+保险储备量

库存保险占用量=保险天数×生产车间平均每日需要量

3．单件生产类型的期量标准

在单件生产条件下，企业主要是按订货合同组织生产，因此为确保交货期，必须制定每个工艺阶段的生产提前期，确定生产周期。因此，单件生产的期量标准有生产周期表和生产提前期，如图 10-8 所示。

10.2.3 生产作业计划编制方法

生产作业计划的编制方法按计划的编制对象主要分成两大类，即专用件和常备件作业计划的编制方法。专用件作业计划的编制方法主要有在制品定额法、提前期法、生产周期法等；常备件也就是标准件作业计划编制方法主要有物料需求计划 MRP 法、OPT 法、双箱法和定期检查法。本章主要介绍专用件作业计划的编制方法。

1．在制品定额法

这种方法适用于大量大批流水线生产作业计划的编制。主要利用在制品定额结合在制品实际结存量的变化，按产品生产反工艺顺序原则，从后向前逐个确定各车间的计划投入量和出产量。即从最后一个车间开始依次确定前一个车间的生产任务。在制品定额法的具体计算公式为

$$Q_{出}=Q_{后投}+M_{销}+（Z_{末库}-Z_{初库}）$$

$$Q_{投}=Q_{本出}+M_{废}+（Z_{末定}-Z_{初定}）$$

式中，$Q_{出}$为谋车间的出产量；$Q_{后投}$为后车间投入量；$M_{销}$为本车间半成品的外销量；$Z_{末库}$为期末半成品定额；$Z_{初库}$为期初库存半成品库存结存预计；$Q_{投}$为某车间投入量；$Q_{本出}$为本车间出产量；$Z_{末定}$为期末车间在制品定额；$Z_{初定}$为期初车间在制品储备预计；$M_{废}$为本车间可能发生的废品数量。下面以某冰箱厂为例，计算各车间月度生产任务，见表 10-7。

工作内容	零件组件部件编号	装配			机加周期/日	毛坯		提前期类别			
		定额/h	定员	周期/日		种类	周期/日	加工		毛坯	
								投入	出产	投入	出产
毛坯制造加工	01–1				22	铸	18	7	5	9	7
部件装配	01	484	4	15							
毛坯制造加工	02–1					铸	25	9	7	12	10
部件装配	02	960	4	30							
毛坯制造加工	03–1				28	铸	30	8	6	12	9
部件装配	03	405	3	17							
毛坯制造加工	04–1				30	铸	25	8	6	11	9
部件装配	04	240	2	15							
毛坯制造加工	00–1				23	铸	25	7	5	10	8
总装		800	4	25							
试验		80	2	5							
喷涂		144	3	6							
包装		96	3	4							

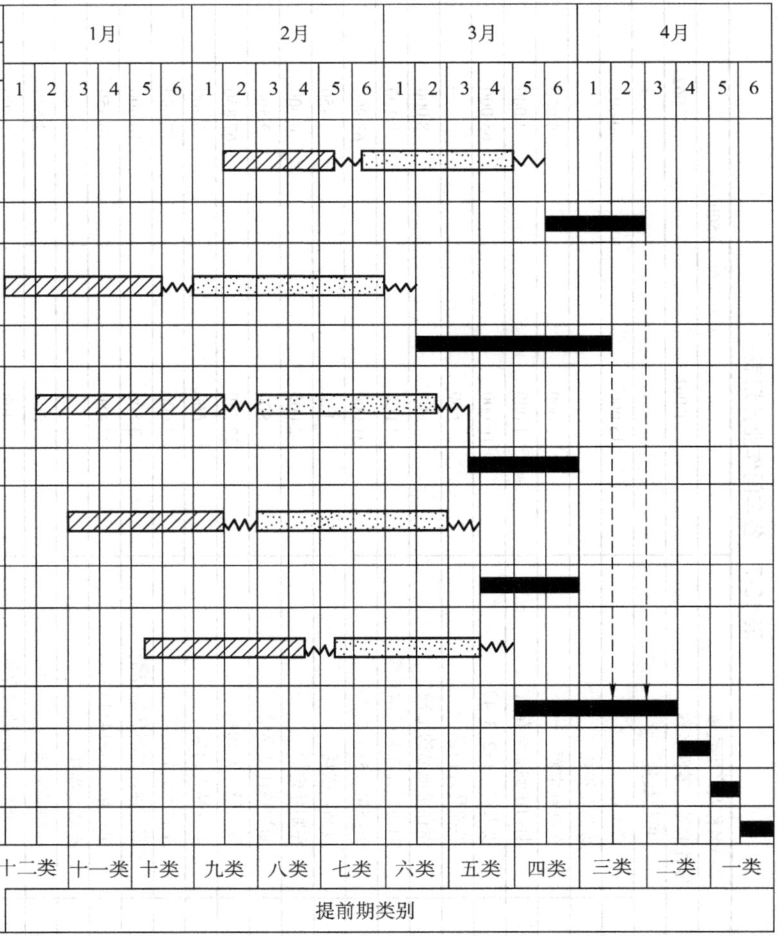

毛坯制造　加工　装配　保险期

图 10-8　产品生产周期图表

表 10-7　各车间作业计划表

		产品名称及产出数量	××卡车　15000 辆	
		零件编号及零件名称	T-061	T-062
		单位数量	1	4
装配车间	1	产出量	15 000	60 000
	2	废品及损耗		
	3	在制品定额	2 000	9 000
	4	期初在制品结存量	1 000	4 000
	5	投入量（1+2+3–4）	16 000	65 000
零件库	6	半成品外销量	600	–
	7	库存半成品的定额	900	8 000
	8	期初预计在制品结存量	1 000	9 100
加工车间	9	出产量（5+6+7–8）	21 000	63 900
	10	废品及损耗	150	450
	11	在制品定额	2 000	6 000
	12	期初预计结存量	800	2 500
	13	投入量（9+10+11–12）	22 350	67 850
毛坯库	14	半成品外销量	600	6 500
	15	库存半成品定额	3 000	12 000
	16	期初预计在制品结存量	3 500	10 000
毛坯车间	17	出产量（13+14+15）	22 450	76 350
	18	废品及损耗	–	1 000
	19	在制品定额	500	2 600
	20	期初预计在制品结存量	400	1 800
	21	投入量（17+18+19–20）	22 550	78 150

2．累计编号法

累计编号法又称提前期法，是根据最终产品的平均日产量，将生产提前期转化为提前量来规定各车间应该达到的投入和出产的累计数的一种方法。累计编号法可以从年初或开始生产这种产品开始，按出产的先后顺序累计确定。在同一时间上，某种产品越接近完成阶段，其累计标号越小；相反，其累计编号越大。具体计算步骤如下：

1）计算各车间在计划期末产品出产和投入应达到的累计号数。按照预先制定的提前期标准，确定各车间在计划期内出产和投入应达到的累计号数。计算公式为

$$M_{出}=M_{后}+T_{出}N_{日}$$

$$M_{投}=M_{后}+T_{投}N_{日}$$

式中，$M_{出}$为车间计划期出产累计号数；$M_{投}$为某车间计划期投入累计号数；$M_{后}$为最后车间计划期出产累计号数；$T_{出}$为本车间出产提前期；$T_{投}$为某车间投入提前期；$N_{日}$为成品出产平均日产量。

2）计算各车间在计划期内应完成的投入量和出产量。其计算公式为

$$N_{出}=M_{出}-M_{初出}$$

$$N_{投}=M_{投}-M_{初投}$$

式中，$N_{出}$计划期某车间出产量；$N_{投}$为计划期某车间投入量；$M_{初出}$计划期初已达到的出产累计号数；$M_{初投}$计划期初已达到的投入累计号数。

3）如果严格按照批量进行生产，则计算出的车间出产量和投入量还应按各种零件的批量进行修正，即把不足一批的数量去掉。

【例 10-3】某企业 A 产品 10 月份要求达到出产累计号数为 150 号，平均日产量是 2 台，装配车间投入提前期为 11 天，机械加工车间的投入提前期为 24 天，出产提前期为 17 天，装配车间批量为 10 台，机械加工车间批量为 20 台，试计算装配车间投入累计号数、机械加工车间投入和出产累计号数。

解 根据累计编号法的计算公式有

$$M_{装投}=M_{装出}+T_{装投}N_{日}=150+11\times2=172\ 号$$

$$M_{机投}=M_{装出}+T_{机投}N_{日}=150+24\times2=198\ 号$$

$$M_{机出}=M_{装出}+T_{机出}N_{日}=150+17\times2=184\ 号$$

根据该企业装配车间和机加工车间的生产批量，两车间累计编号表示的生产任务修正为：$M_{装投}=170$ 号；$M_{机投}=180$ 号；$M_{机出}=180$ 号。

累计编号法编制作业计划，各车间可以同时进行，并且通过累计编号可以及时地反映零件生产的成套水平，不必预计在产品数量，简化了计划的编制工作，适用于成批生产类型的企业。

3．生产周期法

生产周期法是根据各项订货的交货日期和各类产品的生产周期标准，用反工艺顺序依次确定产品或零件在各生产阶段的投入和出产时间的计划编制方法。这种方法适合于单件小批生产，特别是按订货组织生产的企业。

采用生产周期法编制生产作业计划的步骤是：

第一步，根据订货合同规定的交货日期和生产周期标准，编制各种产品综合进度计划表。

第二步，在综合进度计划表中摘录出属于每个生产单位的当月应该投入和出产的任务，再加上上月结转的任务，按订货的先后顺序确定各种产品、零部件在各工艺阶段的投入、出产日期，得出当月每个车间的生产任务。

第三步，分车间进行能力与生产任务的平衡。

【例 10-4】某公司 3 张订货单号为 6606、6607、6608，产品的出产时间、数量、工艺规定见表 10-8。

表 10-8 产品生产周期表

订货单号	产品代号	产品出产时间	数量	单台毛坯制造时间	毛坯—机加工之间保险期	单台机加工时间	机加工—装配之间保险期	单台装配时间	单台实验时间
6606	甲	10 月 20 日 10 月 30 日	1 台 1 台	10 天	5 天	30 天	5 天	20 天	5 天
6607	乙	10 月	1 台	10 天	5 天	25 天	5 天	25 天	5 天
6608	丙	11 月	2 台	10 天	5 天	20 天	5 天	30 天	5 天

解 1）编制投入出产进度表，见表 10-9。

表 10-9 产品投入出产综合进度表

订货单号	产品代号	数量	完工期限	八月			九月			十月			十一月		
				上旬	中旬	下旬	上旬	中旬	下旬	上旬	中旬	下旬	上旬	中旬	下旬
6606	A	1 1	10 月 20 日 10 月 30 日												

（续）

订货单号	产品代号	数量	完工期限	八月			九月			十月			十一月		
				上旬	中旬	下旬	上旬	中旬	下旬	上旬	中旬	下旬	上旬	中旬	下旬
6607	B	1	10 月												
6608	C	2	11 月												

毛坯制造时间　车间之间保险期　加工时间　装配时间　试验时间

2）编制车间作业计划表。根据综合进度计划表所列的各项生产任务进度的安排，把每个车间的计划任务从投入出产进度表中单独取出来，编制成作业计划形式，经过能力与任务平衡后下达给每个生产车间，见表 10-10。

表 10-10　机加工车间作业计划表

订货单号	产品代号	单位	数量	八月			九月			十月		
				上旬	中旬	下旬	上旬	中旬	下旬	上旬	中旬	下旬
6606	A	台	2					A–1	A–2			
6607	B	台	1					B				
6608	C	台	2							C–1	C–2	

4. 车间内部生产作业计划的编制

车间内部作业计划是根据厂部下达给车间的生产计划与生产作业计划，按月、旬、日、工作班分配到工段、班组及工作地的安排。

（1）**大量大批生产作业计划的编制**　对于品种少、生产稳定、按节拍生产的流水线，车间分配工段小组的生产任务比较简单，只需按工段专业分工，确定相应任务，按日进行分配即可。

（2）**成批生产作业计划的编制**　在成批生产中，当工段是按对象原则组成时，工段生产的零件也就是车间零件分工表中所规定的零件，工段的日计划任务只要从车间月度计划任务中摘出即可。

如果工段（小组）是按工艺原则组成的，可以按“在制品定额法”和“累计编号法”，通过在制品定额标准和提前期定额标准安排任务，并具体安排相应的进度计划。

各工段（小组）任务初步确定之后，车间还应进行负荷平衡。若各工段负荷不均衡，各工段的任务则需调整。

（3）**单件小批生产作业计划的编制**　在单件小批生产中，工段作业计划先编制以零件为单位的车间月投入、出产计划。编制的依据是企业生产作业计划中成套部件或成套产品为单位的生产周期图表，按图表上各工艺阶段的进度安排零件投入与出产作业计划。

10.2.4　生产作业控制

生产作业控制是生产管理的重要组成部分，是实现生产计划和生产作业计划的重要手段。在生产作业计划执行过程中，会出现人们无法预想的各种情况和问题，而使计划与实际之间产生偏差，因此，必须及时的监督和检查，发现偏差，及时进行调节和校正。这种在计划执行过程中对产品生产数量和进度的控制，就是生产作业控制。其功能在于实时调度各项与产品生产相关联的作业活动，确保计划目标实现。

1. 生产作业控制的内容和程序

在生产计划与实施之间，从下达指令安排生产、调整偏差到向计划系统反馈信息的过程都可以视为生产作业控制的内容。主要包括生产进度控制、实物控制和信息控制。

从生产作业控制的内容来看，主要包括三个方面的要素：第一是标准，是指制定生产作业计划及其依据的各种标准。第二是信息，是指取得的实际执行结果与原有的标准之间已经产生和可能产生的偏差的信息。第三是措施，是指针对已经产生或将要产生的偏差所采取的措施。这三个要素构成了一个完整的控制系统。

生产作业控制的基本程序为：第一步，作业安排并确定生产措施标准；第二步，检测执行结果与标准进行比较；第三步，采取措施纠正偏差；第四步信息反馈。

2. 生产作业控制方法

（1）生产进度控制　生产作业控制的主要任务是按照预先制定的作业计划，检查各种零部件的投入和出产时间、数量以及配套性，保证产品能准时装配出厂。

生产进度控制一般包括投入进度控制、出产进度控制和工序进度控制。

1）投入进度控制。是指对产品开始投入的日期，各种原材料、毛坯、零部件的投入提前期以及投入量的控制。投入进度控制的方法主要是利用生产指令、投产计划、配套计划表、加工路线单、工作命令等发布情况和利用任务分配箱来分配任务。

2）出产进度控制。出产进度控制是指对产品、零部件的出产日期、出产提前期、出产量、出产的均衡性和配套性的控制。不同的生产类型，控制方法也不同。

① 大量生产出产进度控制常采用的方法是图表法和均衡系数法。

图表法是生产单位将各时期的计划产量和实际产量绘制成产量动态曲线图，用以反映生产的均衡性，如图10-9所示。从图中可以看出，实际产量是一条围绕着计划产量上下波动较大的曲线，表明该企业生产均衡性较差，应加强控制。

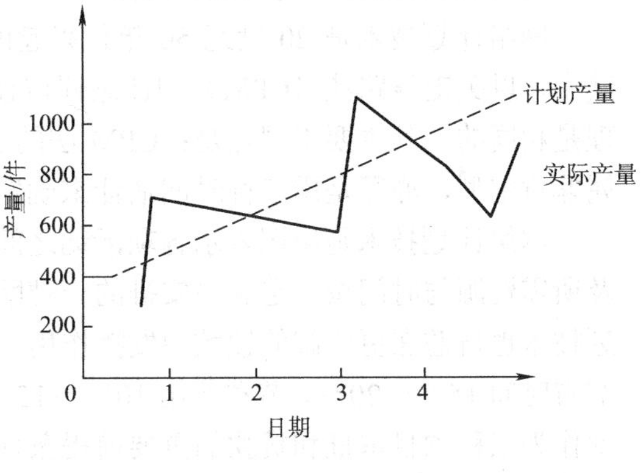

图 10-9

均衡系数法是通过计算生产均衡率指标，具体说明生产均衡强度。生产均衡指标计算公式为

$$日均衡率=\frac{某时期内每日完成计划（超计划仍按100\%）之和}{某时期日数}$$

在计算均衡率时，不考虑超出计划部分是为防止用超出计划的部分掩盖未完成计划的现象，只有每天完成计划任务，均衡率才能达到100%。

② 成批生产出产进度的控制方法。成批生产的企业，由于产品品种比大批量生产要多，解决的主要问题是各种产品的生产搭配，所以，成套性控制是成批生产出产进度控制的主要任务。一般可采用成套性甘特图法。

③ 单件生产出产进度的控制方法。该方法主要是按照订货规定的日期，把主要工业阶段的实际进度同计划进度在图上进行比较，找出差距，采取措施。

3）工序进度控制。工序进度控制是指对产品、零部件在生产过程中经过的每道加工工序的进度进行的控制，主要用于单件和成批生产条件下，对那些加工周期长，工序多的产品、零部件，除控制投入和出产进度外，还必须控制工序进度。主要采用工票和加工路线单的方法来实现。

（2）实物控制　实物控制是对原材料、在制品和产成品等物品在某一时刻所在的位置和数量的控制。在生产作业中，实物控制的重点是在制品的控制。在制品控制包括对处于生产各个环节中的在制品实物和信息（账目）进行控制。具体包括：①在制品加工、检验、运输和储存的实物与账目控制。②在制品流转的实物与账目控制。③在制品投入期和出产期的控制。控制方法与企业生产类型和生产组织形式有关。

（3）信息控制　生产控制过程中的信息反馈基本上有三种类型：①以生产工人为对象的信息反馈。②以机械设备的信息反馈。③以产品为对象的信息反馈。电子计算机的发展成为企业信息管理的主要手段，提升了企业信息管理的速度和质量，使信息管理在生产中的作用越来越大。

10.3 网络计划技术及应用

10.3.1 网络计划概述

1．网络计划技术的发展和应用

网络计划技术是 20 世纪 50 年代兴起的一门现代管理技术，现已发展到 50 多个分支。其中，以关键线路法（CPM）和计划评审技术（PERT）应用最广。CPM 和 PERT 的基本原理是相同的，其主要不同点是：CPM 法的工序延续时间属肯定型；PERT 法的工序延续时间属非肯定型，亦即是用三种时间估计来确定工序延续时间。

网络计划技术是用图表示各项活动之间的逻辑关系，将许多相互联系与相互制约的活动及所需资源与时间按一定顺序安排的一种网状计划的方法。随着计算机的广泛应用，网络计划技术也日益在更广阔的领域中发挥作用。据有关专家估算，通过该项技术的应用，大约可节省时间 15%～20%，节省费用 10%～15%。目前，发达国家都已把是否采用了网络计划技术作为工程项目审批和贷款的重要前提条件。

2．网络计划技术的内容

网络计划技术又称计划评审技术。它的基本内容包括：

1）以网络图的形式对工程进行规划。网络图是工程及其组成部分内在逻辑关系的综合反映，是制定计划的基础。首先，将工程分解成若干具体工序（也称工作、作业，活动等），然后将各工序按照它们之间相互依存、制约的逻辑关系绘成网状图——网络图。网络技术是以网络图来表达计划的，故将这种计划称为网络计划。

2）通过计算确定网络图的关键路线。这一项工作中，经常会出现某些工序开始或结束时间提前或延后，并不影响后续工序的情况。也就是说这些工序存在机动时间。有些工序则不然，它们环环相扣，紧密衔接，毫无机动的余地，一般称它为关键工序。把关键工序连接起来就构成一条路线，称其为关键路线。关键路线通常是通过计算时差得到的。关键路线的时间决定了整个计划的进度，是任务的完工期限。

3）网络计划的优化。网络计划的优化是指在满足既定要求下（时间、资源、成本等），寻求一个最佳计划方案。优化的要领可归结为两句话："向关键路线要时间，向非关键路线要资源"。

由于工程的完工期是由关键工序时间决定的，因此，网络计划的时间优化表现为压缩关键工序的延迟时间以达到缩短工期的目的。这可以通过某些技术、管理措施来实现。"向关键路线要时间"就是这个意思。

"向非关键路线要资源"，就是利用非关键路线上的机动时间调节某些人机负荷不均现象。以消除资源需求的"洪峰"、"低谷"，使资源得到均衡、有效的使用。

4）网络计划执行中的协调、控制。对网络计划的执行过程进行协调和控制是网络技术的功能之一。由于客观情况的变化或人们认识能力的局限，网络计划在执行过程中往往会出现某些偏差。因此，对网络计划要定期检查，并对出现的偏差及时进行调整。实际上，这是对网络计划继续优化的过程。它能以动态的方式对计划进行有效的控制，确保预定目标的实现。

10.3.2　网络图的构成要素

网络图有箭线式和节点式两种形式，本节只介绍箭线式网络图。它以图解形式表示一项工程或生产任务及其构成要素之间的逻辑关系，一般由活动、事项和线路三部分组成。

1．活动

活动（或称工序、作业）指一项具体活动的过程，它需占用人力、物力、时间。有时工序的活动过程只占用时间，用箭线"——→"表示。还有一种虚工序，既不占用资源也不占用时间，只是表示活动的逻辑关系，用虚箭线"┈┈→"表示。箭尾表示活动的开始，箭头表示活动的结束，箭线上标示活动名称，箭线下标示活动所需时间。

2．事项

事项（又称节点）是指两个工序之间的衔接点。在网络图中，事项不占用资源和时间，它只是表示某项工序开始和结束的一种符号。事项在网络图上用圆圈"○"表示。除了总开始和总结束事项以外，其他各事项既是开始事项又是结束事项。一个事项对它的前面工序来说是结束事项，而对它的后续工序来说又是开始事项。

3．线路

在网络图中，线路是指从始点开始顺着箭头所指方向，连续不断到达终点为止的一条通道。一条线路上的各项作业的作业时间之和为线路的总长度，在一张网络图中，一般有很多条线路，每条线路的长度不一样，其中，线路总长度的最长的一条叫做关键线路，位于关键线路上的作业称为关键作业。这些作业的完成直接影响整个计划的进度和工期。

10.3.3　网络图的绘制规则

1）网络图中不允许出现循环。网络图中的箭线必须从左向右排列，不能出现回路。如图10-10a所示的网络图出现的回路是错误的。

2）两个节点之间只允许画一条箭线。两个节点之间如因活动关系有多条箭线时，除一项活动外，其余活动均需设节点，并用虚箭线表示活动之间的相互关系。如图10-10b所示的网络图是错误的，图10-10c是正确的。

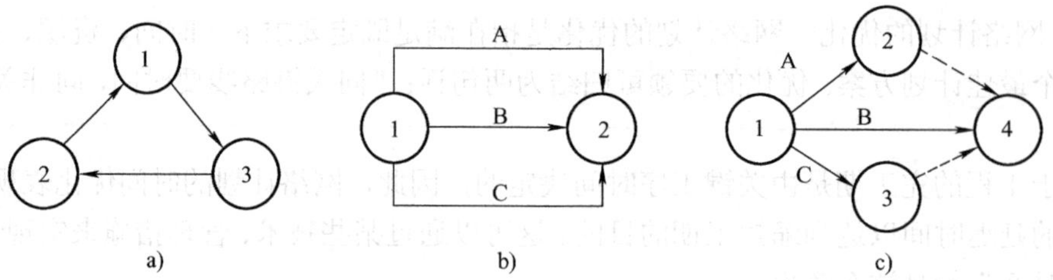

图 10-10　活动在网络图中的表示法

3）网络图只有一个源和一个汇。源是指没有先行活动的事项，即始点事项；汇是指没有后续活动的事项，即终点事项。对与其他没有先行活动的中间事项或没有后续活动的中间事项，应将其与终点事项或始点事项连接起来。如图 10-11 所示，图 a、图 b 都是错误的。

4）箭线首尾必须有节点。不允许从一条箭线中间引出另一条箭线，如图 10-12 所示，图 a 是错误的，图 b 是正确的。

5）终点要统一编号，且不能重复，箭头节点编号要大于箭尾节点编号（$j>i$）。

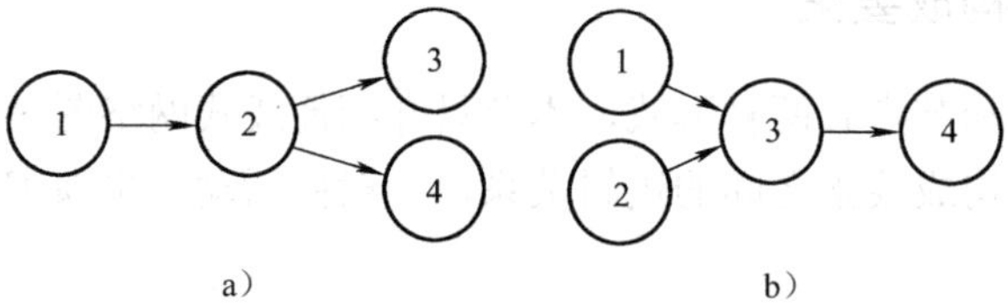

图 10-11　完整网络图的错误表示

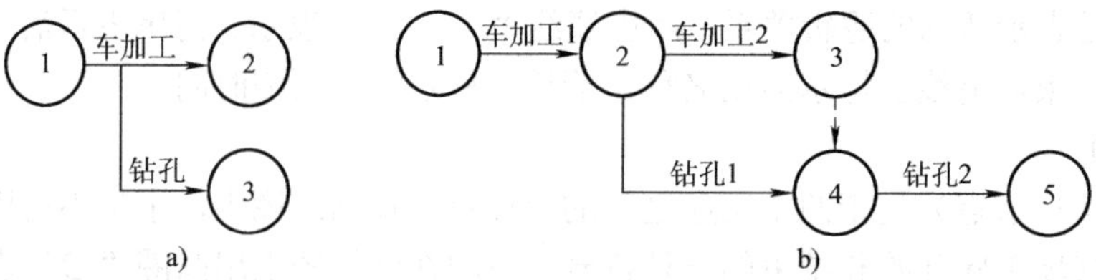

图 10-12　中途活动的表示方法

10.3.4　网络计划编制步骤

网络图表达一项工程或生产计划，首先必须对工程或生产任务本身有足够的认识和了解，然后才能用网络图准确的表达。网络图的绘制步骤如下：

1. 任务分解

正确绘制网络图的关键是对工程任务的分解，弄清工程任务由哪些工序或作业构成，各道工序或各项作业之间的相互关系，并编制出工序清单或作业明细表，其形式见表 10-11。

表 10-11　某工程项目的作业明细表

作业名称	紧前作业	紧后作业	作业时间/天
A	—	B、C	4
B	A	D、E	8
C	A	F、G	2

（续）

作业名称	紧前作业	紧后作业	作业时间/天
D	B	I	3
E	B	H	5
F	C	H	6
G	C	J	8
H	E、F	–	15
I	D	–	4
J	G	–	6

2．确定各项作业间的逻辑关系

在分解的基础上，理清各项作业间的先后顺序和衔接关系：在一项作业开始前，哪些作业必须完成，哪些作业可同时开始；本作业完成后，哪些作业紧接着进行。例如B项作业必须在A项作业完成之后才能开始，B项作业完成后，紧接着进行D项和E项作业。

3．画图和标号

网络图的绘制方法有顺推法和逆推法两种。采用顺推法必须知道每项作业的紧后作业；采用逆推法则必须知道每项作业的紧前作业。以下以表10-11数据为例，采用顺推法说明工程项目的网络图绘制步骤。顺推法是从网络图的始点开始，从左向右绘制。

1）找出首项作业，在紧前作业一栏中发现A项作业是空白的，即说明网络图的始点应连接着A项作业。用两个节点和一条箭线表示，如图10-13所示。

2）画出A的紧后作业。在紧后作业一栏中可看出A的紧后作业是B和C项作业，如图10-14所示。

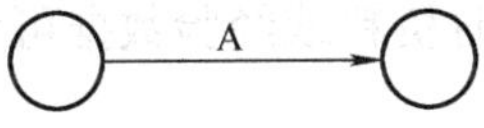

图 10-13

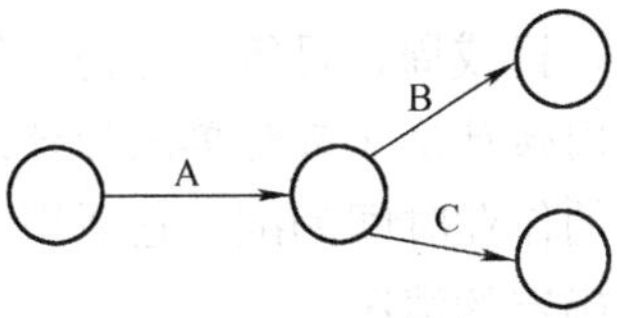

图 10-14

3）依次画出B、C的紧后作业。B的紧后作业是D、E，而C的紧后作业是F、G，如图10-15所示。

4）依次画出D、E、F、G的紧后作业。D的紧后作业是I，G的紧后作业是J，而E、F的紧后作业都是H。这时应将E、F两条作业线汇集在一起，这个节点也称为汇点，由汇点引出紧后作业H，如图10-16所示。

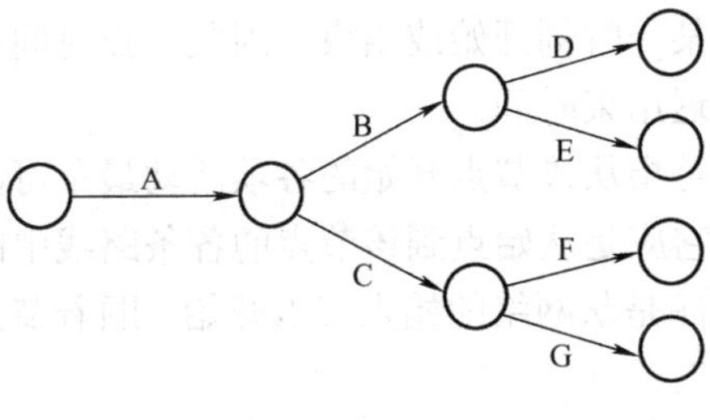

图10-15 生产运作

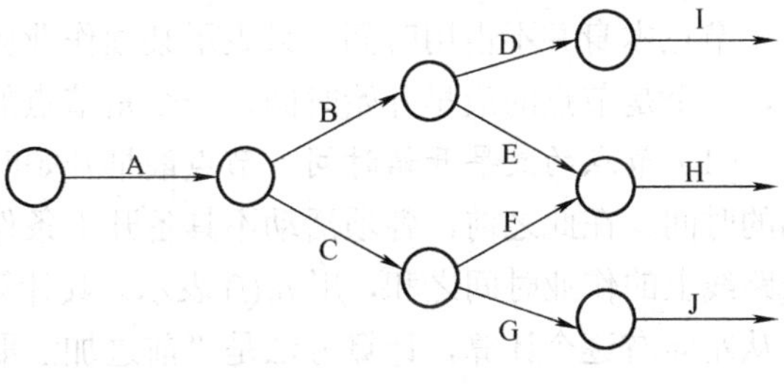

图10-16 生产与运作124

5）将没有紧后作业的作业直接连接到网络图的终点上。从表 10-11 中得知，I、J 都没有紧后作业，直接连接到网络的终点上。图画出后，沿着箭线的箭头所指方向，从小到大在节点大圆圈中填入节点代号。如果作业的作业时间已给定，可直接标在箭线下方，如图 10-17 所示，网络图绘制完毕。

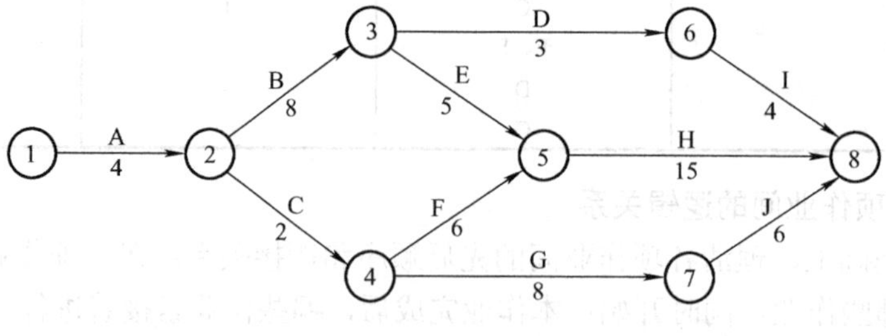

图 10-17　网络图

一般情况下，一张完美的网络图不是一次完成的，可先绘出草图，再画出正式图。草图可以用曲线、弧线，而在正式网络图中必须用斜线或折线来描绘，使得图形规范整齐，表达清楚准确。在修改草图时，可以先从草图上寻找一条“主线路（但不一定是管线路）”，绘在网络图的中心位置，形成一条使网络图错落有致的作业数目最多的通路。

10.3.5　网络图的时间计算

1. 作业时间的计算

作业时间是指在技术组织条件下，完成一项活动所需的延续时间，通常用 t_{ij} 表示。作业时间可以是小时、日或周、月等，它是计算其他各项时间值的基础。其确定方法有：

（1）单一时间估计法（又称单点估计法）　是对各项活动的作业时间只确定一个时间值，即以可能性最大的作业时间为准。它适用于有类似工时资料或经验数据可借鉴，且完成活动的各有关因素较确定的情况。

（2）三种时间估计法　三种时间估计法又称三点估计法，对于不确定性较大的问题，可预先估计三个时间值，应用概率统计方法计算各项作业活动的平均值。三个值为：最乐观时间，以 a 来表示，是指在顺利情况下最快可能完成的时间；最保守时间，以 b 表示，是指在不利条件下，最慢可能完成的时间；最可能时间，以 m 表示，是指在一般正常情况下的最大可能完成的时间。则作业时间为

$$t_{ij}=(a+4m+b)/6$$

2. 节点时间值的计算

节点本身并不占用时间，只表示某项作业应在某一时刻开始或结束。因此节点时间有两个，一个是节点的最早开始时间，一个是节点的最迟结束时间。

（1）节点的最早开始时间　节点最早开始时间是指从该节点开始的各项活动最早可能开始的时间。在此之前，各项活动不具备开工条件。它应是从始点到该节点的各条路线中的最长路线上的作业时间之和，用 $t_E(j)$ 表示。其计算顺序是从网络的始点节点开始，顺着节点编号从左向右逐个计算，计算方法是“前进加法取大”。

1）一般假设起始点 $t_E(j)=0$，即节点最早开始时间为“0”。

2）进入 j 节点的箭线只有一条时，$t_E(j)=t_E(i)+t_{ij}$,式中 $j>i$（下同）。

3）进入 j 节点的箭线有多条时，$t_E(j)=\max\{t_E(i_k)+t_{ijk}\}$ (k=1，2…，m)

【例 10-5】 如图 10-18a 所示，节点 3，4，5 对应最早开始时间为 17、20、18，作业 C、D、E 的作业时间为 3、5、7。求 $t_E(6)$=？

解

$$t_E(6)=\max\begin{Bmatrix}t_E(6)+t_{3,6}\\t_E(4)+t_{4,6}\\t_E(5)+t_{5,6}\end{Bmatrix}$$

$$=\max\begin{Bmatrix}17+3\\20+5\\18+7\end{Bmatrix}=25$$

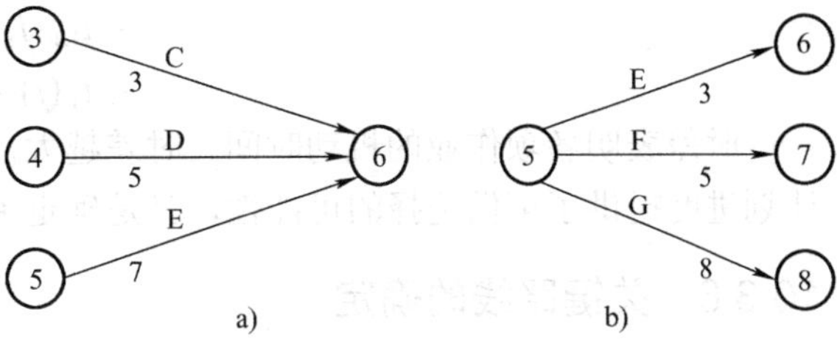

图 10-18

（2）*节点的最迟结束时间* 节点的最迟结束时间是以该节点为结束的各项活动最迟必须结束的时间，若不完工就将影响后续活动的按时开工，使整个工程任务不能按期完工。用 $t_L(i)$ 表示，其计算顺序是从网络终点节点开始，逆着箭线方向从右向左，按节点编号从大到小逐个计算，计算方法为“后退减法取小”。

1）节点 n 的最迟结束时间等于终点的最早开始时间。即 $t_L(n)=t_E(n)$。

2）i 节点后面只有一条箭线发出时，$t_L(i)=t_L(j)-t_{ij}$。

3）i 节点后面有多条箭线发出时，$t_L(i)=\min\{t_L(j_k)-t_{ijk}\}$ (k=1,2,…,m)。

【例 10-6】 如图 10-18b 所示，节点 6、7、8 对应的最迟结束时间分别为 17、20、18，作业 E、F、G 作业时间分别为 3、5、8，求 $t_L(5)$=？

解 $$t_L(5)=\min\begin{Bmatrix}t_L(6)-t_{5,6}\\t_L(7)-t_{5,7}\\t_L(8)-t_{5,8}\end{Bmatrix}=\min\begin{Bmatrix}17-3\\20-5\\18-8\end{Bmatrix}=10$$

（3）*节点时差* 节点时差是指节点上最迟结束时间与最早开始时间之差，用 $S(i)$表示。其计算公式为

$$S(i)=t_L(i)-t_E(i)$$

3．作业时间值的计算

各项作业时间的计算可在节点时间计算的基础上进行，分述如下：

1）作业的最早开始时间 $t_{ES}(i,j)$，是指作业 $i\to j$ 开始的最早可能时间。其计算公式为

$$t_{ES}(i,j)=t_E(i)$$

2）作业的最早完成时间 $t_{EF}(i,j)$，是指作业可能完成的最早时间。其计算公式为

$$t_{EF}(i,j)=t_{ES}(i,j)+t_{ij}=t_E(i)+t_{ij}$$

3）作业的最迟完成时间 $t_{LF}(i,j)$，是指作业在不影响整个工程工期的情况下，最晚完成时间。其计算公式为

$$t_{LF}(i,j)=t_L(j)$$

4）作业最迟开始时间 $t_{LS}(i,j)$；是指作业在不影响整个工程工期的情况下，最晚的开工时间。其计算公式为

$$t_{LS}(i,j)=t_{LF}(i,j)-t_{ij}=t_L(j)-t_{ij}$$

5）作业总时差 $S(i,j)$，是指在不影响整个工程完工时间的条件下，某项作业最迟开始时

间与最早开始时间的差。它表明某项作业开工时间允许推迟的最大限度，也称为“机动时间”或“宽裕时间”。也可以用某项作业的最迟完成时间与最早完成时间的差值表示。其计算公式为

$$
\begin{aligned}
S(i,j) &= t_{\mathrm{LS}}(i,j) - t_{\mathrm{ES}}(i,j) \\
&= t_{\mathrm{LF}}(i,j) - t_{\mathrm{EF}}(i,j) \\
&= t_{\mathrm{L}}(j) - t_{\mathrm{E}}(i) - t_{\mathrm{ij}}
\end{aligned}
$$

时差表明各项作业的机动时间。时差越大，机动时间越多，时间潜力也就越大，它既为计划进度提供了可供选择的可能性，又是确定关键路线的依据。

10.3.6 关键路线的确定

在一张网络图中，总时差为零的作业称为关键作业，时差为零的节点称为关键节点。一条从始点到终点，沿着箭头方向由作业总时差为零的关键作业所组成的路线，称为关键路线，一般用双线表示或红线表示。

关键路线的确定方法有图上作业时差法、图上作业破圈法、矩阵法、表格法、电子计算法。这里仅介绍图上作业时差法。这种方法适用于网络图上节点数不太多的情况，是在网络图上直接进行时差计算，并把计算结果标注在网络图的节点上。通常的做法是用“□”表示最开始或最早结束时间；用“△”表示最迟开始或最迟结束时间。当□=△时，作业的总时差为零，即该项作业为关键作业。将各项关键作业连接起来形成的路线为关键路线。图 10-19 是根据表 10-11 绘制的网络计划图，其中 A-B-E-H 为关键路线。

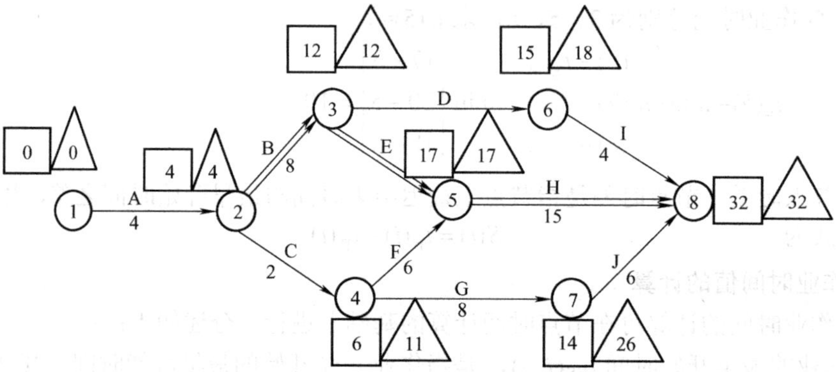

图 10-19

网络图的关键路线上的每一项作业对于工期都有决定性作用，也就是说该路线上的作业稍有延误的话，就会影响整个工程按期完工。

10.3.7 网络计划的优化

为工程项目制定计划，一般不可能在最初的方案中就能得到最经济合理的指标，或所得到的指标如工期、费用等和预期的计划指标相符。为此，在初始方案制定以后，通常需要对计划进行调整，使方案不断优化。其内容包括：缩短工期，以符合规定完工时间的要求，即时间优化；寻求总费用最低的最佳工期，即时间—费用优化；工期基本不变，但资源利用最

经济合理，即时间—资源优化等。

下面分别阐述以上两种优化过程。

1．时间优化

时间优化就是在人力、物力、财力等条件基本上有保证的前提下，寻求缩短工程周期的措施，使工程周期符合目标工期的要求。这种情况多半发生在计划任务比较稳定，目标工期小于关键路线的持续时间。如为了争取某项新产品早日试制成功投放市场，以提高该产品的市场占有率，因此，有必要对网络图进行调整，其调整和优化的着眼点是缩短产品的研制周期。

调整与优化的重点是关键路线，因为它的路线时差值是各条路线中最大的。缩短路线持续时间措施有以下方法：

1）采用新技术、新工艺、新材料，进行技术革新，以缩短作业时间。

2）分解作业，提高作业之间的平行交叉程度。

3）利用时差，从非关键线路上抽调适当的人力、物力或新增人员、设备，集中用于关键路线上的某些作业，以缩短其作业时间及关键线路的持续时间。

2．时间—费用优化

时间—费用优化，是在工期的预期目标下，使缩短工期的赶工费用最少。一般地说，工期时间的长短与作业活动投入的资源量有关。多投入资源，如增加人力、设备，就能缩短作业活动的工期。工期与直接成本费用的关系，如图 10-20 所示。图中费用变化曲线的斜率，即单位变动时间的费用增长率，称为费用斜率。

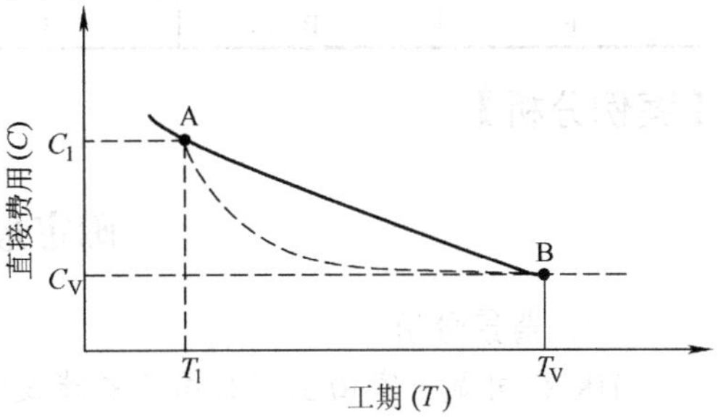

图 10-20　工期—直接成本费用曲线

如何使资源达到充分而均衡的利用，处理这种问题的思路是：首先保证关键活动需要的资源量，然后利用时差，将那些与关键活动同时进行的活动推迟，以消除负荷高峰，使资源的总需要量降低到其供应能力的限度之内。

【复习思考题】

1. 企业生产计划系统是如何构成的？
2. 试述企业生产计划的编制步骤？
3. 生产计划的主要指标有哪些？如何确定生产计划指标？
4. 何为企业生产能力？怎样核定企业生产能力？
5. 如何进行生产任务与生产能力的平衡？
6. 何为企业的生产作业计划？包括哪些主要内容？
7. 何为生产作业计划的期量标准？如何确定各种期量标准？
8. 编制生产作业计划的方法有哪些？其优缺点和适用条件是什么？
9. 生产作业计划的控制方法有哪些？
10. 网络计划的基本原理和构成要素是什么？
11. 绘制网络图应遵循哪些规则？

12. 某厂大量大批生产A产品，计划在9月份生产产成品500台。假设各车间的废品率均为10%，且无外销半成品，各车间有关数据见下表，求该月各车间的计划出产和投入量。

车间	库存半成品定额	车间在制品定额	八月底预计库存量	
			在制品	半成品
装配	—	50	28	
机加工	30	80	37	50
毛皮	200	38	50	300

13. 某机床厂装配车间在4月份内，A产品的产量应达到累计编号数为100号，平均每日出产量2台，如果机械加工车间出产提前期为7天，投入提前期为14天，批量是8台，机械加工车间3月份实现出产达到80台，问4月份机械加工车间应达到出产累计编号数为多少？投入累计编号数为多少？出产任务为多少？

14. 根据下表中给定的条件，绘制网络图，计算时间参数，确定总工期和关键路线。

活动	紧前活动	活动时间	活动	紧前活动	活动时间
A	–	1	F	B	5
B	–	4	G	B	7
C	–	9	H	DE	2
D	A	2	I	CG	8
E	B	3	J	FCHG	9

【案例分析】

确定最优化生产计划

一、背景分析

HK公司是一家由上市公司“中储股份”控股的国家高新技术企业，现有资产3 000多万元，员工200多人，其中大专以上学历超过70%，主要从事称重、计量、包装、自动控制等方面的产品开发和生产制造，是雄厚资金和高新技术的有机结合体。现有的主导产品是无线传输式电子吊钩秤。

20世纪80年代，国内第一台替代进口产品的电子吊秤诞生于公司的前身——Z厂，并且受国家技术监督局之托，起草了电子吊秤国家标准。公司拥有国内规模最大、检测及生产设备最完善的吊秤生产基地。中国衡器协会历年统计数字表明，ORS系列产品国内市场占有率一直高于50%，市场总量已达8000余台。公司立足国家专利产品ORS系列电容式电子吊秤，现已发展成为一个专业生产研究现代计量、测力、电子称重、自动化包装、自动化控制等机电一体化高科技产品的现代化高新技术企业。

根据公司组织机构的划分，由生产部负责对整个公司的产品生产进行规划。一般的流程为，每月的25号，生产部程经理根据下月销售预测和库存情况制定下月生产计划，属于典型的以销定产。但是最近公司引入了全面预算管理的制度，要求每个部门都要以实现公司利润最大化为工作目标，生产部作为公司的利润中心，实行预算管理势在必行。因此如何合理安排生产计划，实现利润最大成了程经理面临的新问题。

公司现有三种主要产品：ORS吊秤、OCS吊秤和直显式吊秤，每台最终产品包括秤体和仪表各一台，秤体和仪表是分开入库的。吊秤仪表是互相通用的，其区别就在于秤体的不同。

仪表生产全部由仪表车间完成，秤体的生产则分为零部件生产和装配两个步骤，分别由机加工车间和装配车间完成。由于机加工车间目前生产能力所限，不能满足全部套件生产，因此部分零部件采用外包形式完成。因为自己生产套件的成本低于外包，公司也曾考虑要把外包零活收回，但这需要在厂房、设备上的投资很大，故一直没有实行。原则上要尽可能的利用机加工车间现有的加工能力，之外才考虑外包。

二、现状分析

今天已经到了24号，明天就要拿出下月的生产计划了，程经理面对摆在桌上的一些报表正在苦思冥想，要怎样制定出最优的生产计划才能满足公司提出的利润最大化目标呢？按照以往的老办法显然不能做到心中有数，他想起正在读MBA的经理助理小刘，便打电话求助。

小刘很快就过来了，他根据最近学的知识，建议程经理建造一个线性规划模型，以求出最优解。

基础数据列表如下：

1. 月初成品库库存

	ORS吊秤/台	OCS吊秤/台	直显式吊秤/台	仪表/台
月初库存量	11	20	12	48

2. 本月销售预测

	ORS吊秤/台	OCS吊秤/台	直显式吊秤/台	仪表/台
预测销售量	40	48	9	10

注：1. 每台吊秤配一台仪表。

2. 仪表除配吊秤外也作配件零售。

3. 月末安全库存量

	ORS吊秤/台	OCS吊秤/台	直显式吊秤/台	仪表/台
安全库存量	10	12	10	40

4. 平均售价

	ORS吊秤	OCS吊秤	直显式吊秤	仪表
平均价格/（元/台）	34800	24680	18980	1900

注：吊秤售价含仪表

5. 生产成本/元

	ORS秤体		OCS秤体		直显秤秤体		仪表
	机加	外包	机加	外包	机加	外包	
材料成本/元	19200	22080	14560	17472	12046	14060	1440
加工工时/h	100		75		62		15
装配工时/h	20		16		14		

6. 人工成本

各车间实行计件工资制度，按照完成的工时数量提取工资，记入人工成本，工时单价定为3.5元/工时。

7. 各产品获利能力

综上所述，可知HK公司生产的各类吊秤从其规格和生产来源来看可分为六种：机加

ORS、机加OCS、机加直显 、外包ORS、外包OCS、外包直显，其区别在于吊秤零部件来源不同而引起的成本不同。但在销售时却以同样的价格出售，这就造成了在核算利润时的复杂性。我们无法区别卖出的一台吊秤的零部件到底是由谁生产的，应该以那种成本核算，也无法区分出库存的一批同规格吊秤成本有哪些不同。因此在这里我们引入了加权平均成本的概念以方便计算。

所谓加权平均成本，即以一个月为周期，生产入库的同一批吊秤按其零部件的来源不同作加权平均计算，核算出统一的成本入库。这个成本显然是按月度浮动的，但能更真实地反映获利情况。

通过以上数据，计算出各产品的总成本和获利能力：

	总成本/元	价格/元	获利能力/元
机加ORS	19620	34800	15180
机加OCS	14878.5	24680	9801.5
机加直显	12312	18980	6668
外包ORS	22150	34800	12650
外包OCS	17528	24680	7152
外包直显	14109	18980	4871
仪　表	1492.5	1900	407.5

注：加权平均成本计算方法：若机加和外包产量分别为 X_1 和 X_2，各自成本分别为 C_1 和 C_2，则加权平均成本为

$$C=\frac{C_1X_1+C_2X_2}{X_1+X_2}$$

8. 车间生产能力约束

	仪表车间	机加工车间	装配车间
工人数量	8	25	13
每月可完成工时数/h	1600	5000	2600

注：按每名工人每月可完成200个工时计算。

9. 假设下列条件成立

生产计划的制定一般基于以下假设：①假定售价不变。②必须满足销售预测的需求。③月末保证安全库存量。④因设备、厂房所限需尽量发挥机加工生产能力98%以上。⑤装配车间能力不足可随时得到补充（有充足的后备），因此其产量总可满足销售。⑥满足上述条件的同时实现利润最大化。

案例分析问题：

根据上述条件，怎样制定出该企业的最优生产计划？

【技能实训】

1. 实训目的：培养学生运用科学方法和现代技术手段编制生产计划的能力。
2. 实训内容和方式：同案例分析，方式采用线性规划法和计算机软件。
3. 实训成果：企业最优生产计划方案。

第 11 章　生产现场管理

【学习目标】

1. 知识目标

- 了解什么是生产现场，什么是生产现场管理。
- 理解加强生产现场管理的措施、定置管理和目视管理的含义。
- 熟悉定置管理中人与物、物与场所及信息媒介与定置的关系。
- 弄清 5S 活动的基本内容和目视管理的类别。
- 掌握定置管理、5S 活动和目视管理的基本原理和方法。

2. 能力目标

- 能树立生产现场管理的观念。
- 能利用“5S 活动”理论分析企业提高生产效率和经济效益、创造良好的生产环境和生产秩序的措施。
- 能绘制定置管理图。
- 具备目视管理的能力。

【导入案例】

忙碌的小马

小马是车间的技术骨干，因为工作勤恳，技术好，被公司提拔做领班，管理 15 个人的班组工作。每天小马都第一个到现场，最后一个离开，员工操作中有什么问题，小马都能立刻帮助解决。如果有员工缺勤，小马就亲自操刀上阵。员工有什么技术问题，都立即找小马解决，每一天，小马都要处理不少技术问题，从一上班到下班，忙个不停，生产机器出现了故障，小马去解决，生产任务完不成，小马亲自上岗，生产质量有问题，小马去分析；小马觉得自己很辛苦，但同时也很自豪，很多员工觉得生产现场离不开他，但同时小马觉得很累，连换休都是奢望，生产线离不开他，他也不放心。但年终考核时，主管却告诉他：对他的工作并不满意，因为他没做好现场管理。小马觉得很委屈：我整天都在辛苦地工作，解决了不少难题，生产现场都反映离不开我，难道工作还没管理好吗？

11.1　生产现场管理的必要性

11.1.1　生产现场的含义

现场，是直接从事生产、经营、工作、试验的作业场所。企业现场是指企业进行生产经营作业活动的特定场所，包括生产现场、经营现场、办公现场、生活现场等。企业现场按照与生产活动的关系又可分为生产现场和非生产现场。其中，生产现场按分工关系又可分为基本生产现场和辅助生产现场。如机械加工、纺织等从事产品生产活动的作业场所为基本生产现场；维修、动力等从事辅助生产活动的作业场所为辅助生产现场。

生产现场是企业各种生产要素有机组合的活动场所。这些要素包括劳动者、劳动手段、劳动对象、生产方法、生产环境、生产信息等生产要素，简称“人、机、料、法、环、信”。

11.1.2 生产现场管理

所谓生产现场管理，就是运用科学的管理原理、管理方法和管理手段，对生产现场的各种生产要素进行合理的配置和优化组合，以保证生产系统目标的顺利实现。

生产现场管理是企业管理的主要组成部分，它直接影响企业的生产效率和经济效益。创造良好的生产环境和生产秩序，是企业实现产出优质产品、安全运行、按期交货、降低生产费用的主要保证。

11.1.3 生产现场管理的现实意义

1. 现场管理水平体现企业的管理水平

生产现场是各种生产要素的集合，现场管理也是对现场各种生产要素的管理和各项管理功能的验证。现场管理范围涉及到企业的方方面面，也是一个庞大的系统工程，一个企业管理好不好关键是看现场管理好不好，在一个现场管理混乱的企业里，很难生产出高质量的产品。在市场经济条件下，现场就是市场，现场就是企业的形象。只有强化现场管理，提高工艺水平，才能生产出优质产品，不断提高经济效益。

2. 加强现场管理，能减少安全事故的发生

事故发生的最重要的间接因素就是现场管理因素，由于现场管理存在缺陷，才造成人的行为失控和现场的隐患，从而导致伤人，设备、火灾事故发生。加强现场管理，就会促进各项基础管理工作的提高，避免或减少因管理不当或失误造成的事故，达到实现安全生产的目的。

3. 现场管理是安全文明生产的要求

要实现企业文明生产，要求企业必须加强现场管理，要求员工“从我做起”、“从身边做起”，通过对生产作业现场“脏、乱、差”的治理，对不安全、不文明的规劝，对各项基础管理工作的加强，不仅增强职工的责任感、荣辱感，也必然极大地优化企业安全生产的大环境。如安全通道是否保持畅通，工件材料是否摆放整齐可靠；设备、设施保养是否完好；库房人员管理是否符合防火标准。通过现场管理可加强对员工进行安全文明生产的再教育。

11.1.4 加强现场管理的措施

1）提高各级领导特别是企业领导对现场管理的认识，牢固树立搞好企业管理，特别是要搞好现场管理的思想。

2）制定现场管理目标。企业在制定中、长期计划时，要同时制定现场管理的目标，要经过几年的努力，在原有的基础上，使现场管理普遍上一个新水平。

3）制定行业现场管理要求和细则。各行业应根据本行业特点，制定适合本行业需要和便于实施的行业现场管理要求和细则。如机械行业可根据机械加工类型生产的特点，以工艺

管理、定置管理为重点提出要求；化工行业可根据容器、管道连续化生产的特点，以岗位规范化、标准化为重点提出指导性的要求。

4）制定现场管理达标规划。各企业应根据现场管理标准和要求，制定相应的达标规划，加强督促、指导交流工作。

通过生产现场管理，能够形成良好的生产现场。生产现场管理的方法主要有定置管理、5S活动和目视管理，下面分别进行介绍。

11.2　定置管理

11.2.1　定置管理的含义

定置管理是研究和改善生产现场的科学管理方法，研究分析从生产现场中人、物、场所的结合状态和关系，做到“人定岗，物定位，危险工序定等级，危险品定存量，成品、半成品、材料定区域”，寻找改善和加强现场管理的对策和措施，最大限度地消除影响产品质量、安全和生产效率的不良因素。

定置管理的范围包括生产现场、库房、办公室、工具柜（箱）、资料柜、文件柜等

定置管理的对象是各种活动场所和场所内的各种定置物，遍布在整个企业范围内，主要包括：生产现场的定置物、库房的定置物、办公室的定置物等。

1）生产现场有：在制品、半成品、成品、可修品、废品、工具柜、材料架、设备（机、电）、仪表、刀量具、模具、容器、运输工具（车）、原材料、元器件、废料箱、工作台、更衣柜等。

2）库房有：材料架、材料柜、运输车、办公用具、消防设施等。

3）办公室有：办公桌、工作椅（凳）、文件柜、资料柜、电话、生活用品、茶几、会议桌等。

11.2.2　定置管理的基本原理

1. 人与物的结合状态

在生产活动中，构成生产工序的要素有：材料、半成品、机械设备、工夹模具、操作人员、工艺方法、生产环境等。归纳起来就是人、物、场所、信息等因素。其中最基本的是人与物的因素，只有人与物的合理结合，才能使生产有效地进行。

人与物的结合可归纳为四种基本状态：

1）A状态：即人与物处于能够立即结合并发挥效能的状态。例如，操作工人使用的各种工具，由于摆放地点合理而且固定，当操作者需要时能立即拿到或者做到得心应手。

2）B状态：即人与物处于寻找状态或尚不能很好发挥效能的状态。例如，一个操作者想加工一个零件，需使用某种工具，但由于现场杂乱或忘记了该工具放在何处，结果因寻找而浪费了时间；或者由于半成品堆放不合理，散放在地上，当加工时每次都需弯腰一个一个地拣起来，既浪费了工时，又增加了劳动强度。

3）C状态：人与物处于关系松散状态，已不需要结合的状态。如本加工工序已完成需要转入下工序再加工或转入检验工序的物品。

4）D 状态：人与物失去联系的状态。这种物品与生产无关系，不需要人去同该物结合。例如，生产现场中存在的已经报废的设备、工具、模具，生产中产生的垃圾、废品、切屑，以及同生产现场无关的工人生活用品等。这些物品放在生产现场，必将占用作业面积，而且影响操作者的工作效率及安全。

定置管理就是要根据生产活动的目的要求，通过相应的设计、改进和控制、整理、整顿，改善 B 状态，使之达到 A 状态，减少 C 状态，消除 D 状态，把有价值的物品移到需要的地方，把不需要的无价值的物品从现场消除掉。因此，定置管理在某种意义上来讲，也是“5S”活动的深入发展。

2．物与场所的关系

人与物结合的同时，还需要处理好物与场所的关系，因为物和场所的有效结合是实现人与物合理结合的基础。

实现场所与物的合理结合，首先要使场所本身处于良好的状态。场所本身的布置可以有三种状态：

1）A 状态：良好状态。即良好的工作环境，场所中的作业面积、通风设施、恒温设备、光照、粉尘等状态，必须符合人的生理、工厂生产、安全的要求。

2）B 状态：需要改善的状态。即需要不断改善的工作环境。这种状态的场所，布局不尽合理，或只满足人的生理要求，或只满足生产要求，或两者都不能满足。

3）C 状态：需彻底改造的状态。即需消除或彻底改造的工作环境。这种场所对人的生理要求及工厂生产、安全要求都不能满足。

定置管理的任务，就是要把 C、B 状态改变成 A 状态。

实现场所与物的结合，要根据物流运动的规律性，科学地确定物品在场所内的位置，即定置方法有两种基本形式：

一是固定位置。即场所的固定、物品存放位置固定、物品的信息媒介固定。这种“三固定”的方法，适用于那些在物流系统中周期性地回归原地，在下一生产活动中重复使用的物品。主要是那些用作加工手段的物品，如工、检、量具、工艺装备、工位器具、运输机械、机床附件等物品。这些物品可以多次参加生产过程，周期性地往返运动，对这类物品就采用规定一个较大范围的区域的办法来定置。这类物品适用“三固定”的方法，固定存放位置，使用后要回复到原来的固定地点。例如，模具平时存储在指定的场所和地点，需要时取来安装在机床上；使用完毕后，从机床上拆卸下来，经过检测、验收后，仍搬回到原处存储，以备下次再用。

二是自由位置。即相对地固定一个存放物品的区域。至于在这区域内的具体放置位置，则根据当时的生产情况及一定的规则来决定。这种方式同上一种相比，在规定区域内有一定的自由，故称自由位置。这种方法适用物流系统中那些不回归、不重复使用的物品。例如，原材料、毛坯、零部件、产成品。这些物品的特点是按照工艺流程不停地从上一工序向下一工序流动，一直到最后出厂。所以，对每一个物品来说，在某一工序加工后，除非回原地返修，一般就不再回归到原来的作业场所。这类物品的种类、规格很多，每一种的数量有时多、有时少，很难就每一种物品规定具体位置。如在制品停放区，零部件检验区停放的物品等。在这个区域内存放的各个品种的零部件，根据充分利用空间，便于收发，便于点数等规则来确定具体的存放地点。

3．信息媒介与定置的关系

根据信息在定置管理中所起的作用，信息媒介可分为引导信息和确认信息两类。

（1）*引导信息* 它可以告诉人们“该物在何处”，便于人与物结合。例如车间里的各种物品的台账就是一种引导信息。在台账中每种物品都有自己的编号，可以引导到该物的库、区、架、位。定置平面设置图也是一种引导信息，它形象地指示存放物的处所或区域的位置。

（2）*确认信息* 它是为了避免物品混放和场所误置所需的信息。例如各种区域的标志线、标志牌和彩色标志。它告知“这里就是该场所”。有了合格品存放区和废品存放区的不同标志，就可避免混放质量事故。指示物品的信息，又称物品标志。例如物品的卡片，上面有物品的名称、规格、数量、质量等，告诉人们“此物就是该物”的信息，是物品的核实信息。

11.2.3 定置管理的程序

定置管理的程序是：

1）对生产现场和生产任务进行分析、平衡。

2）根据定置管理的原则进行定置设计、确定定置物的摆放位置，各类区域的划分因地制宜。

3）绘制定置管理图。

4）对生产现场进行清理、整顿、清洗、定置、验收工作。

5）验收分为自验、厂验、上级机关验三级。

11.2.4 定置管理图的绘制

1．定置管理图绘制的要求

定置管理图是将生产现场的定置管理用标准化的形式反映出来的一种方法。它运用形象的图示描述生产现场人、物、场所的关系。物品放置区域，用各种符号代替设备、零部件、工位器具、工具箱等定置物品。因此，在设计定置管理图时应注意几点：

（1）*对场所、工序、工位、机台等进行定置诊断* 根据人机工程学确定是否符合人的心理、生理需要及满足产品质量的需要，实现最大的灵活性和协调性、最大的操作方便和最小的不愉快、切实的安全和防护保障，充分利用时间与空间。

（2）*定置图的设计应按统一标准* 如各车间、仓库必须绘制定置管理图，图纸可镶在镜框内，悬置明显处；亦可制成版面置于车间、仓库明显处。工具箱内的定置管理应按上放轻、下放重，中间放常用的工具的要求；用图纸绘制定置图，贴于门内侧，做到所有物品摆放整齐，与图、标记相符。图纸尺寸全厂要统一。

（3）*定置图的设计* 定置图的绘制应尽量按生产组织划分区域。如一个车间中有几个较大的生产工段，即可在定置图上标出几个相应的区域。设计定置图应先以设备作为整个定置图的参照物，然后依次画出加工零件等其余定置物的位置。

2．定置管理的图形符号

定置管理图上的物品一律用图形符号代替。图形符号的确定原则可依据该物品名称拼音的第一个字母组合而成。

根据图形标准规定，一般确定若干有关信息符号如图 11-1 所示。

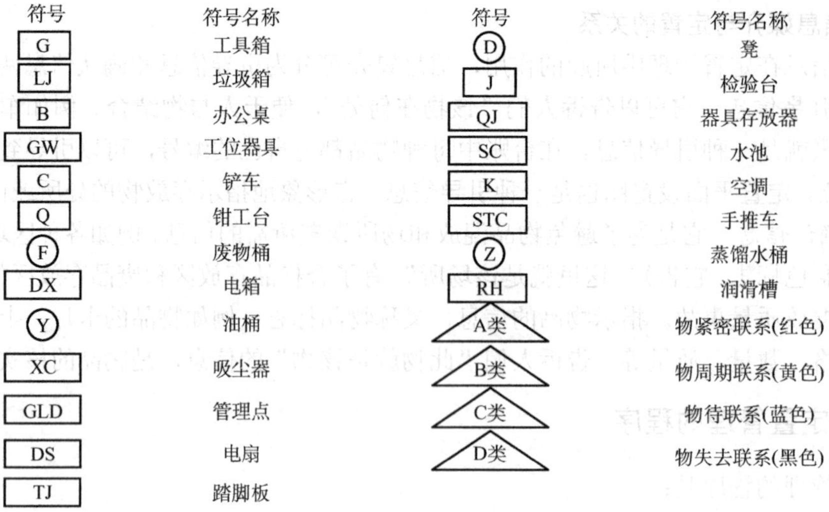

图 11-1　符号与符号名称对照图

3．定置管理图标注内容

车间定置管理图与工具箱内的定置管理图应标注的内容如下：

1）按工艺流程设计的工段（班组）工作地（机床、工位）的平面布置区域。

2）有适应物流过程需要的原材料、半成品、在制品、工位器具、运输机械及检验场所等物品停放区域。

3）生产作业场地、区域、机台（工位）之间的明显运输通道。

4）消防、安全保护设施定置状态。

5）各类残料、垃圾回收箱定点布置场地。

6）必须定置物品的大致数、生产区域和作业场所职工生活必需用品等定置物品的规定。

7）可移动物品，如手推车、衡器、可移动容器的静止停放位置。

11.3 5S 活动

11.3.1 5S 活动的概念

“5S”活动起源于日本，20 世纪 80 年代传入我国，它是一种先进、科学的现场管理方法，很有借鉴和推广价值。

所谓“5S”活动是指对生产现场各生产要素（主要是物的要素）所处状态坚持不断地进行整理、整顿、清洁、清扫和提高素养的活动。上述这五个词日语罗马拼音的第一个字母都是“S”，故简称“5S”。“5S”是现场管理的基础，其中最关键的是人的素养。通过“5S”活动，可以使企业生产环境清洁、纪律严明、设备完好、物流有序、信息准确、生产均衡，达到优质、低耗、高效之目的。

11.3.2 推行 5S 的目的与作用

1．推行 5S 的目的

实施 5S 活动能为企业带来巨大的效益。一个实施了 5S 活动的企业必须达到如下目的：

1）改善和提高企业形象。

2）促成效率的提高。良好的工作环境和工作气氛，以及物品摆放有序，使员工工作积极性高，效率也自然会提高。

3）改善零件在库周转率。

4）减少直至消除故障，保障产品的品质。优良的品质来自于良好的工作环境，不断净化工作环境，能保证设备的性能和效率，提高产品的品质。

5）保障企业安全生产。如果工作场所能井然有序，生产事故的发生率就会减少。

6）降低生成成本。实施 5S 后，能减少各类浪费，从而降低生产成本。

7）改善员工精神面貌，使组织活力化。

8）缩短作业周期，确保交货。由于提高了工作和生产效率，改善了产品的品质，同时也缩短了生产周期，确保了交货期。

2. 推行 5S 的作用

成功实施 5S 的工厂被称为“八零工厂”，即：

1）亏损为零——5S 是最佳的推销员。

2）不良为零——5S 是品质零缺陷的护航者。

3）浪费为零——5S 是节约能手。

4）故障为零——5S 是交货期的保证。

5）切换产品时间为零——5S 是最高效率的前提。

6）事故为零——5S 是安全的软件设备。

7）投诉为零——5S 是标准化的推动者。

8）缺勤为零——5S 可以创造出快乐的工作岗位。

实践证明，企业通过 5S 活动，往往能够快速成长，而且能够使投资者、客户、员工和社会四个方面都满意。

11.3.3 5S 活动的基本内容

1. 整理是“5S”活动的起点

其主要做法是对生产现场现实摆放和停滞的物品进行分类，区分要与不要。与现场无关的物品，要坚持清除掉；经常使用的物品归类放在作业区；偶尔使用或不常使用的物品放在车间集中处或存入仓库。

其目的在于改善和增大作业面积，提高职工工作情绪。整理的关键是要下狠心，对现场不需要的物品坚决消除掉。车间、班组、岗位的前后，通道左右，厂房上下，柜箱内外都要彻底搜寻和清理，消灭死角，达到现场无不用之物。

2. 整顿是“5S”活动的基本点

它是对整理后有用物品的整顿，也就是我们所说的“定置管理”。其主要做法是对现场有用的物品进行科学设计、合理定置，每个物品都能固定摆放在相应的位置，并做到过目知数，用完物品及时归回原处。其目的在于减少寻物时间，提高工作效率。整顿的关键是将现场有用物品定置、定量。有物必有区，有区必挂牌，按区存放，按图定置，图物相符。

3. 清扫是“5S”活动的立足点

主要做法是每个人把自己管辖的现场清扫干净，并对设备及工位器具进行维护保养，查处异常，消除跑、冒、滴、漏。其关键点是自己的范围自己打扫，不能靠增加清洁工来完成。目的在于保护清洁、明快、舒畅的工作环境。

4. 清洁是“5S”活动的落脚点

它是对整理、整顿、清扫的坚持与深入，同时包括对现场工业卫生的根治。其要点是：坚持和保持。要做到环境清洁，职工仪表整洁，文明操作，礼貌待人，现场的人、物、环境达到最佳结合。

5. 素养是“5S”活动的核心

没有良好的素养，再好的现场管理也难以保持。所以，提高人的素养关系到“5S”活动的成效。因此，“5S”的全过程要贯彻自我管理的原则，要让职工都知道，创造良好的工作环境，不能单靠添置设备来改善，也不能指望别人来代办，而是靠自己动手为自己创建一个整齐、清洁、方便、安全的工作环境。在尊重自己创造成果的同时，养成勤快能干，认真负责的好作风；在维护自己劳动成果的同时，养成循规蹈矩，遵章守纪的好习惯，这样就容易保持和坚持下去。

11.4 目视管理

11.4.1 目视管理概述

1. 目视管理的含义

目视管理就是通过视觉导致人的意识变化的一种管理方法。目视管理实施得如何，很大程度上反映了一个企业的现场管理水平。无论是在现场，还是在办公室，目视管理均大有用武之地。在领会其要点及水准的基础上，大量使用目视管理将会给企业内部管理带来巨大的好处。

在日常活动中，我们是通过“五感”（视觉、嗅觉、听觉、触摸、味觉）来感知事物的。其中，最常用的是“视觉”。据统计，人的行动的 60%是从“视觉”的感知开始的。因此，在企业管理中，强调各种管理状态、管理方法清晰明了，达到“一目了然”，从而容易理解、易于遵守，让员工自主性地完全理解、接受、执行各项工作，这将会给管理带来极大的好处。例如，交通用的红绿灯：红灯停、绿灯行；饮水机：红色开关表示热水，蓝色开关表示冷水；排气扇上绑一根小布条，看见布条飘起即可知道正在运行。

在商品已过剩的今天，生产企业需要从各个方面满足消费者的需求，其结果使得企业不得不进行多品种、少数量、短交期的生产，从而导致对现场、现物的各种管理难度增大。而目视管理作为一种管理手段，能使企业全体人员减少差错、轻松地进行各种管理工作。

国内某些企业在目视管理方面已经取得了较大的进步，不仅在工作现场开始较多地应用，而且在产品上也实施了目视管理，为客户带来方便。例如，电脑上有许多形状各异的接口，有圆的、扁的、长的、方的，其目的就是防止插错。现在有的电脑其接口不仅形状各异，并且各接口是不同的颜色，各连接线的插头也有相应的颜色。这样只要看颜色插线，又快又准。又快又准，即“效率高、不易错”正是很多情况下目视管理所带来的结果。

2. 目视管理的要点

1）无论是谁都能判明是好是坏（异常）。

2）能迅速判断，精度高。

3）判断结果不会因人而异。

3. 目视管理的作用

1）迅速快捷地传递信息。目视管理根据人类的生理特征，充分利用信号灯、标示牌、符号、颜色等方式发出各种视觉信号，鲜明准确地刺激人们的神经末梢，快速地传递信息。

2）形象直观地将潜在问题和异常现象显现出来。生产现场的运行状态有两种情况，一种是正常状态，另一种就是异常状态。生产现场中每天都会发生各种不同的异常情况，要发现和排除这些异常状态，在管理过程中可以通过目视管理，将“正常状态”予以标示，一旦离开此状态就意味着异常、发生了问题，这样可及早发现，早做处理。比如，冲床上的模具坏了，就会生产出不合格品，如不能及时控制，不合格品就会堆积如山。但是如果采取目视管理，在模具上安装自动检测装置，情况就大不一样，一旦有异常发生，机器能自动停止生产。当机器自动停止，就需检查问题到底出在哪里，是计划性的停机?还是因质量问题而停机?然后有针对性地加以解决。

3）促进企业文化的形成和建立。目视管理通过对员工合理化建议展示、优秀人物和先进事迹表彰、公开讨论栏、企业宗旨和方向、远景规划等健康向上的内容，使企业中的每一个员工形成较强的向心力和凝聚力，促进企业文化的形成和建立。

11.4.2 目视管理的类别

目视管理需要借助一定的工具，按照这些工具的不同，目视管理可划分为：

（1）*红牌* 用于5S活动中的整理阶段，用来区分日常生产活动中非需要品。

（2）*看板* 在生产现场，用来表示使用物品、放置场所等基本状况的告示板。它们将具体位置在哪里?做什么?数量多少?谁负责等等重要事项记入，让人一看就清楚。

（3）*信号灯* 用于提示生产现场的操作者、管理者生产设备是否在正常开动或作业，发生了什么异常状况。

（4）*操作流程图* 描述生产中重点工序、作业顺序的简要说明书，用于指导工人生产作业。

（5）*反面教材* 让生产现场的每个人了解、明白不良现象和后果。它一般放在显著的位置，让人们一眼就可以看到。

（6）*提醒板* 健忘是人们的大忌，但有时又难以杜绝，借助提醒板这种自主管理的方法来减少遗忘或遗漏。

（7）*区域线* 生产的现场，对原材料、半成品、成品、通道等区域用醒目的线条区分划出，保持生产现场的良好生产秩序。

（8）*警示线* 在仓库或生产现场放置物品的场地表示最大或最小的在库量。

（9）*生产管理板* 用于表示生产现场中流水线设备的生产状况，可记载生产实绩、设备的开动率、异常原因等。

11.4.3 目视管理的水准和实施方法

1. 目视管理的水准

目视管理可以分为三个水准：

1）初级水准：有表示，能明白现在的状态。

2）中级水准：谁都能判断良否。

3）高级水准：管理方法（异常处置等）都列明。

在许多企业里，通常只达到目视管理的初级水准，达到中级水准的已不多见，能达到高级水准的更是凤毛麟角。

2. 目视管理的实施方法

目视管理本身并不是一套系统的管理体系或方法，因此也没有什么必须遵循的步骤。如果说一定要列出推行的方法，那么通过多学多做，树立样板区，然后在公司全面展开是可取的。

目视管理的实施可以先易后难，先从初级水准开始，逐步过渡到高级水准。目视管理作为使问题“显露化”的道具，有非常大的效果。但是，仅仅使用颜色，不依具体情况在“便于使用”上下工夫，是没有多大意义的。因此，发挥全员的智慧，下工夫使大家都能用、都好用是实施目视管理的要点所在。

【复习思考题】

1. 什么是现场?什么是生产现场?什么是生产现场管理?
2. 简述加强生产现场管理的措施。
3. 什么是定置管理?定置管理中人与物、物与场所及信息媒介与定置的关系如何?
4. 简述定置管理的程序。
5. 什么是5S活动?5S活动的基本内容是什么?
6. 什么是目视管理?目视管理的作用是什么?目视管理的类别有哪些?

【案例分析】

权智（国际）有限公司

权智集团成立于1993年，1998年在香港联合交易所上市，为香港少数拥有强大科研实力的电子辞典及翻译机、个人数码助理、通信产品、数码录音器等的生产厂商之一。产品品牌包括“快译通”和“快驿通”，都已深入民心。除自建品牌外，集团还利用其科研实力，替海外极具规模的公司作“合约生产”，产品包括各种类型的掌上电子产品，满足用户对数据处理、通信及信息的要求。

权智集团生产基地设于东莞，业务遍及中国、东南亚、中东、欧洲和北美。

长期以来，权智集团对品质的要求都是精益求精的，自1994年开始，即推行各种提高品质的活动，包括ISO9001系统、品质改善小组、业务自我评审、员工提案计划、品质管理圈及全面品质管理。毫无疑问，提高品质对业务发展是非常重要的。

权智集团自1998年起，采用了“5S活动”现场管理，在香港公司及东莞厂部全面实施，目的就是要将“不断提高品质”这一目标再提高一步。管理层希望通过“5S活动”的推行，提高公司的效率和生产力，从而提升公司的形象和客户的满意度，使所有员工工作得更愉快、更投入。

因为东莞厂部所涉及的员工较多，楼面面积也较大，所以投放到“5S活动”的资源也比较多。首先，集团采用了民主的方式，经过投票，选出了一个“5S活动”推行委员会，成员来自不同部门，以确保全面参与。

其中主要的措施包括：

1）聘请精于“5S活动”的专家为员工进行培训。

2）在公司内部刊物上刊登关于“5S活动”的文章。

3）在公司醒目的地方增设“5S活动”专栏，刊登有关消息。

4）举办标语及口号比赛。

5）在文娱节目中加入“5S活动”的内容，务求“5S活动”进入生活的各个层面。

活动的成功与否，最有效的方法是进行检查。集团的检查工作有以下三个层次：

1）每月一次或两次的“定期检查”。

2）推行委员会联同公司高层进行复查。

3）由外聘专家进行检查。

在香港，活动的推行规模比较小，但认真程度毫不逊色，每月举行的“5S活动”比赛，员工都非常投入。

经过一年多的实施，“5S活动”带给权智集团以下好处：工作环境清洁、整齐，增加了员工的工作投入感；工作事故大大减少；员工的效率得以提高；工作程序更为顺畅，减少了时间和金钱的损失；给参观者以良好的印象。

1998年10月，该集团荣获香港特区政府颁发的品质和生产力大奖，对此成就，“5S活动”可谓功不可没。

案例分析问题：

1. 权智集团采取了哪些措施来推行“5S活动”？

2. 权智集团实施“5S活动”，达到“不断提高品质”这一目标了吗？

【技能实训】

1. 实训目的：培养学生对生产现场管理的能力。

2. 实训内容与方式：请参观学校附近的超市，观察超市的定制管理情况；绘制其定置平面图，并解释商家如此布置的理由及你认为的改进措施；对超市的目视管理进行举例。

3. 实训成果：超市定置平面图，调查分析报告。

第12章　质量管理

【学习目标】

1. 知识目标

- 理解质量的概念、质量认证的概念及意义。
- 掌握全面质量管理的概念。
- 了解质量管理的发展阶段。
- 掌握质量管理体系。
- 掌握质量控制过程及质量管理的统计方法。
- 熟悉、弄清ISO9000系列标准。

2. 能力目标

- 能树立全面质量管理理念。
- 能分析企业质量管理中出现的问题。
- 能参与企业实际质量管理的过程。
- 能编制企业质量管理计划。
- 能具备质量管理能力。
- 能理解和运用ISO9000系列标准。

【导入案例】

在三洋制冷的生产现场，根本看不到在其他企业内常见的手持检测仪器进行质量检查的检查员的身影，但是三洋制冷的溴化锂吸收式制冷机的产品质量却遥遥领先于国内同行业厂家而高居榜首，这正是三洋制冷在全公司内推行“零缺陷”的质量管理的结果。

三洋制冷在用最先进的检测仪器检测产品的最终质量的同时，采用了和绝大多数企业完全相反的质量管理方法，取消工序检查员，把“质量三确认原则”作为质量管理的最基本原则，即每一位员工，都要“确认上道工序零部件的加工质量，确认本工序的加工技术质量要求，确认交付给下道工序的产品质量”，从而在上下工序间创造出一种类似于“买卖”关系的三洋制冷特有的管理现象。

上道工序是市场经济中的“卖方”，下道工序是“买方”，是上道工序的“用户”。如果“卖方”质量存在问题，则“买方”可拒绝购买，不合格品就无法继续“流通”下去。三洋制冷正是通过这种“买卖化”的独特的质量管理方式，形成了没有专职检查员，但每个员工都是检查员的人人严把质量关的局面，从而保证了“不合格品流转为零”的目标得以实现，确保最终生产出近乎完美的零缺陷产品。

“三确认”变单纯的事后控制为事前预防、事中控制、事后总结提高的管理模式，以员工工作质量的提高使产品质量得到有效保证和改善，使员工做到了集生产者与检查者于一身。它能预防和控制不良品的发生和流转，强调第一次就要把事情做好，追求零缺陷，用自身的努力最大限度地降低损失，从而实现了“3N”的工序质量控制目标。即：不接受不良品，不生产不良品，不转交不良品，达到了“不良品流转率为零”的工序质量控制目标。

12.1 质量管理概述

12.1.1 质量与质量管理

1．质量的定义

质量是指产品或服务满足规定或潜在需要的特征和特性的总和。GB/T1900—ISO9000：2000《质量管理体系——基础和术语》中，将质量定义为“一组固有特性满足要求的程度”。根据这一含义，质量可分为产品质量、工作质量和服务质量。

（1）*产品质量* 产品质量指产品适合一定的用途，满足人们需要所具备的特征和特性的总和。它包括产品的内在特性，如产品的结构、物理性能、化学成分、可靠性、精度、纯度等；也包括产品的外在特性，如形状、外观、色泽、音响、气味、包装等；还有经济特性如成本、价格、使用维修费等，以及其他方面的特性如交货期、污染公害等。

（2）*工作质量* 工作质量指对产品质量有关的工作对于产品质量保证程度。工作质量涉及到企业所有部门和人员。

（3）*服务质量* 它指服务满足规定或潜在需要的特征和特性的总和。

2．质量管理

质量管理是为了实现组织的质量目标而进行的计划、组织、领导与控制的活动。ISO9000标准中定义质量管理为：在质量方面指挥和控制组织的协调一致的活动。在质量方面的指挥和控制活动通常包括制定质量方针、质量目标、质量策划、质量控制、质量保证和质量改进。

质量方针是由最高管理者正式发布的与质量关的组织总的意图和方向，应与组织的总方针相一致，并提供制定质量目标的框架；质量目标是组织在质量方面所追求的目标，是建立在组织的质量方针基础上，在组织内不同层次规定的质量目标。在作业层次，质量目标应是定量的，是组织运作目标的组成部分；质量策划致力于制定质量目标并规定必要的运行过程和相关资源以实现质量目标；质量控制致力于满足质量要求；质量改进致力于增强满足质量要求的能力；质量保证致力于提供质量要求会得到满足的信任，组织中有效的质量控制与改进，是质量保证的基础；产品质量和质量体系认证，是一种外部质量保证的方式。

12.1.2 全面质量管理

1．全面质量管理的概念

全面质量管理（Total Quality Management，TQM）就是企业为保证和提高产品质量，组织企业全体员工和各部门参加，综合运用现代科学和管理技术成果，对影响产品质量的全过程和各种因素实行控制，用最经济的手段，生产出用户满意的产品的系统管理活动。全面质量管理是一种科学的现代化质量管理方法。它的基本核心是强调提高人的工作质量，保证和提高产品质量，达到提高企业和社会经济效益的目的。

2. 全面质量管理的基本观点

全面质量管理的基本观点是"一切为了顾客"、"一切以预防为主"、"一切凭数据说话"、"一切按 PDCA 办事"，即所谓"全面质量管理的四个一切"。

（1）*一切为了顾客* 质量体系的运作具有明确的目的性。所有企业的目的都是为了及时给顾客提供优质、价廉的产品（含服务）。这就是第一基本观点："一切为了顾客"。

（2）*一切以预防为主* 在质量管理发展史中，大致经历了质量检验阶段、统计质量管理（SQC）阶段和全面质量管理阶段。质量检验管理阶段的方针是事后严把质量关；统计质量管理阶段才提出以预防为主的工序流程质量监控，采用预防为主的方针；全面质量管理阶段，继承了事后把关，又继承了工序流程的质量控制，提出了一切以预防为主质量管理方针，具体内容为防检结合、以防为主、注重因素。

（3）*一切凭数据说话* 在全面质量管理中，总是先进行数据的收集，然后通过分析处理，最后才能得出正确的结论。比如，用"统计分析表"去收集分析质量数据，然后用"排列图"进行数据处理，之后才能准确地得出影响产品质量的主要因素。全面质量管理中的一切工作对数据的重要程度，可用"一切凭数据说话"全面概括。

（4）*一切按"PDCA"办事* 全面质量管理的工作程序，按计划（Plan）→执行（Do）→检查（Check）→处理（Action）顺序展开。简称"PDCA"循环程序。实践证明，每完成一次循环程序，整体质量管理水平就提高一步。所以，要一轮接一轮地循环，使质量管理水平不断提高。

3. 全面质量管理的实施程序及其特点

（1）*全面质量管理的实施程序* 全面质量管理的活动全部过程，就是质量计划的制定和组织实施的过程。整个过程按照 PDCA 管理循环周而复始地运转。PDCA 是计划（Plan）、执行（Do）、检查（Check）、处理（Action）的四个词的英文缩写。是由美国质量管理专家戴明博士首先提出的，包括四个阶段八个步骤，如图 12-1、图 12-2 所示。

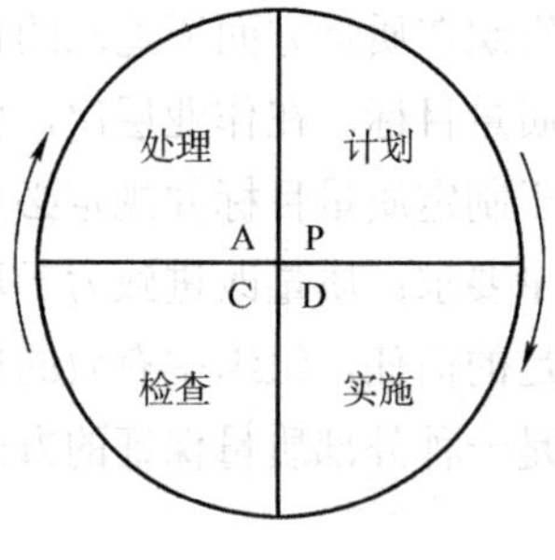

图 12-1 PDCA 循环阶段

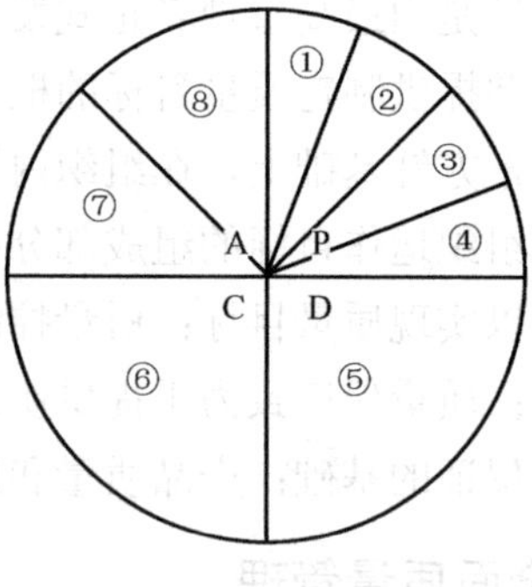

图 12-2 PDCA 循环八个步骤

1）计划阶段（P）：计划阶段要确定质量目标、质量计划、管理项目和措施方案。本阶段主要分为四个步骤：

第一步，分析现状，找出质量问题。在分析质量现状时，必须通过数据进行分析，并用数据说明存在的质量问题。

第二步，分析质量问题产生的各种原因或影响因素。一般包括人、机（设备、工具、工装）、料（材料、零配件）、法（工艺、方法）、检测、环境等因素。

第三步，从各种原因中找出影响质量的主要原因，这是解决质量问题的关键。

第四步，制定计划，制定措施。针对影响质量的主要因素制定对策，拟定管理、技术和组织措施，提出执行计划和预期效果。在制定措施和计划的过程中应明确为什么制定这一措施和计划，预计达到什么目标，在哪里执行这个措施和计划，由哪个单位或谁来执行，什么时间开始执行，何时完成，怎样执行等。即 5W，1H（Why 、What、 Where 、When、Who、How）。

2）实施阶段（D）：

第五步，按预定计划、目标和措施，具体组织落实。

3）检查阶段（C）：

第六步，把实施的结果和计划的要求相对比，检查计划执行情况和措施实行效果。

4）处理阶段（A）：

第七步，总结经验教训，把有效措施纳入各种标准或规程中加以巩固，对出现的问题加以处理，防止已发生的问题再出现。

第八步，将未解决的问题转入下一个管理循环，作为下一个阶段的计划目标。

（2）全面质量管理循环的特点：

1）PDCA 管理循环大环套小环，相互衔接，互相促进（如图 12-3 所示）。在一个企业里，既有全厂性的整体性的 PDCA 循环，又有各部门、各车间乃至班组、个人的 PDCA 循环，这就形成了大环套小环，小环保大环，相互衔接，相互促进的有机整体。

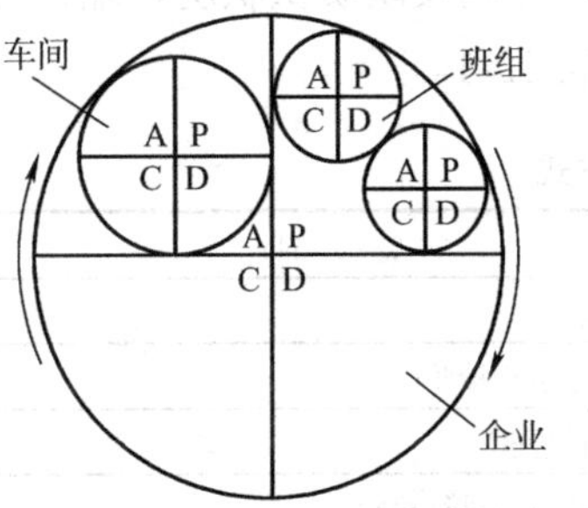

图 12-3 PDCA 循环运转特点之一

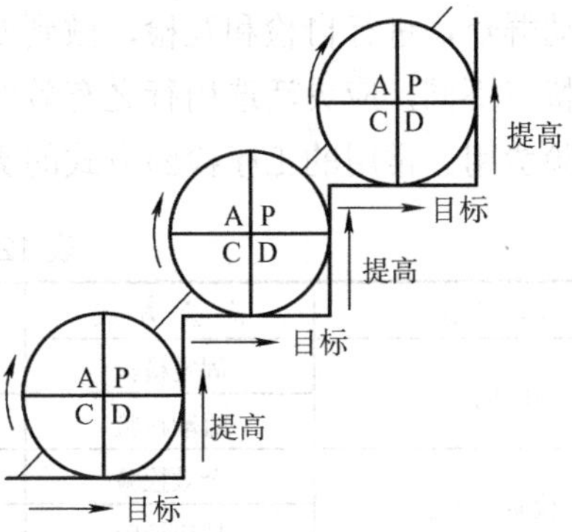

图 12-4 PDCA 循环运转特点之二

2）PDCA 管理循环是不断提高的（如图 12-4 所示）。PDCA 管理循环是螺旋式上升的，如同爬楼梯一样每循环一次就前进、提高一步，不停地转动就不断地提高，如此循环往复，永无止境。质量问题不断解决，工作质量、管理水平和产品质量就不断提高。

3）PDCA 管理循环，关键环节是 A 阶段。A 阶段是一次循环的终了阶段，也是下一次循环的准备阶段，是循环链的结合点。成功与失败，经验与教训，都必须在此阶段总结、归纳、计入有关标准、规程和制度，并作为以后行动的指南和借鉴，使工作在已有基础上有所提高，所以 A 阶段应作为关键点来抓。

12.2 生产过程中的质量控制

12.2.1 设计试制过程的质量控制

设计过程是指产品正式投产前的开发研制及技术准备工作，包括市场调研、产品设计、工艺设计、试制试验与鉴定等。这是产品生产的起点，也是产品质量形成的首要环节和关控环节。没有好的设计质量，就不会有优质品。

设计过程质量管理的任务：一是从产品的市场（用户）需要出发，创造新产品，改进老产品，使之具有更好的功能质量和最高的使用效果（技术与经济方面效果）；二是从保证使用质量出发，结合本厂生产技术条件，采用新材料、新工艺，以谋求更好的产品工艺性与更高的使用效果。

12.2.2 制造过程的质量控制

制造过程的质量管理是保证产品质量符合并达到设计要求的关键，是质量管理的“中心”环节。其具体内容如下：

1. 制造工艺质量管理

产品是通过规定的工艺加工形成的，其质量受很多工艺因素的影响，故加强工艺监督对提高产品质量有很重要的意义。

2. 做好质量检验工作

做好质检工作，坚持不合格材料不投产，不合格的零件不转序，不合格产品不出厂。要达到这一目的，既要建立一支有一定业务技术水平的专职检验队伍，发挥其骨干作用，又要充分发动群众，进行自检和互检，做到专检与自检、互检相结合。在实际工作中，由于企业的生产特点不同，应灵活选用行之有效的检验方式，以正确反映质量状况，缩短检验周期，节约检验费用。常用的工序检验方式的类型及特征见表12-1。

表12-1 工序检验方式

分类标志	检验方式	特征
检验地点	固定检验	在固定地点进行检验
	流动检验	在加工或装配工作地进行检验
检验工作量	全效检验	对检验对象进行逐件检验
	抽样检验	根据规定的抽样检验方案进行检验
检验人员	自检、互检	由生产工人自己或相互间进行产品检验
	专检	由专职检验员进行检验
工作过程的次序	材料预检	加工车间在加工开始之前，对投入的原材料、毛坯、半成品进行检验
	首件检验	对改变加工对象，改变生产条件和加工者之后，生产的头几件产品进行的检验
	中间检验	产品加工过程中，完成每道工序或完成数道工序后所进行的检验
	完了检验	车间完成加工或装配之后，对半成品或成品进行检验

3. 质量分析工作

为发挥制造过程质量管理的预防作用，应经常对照质量标准和工作质量指标进行质量分析，以便了解现状，掌握动态，改进质量。

4. 进行工序质量控制

工序质量控制，是制造过程质量管理的核心。它是根据数理统计理论和方法运用控制图对工序进行控制，通过观察分析控制图的变动状况，及时发现工序异常并采取措施，以达到控制产品质量的目的。

12.2.3 辅助过程的质量控制

辅助生产过程一般包括：辅助材料供应、工具的制造或外购设备的外购与维修，动力和水、暖、风、气的供应以及运输保管等服务。

1. 辅助材料的质量控制

辅助材料不直接用于产品，故其质量易被人忽视。而实践证明，它对产品质量的影响非常重大。在工业生产中，例如：化学工业中的催化剂，生物工程中的菌种、酶，机械工业中的各种油料、燃料，冶金工业中的燃料、炉料、衬料等都是辅助材料，其质量控制应和原材料一视同仁，不可松懈，统统应按相应规定的质量标准验收。采购合同签订之前，也应对供应方的质量体系进行质量评价和质量监督。

2. 工具的质量控制

没有高质量的工具就没有高质量的产品。当工具由企业自制时，应严格控制其制造过程的质量，总的要求类似于产品制造过程的质量控制，但由于工具生产一般为小量生产，所以具体做法各异。比如“控制图”、“零件三检制”可以免用。但在关键工序要执行“自检”、“工长检”和“专检”为内容的“三检”活动。工具必须执行“全数检验”。当工具外购或外委加工时，不但要在对供应方质量体系进行评估后，方可签订合同，更要在进厂前，严把质量关。

3. 设备质量控制

设备多为外购，应按其技术标准、附件目录全面验收。对进口设备更应严格验收。但现实生活中情况往往相反，居然发生进口设备不带附件的反常情况，甚至还有以旧充新、以国产设备充进口设备等情况，严重影响设备的质量。从管理角度来说，这都是由于管理体制缺乏质量控制造成的。

在生产中运行的设备，其质量控制的内容是：工人按规定程序保养设备，实行设备的计划检修制度，制定检修计划。检修计划分大修计划、一级保养计划和二级保养计划三种。大修由机修车间或外委执行；一级保养一般是在设备运行累计500个小时时进行；二级保养为2500小时，对设备临时性小故障维修保养，由生产车间专职机修人员负责。

4. 动力、水、暖、风、气的质量控制

动力，特别是电力，目前的供应质量问题尤为突出，电压稳定性普遍不符合标准，电力供应质量问题不是个别企业的事，必须在全局范围控制。水、暖、风、气以及诸如冷却润滑液的供应，都由企业辅助生产车间供应（水一般由国家自来水公司供应），其供应质量都在不同程度影响产品质量，其质量控制要遵循企业有关质量管理制度。

5. 运输、保管中的质量控制

运输和保管两个环节对产品质量的影响也非常明显，例如食品工业，往往在这两个过程出大的质量事故，例如食品被污染或是自身变质。企业应根据产品的性质，对运输和保管这两个过程进行有效的质量控制。

对易爆易燃产品，需要特别制定安全性控制制度，并严格执行。

生产过程中也有运输和保管问题。机械制造企业的产品磕碰伤质量事故是一个极易疏忽，但又极为严重地困扰产品质量的大事。车间应专门为此作必要的物质准备，如搬动器具，并执行有关搬运、保管的质量管理制度。

12.2.4 使用过程的质量控制

由于市场竞争日趋激烈，现代质量管理关注的重点已不再局限于产品的制造过程，制造过程之前的设计质量和之后的服务质量，对于产品质量及市场竞争力的重要作用已为越来越多的企业所认识。

产品使用过程的质量管理既是企业质量管理工作的归宿，又是企业质量管理工作的出发点。企业的质量管理工作必须从产品的生产制造过程延伸到它的使用服务过程。产品在使用过程的质量管理必须突出为用户服务的原则，抓好以下三个方面的工作：

1）积极开展技术服务工作。如编织产品使用说明书；采取各种形式传授产品安转、使用和维修技术；提供易损件图纸；供应用户所需备用品和配件；设立维修网点，加强服务工作；对复杂产品，为用户提供安装调试方面的技术指导。

2）进行使用效果和使用要求方面的调查。

3）认真处理出厂产品的质量问题。切实履行对产品实行“三包”或“三保”的质量承诺。

12.3 质量管理常用的统计方法

质量管理中常用的统计分析方法有分类法、排列图法、因果分析法、直方图法、控制图法、散布图法、调查表法等，被称为质量管理的七种常用工具。

12.3.1 分类法

分类法，又称分层法，它是在质量管理中对统计资料进行分类，据以分析影响质量原因的一种方法。具体做法是对收集到的杂乱无章的数据和错综复杂的因素，按不同的目的、性质、来源等加以分类，进行系统化、条理化，以便抓住主要矛盾。一般常用的分类标志有：

1）按不同时间分，如按不同班次、不同日期进行分类。

2）按操作人员分。如按新、老工人，男工、女工、班次等分类。

3）按使用设备分。如按不同的机床型号、工夹具等进行分类。

4）按操作方法分。如按不同的切削用量、温度、压力等工作条件分类。

5）按原材料分。如按不同的供料单位，不同材料成分等进行分类。

实际工作中，在进行数据分类时，应根据分析目的，按照一定标志加以分类，将性质相同、收集条件相同的数据归并在一起，同时应尽量使同一类的数据波动幅度较小，而各类间相互差别较大，这是用分类法进行分类的关键。

【例 12-1】 某轧钢厂三个车间某月份共轧钢 6000t，其中废钢 169t，如果据此数据，则无法对质量问题进行分析。如果对废品的原因进行分类，见表 12-2。则可以看出，甲车间产生废钢的主要原因是“尺寸超差”，乙车间是“轧废”，丙车间是“耳子”。这样就可以针对各自产生废品的原因采取相应的措施。

表 12-2 某轧钢厂某月份废品层次表

废品原因	废品数量			
	甲车间	乙车间	丙车间	合计
尺寸超差	30	15	10	55
轧废	10	28	10	48
耳子	5	10	25	40
压痕	8	4	8	20
其他	3	1	2	6
小计	56	58	55	169

12.3.2 排列图法

排列图法又称为帕雷托图、主次因素分析图。如图 12-5 所示。它是一种定量找出影响产品质量的主要问题或因素的简便有效的方法。影响产品质量的因素很多，但主因往往只有少数几项。19 世纪意大利经济学家维尔弗雷德·帕雷托指出，各种可能原因中的 20%造成 80%的问题；其余 80%的原因只造成 20%的问题和缺陷。排列图有助于确定造成大多数问题的少数关键原因，有效解决问题。

排列图如图 12-5 所示，由两根纵坐标、一根横坐标、一根折线和若干矩形组成。左侧纵坐标表示不合格产品的频数，右侧纵坐标表示不合格品出现的频率（百分比），横坐标表示各种因素，按影响大小顺序排列。直方形高度表示影响因素的影响程度（即出现频率多少），折线表示累计频率（又称为帕雷托线）。通常将累计百分数分为三类：占 0%～80%的为 A 类，称为主要因素；80%～90%为 B 类，称为次要因素；90%～100%为 C 类，即一般因素。解决了 A 类因素，80%的问题就得到解决，即解决了大部分问题。

【例 12-2】 某厂对活塞环槽侧壁不合格的 275 件产品进行缺陷分类统计，其结果是：精磨外圆不合格 229 件，精镗销孔不合格 56 件，磨偏差不合格 14 件，精切环槽不合格 136 件，垂直摆差不合格 42 件，斜油孔不合格 15 件，其他不合格 8 件。试作出排列图。

根据已知条件，缺陷按其数量自大到小进行排列，并计算出累计频数和累计频率。作出的缺陷分类统计表，见表 12-3。

表 12-3 活塞环槽侧壁加工缺陷分类统计表

序号	缺陷	频数	累计频数	频率×100	累计频率×100
1	精磨外圆	229	229	45.8	45.8
2	精切环槽	136	365	27.2	73.0
3	精镗销孔	56	421	11.2	84.2
4	垂直摆差	42	463	8.4	92.6
5	斜油孔	15	478	3.0	95.6
6	磨偏差	14	492	2.8	98.4
7	其他	8	500	1.6	100.0
总计		500			

根根据表中数据作排列图如 12-5 所示。精磨外圆和精切环槽是主要因素，解决了这两个主要问题，将显著降低不合格品率；精镗销孔为次要缺陷；其他缺陷为一般缺陷。解决问题

应从主要缺陷入手。

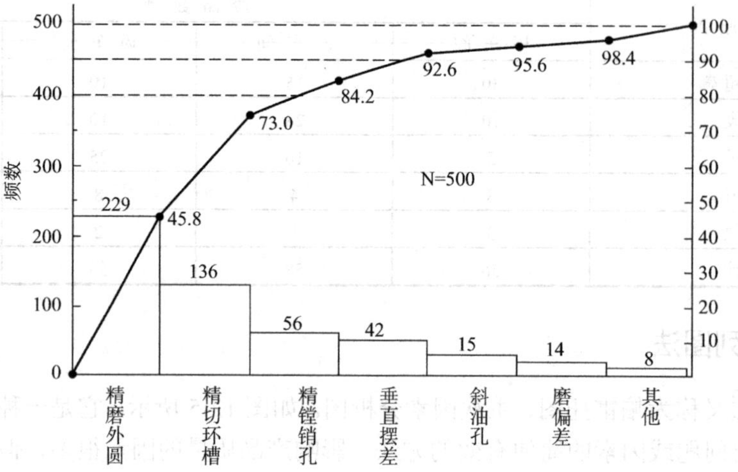

图 12-5　活塞环槽缺陷排列图

12.3.3　因果分析图法

因果图也称为鱼骨图或石川图，它是日本东京大学教授石川馨提出的一种简单而有效的方法。它通过带箭头的线，将质量问题与原因之间的关系表示出来，是分析影响产品质量（结果）的诸因素（原因）之间关系的一种工具。

当某产品质量问题出现时，从原材料、设备、操作方法、操作者和环境等方面入手，逐项查找产生质量问题的原因。该方法具体应用时，要先确定影响质量的主因是什么，将每一原因由大到小画到枝干上，描述它们之间的关系，把影响因素具体化，直至找到问题的所在，如图 12-6 所示。

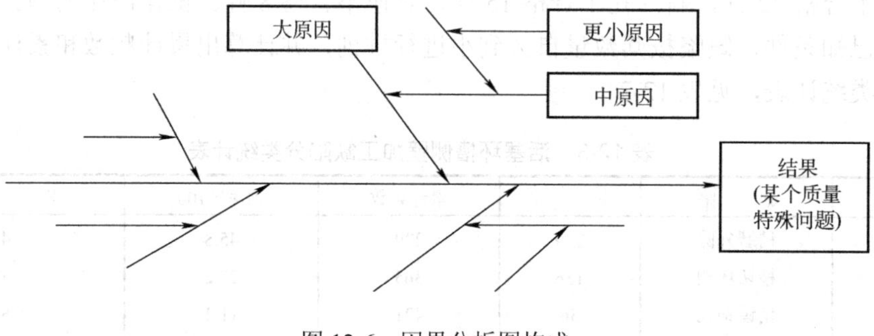

图 12-6　因果分析图构成

因果图有助于说明各个原因之间如何相互影响。它也能表现出各个可能的原因是如何随时间而依次出现的。这有助于着手解决问题，采取有力措施整改。

【例 12-3】 用车床加工活塞时，出现活塞销孔孔径尺寸出现误差。经过相关人进行讨论分析，提出许多相关原因，并用因果分析图进行分析，如图 12-7 所示。造成误差的主要原因是“未按中间尺寸对刀”。

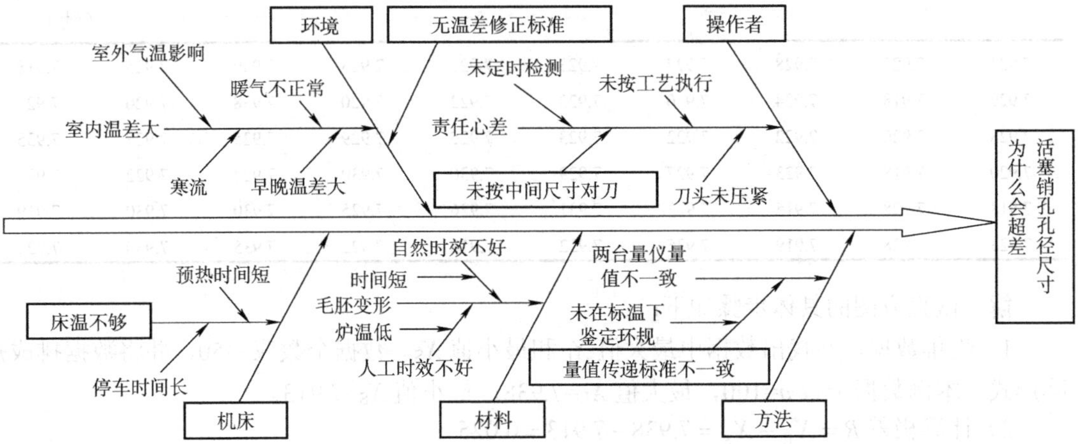

图 12-7 活塞销孔孔径尺寸超差因果分析图

12.3.4 直方图法

直方图又称为线条图、质量分布图。直方图是对生产出来的产品，根据抽样理论，从中抽取一定数量的样本，然后对样本进行测量，所得的数据加以整理，进行分组计算，画出以组距为底边、以频数大小为高度的一系列矩形图，如图 12-8 所示。通过直方图图形的观察，可以从整体上判断一批已加工完毕的产品的质量状况。直方图可以表明哪些类别代表测量中的大多数，给出的是测量结果的实际分布图。

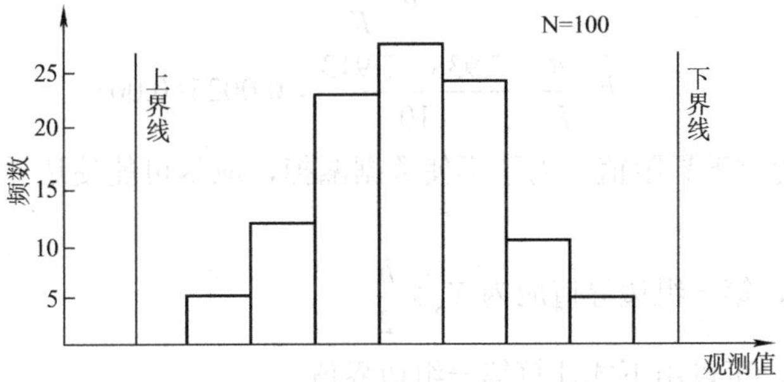

图 12-8 直方图

1. 绘制直方图

现举例说明直方图的绘制步骤：

【例 12-4】 从一批螺栓中随机抽取 100 件测量其外径数据，如表 12-4 所示。螺栓外径规格为 $0.8_{0.10}^{-0.05}$，试绘出频数直方图。

表 12-4 螺栓样本外径数据表 （单位：mm）

7.938	7.930	7.918	7.925	7.923	7.930	7.920	7.929	7.922	7.925
7.930	7.925	7.913	7.925	7.927	7.920	7.925	7.928	7.918	7.938
7.938	7.930	7.925	7.925	7.927	7.924	7.930	7.930	7.922	7.922
7.914	7.930	7.926	7.925	7.927	7.925	7.926	7.935	7.925	7.915

（续）

7.924	7.925	7.928	7.927	7.923	7.929	7.923	7.930	7.925	7.918
7.929	7.918	7.924	7.920	7.922	7.922	7.920	7.938	7.920	7.927
7.928	7.920	7.922	7.922	7.923	7.925	7.929	7.925	7.927	7.935
7.920	7.918	7.923	7.927	7.929	7.930	7.930	7.924	7.922	7.931
7.918	7.928	7.915	7.923	7.931	7.926	7.925	7.930	7.930	7.919
7.923	7.928	7.919	7.925	7.922	7.918	7.922	7.935	7.930	7.922

解　做直方图的具体步骤如下：

1）收集数据，并找出数据中最大值 X_L 和最小值 X_S。数据个数应≥50，并将数据排成矩阵形式。本例数据个数 n=100，最大值 X_L=7.938，最小值 X_S=7.913。

2）计算极差 $R = X_L - X_S = 7.938 - 7.913 = 0.025$

3）确定分组组数 K。K 值的选择参考表 12-5 给出的经验数值确定。

表 12-5　统计方法分组表

样本容量（n）	适当分组数	一般使用组数（K）
50—100	6—10	10
100—250	7—12	
250 以上	10—20	

本例 n=100，则取 K=10。

4）计算组距（h）

$$h=\frac{R}{K}$$

本例

$$h=\frac{R}{K}=\frac{7.938-7.913}{10}=0.0025\approx 0.003$$

5）计算各组的上下界限值。为了不使数据漏掉，应尽可能使边界值最末一位为测量单位的 1/2。

当 h 为奇数时，第一组边界值应为 $X_S \pm \frac{h}{2}$。

当 h 为偶数时，可以用下式计算第一组边界值

第一组上边界值=X_S– 测量单位/2

第一组下边界值=上边界值+h

一直计算到最末一组将 X_L 包括进去为止。

本例 h 为奇数，故第一组上下边界值为

$$X_S \pm \frac{h}{2} = 7.913 \pm 0.0015 = 7.9115 \sim 7.9145$$

其余各组的上下边界值为：

某组上边界值＝上组下边界值

某组下边界值＝该组上边界值+h

本例第二组上下边界值为 7.9145～7.9175；第三组为 7.9175～7.9205…依次类推，最后 一组为 7.9385，包括了最大值 7.938（见频数表）。

6）计算各组的中心值（X_i）

$$X_i = \frac{第\ i\ 组上边界值+第\ i\ 组下边界值}{2}$$

本例　$X_1 = \frac{7.9115 + 7.9145}{2} = 7.9130$；$X_2 = \frac{7.9145 + 7.9175}{2} = 7.9160$

以下类推。

7）统计落入各组的频数（f_i）

8）计算各组简化组中值（μ_i），并将频数 f_i 栏中频数最高的那一组的中值记为 a。用下列公式确定 μ_i 值

$$\mu_i = \frac{X_i - a}{h}$$

本例 a=7.925

$$\mu_1 = \frac{X_i - a}{h} = \frac{7.913 - 7.925}{0.003} = -4$$

$$\mu_2 = \frac{X_i - a}{h} = \frac{7.916 - 7.925}{0.003} = -3$$

以下类推。

9）计算 $f_i\mu_i$ 和 $f_i\mu_i^2$，以及 $\Sigma f_i\mu_i$ 和 $\Sigma f_i\mu_i^2$。

$$f_1\mu_1 = 2\times(-4) = -8$$

$$f_2\mu_2 = 2\times(-3) = -6$$

以下类推

$$\Sigma f_i\mu_i = 8$$

$$\Sigma f_i\mu_i^2 = 300$$

根据以上计算数据，编制频数分布表，如表 12-6 所示。

表 12-6　频数分布表

组　号	组 边 界 值	组中值 x_i	频 数 统 计	f_i ①	μ_i ②	$f_i\mu_i$ ③=②×①	$f_i\mu_i^2$ ④=②×③
1	7.9115～7.9145	7.913	丅	2	−4	−8	32
2	7.9145～7.9175	7.916	丅	2	−3	−6	18
3	7.9175～7.9205	7.919	正 正 正 一	16	−2	−32	64
4	7.9205～7.9235	7.922	正 正 正	18	−1	−18	18
5	7.9235～7.9265	7.925	正 正 正 正	23	0	0	0
6	7.9265～7.9295	7.928	正 正 正	17	1	17	17
7	7.9295～7.9325	7.931	正 正 正	15	2	30	60
8	7.9325～7.9355	7.934		3	3	9	27
9	7.9355～7.9385	7.937		4	4	16	64
	Σ			100	0	8	300

10）计算平均值 $\overline{X}$ 和标准偏差 S

$$\overline{X} = a + h\left(\frac{\sum f_i\mu_i}{\sum f_i}\right)$$

本例 $$\overline{X}=7.925+0.003\times\frac{8}{100}=7.92524$$

$$S=h\sqrt{\frac{\sum f_i\mu_i^2}{\sum f_i}-\left(\frac{\sum f_i\mu_i}{\sum f_i}\right)^2}$$

本例 $$S=0.003\times\sqrt{\frac{300}{100}-\left(\frac{8}{100}\right)^2}=0.00519$$

11）以分组组距为横坐标，以频数为纵坐标绘制直方图，如图 12-9 所示。

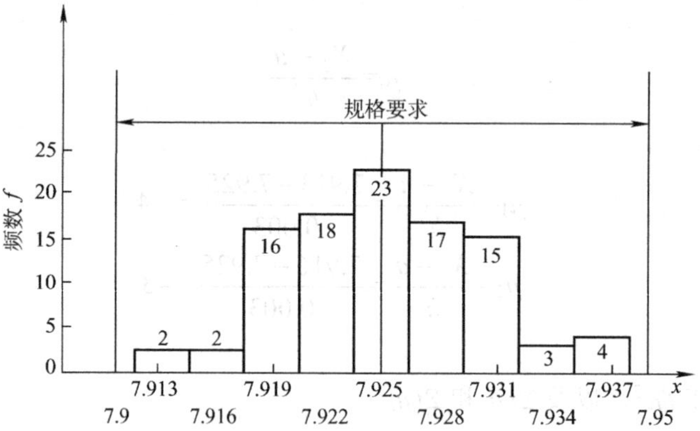

图 12-9 直方图

2. 直方图的观察与分析

直方图可以形象地表示质量情况，直观的图形、定性的数据，可以使阅读者一目了然。将直方图与标准形式比较，则能够发现异常情况，以便进一步分析问题产生的原因。

（1）直方图的观察

1）正态分布，如图 12-10a 所示。数据的平均值与最大值和最小值的中间值相同或接近，平均值附近的数据频数最多，频数在中间值向两边缓慢下降，以平均值左右对称，符合正态分布规律，工序处于稳定状态。

2）偏态分布，如图 12-10b 所示。数据的平均值位于中间值的左侧或右侧，从左至右，数据分布的频数增加后突然减少，形状不对称，往往是由于操作者的原因造成的。

3）双峰分布，如图 12-10c 所示。这是因两个不同的分布混在一起所致。此时，要分析原因，进行分层分析，作出分层直方图。

4）锯齿分布，如图 12-10d 所示。是由于分组过多或测量等原因造成的。此时，首先要减少组数，重画直方图；若还是锯齿型，应从测量方面寻找原因。

5）平顶型，如图 12-10e 所示。是由某种缓慢因素引起的。如工具磨损、操作者疲劳等所致。此时，应采取相应的措施消除其缓慢影响因素。

6）孤岛型，如图 12-10f 所示。由于人、机、料、法、环、测等因素突变而造成的。此时，应采取措施，克服突变因素，否则其数据不易采用。

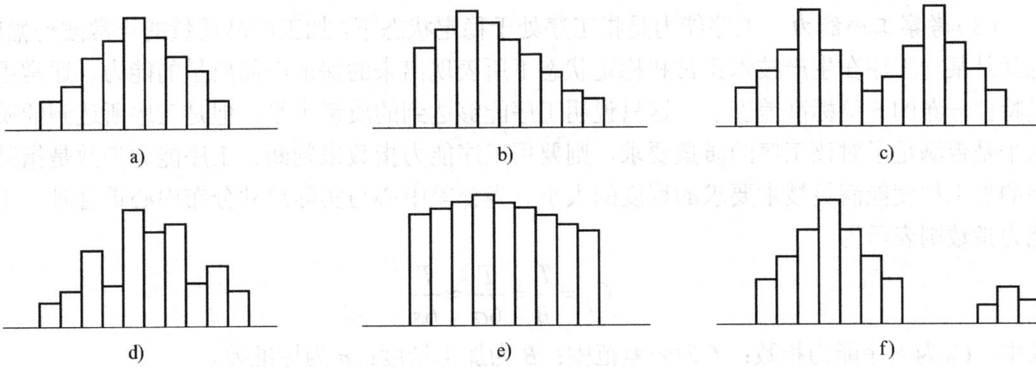

图 12-10 不同形状的直方图

a）正态分布 b）偏态分布 c）双峰分布 d）锯齿分布 e）平顶分布 f）孤岛分布

（2）与公差界限对比分析 用直方图实际分布尺寸（*B*）与规定范围（*T*）相对比（如图 12-11 所示），推断生产过程的情况。通常有六种结果：

1）*B* 在 *T* 中间。平均值与公差中心重合，且实际尺寸分布的两边有少许余地，这是理想状态，如图 12-11a 所示。

2）*B* 在 *T* 内，但偏向一边。此时，已存在出现不合格品的潜在危险，应立即采取措施，将分布中心调至规格中心。此时说明有单向超差的可能，应分析原因，使分布移至中间，如图 12-11b 所示。

3）*B* 等于 *T*。直方图的分布范围已充满整个规格界限，两边没有余地，存在更多出现不合格品的潜在危险，必须立即采取措施，减小分散，如图 12-11c 所示。

4）*B* 大于 *T*。直方图的分布范围已超出规格界限，并已出现一定数量的不合格品。应立即采取措施，减小分散；对产品实施全数检查；或适当放宽规格界限，以减小损失，如图 12-11d 所示。

5）*B* 小于 *T*，分布非常集中。在此情况下，应充分考虑经济效果，采取适当放宽工艺条件等措施，如图 12-11e 所示。

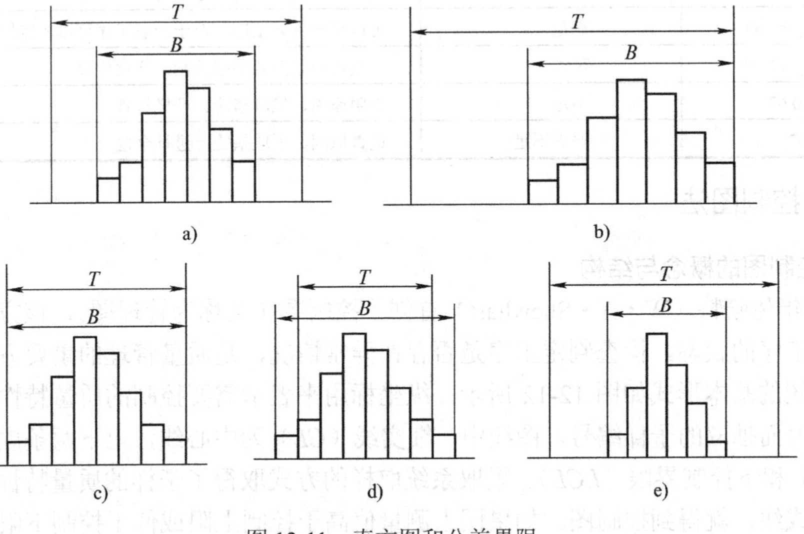

图 12-11 直方图和公差界限

（3）考察工序能力　工序能力是指工序处于稳定状态下，加工产品质量的正常波动幅度。也就是某一工序在生产技术正常和稳定状态下所表现出来的保证产品质量的能力。通常用质量特性分布的6倍标准差表示。这只说明工序能够达到的质量水平，但是工序所达到的质量水平是否满足了对该工序的质量要求，则要用工序能力指数来判断。工序能力指数是指某工序的加工精度能满足技术要求的程度的大小。当公差中心与实际尺寸分布中心重合时，工序能力指数则表示为

$$C_p = \frac{T}{B} = \frac{T}{6\sigma} \approx \frac{T}{6s}$$

式中，C_p为工序能力指数；T为公差范围；B为加工精度；σ为标准差。

实际使用中，常用子样的标准偏差s代替总体的标准偏差σ。

当质量要求只有上偏差或下偏差时，单侧工序能力指数C_p计算公式为：

具有单侧上限的工序能力指数为　$C_p = \frac{T_u - m}{6\sigma}$

具有单侧下限的工序能力指数为　$C_p = \frac{m - T_l}{6\sigma}$

式中，T_u为公差上限；T_l为公差下限。

由公式可知，在公差一定的情况下，C_p值过小，说明σ很大，则该工序所生产的产品质量波动大，不能满足技术要求；如果C_p值过高，意味着σ很小，则说明加工成本很高，出现粗活细作的现象。工序能力指数应采用什么样的数值才合理，其基本准则是：在满足技术要求的前提下，使加工成本越低越好。从我国大多数企业的实际情况看，一般C_p值在1～1.33之间比较适宜。具体取值应从生产的实际出发，生产主管要综合考虑技术经济等方面的条件进行确定。具体可参考表12-7。

表12-7　工序能力分析与处置

C_p	工作能力评价	处　置
$C_p \geqslant 1.67$	非常充裕	可用于贵重零件加工，对于一般零件可使用更经济的工艺方法或放宽检验，对于非关键零件可以不检查
$1.67 > C_p \geqslant 1.33$	充足	可以用于重要工序，对于一般工序可以放宽检查
$1.33 > C_p \geqslant 1.00$	可以	一般可用。但要加强控制，注意检查
$1 > C_p \geqslant 0.67$	不足	查明原因，采取措施，严格检查
$C_p < 0.67$	严重不足	追查原因，采取措施，进行全检

12.3.5　控制图法

1．控制图的概念与结构

1924年休哈特（W·A·Shewhart）首创了控制图（又称为管理图），该方法广泛应用于管理生产工序的状态，检查判定工序是否存在异常情况，是质量管理的重要方法。

控制图的基本形式如图12-12所示。纵坐标用来表示需要控制的质量特性，横坐标表示随时间编号而抽取的子样编号。图线中，细实线（*CL*）为中心线，上下两条虚线为上控制界限（*UCL*）和下控制界限（*LCL*）。采取系统取样的方式取得了子样的质量特性值，描绘在图中，连点成线，就得到控制图。如果图上测量值高于控制上限或低于控制下限，说明控制失控。若测量值全部在上下限之间，则说明生产过程是处于稳定状态。

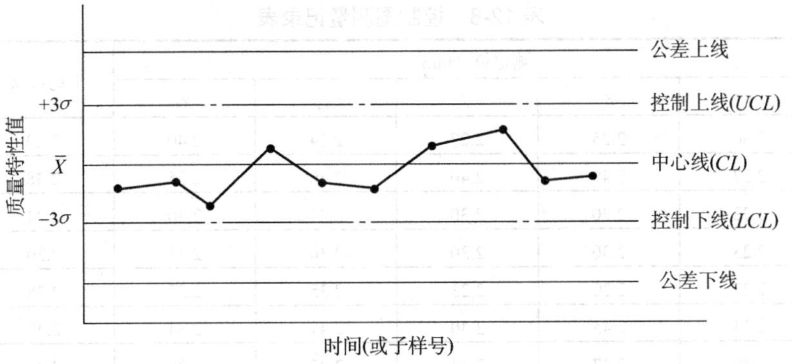

图 12-12　控制图示例

$\overline{X}$ 图的中心线为

$$CL=\overline{X}=\frac{\sum \overline{X_i}}{K}$$

式中，$\overline{X}_i$ 为 i 样本组的平均数；K 为样本组数；$\overline{X}$ 为总平均数。

$\overline{X}$ 图上下控制限：$UCL=\overline{X}+A_2\overline{R}$；$LCL=\overline{X}-A_2\overline{R}$

式中，A_2 为系数，其大小取决于样本容量；$\overline{R}$ 平均样本极差。

2．控制图的种类

控制图可分为计量控制图和计数控制图两大类。计量控制图包括均值极差控制图、均置标准差控制图、中位数极差控制图、单值移动极差控制图；计数控制图包括不合格品率控制图、不合格品数控制图、缺陷数控制图、单位缺陷数控制图等。由于篇幅所限，在此仅以均值极差控制图（$\overline{X}-R$）为例说明其编制的基本方法。

3．控制图的绘制

【例 12-5】 某钢厂生产一种新型钢板，其厚度技术标准是 2.20～2.50mm，在开始生产时，每半小时抽取 5 张钢板测定，试用 $\overline{X}-R$ 控制图检查生产过程是否处于正常状态。

解　1）决定质量特性通常是由设计文件或工艺文件给出，本例为钢板厚度。

2）收集数据。按照随机取样原则，从工序中抽取含量 n=4～5 个单位产品的样本 20～25 个，为保持数据确实反映工序状态，收集数据期间应不少于 10～15 天，数据总量不少于 100 个。本例所收集的数据见表 12-8，并计算 $\overline{X}$、R 值。

$$\overline{X_i}=\frac{\sum_{i-1}^{n} X_i}{n}$$

$$R_i=X_{i\max}-X_{i\min}$$

式中，$\overline{X_i}$ 为第 i 组样本的算术平均数；n 为样本中的样本数；R_i 为第 i 组样本的极差；$X_{i\max}$，$X_{i\min}$ 分别为该组内最大与最小的测定值。本例

$$\overline{X}_i=\frac{2.30+2.25+2.27+2.24+2.40}{5}=2.29\text{mm}$$

$$R_i=2.240-2.24=0.16\text{mm}$$

本例其他数字依此类推，如表 12-8 所示。

表 12-8　控制图测量记录表　（单位：mm）

样本号（组号）	测定值（mm）					平均值 $\overline{X}$	极差 R
	X_1	X_2	X_3	X_4	X_5		
1	2.30	2.25	2.27	2.24	2.40	2.29	0.16
2	2.27	2.49	2.40	2.50	2.25	2.38	0.24
3	2.22	2.20	2.30	2.25	2.40	2.24	0.20
4	2.25	2.30	2.30	2.30	2.35	2.30	0.10
5	2.27	2.20	2.23	2.35	2.37	2.28	0.17
6	2.34	2.45	2.40	2.47	2.34	2.40	0.13
7	2.40	2.37	2.34	2.27	2.25	2.33	0.15
8	2.20	2.20	2.34	2.37	2.27	2.28	0.17
9	2.35	2.30	2.43	2.37	2.29	2.35	0.14
10	2.22	2.22	2.27	2.31	2.26	2.26	0.09
11	2.25	2.34	2.34	2.47	2.29	2.34	0.22
12	2.27	2.35	2.22	2.20	2.31	2.27	0.15
13	2.27	2.31	2.35	2.27	2.28	2.30	0.08
14	2.30	2.44	2.43	2.20	2.25	2.32	0.22
15	2.49	2.45	2.20	2.24	2.35	2.36	0.29
16	2.30	2.36	2.43	2.50	2.47	2.41	0.20
17	2.30	2.22	2.23	2.27	2.29	2.26	0.08
18	2.47	2.50	2.45	2.37	2.34	2.43	0.16
19	2.40	2.27	2.47	2.42	2.24	2.36	0.23
20	2.22	2.34	2.45	2.45	2.40	2.37	0.23
合计						46.55	3.41

3）确定控制界限

控制图的控制界限均采用 3σ 原则确定。不同的控制图，其计算式不同，$\overline{X}$ 控制图的控制界限为

$$CL = \overline{\overline{X}}\text{；}\quad \overline{\overline{X}} = \frac{\sum_{i=1}^{k}\overline{X_i}}{K}$$

$$UCL = \overline{\overline{X}} + A_2\overline{R}\text{；}\quad LCL = \overline{\overline{X}} - A_2\overline{R}$$

式中，K 为样本组数；A_2 为系数，其大小取决于样本含量，见表 12-9。

表 12-9　控制图系数表

样本数 n \ 系数	d_2	d_3	A_2	D_3	D_4
3	1.6926	0.888	1.023	1	2.575
4	2.0588	0.880	0.729	1	2.282
5	2.3259	0.864	0.577	1	2.115
6	2.5344	0.848	0.483	1	2.004
7	2.7044	0.833	0.419	0.076	1.924
8	2.8472	0.820	0.373	0.136	1.864

本例 $CL=2.33\text{mm}$

$UCL=2.33+0.577\times0.17=2.43\text{mm}$

$LCL=2.33-0.577\times0.17=2.23\text{mm}$

R 图的控制界限为

$$CL=\overline{R}=\frac{\sum_{i=1}^{k}R}{k};UCL=D_4\overline{R};LCL=D_3\overline{R}$$

式中，k 为样本组数；D_3、D_4 为系数，由样本含量大小决定，见表 12-8。

本例 $$CL=\overline{R}=\frac{0.16+0.24+\cdots\cdots+0.23}{20}=0.17\text{mm}$$

$UCL=2.115\times0.17=0.36\text{mm}$

LCL 的值不存在，表示不许控制。

依照表 12-9 中的样本号和相应的 $\overline{X}$ 、R 值作横标及纵标，并分别画出 $\overline{X}$ 与 R 图的中心线、控制上限和控制下限，最后作点连线，即为所作 $\overline{X}-R$ 控制图，如图 12-13 所示。

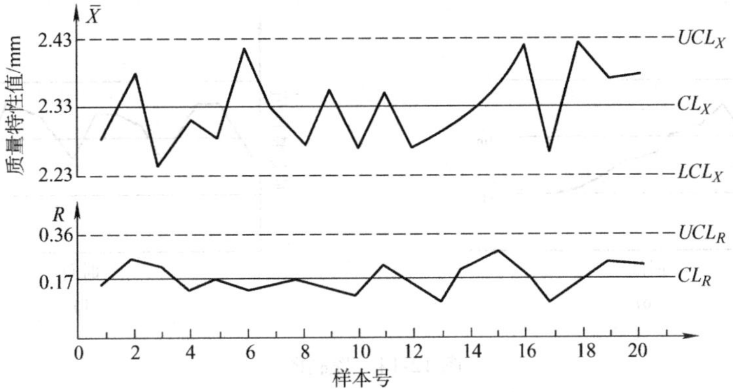

图 12-13 钢板厚度 $\overline{X}-R$ 控制图

4．控制图的观察与分析

1）所有点均在规格界限内，且点的排列无异常现象（见图 12-14a）。这说明工序处于稳定状态。

2）曲线波动大，个别点超出规格界限（见图 12-14b）。这说明工序散差太大，并已产生不合格品，应立即停止生产，查找原因，采取措施，减小工序散差。

3）曲线波动不大，但靠近一侧规格界限（见图 12-14c）。说明质量特性均值与规格中心 T_m 不一致，须进行调整，使散布中心向规格中心靠拢。

4）曲线的排列出现明显的变化趋势。如若干点连续上升或下降（见图 12-14d、12-14e），或曲线发生明显的周期性波动（见图 12-14f）等。说明工序分布正在发生某种变化，应立即查找原因，采取措施，使工序恢复稳定状态。

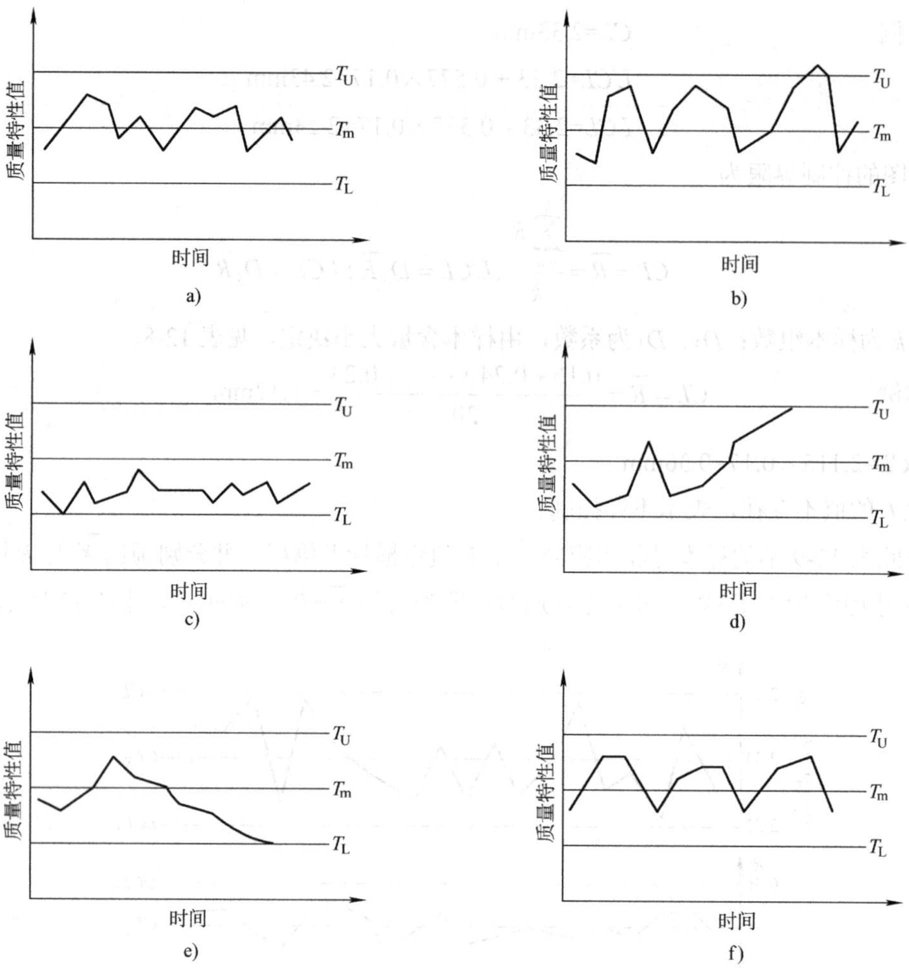

图 12-14　控制图

a）工序稳定状态趋势图　b）工序散差过大趋势图　c）工序分布中心偏离规格中心趋势图
d）工序呈上升趋势的趋势图　e）工序呈下降趋势的趋势图　f）工序呈周期性变动趋势图

12.3.6　散布图法

散布图法，又称相关图法，是一种简易的相关分析法。利用统计图的形式，并借助于建议的计算方法，来分析影响因素和质量特性之间、两种质量特性之间、两种影响因素之间有无关系及其关系的密切程度，是把两个变量之间的相关关系，用直角坐标表示出来的图形。

在工业生产和科学试验中，常常遇到两个变量之间的关系问题。一种是两个变量之间是完全确定的函数关系；另一种是两个变量之间是相关关系，即这些变量之间既有关系，但又不能由一个变量的数值精确地求出另一个变量的值。如，在一定的温度下，钢件淬火的温度与硬度之间的关系；木质的硬度与强度之间的关系等。将两种有关的数据列出，并用点填在坐标纸上，观察两种因素之间的关系，这种图称为散布图，对它进行的分析叫相关分析。

散布图的形式多种多样，但一般可归纳为下列几种：

1）强正相关。图 12-15a 表示 x 增大，y 也增大，点比较密集。说明 x 与 y 的关系密切，称为强正相关。这种情况下，如果正确地管理 x，那么 y 也就得到管理。

2）弱正相关。图 12-15b 表示 x 增大，y 也增大，点较松散，称弱正相关，说明对 y 的影响除 x 外，还有其他因素。

3）不相关。图 12-15c 表示 x 与 y 之间没有关系，称为不相关。

4）弱负相关。图 12-15d 表示 x 增大，y 明显随之减少的关系，点较松散，称为弱负相关。

5）强负相关。图 12-15e 表示 x 增大，y 基本随着减少的关系，点分布较密集，称为强负相关。

6）非线性相关。图 12-15f 表示 x 变化，y 也相应变化，但不成线性关系。

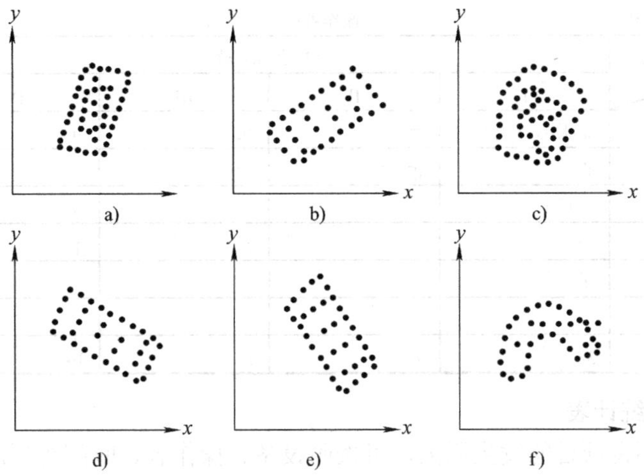

图 12-15 散布图的几种基本形式

在实际工作中，常用相关系数 r 表示其相关程度。可见 $0 \le r \le 1$。如果影响因素不止一个，而是若干个（$x_1, x_2, \cdots x_R$），可以分别绘制 y 与 x_1，y 与 x_2，y 与 x_3，…，y 与 x_R 的相关图，以确定相关关系，找出影响 y 的主要因素。

12.3.7 调查表法

调查表，又叫检查表，核对表。是利用图表记录、搜集和积累数据并能整理和粗略分清原因的一种工具。调查表的形式多种多样，可以根据调查质量的目的不同而灵活设计适用的调查表。常用的调查表有：

1．缺陷位置统计表

缺陷位置调查表是将产品零件、产品的形状画在图上，出现的缺陷按分布位置相应地在图形上进行统计，如表 12-10 所示。

2．不良项目分类统计表

一道工序或产品不能满足标准要求的质量项目称为不良项目，又称不合格项目。为了减少生产中出现的各种不良项目，需要调查是否有不良项目发生，以及它们的比率大小，为此采用不良项目统计表，如表 12-11 所示。

表 12-10 缺陷位置调查表

机翼划伤位置记录表

单位：×车间×工段　　　　日期：年　月　日

操作者：×　×　×　　　　填号者：×　×　×

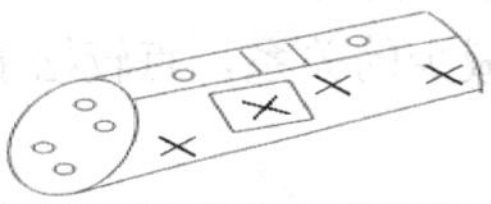

☒：严重划伤

×：轻划伤

0：压坑

表 12-11 不良项目调查表

铸件缺陷原始记录表

零件名称：盖子　　　　零件图号：　　　　日期：

单位：××车间××工段　　　　操作者：　　　　填号人：

部位 / 缺陷项目	检查记录				小计
	I	II	III	IV	
欠铸	正正正	下	正	正一	29
缩裂	正	止	一		10
气孔	正正正			正	20
夹渣	一		一	下	5
折叠	丅		一		3
其他		丅			2
合计	38	9	8	14	69

3. 不良原因统计表

要分清各种不良项目的发生原因，可按照设备、操作者、时间等标志进行分类调查，填写不良原因调查统计表，如表 12-12 所示。

可以用“•”、“×”、“△”等不同的符号分别代表不同的原因，计入不良原因统计表中。

表 12-12 不良原因统计表

零件名称：__________

工序名称：__________　　　　检查统计人：__________

检查项目：__________　　　　填表日期　：__________

日期 / 工人	月	日	月	日	月	日
	上午	下午	上午	下午	上午	下午

以上所介绍的是质量管理中最常用的七种方法（也称为七种统计分析工具）。

一般来说，排列图、因果图和调查表用途最广，不论什么生产类型都可以使用，但这三种方法往往结合起来运用。在工业企业里被称为“两图一表”。直方图、控制图和相关图，一般适用于批量较大的情况，用于工序分析和工序管理。分层法的实质是一种思维方法，不论是“两图一表”还是直方图、控制图和散布图，只有同分层法结合起来运用才会有效果。如分层排列图，分层直方图等。

12.4　质量体系

12.4.1　质量体系的概念

为了弄清质量体系的概念，先要明确与其有关的质量保证、质量控制和质量管理的含义，以及它们之间的相互关系。

1．质量保证

所谓质量保证，是指“为使人们确信某实体能满足质量要求，在质量体系内所开展的并按需要进行证实的有计划和有系统的全部活动”（国家标准 ISO8402—1994）。质量保证的基本思想是强调对用户负责，其核心问题在于使人们确信某一组织有能力满足规定的质量要求，给用户、第三方（政府主管部门、质量监督部门、消费者协会）和本企业最高管理者提供信任感。

2．质量控制

所谓质量控制，是指“为满足质量要求所采取的作业技术和活动”（国家标准 ISO8402—1994）。定义中的“作业技术和活动”是贯穿于质量形成过程的各个环节，目的是为了保持质量形成全过程或某一环节受控。在实际运用质量控制概念时，应该明确控制对象。

3．质量管理

质量管理是指为保证产品、过程或服务满足规定的或潜在的要求，由组织机构、职责、程序、活动、能力和资源等构成的有机整体。企业建立质量体系的目的是为了使其产品能达到：满足规定的用途和需要、满足用户的期望、符合有关的标准和技术规范、符合社会有关法令的要求；同时，要使企业获得良好的经济效益。

上述几个概念，尽管内涵不同，其间的关系是十分密切的。质量控制是企业质量管理的基础，也是质量保证的基础，是质量体系中的主要活动。在企业质量方针的指引下，完善质量体系，落实质量职能，是实施质量管理的核心。

12.4.2　质量体系的内容

质量体系是由组织机构、职责和权限、工作程序、资源和人员、以及质量活动五大部分组成的。

1．组织机构

企业应根据产品特点、生产规模和工艺性质等因素，设置与企业质量体系相适应的组织机构，并明确规定各机构的隶属关系和联系方法。这些组织机构的设置，应能保证企业质量职能的落实和有效的实施。企业应建立强有力的质量管理和质量检验专职机构，负责全企业质量活动的计划、组织、协调、指导、检查和监督。这是质量体系的组织机构中重要的一个方面，企业应予以足够的重视，并保证其能够独立地、客观地行使职权。

2．职责和权限

质量责任制是落实质量职能的重要手段。企业领导首先要明确自己必须对产品质量全面负责的质量责任，同时必须使企业各职能部门和各类人员明确自己的质量责任，以更好地发挥企业中与质量有关的各类人员的积极性，共同保证产品质量。在为企业领导和各职能部门明确质量责任的同时，还必须赋予他们相应的权限，使其能在自己的职责范围内充分行使职权，有效地开展各项质量活动，并切实承担起应负的质量责任。

3．工作程序

企业应该对各项直接和间接的质量活动制定相应的工作程序，以便使其能按正确的方法实施，并能对其进行适当而持续的控制和验证。这些程序应对直接影响产品质量的开发设计、采购、制造和销售等活动的目标和工作质量作出规定。它既包括设计开发程序、设计评审制度等直接质量活动的程序，也包括质量成本、质量信息、人员培训、质量审核等间接质量活动的程序。

4．资源和人员

这是质量体系的基本组成部分。它通常包括：各类人才资源和专业技能；设计、研制、制造、检验、计量、试验等设备，仪器、仪表、计算机软件等。具有能满足产品质量要求的各种设备和一支经验丰富、训练有素的技术、管理与操作人员的队伍，是企业质量保证能力的基本条件。为确保各类人员的工作能力，管理部门应对人员的资格和培训要求做出明确规定，对某些从事特殊工作的人员还要进行资格认定。

5．质量活动

质量体系中的各项质量活动，贯穿于产品质量产生、形成和实现的全过程，即存在于质量螺旋形上升过程的各个环节，包括：市场调查、开发设计、工艺准备、采购、制造、检验、销售、技术服务等八个主要环节。这八个环节的质量活动对产品质量有着直接的影响，构成了质量体系要素的一部分；而另一部分质量体系要素，包括组织机构和职责、人员培训、设备控制、质量文件和记录、纠正措施、质量成本、质量审核等七个要素，它们渗透到以上八个环节的每一环节的质量活动之中。上述十五项质量体系要素的总和，构成了质量体系的全部质量活动。

12.4.3　质量体系的建立和运行

质量体系建立和运行主要包括以下五个阶段，即：组织策划、总体设计、体系组织结构的建立和资源配备、编制质量体系文件和体系培训、组织试运行及质量体系审核。

1．质量体系的决策和总策划

1）要学习、理解和掌握体系标准，统一全体员工的思想认识。

2）领导层的战略决策和组织落实。建立有效的质量体系是一项关系管理方式变革和管理体系调整的系统工程，相当复杂，而且具有相当的难度，需要领导层拿出勇气和决心，同时还必须进行统筹安排和科学的决策。

3）要确定领导机构和工作机构，对骨干人员进行培训。即成立由组织内部各主管领导和有关部门负责人参加的领导机构。

4）要制定出具体的工作计划和程序。通过制定工作计划，对整个工作做出全面规划，明确目标，划分阶段，规定工作内容和进度，并安排出实施性计划，保证体系建立与运行工作有计划、有组织、有步骤地进行。

2．质量体系的总体设计

质量体系总体设计的内容包括以下几个方面：

（1）制定质量方针　质量方针实际上是良好的质量哲理和信念的体现，它不仅反映产品或服务质量方面的问题和尽量满足顾客的需要，还应明确表明领导层对质量责任的承诺和授权，并要使全体员工理解和接受，进而成为自觉执行的内在动力和要求。

（2）*明确质量环* 在建立质量体系的总体设计中，首先应该制定质量方针并明确本行业、本公司产品或服务的主要流程，即明确质量环。

（3）*质量体系要素的选择与展开* 质量体系是由具有相互关联的质量要素所组成的有机整体，质量要素是构成质量体系的基本单元。

（4）*质量活动的确定* 质量活动是从市场开发到产品设计和提供全过程中涉及质量要求的全部活动。质量活动是质量要素的延伸和体现，因为每个基本要素的控制都必须通过一定的质量活动来完成。

3．质量体系的组织结构和资源配置

（1）*质量体系的组织机构* 质量体系的组织结构是组织行使质量管理职能的一个组织管理的框架，其重点是将组织的质量方针、目标层层展开，形成各级的职能，再转化分解，形成各级、各类人员的质量职责和权限，明确其相互关系。

（2）*资源配置* 资源是质量体系的物质基础，是质量体系赖以存在的根本，也是其有效运行的前提和手段。质量体系的建立、质量活动的有效控制，除了需要人力资源和硬件资源外，还需要资金和信息资源。

4．编制质量体系文件

质量体系的文件可包括以下几类：

（1）*质量手册* 是阐明一个组织的质量方针并描述其质量体系的文件。质量体系手册涉及的内容有：质量方针；影响质量管理、执行、验证或评审的工作人员的职责、权限和相互关系；质量体系程序和说明；关于手册评审、修改和控制的规定。

（2）*质量计划* 针对特定的产品、项目或合同，规定专门的质量措施、资源和活动顺序的文件。

（3）*程序* 为完成某项活动所规定的途径，在很多情况下，程序要形成文件。

（4）*记录* 为已完成的活动或达到的结果提供客观证据的文件。质量记录的某些目的是证实、可追溯性、预防措施和纠正措施。

通用的质量体系文件可分为三个层次（如图12-16所示）。

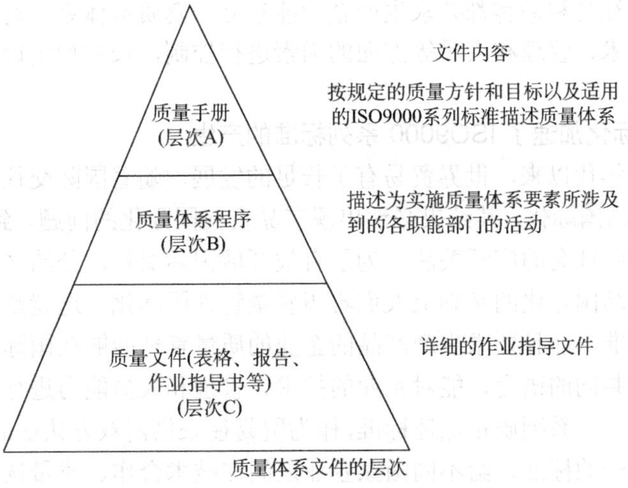

图12-16 质量体系文件的层次

5. 体系培训、试运行及质量体系审核

通过对执行标准的人员进行培训，对已建立的质量体系进行试运行，在试运行过程中，如果发现建立的质量体系有什么问题，要及时纠正。质量体系审核一般分为两类：

1）内部质量体系审核，亦称为第一方审核，其目的是评价本组织的质量体系是否满足标准或其他有关的规定和要求，同时也是用以发现质量管理方面的问题，进而提出改进建议，使质量体系持续地保持其有效性。

2）外部质量体系审核，又分为第二方审核和第三方审核。第二方审核也称需方审核，第三方审核则是由具有注册发证（或审核）资格的第三方机构对供方组织进行的审核。外部质量审核的目的是验证供方的质量保证能力并审核其是否符合一定的标准。

12.5 质量认证

12.5.1 ISO9000 系列标准的产生

20 世纪下半叶，随着电子计算机技术及其应用的飞速发展，全球范围内，科学技术的进步日新月异，社会生产力极大提高，国际间的商务活动空前发展，商业竞争不断加剧。这就是 ISO9000 系列标准产生的历史背景。

1. 科学技术和生产力的发展推动了 ISO9000 系列标准的产生

20 世纪下半叶，由于科学技术迅速发展，新产品不断出现。其中相当一部分是具有高安全性、高可靠性、高价值的产品。这些产品在质量上的问题，不仅给生产企业本身带来巨大的损失，而且也给顾客造成巨大的损失。有的后果还相当严重，不但影响顾客的利益，而且影响到国家安全、生态环境和人类生存。例如：核电站、飞机、候车、锅炉、桥梁、隧道、汽车、火箭等产品，不但在生产上要花费大量资金、时间和人力，而且这些产品都是多环节的产物，某些环节一旦失控，就不能保证质量。如果在使用过程中发生质量事故，其影响范围之大，损失之巨是难以估计的。据美国产品安全标准全国委员会 1970 年的统计报告，每年因使用带有缺陷的产品而使身体受到损害的人约有 2000 万人。其中，致残的约有 11 万人，致死的约有 3 万人。这表明现代文明既给人们带来丰富的产品，同时也伴随着更多潜在的危险和灾难。因此，社会和顾客都要求生产企业能建立一套质量体系，对产品质量形成全过程的每一个环节的技术、管理和人员等方面的因素进行控制，长期稳定地生产满足顾客需要的产品。

2. 贸易的国际化加速了 ISO9000 系列标准的产生

自 20 世纪 60 年代以来，世界贸易有了长足的发展，随着国际交往的日益增多，产品越出了国界，出现产品国际化，其结果必然出现产品责任国际化的问题。到了 20 世纪 70 年代，这个问题已引起国际社会的广泛关注。为了有效开展国际贸易，分清产品责任，减少产品质量问题争端，在产品国际化的基础上人们希望质量管理国际化。这就是说不仅要求产品质量符合统一的技术标准，而且要求生产产品的企业的质量管理能够在国际间求得一定程度的统一，使各国有一个共同的语言，能对企业的技术、管理和人员能力进行评价。许多国家和地区性组织陆续发布了一系列质量保证标准，作为贸易往来供需双方认证的依据和评价的规范，但由于缺乏国际统一的标准，给不同国家企业之间在技术合作、质量认证和贸易往来方面带来困难。在这样背景下，为保证国际贸易的迅速发展，国际标准化组织在 1979 年成立了“质量保证技术委员会”，开始着手制定质量管理和质量保证方面的国际标准，1987 年正式发布了 ISO9000 系列标准。

3．质量管理学的发展为 ISO9000 族标准的产生提供了理论依据

20 世纪初期，由于企业规模的扩大以及企业内部分工的细化，大多数企业把检验从生产中分离出来，成立了检验部门，质量管理进入“检验质量管理”阶段。20 世纪 40 年代，为了适应大规模生产要求，美国和欧洲的一些数里统计学家，把概率论和数理统计的原理与运用用于质量管理，成功地创立了“控制图”和“抽样检查表”等体现预防为主的质量控制方法，使质量管理发展到“统计质量管理阶段”。进入 20 世纪 50 年代以后，出现了一大批高安全性、高可靠性技术密集型产品和大型复杂产品，任何一个元件的失效都可能产生严重后果。在这种情况下，仅在制造过程实施质量控制已不足以保证产品质量。必须应用系统原理、行为科学等理论对产品质量形成全过程实施质量管理。20 世纪 60 年代，美国的费根堡姆提出了“全面质量管理”的概念，并首先提出有关质量体系的概念。这一新的质量管理理论，很快地被各国所接受，先后在日本等国家和地区取得成功。随着全面质量管理理论的不断完善，质量管理学科的日趋成熟和数量众多企业的规范实践，为各国的质量管理和质量保证标准的相继产生提供了充分的理论依据和坚实的实践基础。

4．各国质量保证活动的成功经验促进了 ISO9000 系列标准的产生

最早的质量保证标准产生于美国军工系统。1959 年美国国防部发布了《质量大纲要求》，以后又发布了《检验系统要求》以及《承包商质量大纲评定》等。从而形成了一套比较完整的质量保证标准文件。1979 年英国发布了一套三级质量保证规范标准。此外，加拿大、法国、挪威等国家也都制定了有关质量管理和质量保证的国家标准。各国质量标准的颁布与实施为制定出一套国际公认的科学的统一的质量体系标准提供了依据。

综上所述，质量管理和质量保证标准的产生是生产力发展的必然产物，又是质量管理科学发展的成果和标志，既适应国际贸易的需要，又为企业加强质量管理，提高管理水平提供了指导。

12.5.2 ISO9000 系列标准的结构和内容

1．系列标准的结构

ISO9000 有以下五个标准：

1）ISO9000《质量标准和质量保证标准——选择和使用指南》，是这套标准的导则。

2）ISO9004《质量管理和质量体系要素——指南》，是指导企业建立和运行内部质量体系的文件。

以上两个指南对任何企业都是适用的。

3）ISO9001、ISO9002、ISO9003 三个标准规定了三种质量保证模式，用于合同环境，也适用于第三方认证的模式。

2．系列标准的内容简介

1）ISO9000 标准阐明了系列标准的一些关键术语的概念及其相互关系，阐述了一个组织应力求达到的质量目标以及质量体系环境的特点和质量体系标准类型；规定了质量体系标准的应用范围以及三种质量保证模式选择的程序和选择的因素；还规定了实证和文件应包括的内容以及供需双方在签订合同前应作的准备。

2）ISO9001《质量体系——设计/开发、生产、安装和服务的质量保证模式》，阐述了从产品设计/开发开始直到售后服务的全过程的质量体系要求。要求供方质量体系提供具有从合同评审、设计直到售后服务都能进行严格控制的能力的足够证明，以保证在各个阶段符合规定的质量要求。该标准强调对设计质量控制，提出要对整个设计过程制定严格的控制和验证程序，并贯彻执行。

3）ISO9002《质量体系——生产和安装的质量保证模式》，阐述了从采购开始直到产品交付的生产过程的质量体系要求。适用于要求供方质量体系提供具有对生产过程进行严格控制的能力的足够证明，以保证生产和安装阶段符合规定的要求。该标准强调预防为主，要求把生产过程的控制和对产品质量的最终检验结合在一起。

4）ISO9003《质量体系——最终检验和试验的质量保证模式》，阐述了从产品最终检验到成品交付的成品检验和试验的质量体系要求。适用于要求供方质量体系提供具有对产品最终检验和试验进行严格控制的能力的足够证明，以保证在最终检验和试验阶段符合规定要求。该标准强调检验把关，要求供方建立一套完善而有效的检验系统。

5）ISO9004《质量管理和质量体系要素——指南》，从企业实际需要出发，阐述了建立质量体系的原则和应包括的基本要素以及各要素的含义、内容和要求等。该标准指出，为了满足顾客的需要和期望，并保持企业利益，企业应建立并实施一个有效的质量体系。

12.5.3 质量体系认证作用和认证程序

质量体系认证，又称质量体系评价与注册。这是指由权威的、公正的、具有独立第三方法人资格的认证机构（由国家管理机构认可并授权的）派出合格审核员组成的检查组，对申请方质量体系的质量保证能力，依据三种质量保证模式标准进行检查和评价，对符合标准要求者授予合格证书并予以注册的全部活动。

1．质量体系认证作用

1）企业获得质量体系评审合格证书可以增强客户与供应者之间的信任感。评审时采用同一系的国际标准，有利于各国评审机构相互认证，方便商品进出口。

2）在公司内部开展质量体系评审，可以加强企业质量管理，提高一次成功率，增加产量，降低成本，提高效益。

3）开展质量体系评审，对需方来说，可以查阅获得质量体系评审合格证书的生产企业名录，从中选择能联系提供保证产品质量的供方，购到高质量的商品，减少验收费用和库存费用。

2．质量体系认证程序

质量体系认证分为两个阶段。一是认证的申请和评定阶段，其主要任务是受理申请，对提出申请的供方质量体系进行检查评价，决定能否批准认证和予以注册，并颁发合格证书；二是对获准认证的供方质量体系进行日常监督管理阶段，目的是使获准认证的供方质量体系在认证有效期内持续符合相应质量体系标准的要求。质量体系认证的具体程序如图 12-17 所示。

【复习思考题】

1. 什么是产品质量和产品质量特性？
2. 什么是全面质量管理？质量认证的意义是什么？

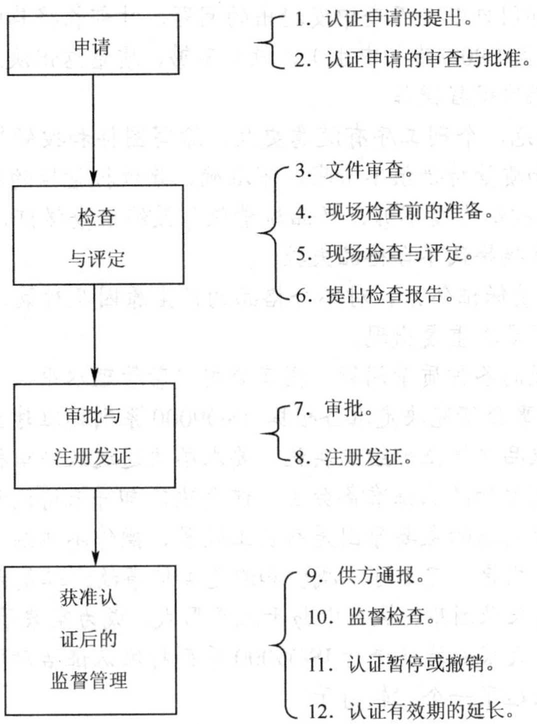

图 12-17 质量体系认证的程序

3. 生产企业的产品质量是如何控制的？

4. 如何应用因果图、排列图、直方图、控制图进行质量控制？

5. 企业建立质量体系应包括哪些内容？企业建立和运行质量体系应抓好哪些主要环节？

6. 什么是质量管理统计方法的基本原理？质量管理有哪些常用的统计方法？如何应用？

7. ISO9000 系列标准由哪些组成？包括哪些内容？质量体系认证按照什么程序进行？

【案例分析】

1997 年入夏以来，大连北兴电束线有限公司的产品索赔率已经连续两个月居高不下，每个月都有 7 次索赔案件发生。为此，公司于 8 月开展了“查问题原因，补管理漏洞，全面提高质量意识”的质量月活动。品质保证部一时成为全公司最忙的部门，品质保证部部长叶军则成为全公司最忙的人，整天忙着组织调查原因、寻找对策、进行质量教育……。

大连北兴电束线有限公司是一家日本独资以外销为主的生产电束线的专业工厂，目前拥有员工 350 多人，各种先进精密仪器 100 余台套，建筑面积 10000 平米，可根据用户要求生产加工各种专用电束线，产品规格已达 150 余种。自 1995 年初投产以来，以其先进的工艺技术和可靠的产品质量，赢得了国内外客户的广泛赞誉，需求量直线上升。因此，公司在 1995 年末和 1996 年末两次扩大生产规模。但是，随着产品规格的不断增多、生产规模的迅速扩大，质量波动也随之而来，用户索赔案件开始逐渐增多……。

根据质量月中各部门自查、互查中发现出的问题，叶部长将其归纳为以下几类：

1）新员工素质较差（90%为初中生），教育不够，质量意识淡薄，对产品质量认识比较模糊，不能严格按照操作规程操作。

2）技术文件不规范，个别工序有随意更改、涂写图样和按领导口头指示作业的现象。这就造成过程参数值和质量特性值不清晰、不准确，导致批量性的加工错误。

3）工序间的质量控制力度不够，产品质量仅靠最终检查保证，只重视事后处理，缺乏事前预防控制措施，直接导致不合格品失控。

4）缺乏完善的质量保证体系，对不合格品的产生原因及对策，缺乏深层次的探讨，因而，导致同类质量问题多次重复出现。

为了解决目前出现的各种质量问题、提高公司经营管理水平，为公司的进一步发展奠定坚实的基础，经公司董事会研究决定准备根据 ISO9000 系列标准建立高水平的质量管理和质量保证体系，同时授权品质保证部组织实施，要求尽快通过认证审核，并取得认证证书。

但是在各部门经理参加的认证准备会上，这个决定却并未得到积极响应。原因很简单：一是认为造成近期质量问题的主要原因是新员工较多、操作不熟练、教育不够、监督不利，只要加强教育、监督、指导，完全可以减少和避免类似事故；二是大家认为 ISO9000 系列标准概括性太强，理解起来很困难，执行中易于流于形式，成为空架子，不如原有的 TQC 质量体系来得实在。因而，大家未能就进行 ISO9000 系列标准认证活动取得共识。一些人开玩笑地说品质保证部叶部长碰了一个“软钉子”。

会后，叶部长又重新研究了有关 ISO9000 系列标准的资料，并将之与 TQC 作了仔细比较，分析了各自对企业发展的意义，又重新树立起推行 ISO9000 系列标准的信心。为了便于大家的理解和接受，叶部长根据自己多年质量管理工作的经验，将 ISO9000 系列标准的内容高度概括为十二个字：“有章可循，有章可依，有据可查”。即：与标准要素要求相关的业务都要有规章制度和工作基准可以遵守；有了规章制度和作业标准必须遵循；是否按规章制度和作业标准办事要有证据可以查验。看着自己的“杰作”，他不禁生出几分得意……。

兴奋之余，叶部长又组织召开了 ISO9000 系列标准学习会，但与会者的反应仍很冷淡。仍有一些人坚持认为现有的质量管理体系和质量保证的方式（TQC）完全可以满足需要，搞什么 ISO9000 系列标准认证纯属多此一举；还有人说现有的质量管理和质量保证体系已运行四年了，公司上下都已适应了它的要求，如果再适应新的体系弄不好会引起混乱；甚至还有人强调说现在生产太忙，再搞什么认证，恐怕没有时间……。叶部长听了之后，得意之情一扫而光，不觉又陷入迷茫之中……。

案例分析问题：

1. 公司一直实行全面质量管理，为什么还会出现这么多的质量问题？
2. 全面质量管理与 ISO9000 系列标准之间是一种什么关系？是否相互对立、排斥？
3. 对在实际中推广 ISO9000 系列标准时出现的阻力应如何克服？
4. 如果您是叶部长，您将采取什么措施以保证 ISO9000 系列标准的顺利实施？

【技能实训】

1. 实训目的：培养学生现代质量管理基本能力。

2. 实训内容和方式：组织学生到校办工厂进行质量管理情况的调研，分析工厂的质量管理状况，提出改进措施。

3. 实训成果：校办工厂质量管理状况分析报告。

第13章 物资管理

【学习目标】

1．知识目标

- 掌握物资管理的概念、物资消耗定额的制定方法。
- 熟悉物资分类方法及内容、物资库存管理中的ABC 分类控制法。
- 了解储备定额的概念及确定方法、物资库存控制法。
- 了解物资采购的渠道及供货方式的选择。
- 理解配送中心的特点。

2．能力目标

- 能正确确定企业各种物资消耗定额。
- 能使用多种方法计算物资储备定额。
- 能根据企业自身的特点合理选择供货商与供货方式。

【导入案例】

从20世纪60 年代起，商品配送合理化在美国企业中普遍受到重视。为了向流通领域要效益，美国企业采取了以下措施：一是将老式的仓库改为配送中心；二是引进计算机管理网络，对装卸、搬运、保管实行标准化操作，提高作业效率；三是为了促进商品配送合理化，各连锁店共同组建配送中心，促进连锁店效益的增长。

1．配送中心类型

美国连锁店的配送中心主要有批发型、零售型和仓储型三种类型。

(1)批发型　美国加州食品配送中心是全美第二大批发配送中心，每天为分布在纽约州、宾夕法尼亚州等6个州的沃尔玛公司100家连锁店配送商品。

沃尔玛配送中心设在100 家连锁店的中央位置，服务半径320 km，服务对象店的平均规模为12万平米。中心经营商品达4万种，主要是食品和日用品，通常库存为4000万美元，旺季库存为7000万美元，年库存周转24次。在库存商品中，畅销商品和滞销商品各占50%，库存商品期限超过180天为滞销商品。各连锁店的库存量为销售量的10%左右。1995年，该中心的销售额为20亿美元。在沃尔玛各连锁店销售的商品，根据各地区收入和消费水平的不同，其价格也有所不同。总公司对价格差价规定了上下限，上限不能高于所在地区同行业同类商品的价格。

(2)仓储型　美国福来明公司的食品配送中心是典型的仓储式配送中心，主要任务是接受美国独立杂货商联盟加州总部的委托，负责为该联盟在该地区的350家加盟店配送商品。该配送中心建筑面积为7万平米，经营8.9万个品种，其中有1200种是美国独立杂货商联盟开发的，必须集中配送。在服务对象店经营的商品中，有70%左右的商品由该中心集中配送，一般鲜活商品和怕碰撞的商品，如牛奶、面包、炸土豆片、瓶装饮料和啤酒等，从当地厂家直接进货到店。蔬菜等商品从当地的批发市场直接进货。

2. 配送中心的运作经验

美国配送中心的库内布局及管理井井有条，使繁忙的业务互不影响，其主要经验如下。

1）以托盘为主，4 组集装箱为一货架。

2）商品的堆放分为储存商品和配送商品。一般根据商品的生产日期、进货日期和保质期，采取“先进先出”的原则，在存货架上层是后进的储存商品，在存货架下层是待出库的配送商品。

3）品种配货是数量多的整箱货，所以用叉车配货；店配货是细分货，小到几双一包的袜子，所以利用传送带配货。

4）轻量、体积大的商品（如卫生纸等），用叉车配货；重量大、体积小的商品用传送带配货。

5）设立特殊商品存放区，如少量高价值的药品、滋补品等，为防止丢失，用铁丝网圈起，标明无关人员不得入内。

思考与提示：

1. 配送中心的设立能为企业物流带来哪些方面的便利？
2. 配送中心是如何缩短物流的时间的？

13.1 物资管理概述

13.1.1 物资管理的意义

物资是指生产过程中消耗的原料、材料、燃料、辅助材料、工具和设备等。物资管理是指对企业生产经营活动所需各种物资的采购、运输、验收、供应、保管、发放、合理使用、节约代用和综合利用等一系列计划、组织、控制等管理工作的总称。

13.1.2 物资的分类

企业所需的物资品种繁多，规格复杂，而且各种物资又各有不同的特点，为了便于编制计划、采购订货和加强管理，必须对各种物资进行合理分类。常见物资分类方法主要有：

1. 按物资在生产中的作用分类

（1）主要原料和材料　主要原料和材料是指经过加工后能够直接构成产品主要实体的各种物资。如炼油厂用的原油，机械厂用的钢材，棉纺厂用的棉花等。

（2）辅助材料　辅助材料是指用于生产过程，有助于产品形成，但不构成产品主要实体的材料。如化工厂用的催化剂，机械厂用的润滑油等。

（3）燃料　燃料是指用于工艺制造、动力生产、运输和取暖等方面的煤炭、汽油、木材等。

（4）动力　动力是指用于生产和管理等方面的电力、蒸汽和压缩空气等。

（5）工具　工具是指生产中使用的各种刀具、量具、模具、夹具等。

采用上述分类，便于企业科学地制定各种物资消耗定额，计算各种物资需要量，也便于计算产品成本和确定流动资金定额等。

2．按物资本身的自然属性分类

按物资本身的自然属性分为金属材料、非金属材料、机电产品等三大类。采用这种分类，便于企业编制物资供应目录和进行物资的采购与保管。

3．按物资管理形式分类

按物资管理形式分为国家统一分配物资和市场采购物资。采用这种分类，主要用来编制物资分配目录，明确物资的申请和供应渠道，编制物资供应计划和统计报表等。

13.1.3 物资管理的任务

物资管理是企业管理的重要组成部分，其管理水平对企业的产品质量和经济效益影响较大。物资管理工作的主要任务有以下几个方面：根据企业生产任务，编制企业物资供应计划；合理供应企业所需的各种物资，保证企业生产经营活动正常进行；正确选择物资品种和代用品，促进企业生产技术进步；降低单位产品的物资消耗；建立合理的物资储备，加速资金周转，提高物资周转率；提高物资管理人员素质，不断提升物资管理水平。

13.2 物资定额与供应计划

13.2.1 物资消耗定额

1．物资消耗定额的概念和作用

物资消耗定额，是指在一定的生产技术组织条件下，生产单位产品或完成单位工作量所必需消耗的物资数量的标准。先进合理的物资消耗定额对企业物资管理工作具有重要作用。它是确定物资需要量、编制物资供应计划的基础，是物资供应部门核算生产用料、组织限额发料的依据，是合理使用和节约使用物资、核算产品成本的重要手段，是促进企业技术水平、生产组织水平、工人生产技能提高的重要条件，是考核职工工作质量的主要依据。

2．物资消耗定额的组成

（1）构成产品净重的物资消耗　构成产品净重的物资消耗是指图样所要求的加工后零件净重。这部分属于材料的有效消耗，是物资消耗的主要部分。

（2）工艺性损耗　工艺性损耗是指产品在加工或准备加工过程中，由于工艺技术上的原因而不可避免地产生的原材料损耗，如机械加工过程中的铁屑，木材加工过程中的木屑、刨花等。

（3）非工艺性损耗　非工艺性损耗是指由于运输、保管、管理等不善而造成的损耗。这部分损耗是人为原因造成的，应尽量避免或减少。

物资消耗定额的组成如图13-1所示。

3．物资消耗定额制定的基本方法

（1）统计分析法　它是指根据以往生产中物资消耗的统计资料，并考虑计划期内生产技术组织条件等各方面的变化因素，通过分析和比较，再吸取先进技术和经验制定定额的方法。这种方法比较简单，但需要有详细可靠的统计资料。

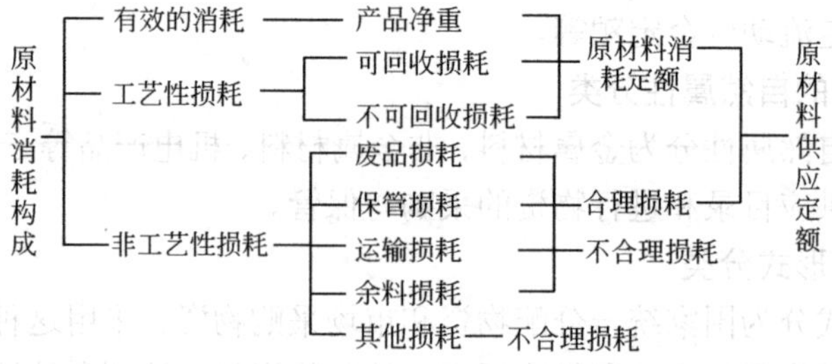

图 13-1　物资消耗定额的组成

（2）*经验估计法*　它是根据技术人员和生产工人的实际经验，并参考有关的技术文件和产品实物以及生产技术组织条件等因素来制定定额的方法。该方法简单易行，工作量小，但科学性、准确性较差。一般在缺少技术资料和统计资料的情况下才采用。

（3）*实际测定法*　是指在生产现场或实验室条件下，运用称量和测算等方式对物资的实际消耗量进行测定、分析、修正，以确定定额的一种方法。它适用于测定那些外形复杂的零件或毛坯的消耗定额，也适用于制定许多辅助材料的消耗定额。

4．物资消耗定额的制定

（1）*主要原材料消耗定额的制定*　主要原材料消耗定额包括工艺性消耗定额和材料供应定额两种。前者作为向车间、班组发料和考核的依据；后者是核算物资需要量和采购量的依据。根据产品图样和工艺文件，用技术计算法和实际测定法计算产品的净重和各种不可避免的工艺损耗，即可得到原材料的消耗定额。

各个行业虽因产品品种不同，工艺各异，其主要原材料消耗定额的计算方法也有所区别，但一般原理如下

$$\begin{matrix}\text{单位产品（零件）}\\\text{原材料消耗定额}\end{matrix}=\begin{matrix}\text{单位产品（零件）}\\\text{的净重}\end{matrix}+\begin{matrix}\text{各种工艺损耗量}\\\text{(合理部分)的总和}\end{matrix}$$

原材料供应定额是在原材料消耗定额的基础上，加上按一定百分比估算的非工艺性合理损耗的数量。

$$\text{原材料供应定额}=\text{原材料消耗定额}\times(1+\text{原材料供应系数})$$

$$\begin{matrix}\text{原材料}\\\text{供应系数}\end{matrix}=\frac{\text{单位产品(零件)非工艺性损耗数量}}{\text{单位产品(零件)原材料工艺消耗定额}}$$

以板材的消耗定额为例，计算该物资的消耗定额：

【例 13-1】　在一张规格为 610×1830×1.5mm 的钢板上加工垫片，经合理套裁，共切割垫片 114 张，钢板单重为 11.77kg/m^2，求垫片的消耗定额。

解　每张钢板重量=11.77×0.61×1.83=13.14kg

垫片消耗定额=13.14/114=0.115kg/片

（2）*辅助材料消耗定额的制定*　辅助材料消耗定额，根据其用途不同，采用不同的方法来确定。一般有以下几种方法：

1）与主要原材料成正比例变化的辅助材料，可按主要原材料单位消耗量的一定比例计算，如炼钢时 1t 生铁需加多少熔剂。

2）与产品产量成正比例变化的辅助材料，可按单位产品用量计算，如包装材料。

3）与设备开动时间有关的辅助材料，可按设备开动时间来确定，如润滑油等。

4）与辅助材料本身使用期限有关的，可按规定的使用期限来确定，如皮带、轴承、清扫工具等。

5）对难以具体确定消耗数量的辅助材料，可采用金额控制，如化验室用的烧杯、纸张等。

（3）*燃料和动力消耗定额的制定* 燃料和动力消耗定额，应按不同用途分别规定。如动力用燃料消耗定额，以发1度电、生产1m^{3}压缩空气或生产数1t蒸汽所消耗的燃料为标准制定。

（4）*工具消耗定额的制定* 工具消耗定额用下列公式确定

工具消耗定额=制造一定数量产品某种工具使用时间/某种工具的耐用期限

13.2.2 物资储备定额

在企业生产中，物资的生产和消费在空间上和时间上往往是被分离的，这就决定了物资生产出来后，不能直接投入消费，而要经过运输储存阶段，这就形成了物资储备。

物资储备多少对企业有着极为重要的经济意义。物资储备过少，就不能有效地协调供需之间的关系。相反，物资储备过多，则造成物资大量积压，流动资金占用过多，不利于企业经济效益的提高和改善。

1．物资储备定额的概念和作用

物资储备定额是指在一定的生产技术组织条件下，为了保证生产不间断地顺利进行所必需的、经济合理的物资储备数量的标准。

企业的物资储备定额，通常分为经常储备定额和保险储备定额。此外，某些企业还需要制定季节性储备定额。企业物资储备定额是反映企业管理水平的重要标志之一，它除了能保证生产过程的正常进行外，对提高企业的经济效益，起着十分重要的作用。

1）它是企业编制物资供应计划和组织采购订货的重要依据。

2）它是企业掌握和监督物资库存动态，使库存物资经常保持在合理水平的途径和手段。

3）它是企业核定流动资金定额的重要依据之一。

4）它是企业确定物资仓库储存面积、仓库所需设备的数量以及仓库定员的主要依据。

2．制定物资储备定额的方法

（1）*经常储备定额的制定方法* 经常储备定额是指前后两批物资进厂供应的间隔期内，为了保证企业日常生产所必需的、经济合理的储备量。这种储备是动态的，当一批物资进厂时，达到最高储备量，随着生产的耗用，储备量逐渐减少，直到下批物资进厂前，降到最低储备量。这样，不断补充，不断消耗，由高到低，由低到高，周而复始，不断循环。经常储备定额的制定方法有两种，即以期定量法和经济订购批量法。

1）以期定量法（又称供应间隔期法）。首先确定物资供应的间隔期，然后据以确定物资的经常储备量。其计算公式为

$$\begin{matrix}\text{经常储}\\\text{备定额}\end{matrix}=\left(\begin{matrix}\text{平均供应}\\\text{间隔天数}\end{matrix}+\begin{matrix}\text{验收入}\\\text{库天数}\end{matrix}+\begin{matrix}\text{使用前准}\\\text{备天数}\end{matrix}\right)\times\begin{matrix}\text{平均每}\\\text{日需用量}\end{matrix}$$

物资平均供应间隔天数是指前后两批物资进厂入库的平均供应间隔天数。验收入库天数是指物资进厂后，搬运、验收、入库所需的时间。使用前准备天数是指物资在投入使用前，进行化验、整理或加工所需的时间。平均每日需用量等于年度的物资计划需用量除以全年日

历天数，全年日历天数一般按360天计算。

2）经济订购批量法。首先确定一个物资订购费用与存储费用最省的数量作为经济订购批量，然后按这个批量进行订购。

① 物资的订购费用。主要是指与物资订购和采购有关的差旅费、行政管理费、验收和搬运费用等。这部分费用与订购或采购的次数成正比，而与每次订购或采购物资的数量关系不大。

② 物资的存储费用。主要是指物资占用资金应付的利息、仓库和运输工具的维修折旧费、物资储存损耗费用等。这部分费用与每次订购或采购物资的数量成正比例，而与订购或采购的次数无关。

要想降低物资订购费用，就要减少订购次数，增加订购批量，但是这样做会导致物资储存费用增加；要想降低物资存储费用，就要缩小订购批量，增加订购次数，其结果又会导致物资订购费用增加。由此可见，降低物资保管费用和降低物资订购费用是矛盾的，两种费用总是向相反的方向变化，所以只有当两者的总费用之和为最小时的订购批量才是最经济合理的。其计算公式如下

$$\text{经济订购批量}=\sqrt{2\times\text{每次物资订购费用}\times\text{年物资需要量}/\text{单位物资年保管费用}}$$

（2）*保险储备定额的制定方法* 保险储备定额是指为了预防在物资供应过程中可能发生的到货误期，或来料品种规格、质量不符及超产等不正常情况，使产、供脱节而设置的一种储备。保险储备定额的大小是由平均每日需用量和保险储备天数两个因素决定的。其计算公式如下

$$\text{保险储备定额}=\text{保险储备天数}\times\text{平均每日需用量}$$

式中，保险储备天数一般是根据物资供应条件而确定的，也可根据上年度统计资料中实际到货平均误期天数来确定。

在确定了某种物资的经常储备定额和保险储备定额之后，就可以求出该种物资的最高和最低储备量。其计算公式为

$$\text{最高储备量}=\text{经常储备定额}+\text{保险储备定额}$$
$$\text{最低储备量}=\text{保险储备定额}$$

当某种物资库存达到最高储备量时，应停止进货，以防超量储存，积压过多的资金。当库存物资降到最低储备量时，应立即设法迅速进货，以免供、产脱节，影响生产。对于供应正常或容易购买的物资可以不设或少设保险储备量。

（3）*季节性储备定额的制定方法* 季节性储备定额是指企业为了克服生产的季节性或某些物资供应、运输的季节性等因素影响，保证生产正常进行而建立的物资储备数量。它是由平均日需要量和季节性储备天数两个因素决定的，其计算公式如下

$$\text{季节性储备定额}=\text{季节性储备天数}\times\text{平均每日需要量}$$

季节性储备天数主要是由季节性生产或供应中断天数决定。凡是建立季节性储备的物资，一般不再考虑经常储备和保险储备。建立季节性储备，既要保证生产的需要，又要防止过量储备而造成积压浪费。

【例13-2】 诚信公司拟制定下年度甲种物资计划，现有报告期前三季度该种物资入库的原始统计资料（见表13-1）。试根据此表确定甲种物资的平均供应间隔天数。又已知该物资

常年有稳定的供应市场，企业该物资日平均需要量为2.44t，验收需3天，使用前准备需2天，试确定甲种物资的经常储备定额、保险储备天数和物资储备定额。

表13-1　诚信公司甲种物资入库统计表

供 货 单 位	入 库 时 间	入库数量/t
诚心工贸公司	1月3日	84.67
诚心工贸公司	2月5日	90.12
诚心工贸公司	3月20日	88.43
诚心工贸公司	4月30日	86.75
诚心工贸公司	5月28日	89.22
诚心工贸公司	7月15日	85.86
诚心工贸公司	8月20日	84.62
诚心工贸公司	9月21日	87.00
合　计		696.67

解　1）计算平均供应间隔天数，见表13-2。

表13-2　供应间隔天数计算表

物资入库日期	物资入库数量	供应间隔天数	按供应间隔天数计算的加权入库量
①	②	③	④=②×③
1月3日	84.67	33	2794.11
2月5日	90.12	43	3875.16
3月20日	88.43	41	3261.63
4月30日	86.75	28	2429.00
5月28日	89.22	48	4282.56
7月15日	85.86	36	3090.96
8月20日	84.62	32	2707.84
9月21日	87.00	38（预计）	3306.00
合计	696.67		26107.26

2）平均供应间隔天数=26107.26/696.67≈38天

3）保险储备天数=(90.12×5+88.43×3+89.22×10)/(90.12+88.43+89.2)=6天

4）甲种物资经常储备定额=(平均供应间隔天数+验收天数+使用前准备天数)×计划期日需用量=(38+3+2)×2.44=104.92t

5）甲种物资保险储备定额=保险储备天数×计划期日需用量

=6×2.44=14.64t

6）甲种物资最高储备定额=经常储备定额+保险储备定额

=104.92+14.64=119.56t

7）甲种物资保险储备定额=物资保险储备定额

=14.64t

13.2.3　物资供应计划

物资供应计划是企业经营计划的重要组成部分，它是根据生产需求和市场物资供求状况，运用综合平衡和系统分析方法制定的物资供应组织工作的计划方案。是企业组织订货或采购的重要依据，是物资供应工作的行动纲领。

物资供应计划的主要内容包括：确定物资需要量期末、期初的库存量，物资的申请量和采购量等。

1．物资需要量

物资需要量是指企业生产正常进行所必须消耗的各种物资的数量。物资需要量是按照每一类物资、每一种具体的品种和规格来计算的。不同用途、不同种类的物资以及在不同的条件下，需要量的计算方法不同。概括起来，可分为直接计算法和间接计算法两种。

（1）*直接计算法* 直接计算法也叫定额计算法。是直接根据材料供应定额和计划任务来核算需要量。基本公式如下

$$\text{某种物资需要量}=\text{计划产量}\times\text{该种物资供应定额}$$

这种方法适用于能够直接制定物资供应定额的物资。如果某些物资可以回收使用废料，则计算公式为

$$\begin{matrix}\text{某种物资}\\\text{需要量}\end{matrix}=\left(\begin{matrix}\text{计划}\\\text{产量}\end{matrix}+\begin{matrix}\text{技术上不可避免}\\\text{的废品数量}\end{matrix}\right)\times\begin{matrix}\text{该种物资}\\\text{供应定额}\end{matrix}-\begin{matrix}\text{计划回收}\\\text{废料数量}\end{matrix}$$

公式中的计划产量，是指产品生产量，包括商品产量和期末、期初在产品差额。技术上不可避免的废品数量，一般根据统计资料结合计划期内废品可能下降的百分比来确定。

（2）*间接计算法* 间接计算法也称比例计算法，是按有关技术经济指标的一定比例系数来计算物资需要量的方法。这种方法主要用于某些不便于制定消耗定额的物资，或者是耗用量不大的辅助材料。如以某种物资消耗占主要材料消耗的一定百分比来确定，或以每千元产值中某种物资消耗所占的一定百分比来确定。其计算公式如下

$$\begin{matrix}\text{某种辅助材}\\\text{料需要量}\end{matrix}=\left(\frac{\text{上年实际消耗量}}{\text{上年产值(千元)}}\times\begin{matrix}\text{计划年度}\\\text{产值(千元)}\end{matrix}\right)\times\left(1-\begin{matrix}\text{计划年度预计}\\\text{可降低百分率}\end{matrix}\right)$$

2．确定期初、期末库存量

由于生产任务和供应条件的不断变化，计划期的期初库存量和期末库存量往往是不相等的。即使物资需用总量不变，但由于供应组织工作上的改进或生产技术水平的提高，也会使申请的物资供应数量发生相应增减变动。当期初库存大于期末库存时，计划期就要减少物资供应量；反之则要增加物资供应量。

（1）*期初库存量* 期初库存量一般是根据库存的实际盘点数，并考虑编制计划时计划期初前的到货量和耗用量来计算。其计算公式如下

$$\begin{matrix}\text{计划期初}\\\text{库存量}\end{matrix}=\begin{matrix}\text{编制计划时}\\\text{实际库存量}\end{matrix}+\begin{matrix}\text{计划期初}\\\text{前到货量}\end{matrix}-\begin{matrix}\text{计划期初}\\\text{前耗用量}\end{matrix}$$

（2）*期末库存量* 通常是指物资储备定额，即平均经常储备量加上保险储备量。同时，还应考虑计划年度第四季度物资供应情况及下一年第一季度生产任务的变化情况。在实际工作中，通常采用50%～75%的经常储备量加保险储备量作为期末库存量。对于品种较多的小宗物资，可按物资“小类”或“组”计算平均经常储备量加保险储备量来确定。

3．确定物资的采购量或申请量

企业确定了各种物资的需要量和期初、期末库存量后，经过综合平衡，就可算出各种物资的采购量或申请量。其计算公式如下

$$\text{某种物资的采购量或申请量}=\text{物资的需要量}+\text{期末库存量}-\text{期初库存量}-\text{企业内部可利用的资源}$$

最后根据计算出的数据填制物资平衡表，见表 13-3。

表 13-3 物资平衡表

序号	名称	规格型号	计量单位	计划期初库存量和其他内部资源量	计划需要量							计划期末储备量	平衡差额	措施		备注
					合计	生产	维修	技措	科研	基建	其他			市场采购	协作调剂	
甲	乙	丙	丁	1	2	3	4	5	6	7	8	9	10	11	12	

市场经济条件下，企业所需物资一般均通过向市场采购来获得，故绝大多数企业只需编制物资采购计划。对部分需要国家计划分配物资的企业，需先提出申请，经主管部门进行供需平衡并予批准之后，才能进行订货和采购，这类企业需编制物资申请计划。

企业年度物资供应计划需通过编制季度、月份物资供应作业计划，进一步细化和具体化，以作为组织采购订货和向生产部门发料的依据。同时在物资供应计划执行过程中，由于生产情况和市场供应情况的变化，原来计划的平衡状态常被打破，因此也需要通过季度、月份作业计划及时进行调整和组织新的平衡。

企业在确定各种物资需用量和物资申请（采购）量之后，就可按物资的具体品种、规格编制物资平衡表。物资平衡表编好后，即可按物资类别加以汇总，编出物资供应计划。

13.3 物资供应组织工作

13.3.1 物资采购

企业根据物资供应计划，通过对众多供应商的评估，确定了合格供应商名单后，必须认真组织好物资的订货与采购，通过各种渠道把企业所需的各种物资按计划购买进来。

1. 物资采购的含义

所谓物资采购，是指企业从外部购买所需要物资的业务活动。它包括计划订货、市场采购、加工订制和厂外调剂等方面。

2. 物资采购的程序

物资采购程序，大约需要经过以下四个阶段：

（1）准备阶段　主要是搜集企业计划任务量、物资消耗定额、消耗统计资料、产品图样和说明书、物资计划分配指标，了解实际用料情况，调查物资资源市场供求情况等。

（2）决策阶段　包括确定采购物资的品种、规格、数量和质量要求，选择供应单位，确定采购批量，安排进货进度等。

（3）供货衔接阶段　组织申请计划物资的订货和采购，同供货单位协商衔接。

（4）进货作业阶段　包括对采购合同进行分类、整理，建立台账，编制进货作业计划，根据合同和进货作业计划收（接）货，验收入库，按时付款结算，对违反合同的供货按规定拒付或提出索赔要求。

3．物资采购的方式

做好物资采购工作除了应遵守以上采购程序外，为有效规避采购风险，还应该选择适当的采购方式。

（1）集中采购　指企业内部设立专职的采购机构和人员对生产所需的物资统一组织采购。

（2）分散采购　指企业下属各单位部门，如子公司、分厂、车间在其所掌握的资金权限内，独立自主采购其生产所需的各种物资。

（3）现货采购　指企业根据生产需要，直接通过市场充分自主地向供货方协商定价，即时进行银货交换的一种采购方式。

（4）远期合同采购　指购销双方为稳定供需关系，通过合同约定，实现物资的供应和资金的结算，并用法律和供需双方的信誉与能力来保证约定交割实现的一种采购方式。

（5）直接采购　指物资需求方直接向制造厂家进行采购的一种采购方式。

（6）间接采购　指通过中间商采购的一种方式，主要是委托流通企业进行采购。

（7）招标采购　指企业发出采购招标公告或通知，邀请潜在的供应商进行投标，最后企业通过对各投标人提出的规格、质量、交易期限及该投标企业的技术水平、财务状况等因素进行综合比较，确定其中最佳的投标人为中标人，并与之签订合同的采购方式。

（8）在线采购　指以网络为基础，以电子商务为平台所进行的一种采购。

13.3.2　供应商与供货方式的选择

1．供应商的选择

在选择供应商时，必须考察对方是否具备了作为一个合格的供应商的五个基本条件：提供优质产品（质量）；发货准时（交货期）；满足数量要求（数量）；价格合理（价格）；提供良好的服务（服务）。此外，还需考察其他供货条件，例如，资源稳定程度、提供运输工具的便利程度、交货方式、付款期限等。供应商能否满足上述要求，在签订合同前是很难把握的。为了做到签订合同时，心中有充分的把握，可采用下列办法：

1）了解供应商的资信声誉。这可从过去、现在的买方那里了解供应商供货的及时性、质量及合同履行情况。在了解了供应商的资信后，选择信誉好、诚信可靠的供应商，再进行下面的工作。

2）对供应商提供的首件样品进行检验和审查。

3）对供应商进行评价。

2．供货方式的选择

供货方式主要有协议供货与定点供货等方式。定点供货在过去的一段实践过程当中，取得了一定的成绩，有一定的优点。但是，不可否认的是，定点供货在各地的具体执行过程中，也产生了许多问题，如无法保证定点单位的服务到位，等等。因此有些地方已将这种方式取消。协议供货方式显而易见的好处是节省了采购成本，采购者不必每次都费神地寻找合适的供应商，对它们进行资格预审，也不用每采购一批商品都重新订立一份合同。因此，这种采购方式逐渐被很多大公司采用。送货方式有供方送货上门、需方自提、委托第三方物流、邮寄等方式，双方可根据需要及物资特点选择合适的送货方式。

13.3.3 物资采购合同管理

1. 物资采购合同的意义和主要形式

企业从市场采购物资，一般要用合同形式来衔接供销关系。订货合同既是供需双方经济联系的一种主要形式，也是加强责任制和经济核算制的重要工具，供需双方都要坚持合同的准确性和严肃性，要重合同、守信用、按质、按量、按期履行合同。

订货合同的种类很多，包括需用单位和供货单位之间的一般性的供货合同，销售企业和生产单位之间的产销合同，以及用于特定供应关系的物资定点供应合同、物资协作合同、物资调剂合同与物资加工合同等。按合同的期限，一般分为一年以上的长期合同和一年以内的短期合同。

2. 物资采购合同的订立

为避免不必要的法律纠纷，物资采购合同一般采用书面形式。按照现行合同法的规定，合同的订立需经过要约与承诺两个程序。在订立过程中，除了要选择合适的供货方外，还要注意合同的合法性，此外，还要明确一些重要的交易条件。

（1）*质量要求* 主要是对商品的质量要有明确具体的要求，以防止买卖双方在对质量要求的认识上产生异议；要明确检验的质量标准和检验方法。

（2）*数量要求* 对商品数量的计算方法和计量单位要规定得很具体，如果是以“套”为单位，有必要明确规定每一套所包含的内容。

（3）*包装方式* 按要求和规定对商品进行包装，以便于装卸、运输和计算数量。

（4）*交货方式* 主要包括由谁运输，运费由谁负担及采用什么样的运输工具。

3. 物资采购合同的管理

企业的采购合同签订后，应采取一定的措施对合同进行管理，以保证合同的顺利执行。

（1）*采购合同应分类整理、装订成册、专人管理* 首先将合同复制若干份，分送计划、仓库和财务部门，以便于安排生产、规划货位、安排运货和承付货款等。如有驻外催交人员，应将合同抄写成册交给有关催交人员，并注明重点催交项目。

（2）*建立合同台账* 合同台账是记载合同到货情况的原始记录，一种用卡片式，一种用清册式。卡片式适用于数量大、到货批次多的物资，一份合同一张卡片。清册式适用于数量少，到货批次少的物资。

（3）*定期总结到货情况* 合同管理人员除做好正常到货情况登记外，应在每月、季、年末和编制物资计划前做出合同执行情况表，以便提供给领导和计划人员掌握情况、编制计划和调度调剂用。

（4）*合同的执行与变更* 合同一经签订应严格执行，不得任意变更或中断，若需方情况变化需变更合同，须与供方协商，办理转让、注销合同等变更手续，并承担合同规定的责任，赔偿供方的经济损失。

13.3.4 物资采购人员的管理

1. 物资采购部门的设置与采购人员的配备

物资采购部门的设置，应遵循精干、精简、高效的原则，责权利相结合的原则，统一的原则。设置时，还应考虑企业的规模、经营范围、厂址分布、市场供应状况等因素。在管理机构设置上要将不相容职务进行分离，将一项业务分由两个或两个以上部门控制。

采购人员的选择与配备主要是从四个方面来确定的：

（1）思想道德方面　奉公守法、公正无私、道德品质高尚、诚实认真、具有强烈的责任感和事业心。

（2）知识范围方面　具有一定的专业技术、经济管理、社会和心理学等方面的知识。

（3）社交能力方面　具有商业经验、谈判经验、控制经验和协调沟通能力。

（4）业务能力方面　熟悉原料、物资的质量要求、特性和货源以及产品的构成和生产作业流程。

2. 物资采购人员的管理

物资采购中的“暗箱操作”给企业造成很大损失，往往一个采购员得到1000元的回扣，企业就损失10万元，甚至几十万元。因此，加强对采购人员的管理是非常必要的。实践中，可采取如下措施：

1）建立物资采购的监督体系，实施效能监督。

2）在招标过程中，坚持公开、公正、公平的原则。

3）努力提高采购人员的业务素质和思想素质。

4）对物资供应部门的考核，要建立明确的采购质量、数量、价格考核指标体系，并实施“采购成本、采购质量”否决制，分解考核到每一个采购员。

5）对采购员进行评价，建立采购人员业务档案，采购员的每一笔业务执行情况都记入微机，编制成个人档案，以备抽查考核。

6）对供货商（分承包方）、采购员实行走访制度。每年，公司要召集部分招标委员会成员、监督委员会成员定期走访供货商（分承包方）。一方面考察、了解供货商的能力、信誉和产品的质量、价格；一方面了解与该供货商相关的采购员，获取该采购员有关业务能力及其他方面的情况。

13.4 库存控制

企业为保障生产的连续进行，不但要经常采购物资，而且还必须保留一定数量库存物资作周转之用。但库存量大，占用流动资金就多，产品成本增加；若太少，又可能影响生产的正常进行。所以要将物资周转库存量控制在一个合适的水平（物资储备定额）上，这就是物资库存控制研究的中心内容。

13.4.1 物资的库存控制

物资的库存控制，是对物资库存量动态变化的掌握和调整，是实现物资供应计划和控制流动资产的重要环节。物资库存控制的方法主要有：定期库存控制法、定量库存控制法和经济批量控制法等。

1. 独立需求与相关需求

就制造业来讲，由于物资需求来源的依据不同，MRP Ⅱ系统把物资分为“独立需求（independent demand）”和：“相关需求（dependent demand）”两大类。这是物资需求计划（MRP）创始人、美国IBM公司的专家Dr.Joseph A.Orlicky在1965年首先提出来的。位于产品结构最顶层的是销售的产品，其需求是由市场或客户订货决定的，也就是说，是由企业外部的因素决定的，称为“独立需求”。而构成销售产品的各种零部件、配套件、毛坯、原材料等是在产品结构中最顶层以下的各层物资，它们的需求是由销售产品的需求决定的，称为“相关需求”。有些物资具有双重性质，如某些零部件可以安装在产品上，也可以作为备品备件直接出售。可见，只要管理好独立需求（销售产品的需求），其余一切物资的需求计划都可以根据产品结构或物资清单按照 MRP 运算逻辑得出。传统的库存管理，把库存分为独立需求和相关需求两种库存模式来进行管理。相关需求库存问题采用物资需求计划（MRP）处理，独立需求问题采用订货点办法处理。一般来说，产成品库存管理为独立需求库存问题，而在制品和零部件以及原材料的库存控制问题为相关需求库存问题。在整个供应链过程中，从供应商、制造商到分销商，各个供应链节点企业都有自己的库存。供应商作为独立的企业，其库存（即其产品库存）为独立需求库存。制造商的材料、半成品库存为相关需求库存，而产品库存为独立的需求库存。分销商为了应付顾客需求的不确定性也需要库存，其库存也为独立需求库存。

2．定量订货模型

库存物资经过一段时间的销售和消耗后，需要重新订货来补充库存满足需要。常见的订货模型有定量订货和定期订货两种。对满足销售的库存来说，每一种备件需求量只和市场需求情况有关，属于独立需求，这类需求的订货模型属于定量订货模型。在该模型下，进货订单由需求量驱动产生，或称为“事件驱动”。定量订货模型有以下特点：

第一，模型当达到规定的再订货水平的情况后，就进行订货。

第二，再订货水平的情况随时可发生，主要取决于对该物资的需求情况，不受时间的驱动。

第三，定量订货模型是一种永续盘存系统，它要求每次从库存里取出货物或往库存里增添货物时，必须及时准确地记录以确认再次订购点。所以采用这种模型必须连续监控剩余库存量。

定量订货模型常用的方法有两种：基本经济订货批量、经济生产批量。

（1）基本经济订货批量　基本经济订货批量（EOQ），即 Economic Order Quantity，它是固定订货批量模型的一种，可以用来确定企业一次订货（外购或自制）的数量。当企业按照经济订货批量来订货时，可实现订货成本和储存成本之和最小化。基本公式是

$$年度库存持有成本=(Q/2)C$$

$$年度订货成本=(D/Q)S$$

$$年度总存储成本(TSC)=(Q/2)C+(D/Q)S$$

$$经济订货批量(EOQ)=\sqrt{\frac{2DS}{C}}$$

$$订货时间的循环长度=EOQ/D=\sqrt{\frac{2DS}{C}}/D$$

式中，Q 为在每个订购点所要订购的数量；C 为单位货物的库存持有成本；D 为货物的年度需求量；S 为每次订货成本。

（2）经济生产批量　经济生产批量是生产中大量使用的模型，经济生产批量和基本经济订货批量的前提假设基本相同，即：只对一种货物进行控制，货物的年需要量、库存持有成

本以及订购成本可以预测，并且一年中需求量平衡，不发生大的波动，需求比例是一个合理的常数。货物脱销、市场反应速度等其他成本忽略不计。各批货物是单独接收，不存在数量折扣。生产率（p）大于使用率（u）等。此时有

最大库存水平 $I_{max}=(Q/p)(p-u)$

最低库存水平 $I_{min}=0$

平均库存水平 $I_{aver}=I_{max}=(Q/p)(p-u)/2$

年度持有成本$=I_{aver}\times C=(Q/p)(p-u)C/2$

年度订购成本$=(D/Q)S$

年度总存储成本$(TSC)=(Q/p)(p-u)C/2+(D/Q)S$

经济订货批量$(EOQ)=\sqrt{\frac{2SD}{C}\cdot\frac{P}{P-U}}$

循环时间$=EOQ/u$

使用时间$=EOQ/p$

3．定期订货模型

在定期订货模型下，进货订单由固定周期下的库存余量驱动产生，或称为“时间驱动”。该模型更多地用于手工管理模式下的单品库存。与定量订货模型下的永续盘存制不同的是，定期订货模型只在特定的时间进行实际库存盘点，然后根据盘点后的库存余量来确定进货订单的批量。很显然，在这种订货模型下，销售需求的意外波动或库存损溢只有在实际盘点时才会知道，所以为了避免缺货，一般均要设置比定量订货模型更高的安全库存。

13.4.2 库存的 ABC 分类管理方法

1．ABC 分类管理方法的含义

ABC 分类法又称帕雷托分析法，也叫主次因素分析法，是项目管理中常用的一种方法。它是根据事物在技术或经济方面的主要特征，进行分类排队，分清重点和一般，从而有区别地确定管理方式的一种分析方法。由于它把被分析的对象分成 A、B、C 三类，所以又称为 ABC 分析法。

在 ABC 分析法的分析图中，有两个纵坐标，一个横坐标，几个长方形，一条曲线。左边纵坐标表示频数，右边纵坐标表示频率，以百分数表示。横坐标表示影响质量的各项因素，按影响大小从左向右排列，曲线表示各种影响因素大小的累计百分数。一般将曲线的累计频率分为三级，与之相对应的因素分为三类：

A 类因素，发生频率为 70%～80%，是主要影响因素。

B 类因素，发生频率为 10%～20%，是次要影响因素。

C 类因素，发生频率为 0～10%，是一般影响因素。

具体到企业物资分类中，划分方法见表 13-4。

表 13-4 按照 ABC 分析法分类的企业物资

项目 类别	品种数的百分比	金额百分比
A 类物资	10%（3%～20%）	70%（50%～90%）
B 类物资	25%（15%～30%）	25%（10%～35%）
C 类物资	65%（50%～70%）	5%（3%～15%）

这种方法有利于管理人员找出主次矛盾，有针对性地采取对策。

2．ABC 分类管理方法的实施

ABC 法大致可以分五个步骤：

1）收集数据。针对不同的分析对象和分析内容，收集有关数据。

2）统计汇总。

3）编制 ABC 分析表。

4）绘制 ABC 分析图。

5）确定重点管理方式。

应当说明的是，应用 ABC 分析法，一般是将分析对象分成 A、B、C 三类。但也可以根据分析对象重要性分布的特性和对象的数量的大小分成两类或三类以上。

13.5　物资的配送

13.5.1　物资仓储开展配送业务的必要性

传统仓储业是以储存和保管货物（包括生产资料和生活资料）为其职能而设置的，其基本功能是保持储存货物的使用价值，其次是为生产的连续运转和生活的正常进行提供物资保障。然而，当生产力已高度发展、生产方式已经发生变革之后，仓储企业如果再单纯地储存和保管物资，就很难进一步得到发展。对于生产者（或生产企业）来说，处于社会化大生产和市场竞争条件下，生活节奏的逐步加快、社会分工的不断扩大，以及竞争的日趋激烈，迫切要求缩短流通时间和减少库存资金的占用量。与此同时，也急需社会上的流通组织提供系列化、一体化和多项目的后勤服务。正是在这样的形势之下，许多经济发达国家的仓储业相继调整了内部结构，扩大了业务范围，转变了经营方式，其功能由货物静态储存变为动态储存，其业务活动由原来的单纯保管、储存货物改变成了向社会提供多种类的后勤服务，并且将货物保管、储存、加工、分类、拣选、输送等连成了一个整体。从服务方式上看，这种由仓储变革而来的配送中心可以做到主动为客户提供“门对门”的服务。

13.5.2　传统仓储与配送中心的区别和联系

1．传统仓储模式的物流组织

传统仓储模式的物流组织（包括生产资料和生活资料）仅涉及物资储存和保管。供应、运输、储存、销售是相互独立的，采用的是分散经营模式。其物流的组织过程如图 13-2 所示。

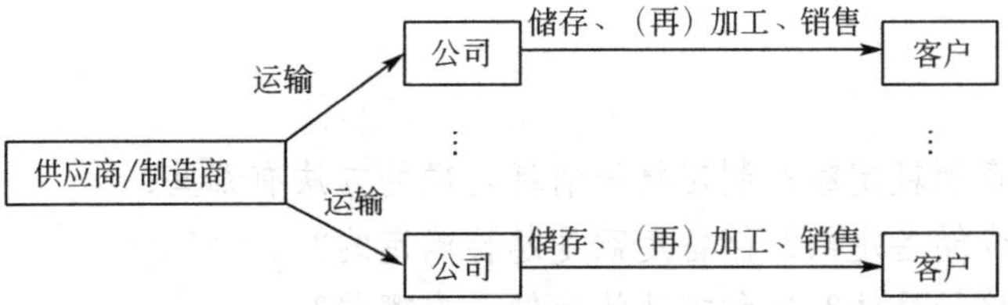

图 13-2　传统分散经营模式下的物流组织基本结构过程

2．物流配送模式下的物流组织

物流配送实际是在变革和发展仓储业的基础上开展起来的。从某种意义上来说，配送也是仓储业功能的扩大化和强化。从业务上看，配送中心主要是与供应商（制造商）联系，进行商（产）品的采购与运输，并且负责商（产）品的检验、储存、分拣、再加工或包装、重组以及把商品配送到各经营点等一系列工作；从功能上看，它将供应（制造）商与各经营点连接起来，充分发挥了物流组织和集成的作用。

设置配送中心以管理、组织物流活动，必须拥有物流中心这一基础设施。物流中心是组织、衔接、调节、管理物流的较大的物流“据点”，是连锁经营企业商品流动的中枢。物流中心在实体上虽说是仓储，但已完全突破了传统仓储“储存保管”的狭窄概念，使商品仓储从静态变为动态。从物流系统的角度来观察仓储，其主要功能应当是促进产（商）品更快、更有效地流动，而不单是储存，这正是物流中心的主要功能。从业务流程上看，物流中心的主要业务包括入库检验、储存、分货、加工、再包装、配送等一系列活动。

虽说配送中心是物流管理部门，物流中心是实现配送的基础设施和技术手段，但两者的业务范围基本相同，加之物流实体分配本身就具有管理与技术有机结合的特征，故可将配送中心及其物流中心统称为物流配送中心（Distribution Center——DC）。物流配送中心的功能和业务流程如图 13-3 所示。

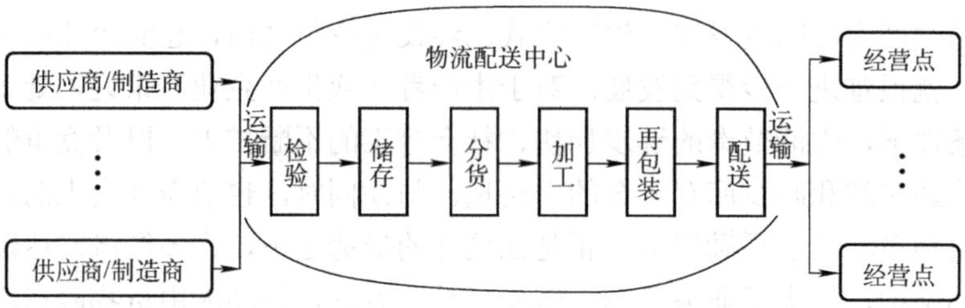

图 13-3 物流配送中心的功能和业务流程示意图

13.5.3 配送中心的效益

配送中心的效益主要来自“统一进货，统一配送”。统一进货的主要目的是避免库存分散，降低企业的整体库存水平。通过降低库存水平，可以减少库存商品占压的流动资金，减少为这部分占压资金支付的利息和费用，降低商品滞销压库的风险。统一配送的主要目的是减少送货的交通流量，提高送货车辆的满载率，从而减少送货费用。配送中心的作业流程要便于实现如下两个主要目标：一是降低企业的物流总成本；二是缩短补货时间，为客户提供更好的服务。

【复习思考题】

1. 什么是物资消耗定额？制定物资消耗定额的方法有哪些？
2. 什么是物资储备定额？储备定额是怎样确定的？
3. 什么是经济批量法？这种方法的优缺点有哪些？
4. 如何具体应用 ABC 分类法？

5. 选择供货商和供货方式时应考虑哪些因素？
6. 建立配送中心应考虑哪些因素？

【案例分析】

物流是个新事物，海尔从 1999 年 9 月开始探索，借助先进的电子网络平台，逐步构筑起较完善的现代物流运转系统。这实际上是海尔对自己的一场革命。海尔人称之为“业务流程再造”。

1. 现代企业物流——以时间消灭空间

2002 年 8 月 7 日上午 9:00，物流推进本部。这里是海尔的物流枢纽，工作人员每人面对一台电脑终端，不断捕获信息。在信息中心副总经理詹丽的电脑终端上，看到这样一条订单信息：哈尔滨工贸公司需要 150 台 XQB48—2 型洗衣机，要求 8 月 8 日完工，8 月 *n* 日到货。物流订单执行事业部部长王正刚负责物资的采购和配送。在他的电脑终端，刚才看到的那 150 台洗衣机销售订单转化为生产定单，然后将这种型号的洗衣机所需配件进行分解。分解结果：共需要 258 种零部件。排查库存，199 种缺货，需采购。所有这些，都是电脑在瞬间自动完成的，并形成 199 份采购定单。

海尔目前在全球拥有 800 家国际化原材料分供方，包括 50 家世界 500 强企业，它们的供货基地有的就在海尔工业园周边。此刻，在他们的电脑终端，也同时看到了这批订单的信息，依托海尔的 BtoB（Business to Business）商务网，他们得到供货订单。150 件洗衣机底板的订单发出后，海士茂电子塑胶公司的人员马上从网上得到了它，鼠标点一下“确认”，物流车队当天就将这批底板运到了指定位置。与此同时，洗衣机产品本部根据终端传递的信息，将这批订单按生产能力安排给一分厂 3 号生产线来生产，并将各种物资需要的具体时间和放置工位号等信息传递给物流配送部门。经过此番紧锣密鼓的安排，生产线启动了。洗衣机事业部一分厂 3 号生产线每隔几米设一个工位，上面标有号码、摆放物资的种类、摆放时间和周期以及责任人等，这些信息引导着物品和谐地流转。

2. 按订单采购——海尔革了仓库的命

2002 年 8 月 7 日下午 2:00，海尔国际物流中心。这批 150 台洗衣机的订单信息早在上午 9 点多就转化为生产定单，物流中心的工作人员也在同一时间从电脑终端得到供货信息，一辆辆无人驾驶的激光导引车随即将制造这批洗衣机所需的电线、皮带、稳压块等 59 种已有物资下架运出。4h 后，物资送达车间。这座高 22m、面积 7200m^2 的物流中心立体库，偌大的空间，只有 19 名操作工，其中叉车工仅 9 位。这里已经不是传统意义的仓库了，而是一个高速流动的物流中心，里面的每一件物品都在电脑终端的控制下，原材料在这里停留的时间最长不超过 7 天，成品则不到 24 小时便发往全国 42 个配送中心，每天的吞吐量相当于 40 多个同样大小的普通平面仓库。整个海尔因此减少的仓储面积，有 43 个足球场那么大！

8 月 8 日上午 10:00，洗衣机一分厂。一辆辆印着“海尔物流”字样的大货车已经开到了生产线下线的终端。包装操作工邢增志师傅用红外线扫描仪往一台成品洗衣机的条形码上一扫，就标志着这台洗衣机退出了制造系统，随即被装车。当 150 台洗衣机还在不断生产中时，分拨物流事业部已经打印出这批成品货物的发货单。8 月 *n* 日上午 10:00 许，150 台洗衣机已经分别进入哈尔滨、牡丹江、齐齐哈尔的三个商场，与消费者见面。海尔搞物流，首先革的是被称为企业“黑洞”的仓库的命。海尔人要将仓库变成一条物资流动的“河”。

案例分析问题：

1. 海尔的物流有哪些优点？
2. 现代物流与传统的物资管理有哪些区别？
3. 如果你是企业顾问，你将采取什么措施来加速物资流动？

【技能实训】

1. 实训目的：增强学生对现代企业物流管理的能力。

2. 实训内容和方式：参观一家企业的物资管理部门或参观一家物流公司。制定企业的物流管理系统流程，并说明设计依据和各环节的功能，分析最终的效益。

3. 实训成果：企业物流管理系统流程图，设计说明书。

第 14 章　设 备 管 理

【学习目标】

1. 知识目标

- 了解什么是设备管理。
- 理解设备综合工程学和全员设备维修制要点、设备的寿命。
- 熟悉设备综合管理的内容和任务。
- 弄清设备的磨损规律和故障发生规律、设备更新与设备技术改造的区别。
- 掌握如何合理使用设备。

2. 能力目标

- 树立设备管理的观念。
- 能利用设备的选择与购置理论分析企业如何选择和购置设备。
- 能计算设备的最佳更新期。

【导入案例】

企业在西格玛曲线的拐点上出现了什么问题

池塘中的荷叶数量每天长出一倍，30 天可以盖满池塘，第 28 天才引起人们的注意。

所有企业的发展都遵循西格玛曲线，优秀的企业不断画出新的西格玛曲线（如图 14-1 所示）。企业在西格玛曲线的拐点上出现了什么问题？是设备老化、效率低下、质量不稳定、故障频繁、维修费用——生产成本增加；还是设备管理组织肥大、层次太多、结构落后、管理成本增加、管理效率降低、管理方法不适应现代化生产；还是设备前期管理——设备引进失误、备件管理不当、流动资金占有居高不下、缺乏专业化的润滑管理。

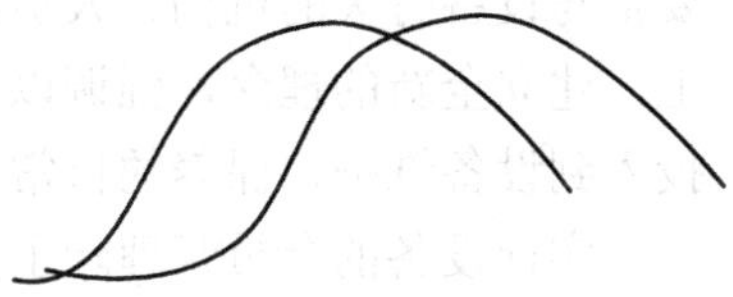

图 14-1　企业发展的西格玛曲线

14.1　设备管理概述

14.1.1　设备及设备管理

设备是企业在生产中所需要的机械、装置、仪器和工具的总称。包括企业中基本生产设备、辅助生产设备、科研生产设备、办公生产设备以及其他用途设备。设备最有代表性的部分是机器。

设备管理是以企业的生产经营目标为依据，运用各种组织、技术和经济措施，对设备从规划、设计、制造、安装、使用、改造、更新直至报废的整个寿命周期进行全程的管理，以提高设备综合经济效率。

14.1.2 设备管理的内容和任务

1. 设备管理的内容

（1）实行设备的全过程管理　对设备实行全过程管理，是有效地解决使用现代化设备所带来的一系列新问题的科学方法，是从总体上保证和提高设备可靠性、维修性、经济性，做到安全、节能、环保，以及避免设备的积压和浪费的重要措施。是提高企业技术装备水平，实现技术装备现代化的重要保证。

对设备实行全过程管理，就是将设备的整个寿命周期作为一个整体进行综合管理，以求得设备整个寿命周期的最佳效益。

（2）对设备从工程技术、经济和组织管理三个方面进行综合管理　设备管理的目的是要使生产中的设备经常处于最佳状态，使其作业效率最高，支付的费用最低，以最少的费用支出实现其目的状态。为此，必须同时对设备从技术、经济和组织管理方面进行综合管理。在工程技术管理方面，要对设备进行各种专门的技术研究，研究设备的设计、制造的可靠性、可维修性，降低设备故障率，提高设备质量和作业效率。维修、保养现有设备，以保持设备的最佳技术状态。在经济管理方面，要研究设备的制造费用、运输安装费，对设备选择进行经济评价；研究设备维修保养费用，确定设备维修的经济界限；研究设备的经济寿命，合理地确定设备改造、更新的经济界限，适时地用先进设备替换陈旧设备，并进行设备折旧的经济性分析等。在设备的组织管理方面，要运用行为科学、系统论、信息论、控制论、决策论、经营理论，以及其他现代管理理论、技术和方法，对设备进行组织管理。现代设备管理，在本质上是现代化设备同现代管理理论、方法以及科技成果的高度结合。

（3）实行设备的全员管理　现代化企业中，设备数量众多，型号规格复杂，分散在企业生产、科研、管理、生活等各个领域，单纯依靠专业管理机构与人员是难以管好的。因此，要把与设备有关的机构、人员组织起来参加设备管理，使设备管理建立在广泛的群众基础之上。建立全新的理念，强调以人为本，充分发挥人的潜能，调动人的积极性，使员工全身心投入到设备维护、保养的日常工作中，形成人对设备的自主管理，这将产生巨大的收益。

实行设备的全员管理除了人的自身素质、管理水平、技术水平外，对企业设备管理人员来说更重要的是如何去激发员工的主观能动性，从而搞好设备维护保养，保证其长期、安全、经济地运行，形成人人关心设备、爱护设备，直至达到设备运行零故障。为此，首先要树立新理念、新形象。设备维修不是单纯的日常保养、损坏零件的更换和修理，而是企业以增加经济效益、提高生产水平为目的做出的长期性生产投资。企业对维修人员一是应加以重视，提高其地位和待遇，焕发其工作热情，从而变以往的被动服务为主动服务。二是要激发维修员工的情感。管理人员应善于用语言、行为、活动来激发员工的工作热情，增强团体的凝聚力、向心力。三是应加强人员的技术积累。企业要注重维修人员的技术培训，无论是设备改造、还是故障诊断，都离不开科学技术，所以企业要在人员的技术培训上加大投入，这也是企业长远发展战略的投资。

（4）实行设备“总成本”核心管理　“总成本”管理理念强调的是对设备“一生”管理的全过程，即从设备的设计、采购、安装到投产、运行、维护、改造直至报废处置的寿命周期的各阶段，都能从企业的全局利益、总体效益出发，进行有效分析与控制，使企业投入的整体成本获得最佳效益。

进行设备“总成本”核心管理有一个全过程的监控管理体系，需要各部门的通力合作，并且注重一些细节的管理。一是强化设备前期管理。设备的设计、选用对企业投产后经济效益、设备维护费用起着决定性的作用。传统设备管理中经常出现前期管理与运行管理脱节，易造成设备刚投入使用便产生改善、改造项目，既影响生产，又增加费用投入。所以合理设计、科学选型是“总成本”理念在设备前期管理中的突破口，这需要各相关部门的深入研究，协调工作。二是追求投入产出比最经济。控制设备运行过程中投入的同时注重优化检修模式，控制备件和非生产性材料消耗，降低设备停机时间。

2. 设备管理的任务

设备管理的主要任务是为企业的生产提供先进适用的技术装备，使企业的生产经营活动建立在技术上先进、经济上合理的物质技术基础之上，以保证企业经营目标的实现。它的具体任务可以归纳为：

1）根据技术先进、经济合理、生产可行的原则，正确选购设备，为企业提供优良的技术装备。

2）保证企业设备经常处于最佳的技术状态。企业设备管理部门要认真研究设备物质运动的规律，如磨损规律、故障规律等，运用先进的检测、维修手段和方法，灵活地采取各种维修方式和措施，维修保养现有设备，使企业设备经常处于最佳的技术状态，达到设备的综合效率最高。

3）提高设备管理的经济效益。按照经济规律的客观要求，加强设备的经济、组织管理，降低设备管理各环节的费用，达到设备的寿命周期费用最经济。

4）保证企业的技术进步，有计划、有步骤地对设备进行改造和更新。

14.1.3 设备管理的产生和发展

随着工业生产的发展，设备不但应用到生产过程中，而且其作用越来越重要，相应的设备管理也得到了应有的重视，逐步发展成为一门独立的学科。设备管理自产生、发展至今已有一百多年。设备管理经历了传统设备管理和现代设备管理两个历史阶段。

1. 传统设备管理阶段

传统设备管理的理论核心是设备使用过程中的维修科学管理。

在这个阶段初期，企业生产规模较小，设备结构简单，占用企业资金有限。因此设备维修不需要专门技术人员来进行，而且维修费用和设备故障损失较低。故设备的维修一般由设备操作人员来完成，实行坏了再修的事后修理制度。后期，随着企业生产规模的扩大，科学技术的进步，设备结构日益复杂，修理难度相应提高，同时又由于企业生产连续性的加强，设备的修理费用和故障损失不断增加，于是，设备的修理需要由专门人员来承担。因而从生产操作人员中逐步分离出专门从事设备维修和管理的人员，企业相继建立起设备维修与管理的机构，对设备使用过程进行管理，制定出对设备维修管理的科学制度。

这个阶段设备管理的特点及其局限性为：

1）传统设备管理工作集中在设备的维修阶段，而较少注意到设备的全过程的管理。

2）传统的设备管理，把设计、制造过程的管理与使用过程的管理严格分开。设备的“一生”本来是一个统一的整体，被人为地分为两段，前者属于制造厂管，后者属于使用单位管理。这种人为的分割不利于有效地解决使用现代化设备所带来的一系列的新问题。

3）传统的设备管理，往往侧重技术管理，而忽视经济管理和组织管理。设备管理本质上是设备运动过程的管理。设备运动有两种形态：一是物质形态，表现为设备的研究、设计、制造、选购、安装调试、使用、维修、改造、更新、报废等；二是设备价值运动形态，表现为设备的最初投资、维修费用支出、折旧、改造更新资金的筹措、积累、支出等。前者形成设备的技术管理，后者形成设备的经济管理。它们分别受技术规律和经济规律的支配。设备管理的目是要达到最佳的技术状态和最佳的经济效果，即一方面要求设备完好率高，故障率低，使设备经常保持最佳的技术状态；另一方面要求支出最少，效果最大。

4）传统的设备管理只是部分职工、部分机构参加管理，没有组织全体人员参加管理。

2. 现代设备管理阶段

现代设备管理阶段是对设备进行全面管理的阶段，即对设备实行综合管理。设备综合管理是在设备维修管理的基础上，为了提高管理的技术、经济和社会效益，适应现代社会经济发展的要求，针对使用现代化设备所带来的一系列新问题，继承了设备工程学，吸取了现代管理科学理论和现代科学技术新成就，而逐渐发展起来的设备管理理论和方法。

（1）设备综合工程学　设备综合工程学适用于对固定资产的工程技术、管理、财务等实际业务进行综合研究，以实现设备寿命周期费用的最大程度节约。工程机械、装置、建筑物的可靠性和有关可靠性的方案、设计、使用和费用的信息反馈，都属于它的研究范围。设备综合工程学要点是：

1）以设备的寿命周期作为研究和管理对象，力求设备寿命周期费用最经济、设备综合效率最高。

寿命周期费用是设备“一生”的总费用。包括研究、设计、制造、安装调试、使用、维修，一直到报废为止所发生的费用总和。它由设备的原始费用和使用费（维持费）两大部分组成。研究设备寿命周期费用的目的，是为了从经济上全面评价设备的优劣。设备综合工程学的综合效率包括六个方面：即P（产量），完成产品产量的任务，设备效率要高；Q（质量），保证生产优质产品；C（成本），生产的产品成本要低；D（交货期），保证按合同规定的期限交货，不得耽延；S（安全），保证生产安全；H（劳动情绪），包含两个方面的意义，一是环境，要求减少污染，保证环境卫生，文明生产；二是人机搭配比较合理，要使工人保持饱满的劳动情绪和充沛的生产精力。

2）从工程技术、经济和组织管理方面对设备进行综合管理与研究。

3）以可靠性、维修性设计为重要目标。

4）以设备的寿命周期为设备管理范围，改善与提高每一个环节的机能。

5）建立一套设计、使用和费用的信息反馈系统，实行设备工作循环的反馈管理。

（2）PMS 工程体系　PMS 工程体系是指将状态维修与企业整体性设备管理工作联系在一起，实现“在管理指导下的状态维修”和“在故障监测诊断技术下的设备管理”。

PMS系统由组织体系、技术及资源体系和诊断对象集三部分组成，其中组织体系是PMS行为实施的主体，由高层决策者、中层规划者和基层执行者构成。其组成人员的管理素质、技术素质的优劣和整体工作配合的好坏直接制约着PMS工程实施的成败；诊断对象集是PMS行为实施的客体；而技术及资源体系和诊断对象是 PMS 工程实施的技术基础和必要手段，设备状态监测和故障诊断技术是 PMS 的技术基础。PMS 工程强调的是在对企业生产形态、设备形态及规模进行分析的基础上对设备监测、诊断与维修工作做出合理的组织和规划。在诊断技术方面强调的是监测与诊断并重、单一诊断技术与综合诊断技术的结合。

（3）全员设备维修制　全员设备维修制，又叫全员生产维修制，简称TPM。其要点是：

1）全员设备维修制的基本特点是“三全”，即全效率，全系统、全员。所谓全效率是指通过设备管理，使设备在生产中达到产量最高，质量最好，成本最低，故障少，安全生产、交货及时，操作工人情绪饱满。所谓全系统是指设备从研究、设计、制造、使用、维修，直至报废为止全过程的系统管理。所谓全员就是与设备管理有关的人员都要参加设备管理，分别承担相应的职责。

2）设备维修方式。它吸取了预防维修（PM）中的所有维修方式。包括日常维修、事后维修、生产维修、改善维修、预知维修、维修预防等。它强调操作工人参加的日常检查。

3）划分重点设备，对重点设备实行预防修理。全员设备维修制的预防性修理，一般放在重点设备上，对一般设备修理采取事后修理，即在设备发生故障后才进行修理，以利于节省维修费。

4）设备维修目标管理。全员设备维修制通过推行设备维修目标管理，来确定设备维修工作的方向和具体奋斗目标，作为评定维修工作成绩和工作总结的依据。目标管理的程序包括目标的制定阶段、实施阶段和总结阶段。

5）工作作风。它强调作风保证，开展5S管理活动。即：整理，把乱的东西收拾起来，把不用的东西清理掉，按次序排列好。整顿，整顿操作秩序，把必要的图样、工具等准备齐全。清洁，保持清洁，无污垢。清扫，把工作环境打扫得干干净净。素养，是指职工的举止、态度和作风，培养具有良好的工作习惯和生产习惯。

（4）备件管理网络化　备件管理已成为降低维修成本的重要环节，也是充满挑战性和蕴涵开发潜力的管理过程。我国目前企业大多数备件管理基本采用经验上下限采购、存储和管理模式。这种方式不仅经常出现维修无备件和紧急采购情况，有些进口备件紧急采购费用十分昂贵，超出原价值的两倍或更多，而且会影响生产、造成资金浪费。

目前的有些企业的备件管理仍停留在手工操作基础上。为适应现代企业设备管理的发展和高速信息的共享，有的企业开发了符合当前备件管理的网络备件管理软件。利用计算机与网络的强大功能，进行市场动态分析，建立备件基础数据库，监督库存情况，降低库存和控制采购成本，实现备品配件供应的计划、合同、订货、到货、出库、库存和资金的动态管理。

14.2 设备的选择与购置

14.2.1 设备的选择与购置原则

设备的选择与购置是设备管理的一个重要环节，无论是新建企业，还是老企业的更新、改造，都要进行设备的选择和购置。

设备采购部门必须根据企业生产经营的要求，与设备制造厂家进行沟通，选择技术上先进、经济上合理、生产上可行的设备。具体说来，在选购设备时应综合考虑以下原则：

1. 设备的生产性

设备的生产性是指设备的生产率，一般以设备在单位时间内能生产的实物数量来表示，也有以功率、行程、节拍等一系列技术指标来表示的。在设备选购时，可根据企业生产的目标计划，对此指标提出一定的要求。

2．设备的可靠性

设备的可靠性是指在规定的时间内、在规定的使用条件下无故障地运行，以保证生产正常进行的概率。设备的可靠性包括机器设备的精度、准确度的保持性；机器零件的耐用性；功能的可靠度；作业的安全性等。随着设备机械化、自动化程度的提高，在选择设备时，一定要注重设备的可靠性指标。

3．设备的经济性

设备的经济性是指设备的投资效益问题。选购设备时，不仅要考虑设备的最初购置费用，还要考虑设备的使用维修费用、投资回收期等。

4．设备的成套性

设备的成套性是指在设备选购时，所选择的设备本身及各种配套件都应配套。

5．设备的环保性

设备的环保性是指设备使用后对环境污染的程度，包括设备的噪声和排出的有害物质等。对环境有较大污染的设备，应严格不用。如果由于生产的需要而不得不用，也必须配备处理污染的装置，以满足环保性能的要求。

6．设备的维修性

设备的维修性是指设备维修的难易程度。这一性能指标直接影响到设备修理工作量和修理费用。因此，在选购设备时应选择维修性能好的设备。

7．设备的耐用性

设备的耐用性是指设备的自然寿命的长短。在总体选择时，不仅要考虑设备的自然寿命，还应考虑科学技术的发展对设备寿命的影响，要考虑设备使用的经济寿命。

8．设备的节能性

设备的节能性是指设备对能源的节约程度。在设备选购时，应优先选用能耗低的设备。

9．设备的安全性

设备的安全性是指在设备的使用过程中，对人身及财产安全的保障程度。在设备选择时，应考虑设备是否有安全保护装置。

14.2.2 设备的选择与购置的评价方法

设备的选购应从设备的生产性、可靠性、经济性、成套性、环保性、维修性、耐用性、节能性、安全性等方面进行充分的论证。论证应从系统的观点出发，既要考虑技术上的先进性，也要考虑经济上的可行性；既要考虑设备的购置费，也要考虑设备的使用费。这里介绍比较常用的两种评价方法：投资回收期法和费用比较法。

1．投资回收期法

这是根据设备投资的回收年限来进行评价的一种方法。一般说来，在其他条件相同的情况下，应选择投资回收期最短的设备。投资回收期可用定量方法计算，公式如下

$$投资回收期(年)=\frac{设备的投资费(元)}{采用新设备后年增益(元/年)}$$

2．费用比较法

此法是根据设备的年费用的大小对设备进行经济评价。年费用是每年分摊的设备购置费（最初一次投资费，包括购置费、运输费、安装调试费等）与每年平均支出的经营费用（如能耗费、维修保养费、操作劳务费、税金等）之和。

14.3 设备的使用与维修

14.3.1 设备的合理使用

设备的合理使用是设备综合管理的一个重要环节。设备寿命的长短、效率的大小、精度的高低，固然取决于设备本身的设计结构和各种参数，但是在很大程度上取决于人们对设备的合理使用。正确、合理使用设备，可以减轻磨损，保持良好的性能和应用精度，从而充分发挥设备应有的生产效率。

合理使用设备，必须注意以下几点：

1．根据企业的生产特点和工艺特性，合理地配备各类设备

企业要根据自身的生产特点、工艺过程要求，按照对象专业化或工艺专业化的原则，按一定比例经济地为各车间、班组配备好生产设备和适当的辅助设备，使各种设备在性能上和生产效率上相互协调配合，以使所有设备都得以充分发挥其作用。除此之外，随着产品品种、结构和数量的不断变化，要对设备进行调整，才能使其适应生产发展的要求。

2．为设备配备具有一定熟练程度的操作者

为了充分发挥设备的性能，使机器设备在最佳状态下使用，必须配备与设备相适应的工人。要求操作者熟悉并掌握设备的性能、结构、工艺加工范围和维护保养技术。新工人上机一定要进行技术考核，合格后方允许独立操作。对于精密、复杂、稀有以及对生产带有关键性的设备，应指定具有专门技术的工人去操作。实行定人定机，凭操作证操作。

3．要根据设备的性能、结构和其他技术特征，恰当地安排生产任务和工作负荷

恰当地安排生产任务，是要使设备物尽其用，避免“大机小用”、“精机粗用”等现象。不同的设备是依据不同的科学技术原理设计制造的，它们的性能、结构、精度、使用范围、工作条件和能力以及其他技术条件是各不相同的。企业如果不考虑上述特点，不是造成设备效率的浪费，就是使设备超负荷运转，加速损坏。

4．要为设备创造良好的工作环境

机器设备的工作环境对机器设备的精度、性能有很大影响，不仅高精度设备对温度、灰尘、震动、腐蚀等环境需要严格控制，对于普通精度的设备也要创造适当的条件。良好的工作环境不仅可以延长设备的有效寿命，而且对提高产品质量也有很大作用。

5．要经常对职工进行正确使用和爱护设备的宣传教育

职工对机器设备的爱护程度，对于设备的使用和保养以及设备效率能否充分发挥，有着重大的影响。因此，企业领导和设备管理部门一定要对职工经常进行思想教育和技术培训，使操作人员养成自觉爱护设备的风气和习惯，使设备经常保持“整齐、清洁、润滑、安全”，处于最佳技术状态。

6．制定有关设备使用和维修方面的规章制度，建立健全设备使用的责任制

一般来说，设备使用管理制度及规章制度主要包括设备使用规程、设备维修规程、操作

工人岗位责任制、交接班制、包机制等，各级各类人员都必须遵守。

14.3.2 设备的磨损规律

设备投入使用后，设备管理最重要的工作就是设备的维护和修理。工作人员要掌握设备磨损和故障发生规律，应用科学的维护和修理方法，合理使用设备。

设备在使用和闲置过程中都会发生磨损，设备的磨损分有形磨损和无形磨损两种形式。

1. 有形磨损

（1）*设备有形磨损的分类* 有形磨损是指设备的实体磨损（物理磨损）。按形成的原因又可分为：

1）第一类有形磨损。设备在运行时，其零部件由于摩擦、应力或化学反应的影响，致使实体发生的磨损，也称为使用磨损。这类磨损会使设备的精度和性能下降，甚至引发事故。

2）第二类有形磨损。设备由于自然力的作用引起生锈、腐蚀等所产生的磨损，也称为自然磨损。这类磨损也会使设备的精度和性能下降，使设备难以运行。

（2）*设备有形磨损的规律* 设备的磨损大致可以分为三个阶段，如图14-2所示。

1）初期磨损阶段。在这个阶段中，机器零件表面上的高低不平处，以及氧化脱炭层，由于零件的运转、互相摩擦力的作用，很快被磨损。这一阶段的磨损速度较快，但时间较短。

2）正常磨损阶段。在这个阶段中，零件的磨损基本上随时间匀速增加。在正常情况下，零件磨损非常缓慢。

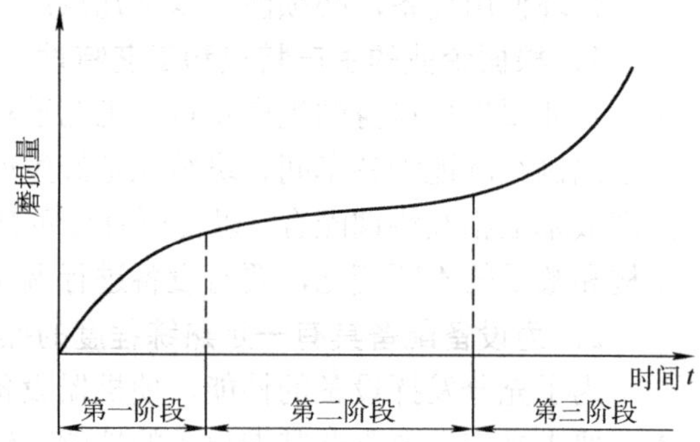

图14-2 设备的磨损规律曲线

3）急剧磨损阶段。在这个阶段中，零件正常磨损关系被破坏，使得磨损急剧增加。设备的精度、性能和生产效率降低。所以，一般不允许零件使用到急剧磨损阶段，当零件到正常磨损阶段后期就应修复或更换。否则，将会加大修理工作量，增加修理费用，延长设备停工修理时间。

2. 设备的无形磨损

无形磨损是指由于经济发展或科技进步的原因，使设备的原有价值贬值，而造成的磨损。

（1）*第一类无形磨损* 由于设备制造部门的工艺和管理水平的提高，使生产某种设备的生产成本降低，产品的市场价格下调，因而造成原有设备的相应贬值。这类磨损不影响设备的功能。

（2）*第二类无形磨损* 由于科学技术的进步，出现性能更完善、效率更高的新型设备，而使原有设备显得陈旧落后，甚至丧失部分或全部使用价值。这类磨损也称为技术性无形磨损。

3. 设备磨损的对策

设备磨损是客观必然的。针对磨损规律分别采取有效措施，就能保证设备经常处于良好的技术状态。

1）设备的正常磨损阶段是设备处于最佳的技术状态，因此，要加强对设备的合理使用，精心维护保养，尽量延长设备的最佳技术状态的延续时间，以保证优质、高产，提高经济效益。

2）加强设备的日常检查和定期检查，及时掌握零件磨损情况，在设备进入急剧磨损阶段前，及时进行修理，可以防止设备故障，减少修理工作量。

3）根据零件磨损规律，分析计算零件的磨损率和使用期限，有计划地进行更换修理。

14.3.3 设备的故障规律

1. 设备故障

设备在其寿命周期内，由于磨损或操作使用等方面的原因，发生丧失其规定功能的状况称为故障。设备在使用过程中发生的故障会严重影响企业的正常生产。因此，研究设备故障及其发生规律，减少故障的发生，是设备管理的一个重要内容。

（1）突发故障（损坏故障） 一般是由偶然性、意外性原因造成的。突发故障的发生往往是随机性的，一旦发生对设备的损坏会很大，可能会使设备完全丧失功能，必须停机修理。

（2）渐发故障（劣化故障） 由于设备功能逐渐劣化而引起的故障。这类故障往往有规律可循，往往表现为局部功能的丧失。设备无论是处于运行或闲置状态，均会出现性能的劣化。

2. 故障率曲线

故障率是指设备在单位时间内的故障发生比率。在设备的不同使用时间阶段，设备的故障率是不同的。

设备典型故障率曲线其形状似浴盆，故又称为浴盆曲线。如图14-3浴盆曲线可以划分为三个阶段。

（1）初期故障期 即Ⅰ线段。这个阶段的故障主要是由于设计上的缺陷，制造质量欠佳，搬运、安装工作不细心和操作者不适应引起的。开始故障率较高，然后逐渐减少。

（2）偶然故障期 即Ⅱ线段。在这个阶段内，设备已进入正常运转阶段。故障很少，一般都是由于维护不好或操作失误而引起的偶然故障。

（3）劣化故障期 即Ⅲ线段。在这个阶段，构成设备的某些零件已经老化，或进入急剧磨损阶段，因而故障率上升。为了降低故障率，延长设备的有效寿命，要在零件将要达到急剧磨损以前，进行更换修理。

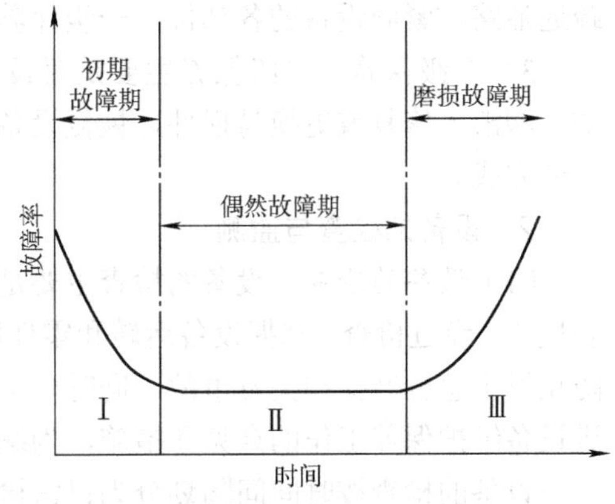

图14-3 设备的典型故障曲线

设备管理应针对设备在不同时间出现的问题，采取相应的措施。在早期故障期，设备管理的主要任务是找出设备可靠性低的原因，并进行调整和改革，保持设备故障率稳定。在偶然故障期，应注意加强工人的技术教育，提高操作工人与维修工人的技术水平。在劣化故障期，应加强设备的日常维修保养、预防检查和计划修理工作。

14.3.4 设备的保养和维修

1. 设备的维护与保养

设备的维护与保养是指设备操作人员和专业维护人员在一定的时间及维护保养范围内，

对设备进行预防性的技术护理。加强设备的维护与保养，对保持设备的精度和性能、延长其使用寿命具有重要意义。

（1）设备维护保养的内容　设备维护保养的内容主要包括以下几个方面：

1）清洁。经常洗擦灰尘及污垢，清扫散落在设备各部分的残渣、废屑，保持设备内外清洁，无泄漏现象。

2）润滑。要定时、定点（按规定的油眼）、定质、定量加油，保证油路畅通，设备运转灵活。

3）紧固。对因高速运转而松动的联接件（螺钉或销子）及时紧固，防止脱出。

4）调整。及时调整由于设备机件的松动或位置移动所带来的不协调，保证设备放置整齐，防护装置齐全，线路管道完整。

5）防腐。使用防腐剂保护设备，及时清除生产过程中沾染的腐蚀物质。

6）安全。实行定人定机交接班制度，遵守操作规程。各种测量仪器、保护装置要定期进行检查，保证安全，不出事故。

（2）设备的保养工作　根据设备保养的广度、深度以及保养工作量的大小，可将保养工作分为日常保养、一级保养、二级保养。

1）日常保养。日常保养也称例行保养，主要是由操作工人负责执行的经常性的不占设备工时的例行保养。它的保养项目和部位较少，大部分工作在设备表面进行。其主要内容是对设备各部位进行清洁、润滑、紧固松动的螺钉，检查零部件是否完整等。

2）一级保养。一级保养的主要内容是对设备进行局部检查和调整，清洗规定的部位，疏通油路，紧固设备的各部位。一级保养要在专职维修人员的指导下，由操作人员完成。

3）二级保养。二级保养主要是对设备进行部分解体检查和调整，重点是对内部进行清洁、润滑、修复或更换易损件，恢复设备精度等。二级保护由专职维修人员承担，操作人员协助完成。

2. 设备的检查与监测

（1）设备的检查　设备的检查主要是对设备的运转情况、磨损程度、工作精度进行检查和校验。经过检查，掌握设备运转和零件磨损情况，可以及时发现并采取相应措施消除隐患，防止发生急剧磨损和突发事故。同时，可以根据检查结果，针对发现的问题，提出加强和改进设备维护保养工作的意见和措施，为编制修理计划和做好修理前的准备工作打下基础。

设备的检查按时间间隔划分为日常检查和定期检查。日常检查，就是在交接班时，由操作工人结合日常保养情况进行的检查，以便及时发现问题，进行必要的维护和修理工作。定期检查，就是按计划规定的时间，在操作工人的参与下，定期由专业维修工人进行的检查。通过定期检查可以及时准确地掌握设备的技术性能和磨损程度，以便确定修理类别和修理时间。

设备的检查按性能划分为功能检查和精度检查。功能检查就是对设备的各种功能进行检查与测定，以便确定设备的精度是否符合技术要求，是否需要调整等，以保证产品的质量。精度检查，是对设备的加工精度进行检查和测定，掌握实际精度情况，防止因设备精度降低而产生废品。

（2）设备的状态检测技术　设备状态监测技术是通过科学的方法以及在设备上安装的仪器仪表，对设备的运行状况进行监测。通过监测，全面地、准确地把握住设备的磨损、老化、劣化、腐蚀的部位和程度以及其他情况，并在此基础上进行早期预报和追踪。状态监测的方法很多，常用的有温度监测、泄漏监测、振动监测、噪声监测、腐蚀监测等。这些方法的采用都需要配备一定的监测设备。因此，要有一定的监测装置费用，而且对操作人员的技术水平也有一定的要求。

3. 设备修理与设备维修制度

（1）设备修理 当设备使用一段时间以后，会出现技术状况劣化，甚至出现故障，为了恢复其原有功能，必须进行修复或更换磨损零件，以排除故障，这一技术活动称为设备修理。由于设备修理往往以设备检查结果为依据，而且在工作中又往往与检查相结合，因此，设备修理又称为设备检修。

按功能不同，设备修理分为恢复性修理和改善性修理两种类型。通过更换或修复已经磨损、腐蚀和老化的零件，使设备的功能恢复，并延长其物质寿命，称为恢复性修理。改善性修理是结合修理对设备中故障高的部位进行改进或改装，使设备故障发生率降低或不再发生，提高设备的技术寿命和使用效能。通常所说的设备修理，大多指的是恢复性修理，它是恢复设备性能，保证设备正常运行的主要手段。

（2）设备维修制度 设备维修制度是指在设备的维修保养、检查、修理中，为贯彻以预防为主的方针而采取的一系列技术组织措施的总称。因习惯和国情不同，世界各国甚至各企业的设备维修制度也各不相同，我国目前实行的设备维修制度主要有计划预防维修制度、保养维修制度和全员生产维修制度。

1）计划预防维修制度（简称计划预修制）。计划预防维修制度是根据设备的磨损规律和设备技术状态，有计划地对设备进行维护、检查和修理，保证设备经常处于良好状态的一种维修制度。

① 设备计划维修的种类。按照修理工作量的大小和修理后对设备性能恢复程度的不同，一般分为三种：

小修理。这是工作量最小的局部修理，它是更换或修复少量的磨损零件，并做一些零部件的调整，局部恢复设备的性能，停机时间较短，可在生产间断期内进行。

中修理。中修理要更换和修复设备的主要零部件和较多的磨损零件，检查和调整整个机械系统、控制系统，校正设备的基准，消除扩大的各种间隙，恢复设备的精度，以保证修理部位达到规定的标准和技术要求。

大修理。大修理是对设备进行全面修理，将设备全部解体，更换和修复所有的磨损零件，校正和调整整个设备，全面恢复原有的精度、性能和生产效率。大修理后，设备的精度必须达到国家产品出厂标准的要求。

② 设备计划维修的方法。设备计划维修的方法的主要有：

标准修理法（也称强制修理法）。这种方法根据设备的磨损规律和零件的使用寿命，预先规定检修的日期，到了规定的修理时间，不论设备的技术状况如何，都要按计划强制进行修理。它一般只适用于特别重要、关键、复杂的设备。

定期修理法。这种方法根据设备的实际使用情况，参考有关修理周期，大体规定出修理工作的日期、内容和工作量。而具体的修理日期、内容和工作量，则根据修理前检查的结果确定。这种方法的优点是：比较切合实际，有利于做好修理前的准备工作，缩短修理时间，提高修理质量，降低修理成本。目前，我国大多数维修基础较好的企业，一般都采用这种方法。

检查后修理法。这种方法事先只规定检查计划，根据检查结果和以前的修理资料，确定修理类别、具体日期和内容。一般是在设备技术资料掌握不全，不了解零部件磨损规律和使用寿命的情况下采用。

2）保养维修制度。保养维修制度是由一定类别的保养和一定类别的修理所组成的设备维修制度。其主要内容和措施是日常保养、一级保养、二级保养和计划大修。

保养维修制度的特点是：打破了操作工人和维修工人之间分工绝对化的界限，由操作工人承担设备的保养（如金属切削机床中的一级保养）；把操作工人参加设备管理的活动具体化、制度化，同时，进一步贯彻了预防为主的方针。

3）全员生产维修制度。全员生产维修制（TPM 制）是我国从 20 世纪 80 年代开始，吸收国外设备管理经验，研究和推广的一种维修制度。它以设备的故障理论和规律为基础，主要的维修方式有以下几种：

日常维修。包括设备的日常检查、定期检查和保养，即清洁、调整、润滑、更换、整理活动。

事后维修。也称故障维修，即对非重点设备实行发生故障后维修，或是对事先无法预计的突发性故障的维修。

预防维修。一般对重点设备或一般设备的重点部位进行预防性维修。

生产维修。指事后维修和预防维修相结合的维修方式，即重点设备预防维修，一般设备事后维修。

改善维修。指结合修理进行设备的改装、改进。

预知维修。指对大型重点设备，通过检测技术和手段，在设备发生故障前发出警报，提前维修。

维修预防。指在设备设计制造时，就考虑怎样使设备无故障和便于维修，即提高设备的可靠性、维修性。

14.3.5 设备维修计划

设备维修计划是企业生产经营计划的组成部分。正确地编制和执行设备维修计划，有利于统一组织企业主要设备的修理，合理地使用维修力量，提高维修质量，缩短停机时间，更好地保证生产任务的完成。设备维修计划的主要内容包括：计划期内设备修理的数量，设备修理的类别，修理日期及修理停机时间，修理用材料、配件以及修理费用预算等。

1. 设备修理的定额标准

设备修理的定额标准是编制修理计划、组织修理业务的依据。它一般包括修理周期定额、修理复杂系数，修理劳动定额和修理费用定额等。

（1）修理周期定额　修理周期定额是确定修理日期、类别和内容的重要依据。它包括修理周期、修理间隔期和修理周期结构三个部分，如图 14-4 所示。

1）修理周期是指相邻两次大修理之间，或新设备安装使用到第一次大修理之间的间隔时间。

2）修理间隔期是指两次修理（不论是大修、中修、小修）之间的间隔时间。

3）修理周期结构是指在一个修理周期内，大修、中修、小修的次数及其排列顺序。

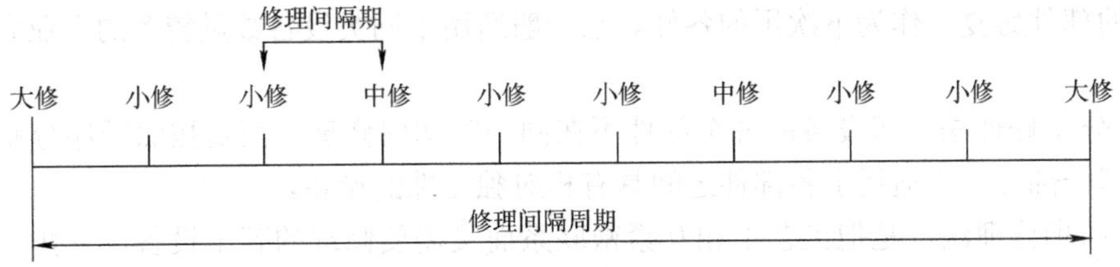

图 14-4 修理间隔周期结构示意图

有了修理周期定额，就可参照上期设备修理计划的完成情况，结合本期实际生产任务和设备完好程度，确定本期需要修理的设备数量、种类、内容和日期。

（2）*修理复杂系数* 修理复杂系数是用来表示机器设备的修理复杂程度，计算设备修理工作量的一个假定单位，设备越复杂、精度越高、尺寸越大，则修理复杂系数越大。为了确定设备的修理复杂系数，通常是选择中心高200mm，顶点距1000mm的C620车床作为标准车床，将其复杂系数定为10。其他设备的修理复杂系数要与标准车床比较而定。比C620车床复杂的设备其修理复杂系数大于10，反之则小于10。

（3）*修理劳动定额* 修理劳动定额是企业为完成设备的各种修理工作需要的劳动时间消耗量的标准，一般是用修理复杂系数为1的修理活动所需的劳动时间来表示。

（4）*修理费用定额* 修理费用定额一般是指修理复杂系数为1的修理活动所需的材料，配件等的费用。

上述定额都是根据以往统计资料，结合计划期实际情况，经过讨论、分析研究加以确定的。

2．设备修理计划的编制

设备修理计划按计划期长短分为年度、季度、月度修理计划。

1）年度修理计划是维修工作的大纲。其主要内容包括企业需要修理的设备数量，修理内容和修理时间等。在编制年度修理计划时，必须与生产计划任务协调好；安排进度时，要在时间和能力上平衡好，以防忙闲不均。年度修理计划的编制，一般由设备动力部门在上一年的第三季度提出计划草案，分发到各车间和有关科室讨论并经计划部门综合平衡后，编制正式计划，经领导审批后，下达执行。

2）季度修理计划要根据设备的实际技术状况和工作条件的变化，调整年度修理计划的项目和进度，具体地规定季度修理的内容，使设备的修理同生产更好地衔接起来。

3）月度修理计划是设备修理的作业计划，修理项目要更加具体，着重考虑修理前的准备工作，切实注意设备的实际磨损和运转台时情况。

3．设备修理计划的执行

在设备修理计划执行时，必须做好修理前的准备工作。准备工作的好坏，将直接影响修理计划的实现、修理质量和修理成本。

（1）充分做好修理前的技术准备工作。主要是编制磨损零件、部件明细表，拟定修理工艺规程、设计制造修理用的工艺装备等。

（2）做好修理前的备品、配件的订货、制造、供应和储备等一系列工作。

（3）采用先进的修理方法和组织方式，保证修理质量，提高修理效率。设备的先进修理方法主要有以下几种：

1）部件修理法。它是将需要修理的部件拆卸下来，换上事先准备好的同样部件，再将换下来的部件修复，作为下次用的备件。它一般适用于同类设备数量较多的企业和某些关键设备。

2）分步修理法。即设备的各个部件不在同一时间内修理，而是按照顺序分别修理，每次只修理一部分。它适用于各部件之间具有相对独立性的设备。

3）同步修理法。是把工艺上相互紧密联系而又需要修理的若干设备，安排在同一时间内进行修理，实现修理工作的同步化。它适用于流水生产线设备、联动设备中的主机、辅机以及配套设备等。

14.3.6 设备快速修理技术

设备快速修理是采用先进的技术组织措施，以最快的速度完成设备修理工作。快速修理可选择采用的技术主要有：

（1）热喷涂　热喷涂技术是一种利用高温火焰将耐磨金属或非金属粉末喷射到预热了的工件表面上，形成具有耐磨、耐腐蚀等性能的覆盖层，以修复和强化零件表面，提高零件使用寿命的新工艺。热喷涂技术包括氧乙炔火焰喷涂、电弧喷涂、等离子喷涂与喷焊等。

（2）金属扩散　金属扩散技术是在零件的磨损面上堆焊一层金属，以弥补基体上的损失，或将金属颗粒加入到保持金属扩散温度的热硼砂中，随后将工件放入，使工件表面生成稳定的炭化物表层。近年来出现的多种以硬质化合物为主要成分的管状粒状炭化钨焊条、钢结硬质合金焊条、金属陶瓷堆焊片和司太立硬质合金堆焊条等新材料，有特殊的抗磨粒磨损特性，是修复或强化抗磨零件的新材料。

（3）化学清洗　化学清洗技术是一种应用化学溶液除垢的方法。这种方法效率很高，适用于在不拆卸的情况下进行复杂装置的清洗。清洗用的化学溶液分为酸性或碱性，应视设备上积垢的性质而定。常用的化学清洗方法有循环法和浸渍法，以循环法最为常用。

（4）带压堵漏　带压堵漏技术是一种当设备及管道系统在连续生产过程中突然发生泄漏时，在不停止设备系统运行的状态下进行堵漏的新技术。它是在停车不带压密封堵漏技术的基础上发展起来的，具有很高的经济价值。带压堵漏使用的泄漏部位包括腐蚀穿孔、摩擦冲击穿孔，法兰、填料函、螺纹堵头、裂缝、焊接缺陷等，使用的泄漏介质包括水蒸气、空气、油、氨、酸、碱、各种化学气体、液体等。

14.4 设备的更新与改造

14.4.1 设备更新

设备更新是指用新的设备或技术先进的设备，更换在技术上或经济上不宜继续使用的设备。设备更新是保障企业简单再生产和扩大再生产的必要物质条件。设备更新的目的是促进技术进步，发展企业生产、提高经济效益。企业在进行设备更新时，应遵循有关技术发展的原则，进行技术经济论证和可行性研究，对设备经济使用年限，更新方式及设备选择作出最佳的抉择。

1. 设备寿命与设备更新期

（1）设备寿命　设备寿命是指设备从投入生产开始，经过有形磨损和无形磨损，直至在技术上或经济上不宜继续使用，需要进行更新所经历的时间。一台设备可以有多种寿命，但按其性质可分为物理寿命、技术寿命和经济寿命三种。

1）物理寿命。又称为自然寿命，是指设备从全新状态投入生产开始，经过有形磨损，直到在技术上不能按原有用途继续使用为止的时间，一般说，设备的物理寿命较长。延长设备物理寿命的措施是修理。

2）技术寿命。是指设备从全新状态投入生产以后，由于新技术的出现，使原有设备丧失其使用价值而被淘汰所经历的时间。技术更新的速度越快，设备的技术寿命就越短。

3）经济寿命。是指设备从全新状态投入生产开始，到设备具有最低的均匀等值年费用的时间。设备经济寿命是设备综合管理的一个重要概念，是设备更新、改造决策的重要依据。

（2）设备更新期也叫设备的经济寿命　影响设备更新或经济寿命的因素是：

1）效能衰退。所谓衰退是指现存的设备与其全新状态相比较时在工程效率上的降低。设备在使用过程中的物理磨损，使其效能逐渐衰退，设备维持费逐年增加。

2）技术陈旧。是指由于新技术的发明与应用，出现了新型设备，现存的设备与新型设备相比较时工作效率低、生产费用高，丧失其继续使用价值，必须及时进行更新。在这种情况下，设备被废弃的因素不是设备的性能衰退，因为这些设备在被淘汰时仍能和正常服役的时候一样有效、可靠地运行。

3）资金成本。是指购置新设备所支出的资金或投资的成本。企业的资金或者来源于股东投资，或者向银行贷款和发行债券。前者要支付股利，后者要支付借贷利息。因此，在确定设备的经济寿命时要考虑资金成本。

2．设备更新期的确定

设备更新期的确定要靠历史资料，因为它能指出未来的可能发展情况。过去的经验可以提供某些参数资料，根据这些资料可以预测设备的效能衰退情况，可以预测技术发明将再次从实体上改进某一工艺过程或机器设备的情况，为确定设备寿命或设备更新期提供实践依据。

（1）效能衰退型更新期预测模型　某些设备在其寿命期内技术并不过时，仅因其效能衰退引起年费用不断增加，需要进行更新。更新的目的是为了维持设备的效率以获得最佳水平的年费用。

设备的年费用由设备费用和使用设备的维持费用构成。设备费用随着设备使用年限的延长，每年分摊的设备费用及其资金成本越少，但是随着设备使用年限的增加，设备物理磨损加大，效能衰退，使维持费用逐年增加，因此，年使用设备总费用，在设备投入生产的最初阶段，一般显示下降趋势，但超过其经济使用年限后，又逐渐上升，如图14-5所示。

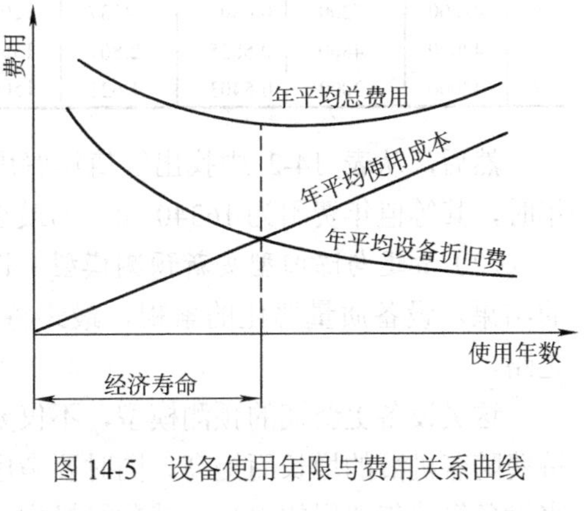

图14-5　设备使用年限与费用关系曲线

依据上述原理，可列出设备的均匀等值年费用公式如下

$$C_N=\left(I-\frac{S_N}{(1+i)^N}+\sum_{n=1}^{N}\frac{C_n}{(1+i)^n}\right)\left[\frac{i(1+i)^N}{(1+i)^N-1}\right]$$

式中，C_N为等值年费用；I为设备最初投资额；S_N为设备使用N年的残值；C_n为第n年设备维持费；i为年利率或企业的资金利润率；n为年期。N是设备共使用N年，n是设备使用的第n年，两者含义不一样。

应用该模型确定更新期的方法，首先依据公式计算出各年等值年费用，然后选择最低等值年费用相对应的年期作为设备最佳更新期，即$n^*=\text{Min}\{C_1, C_2, \cdots, C_r\}$

【例 14-1】 某厂设备 A，其设备购置费为 42000 元，依其技术而言，该设备使用年限为 8 年，但是，由于设备效能衰退，故障增多，设备的维持费用逐年增加，残值逐年减少，其金额见表 14-1。年利率为 8%，求设备 A 的最佳更新期。

表 14-1 设备 A 不同年限的残值与维持费

设备寿命/年	设备残值/元	设备维持费/元
1	30000	6000
2	22800	6600
3	18000	7500
4	13800	8700
5	10200	10200
6	7200	12000
7	4800	13500
8	3000	15000

首先，计算设备等值年费用，见表 14-2。

表 14-2 等值年费用计算表 （单位：元）

N n	I	S_N	$\frac{1}{(1+i)^N}$	$\frac{S_N}{(1+i)^N}$	C_n	$\frac{C_n}{(1+i)^n}$	$\sum_{n=1}^{N}\frac{C_n}{(1+i)^n}$	小计	$\frac{i(1+i)^N}{(1+i)^N-1}$	年 费 用
(1)	(2)	(3)	(4)	(5)	(6)	(7)	(8)=∑(7)	(9)=(2)+(8)–(5)	(10)	(11)=(9)×
1	42000	30000	0.9259	27777	6000	5555	5555	19778	1.08000	21.360
2	42000	22800	0.8573	19546	6600	5658	11213	33667	0.56077	18.879
3	42000	18000	0.7933	14283	7500	5954	17167	44879	0.38809	17.417
4	42000	13800	0.7350	10143	8700	6395	23562	55419	0.30192	16.732
5	42000	10200	0.6806	6942	10200	6942	30504	65562	0.25046	16.421
6	42000	7200	0.6302	4537	12000	7562	38066	75529	0.21634	16.340
7	42000	4800	0.5835	2.801	13500	7877	45943	85142	0.19207	16.353
8	42000	3000	0.5403	1.621	15000	8105	54048	94427	0.17401	16.431

然后，从表 14-2 中找出等值年费用最小值，以其对应的年期作为更新期。本例当n=6 年时，其等值年费用为 16340 元，为最小值，故设备 A 的更新期为 6 年。

（2）衰退与陈旧型更新预测模型　许多设备的经济寿命是效能衰退与技术陈旧综合作用的结果。设备质量恶化的累积，最终将表明用技术更先进的设备进行更新是经济上的必由之路。

这类设备更新期的预测模型，不仅要考虑设备的有形磨损而引起设备效能衰退，使其维持费随着机龄的增长而提高。同时要考虑新型设备的出现使原有设备的技术陈旧过时，而带来设备等值年费用的提高。其预测模型为

$$C_N = I\frac{i(1+i)^N}{(1+i)^N-1}+\left(\sum_{n=1}^{N}g(1+i)\frac{1}{(1+i)^N}\right)\left[\frac{i(1+i)^N}{(1+i)^N-1}\right]$$

式中，g 为设备维持费用递增系数，或称劣化系数。

应用本模型确定设备的更新期，首先计算出设备寿命期等值年费用，然后选择最低等值年费用的年期作为更新期。

3. 设备更新的方式

设备更新的方式分为设备的原型更新和设备的技术更新。

1）设备原型更新是指用结构相同的新设备，更换由于有形磨损严重，在技术、经济上不宜继续使用的旧设备。这种更新主要是解决现存设备的效能衰退问题，它不具有技术进步的性质。因此，如果大量采用这种更新方式，企业设备平均役龄虽然缩短了，但不能大幅度提高企业的经济效益，还将会影响企业的技术进步。

2）技术更新是指用技术更先进的设备去更换技术上陈旧的设备。这种更新不仅是恢复原有设备的性能，而且使设备具有更先进的技术水平，具有技术进步的性质。在技术迅速发展的今天，设备更新应采用这种更新方式，它是企业实现技术进步的重要途径。

14.4.2 设备技术改造

设备技术改造是指应用先进的科学技术成就，改变原有设备的结构，提高原有设备的性能、效率，使之达到现代新型设备的水平。

设备技术改造与更新都是解决设备陈旧问题的一种经常性手段，但两者各有特点。设备技术改造对于解决设备陈旧问题来说，具有以下优点：

1）设备技术改造与更新相比。针对性强，对生产的适应性好。

2）设备技术改造较之全部更新投资少、时间短、人工省、收效快，具有更好的经济效益。

设备技术改造的方式分为设备局部的技术更新和增加新的技术结构。局部的技术更新是采用先进技术改变现有设备的局部结构；增加新的技术结构是指在原有设备基础上增添部件、新装置等。经过改造的设备，应达到质量性能好、生产效率高、节约能源和原材料、不污染环境等方面的要求。

【复习思考题】

1. 设备管理的含义是什么？
2. 设备综合工程学有哪些要点？
3. 全员设备维修制的要点是什么？
4. 设备管理的内容和任务是什么？
5. 设备的磨损可分哪几类？
6. 试述设备的磨损规律和故障发生规律。
7. 如何合理使用设备？
8. 设备的维修有哪几类做法？
9. 如何理解设备的寿命？
10. 设备更新与设备技术改造有何区别？

【案例分析】

Greaves 酒业公司

1991 年 2 月，特立尼达岛(Trinidad)的 Greaves 酒业公司的总工程师 Lesley Simpson 正在着手完成新的瓶装生产线的设计，余下的最后一个重要问题是如何解决生产线末端的物料处理环节。目前公司是利用手工劳动把整箱的啤酒搬上货盘，Lesley 正在考虑使用自动化设备的可能性。

公司背景：

Greaves 酒业公司位于加勒比海南部的特立尼达岛上，公司由 John Greaves 创立，自建立以来，公司已取得了极佳的声誉。Greaves 啤酒深受旅游者的喜爱。由于上述原因，几年前公司开始了对美国适量出口的业务，1991 年 2 月，销售量达到了公司历史上的最高水平。啤酒在一年之中会有四个销售高峰期：2 月份的狂欢节；6 个星期之后的复活节；8 月底的独立日及 12 月份的圣诞节期间。在每个销售高峰期，公司的生产安排都异常紧张，此时，Greaves 公司要雇用更多的人员并进行加班生产。

酿造过程：

啤酒酿造的开始阶段是通过酶的作用从麦芽中提取糖。糖液与蛇麻子一起煮沸，生成一种消过毒的浓缩的溶液。蛇麻子在煮沸过程中起到了防腐剂的作用，并使啤酒带上了苦味。然后滤去蛇麻子，将溶液降温至 50°F，进行持续 7 天的发酵过程，在这个过程中酵母将糖转化为酒精与二氧化碳，发酵之后啤酒进一步降温至 30°F，并储存 10 天（这期间将酵母分离），然后通过硅藻土粗略地过滤，储存 24h 后，再通过一个精细的过滤过程，人工加入二氧化碳就准备装瓶了。在装瓶与装箱之后，将啤酒存于产成品仓库准备运往各零售点。

目前的瓶装与存储作业：

瓶装部门与仓库位于同一建筑之内，但其间用金属丝网隔开了。目前的瓶装生产线具有每分种 400 瓶的生产能力，通常的生产作业是两班制，每班 8h，一周工作 5 天。受周期性因素的干扰，该生产线仅有 85%的时间能正常运行。在过去三个月中生产线每天三班运行，这意味着以前晚上进行的维修保养工作现已开始干扰生产时间了，第三班人员供给困难并且难以监督管理。但瓶装生产能力的扩大可以不必进行三班制生产作业，每分钟 1000 瓶的生产能力，仅需一班作业便可以满足需要，只是偶尔需加班而已。

目前瓶装生产线上的最后工序是由两个操作员执行的，他们用手工将每箱装 24 瓶的货箱堆码到木制货盘上。每箱重 32.7 磅，每个货盘装 40 箱（分 5 层装，每层 8 箱）。每个操作员的周薪是 360 美元，他们分别在不同的货盘上独立工作。每搬一个箱子到货盘平均需要 7.5s 的时间。两台叉车将装满的货盘运到仓库，在仓库货物堆码到 3 英尺高。公司有 12 台叉车，通常任何时候至少有两台在修理车间。仓库有四个储存空间，通常两个堆货，两个不堆货。仓库的空间非销售高峰临近时是够用的，而当销售高峰到来时，为增加库存，仓库的通道里都堆码着过多的存货。

新的瓶装生产线：

新的瓶装生产线要求的主要变化是在瓶装车间。由于增加了两名包装工将货物卸到两台通道运输车上，生产线的产出能力将每分钟增加 600 瓶。除了这些，还计划装备一套新的空瓶与进料系统，这样将会占满瓶装生产线与仓库之间的现有空间，因而，有必要把卸货盘与装货盘的作业移到仓库去。从三条瓶装线到仓库所需要的传送系统需耗资108000美元。把装卸货盘作业移至仓库的一个好处是缩短了叉车的行走路线。Lesley计算出在新场地的车辆来回时间是在35s到3min之间，平均可能为1min。

自动化的货盘装运设备：

Lesley正考虑在新场所以自动化货盘装运设备替代人工装载作业的可能性。机器作业在概念上与人工的装载过程是相似的。它会按事先确定的堆码方式，一次搬8箱到货盘上，然后降低货盘，继续装下一层。装满的货盘被放到卸货传送设备上，该设备能够支撑三个装满的货盘，这种机器需要一个操作员，其职能是确保在万一有麻烦时关闭机器以及在进料点发生堵塞时负责清除。操作员每周薪水可能为450美元，由于操作技术和机器高度的原因，货盘装运设备将需要一个与人工装载不同的进料系统。

Lesley正在考虑两种不同厂牌的设备：Perrin和Clark。他已经收到了二者的有关资料，并已与他们的销售代表会谈过，另外Lesley还与北美地区多家啤酒厂的经理们也进行了会谈。Lesley认为，需要这样一台货盘装运设备，它每分种能搬运45箱，使用50Hz交流电，每货盘至少能装40箱，而且堆码方式与目前系统相同。Perrin和Clark都说他们能提供令Lesley满意的设备。

Perrin传送设备公司是一家美国公司的加拿大子公司，它负责处理全境及英国的销售，与母公司相对独立运作。Perrin公司以其传送系统的轻便、易于安装、持久耐用及效率高而有盛誉达五十多年。其另一特色是它的所有传送设备都能够实现三种基本类型——活动滚筒式、重力式、传送带式的转换，Perrin公司还曾经为加拿大设计过谷物处理与矿物加工装置，并制造过多种传送系统。Perrin公司表示它将专为Greaves公司设计一台机器，它能每分钟处理45箱并能按每层8箱堆码5层、6层或7层货物，这台机器将是高度机械化的，由齿轮、平带等组成，不需任何基础设施。它需要在生产线上达到每平方英寸120磅的压力，这已经超过了目前生产线上的每平方英寸90磅的指标。因此，还需要增加一台小型空气压缩机，这需要化费2400美元，Perrin公司将在设备送达后派出一名熟练技师用10天时间来帮助安装。该设备的保质期为一年。Perrin公司的货盘装运机（包括空气压缩机在内）报价是324000美元。

Clark装载系统公司也是一家美国公司，在货盘装运设备领域有极高声誉。它能提供满足各种指定规格的标准模型，设备堆码高度可达5层、6层或7层高。Clark公司的货盘装运机是液压装置型，几乎没有机械部件，但它需要在地板上掘一个12英尺的洞以使活塞能提升货盘。服务与保证条款与Perrin公司相同。Clark公司也制造传送设备，它与Perrin公司的机械相比，显得更笨重、占地方、安装困难，但其质量与耐用性也是有口皆碑的。Clark公司的货盘装运机报价为408000美元。

如果Lesley决定使用自动化装运机，那么三条输出产品线就必须合成一条，以便向该装货机传递货物。这要求Perrin公司与Clark公司都要对加入生产线的运输控制系统提出报价。该系统必须将箱子移动到那条单一输出线上，每层8箱自动地进行计数。

Clark公司表示，运输控制单元将索价72000美元，再加上价值60000美元的从瓶装生产线末端到控制单元和从控制单元到装货机的引导传送设备；Perrin公司对控制系统报价为72000美元，对传送系统报价为48000美元。必须培训几名技工来维护自动装货机。Lesley

认为当供应商的技师来 Greaves 公司安装和起用设备时就可以借机完成培训。货盘装运机不是深奥复杂的机器，对于一个熟练技工而言，维护保养它并不困难，备用件可以从制造商那儿得到。但就正常的维护保养来说，成本是可以忽略不计的。Lesley 认为可以从已雇用的在瓶装车间服务的技工中训练两名来兼职处理货盘装运机的事务，他们的周薪是 540 美元。

考虑之中的两台货盘装运机需要从仓库到瓶装部门的电力供应。每台货盘装运机的功率是 12.75 马力，每年的动力消耗大约需化 4500 美元。对于任何一个货盘装运传送系统来说，安装成本都是一笔不小的费用。Lesley 估计整个 Perrin 系统加上运输控制，由当地工程承包商安装的话要花 90000 美元，而 Clark 系统完成安装需要 108000 美元。

Lesley 想知道 Greaves 公司是否应该在购买了自动化货盘装运机后将货盘堆码改为 7 层，他无法弄清怎样量化改变后的优势与劣势。不管怎样，Lesley 都希望找到处理产成品的可能的最好系统。Lesley 对这种装置并不熟悉，然而要获取别人的帮助也不是那么容易，以满足未来需要为基础来辨明某项投资价值，这是 Greaves 公司的标准做法。并且该项投资从长远看，还必须在未来能够提供合理的回报。

案例分析问题：

通过这一案例的学习，你从中可获得哪些启示？

【技能实训】

1. 实训目的：培养学生设备管理的理念。

2. 实训内容：计算设备的最佳更新期，分析影响设备寿命的因素。

1）浦光机器厂购入一重型设备，购置费 50 万元，该设备预计使用年限为 10 年，设备第一年的运行费用为 5000 元，以后每年递增 2000 元，如不考虑设备的残值，试求该设备的最佳更新期。

2）康海化工厂购入 1 台 A 型搅拌机，原值为 120000 元，根据统计资料，该设备的逐年维持费和逐年实际残值见下表，试求该设备的最佳更新期。

A 型搅拌机逐年维持费和实际残值表　（单位：元）

使用年限	1	2	3	4	5	6	7
维持费	5000	6000	7500	10000	15000	17000	22000
实际残值	90000	75000	56000	48000	40000	35000	30000

3. 实训成果：设备更新影响因素分析报告，设备最佳更新期的计算书。

第 15 章　人力资源开发与管理

【学习目标】

1. 知识目标
- 了解人力资源开发与管理的内容。
- 熟悉人力资源需求预测的技术。
- 掌握工作分析的程序。
- 了解员工招聘的主要形式。
- 掌握绩效评估的程序。
- 弄清员工福利的类型。

2. 能力目标
- 树立人力资源开发与管理理念。
- 能运用人力资源开发与管理理论解释企业人力资源管理的现象。
- 能编写岗位说明书。
- 能编写招聘广告。

【导入案例】

人才就是财富

“引进一个人才就等于引进了一笔财富”，百泉中药厂厂长刘桂青如是说。

在百泉厂看来，人是企业发展中最为关键的因素，只要严格按照科学的规律办事，充分发挥公司各类人员的积极性和创造性，什么奇迹都是可以创造出来的。要办好一个企业必须尊重人才，看重人才；在百泉厂看来，劳动力是一种有思维、有感情的特殊商品，作为商品就有价值和价格，在使用过程中，企业必须满足劳动人员生理、安全、社交、尊重、自我价值实现五个方面的需求，才能焕发各个层次员工的积极性；在百泉厂看来，人才是劳动力的精华，是企业发展的中坚力量，是企业发展的第一资源，其中，中、高级技术和管理人才是稀缺的人才；在百泉厂看来，企业发展的一切资源均来自市场，因此，必须面向市场开发利用人力资源，并使其在市场竞争中增效。

基于上述认识，百泉厂实施了人才战略，即结合企业的发展战略需要，不失时机地采取多种方法开发、引进、使用和培养人才，根据个人的实际才能，通过市场方式把人才安置到最能发挥才智的岗位，并对其劳动给予合理回报，从而实现人力资源的有效开发和合理使用。

几年来，百泉中药厂求贤若渴，积极引进高素质的技术人才，不惜重金招聘人才，培养人才。他们还举办春节大学生座谈会，请在高校就读的大学生到百泉中药厂作客，联络感情，为引进专业人才做准备工作。在他们的感召下，几年来，许多大中专毕业生主动要求到百泉中药厂工作。

引进和留住人才的关键在于为他们提供生存和发展的空间。为此，百泉厂做了以下的努力：

一是在利益关系上，企业给特殊的高级人才留出一个足够的空间。公司有一个利益分配体系：工资、奖金、住房等等。企业对一定层次的高级人才、必需的创新人才，在利益方面留下一定的空间。

二是在他们发挥的空间内，给他们真正的自主权。一旦他们的职位确定，他们在自己负责的领域内，可以充分发挥他们的特长。

三是给专业人才留出足够的"个性空间"。有些具有特殊才能的人才，有时也有些个性。他们精通自己领域的专业技能，对于专业人才不能求全责备，而是要用其长，容其短。省中医学院毕业生张坤杰作为优等生经学校决定留校任教。厂长刘桂青得知后，亲自到校方，表明渴望人才的心情。在刘桂青的真情感召下，校方同意张坤杰到百泉中药厂工作。张坤杰到厂工作后，先后研制了三个国家级新药，移植开发了60多个品种，使企业获得了五个省优产品，创造了较高的经济效益和社会效益。大学生李玉晓是他们企业用4000元从学校引进的，并免费分给他一套三室一厅的住房，以示对专业人才的重视。被感动的大学生李玉晓用实际行动回报企业，先后为企业更新设备30多件，创造了较好的经济效益。为更好地吸引人才，百泉中药厂专门成立了中药研究所和开拓部，积极为科技人才创造宽松的工作环境。经过几年的努力，百泉中药厂目前拥有大中专毕业生50人。这些专业技术人才在企业新产品开发、科学管理、市场营销等方面起到了中坚作用。

百泉中药厂的人才策略值得我们思考。争得来，不言而喻，就是要去发现，去动员，甚至不惜一切代价，要表现出的确是求贤若渴、爱才如命，这样，人家才好下决心，来了才能效死知己。留得住，这也是一道难题，必须千方百计创造出一种能留住人才的环境，包括工作上重视、生活上关心、待遇上优厚。用得好，这是最关键的，用人不疑，疑人不用，既然把人家请来，就要充分信任，放手使用，使他们最大限度地发挥才能。在百泉厂，很难见到所谓怀才不遇的人，因为你要的条件都给你了，英雄不会无用武之地。

15.1 人力资源开发与管理概述

15.1.1 人力资源开发与管理的含义

人力资源，是指一定社会组织范围内的人口总量中所蕴涵的劳动能力的总和。企业人力资源是指能够推动整个企业发展的劳动者的能力的总和，也就是企业全体员工的能力。

人力资源开发与管理是指为实现组织目标而进行的获得、开发、利用、保持人力资源的活动的总称。它是研究并解决组织中人与人关系的调整、人与事的配合，以充分开发人力资源，挖掘人的潜力，调动人的生产劳动积极性，提高工作效率，实现组织目标的理论、方法、工具和技术的总称。由于它的管理对象是劳动过程中的人与事，所以过去称它为企业劳动人事管理。现在将它更名为企业人力资源管理，原因是管理的角度和方法发生了变化。

15.1.2 人力资源开发与管理的主要职能

每个组织都在想方设法完成最高管理层制定的组织目标和任务。要实现和完成这些目标和任务，就必须认真地审核和有效地使用现有的各种资源，尤其是人力资源。人力资源管理的作用就是为了最有效地使用人力资源而制定各种计划和方针政策。人力资源管理的主要职能是吸引、录用、保持、发展、评价及调整。

所有的经理，只要着手于对组织中的人进行管理的时候，在某种程度上都少不了要涉及到以下六种职能：吸引、录用、保持、发展、评价以及调整。

（1）吸引 ①确认组织中的工作要求。②决定做这些工作的人数及技术。③对有资格的工作申请人提供均等的雇用机会。

（2）录用 即根据工作需要确定最合格人选的过程。

（3）保持 ①保持雇员有效工作的积极性。②保持安全健康的工作环境。

（4）发展 这种职能活动是以雇员的知识、技巧、能力及其他方面的提高，从而保持和增强雇员工作中的竞争性为其目标的。

（5）评价 即对工作、工作表现以及人事政策的服从情况等作观察和鉴定。

（6）调整 即试图让雇员保持所要求达到的技能水平而进行的一系列活动。人力资源管理包括六种主要职能：吸引、录用、保持、发展、评价及调整。由于这六个方面构成了一个相互联系的网络，从而建立了人力资源管理系统。

15.1.3 人力资源开发与管理的内容

一般而言，人力资源开发与管理的具体内容和工作任务包括以下十六个方面：

1. 制定人力资源计划

根据组织的发展战略和经营计划，评估组织的人力资源现状及发展趋势，收集和分析人力资源供给与需求方面的信息和资料，预测人力资源供给与需求的发展趋势，制定人力资源计划、培训与发展计划等政策与措施。

2. 工作设计和岗位分析

对组织的各个工作和岗位进行分析，确定每一工作和岗位对员工的具体要求，包括技术及种类、范围与熟悉程度、工作与生活经验、身体健康状况、培训与教育等方面的情况。这种具体要求必须形成书面的材料，也就是工作岗位职责说明书。工作岗位职责说明书不仅是招聘工作的依据，也是未来对员工工作表现进行评价的标准。

3. 人力资源招聘

根据组织内的岗位需要及工作岗位职责说明书，利用各种方法和手段（如接受推荐、刊登广告、举办人才交流会，到职业介绍所登记等）从组织内部或外部吸引应聘人员，并根据平等就业、择优录用的原则招聘所需要的各种人才。

4. 人才挑选过程

经过资格（如接受教育程度、工作经历、年龄、健康状况等）审查，从应聘人中初选出一定数量的候选人，再经过严格的考试（如笔试、面试等各种方法）进行筛选，试用一段时间后正式录用，有的也可以没有试用期。

5. 帮助员工制定个人发展计划

人力资源管理部门和管理人员有责任鼓励和关心员工的个人发展，帮助其制定个人发展计划，并及时进行监督和考察。这样做的目的是促进组织的发展，有利于使员工产生作为组织一员的良好感觉，进而激发其工作积极性和创造性，提高组织效益。当然，这种个人发展计划必须与组织发展计划具有某种程度的协调性或一致性。这样做，有助于人力资源管理部门对员工实施有效的帮助和指导，促使个人发展计划的顺利实施并取得成效。

6．入厂教育

入厂教育是帮助新员工了解和适应组织或雇主的第一步工作。一般而言，这种教育内容包括组织的历史发展状况和未来发展规划、职业道德和组织纪律、劳动安全和质量管理知识与要求、岗位工作要求、员工权益及工资福利状况等。

7．培训和发展

为促使员工在工作岗位上提高工作效能，有必要对新工人或技能较低的人员开展岗位培训。这种培训大多是有针对性的短期培训，有人称之为适应性培训。对于管理人员，尤其是对将晋升者开展提高性的培训和教育，目的是促使他们尽快具有在更高一级职位上工作的全面知识、熟练技能和应变能力。

8．工作绩效评价

一般而言，工作绩效评价是由员工个人对照工作岗位职责说明书和工作任务进行自我总结，然后交直接管理部门审核并打分，最后作出工作绩效评价。这种评价涉及到员工的工作表现、工作成果等，而且要定期进行，并与奖惩挂钩。开展工作绩效评价的目的是调动员工的积极性、检查和改进人力资源管理工作。

9．员工工资报酬

工资报酬问题是关系到组织能否稳定员工队伍的重大问题，人力资源管理部门要从员工的资历、职级、岗位及实际表现和工作成绩等方面考虑制定相应的、具有吸引力的工资报酬标准和制度。工资报酬将随着员工的工作职务升降、工作岗位的变换、工作表现的好坏与工作成绩进行相应的调整，不能只升不降。

10．员工福利

员工福利是社会和组织保障的一部分，是工资报酬的补充或延续。它包括政府规定的退休金或养老金、医疗保险，工伤事故政策、节假日休假、停车场费用等。

11．劳动保护

人力资源管理部门应根据国家、政府有关劳动保护（如安全和卫生）条例与规定，拟定本组织确保员工在工作岗位上安全和健康的条例和措施，并进行这方面的教育与培训，开展这方面的工作检查与监督。

12．劳资关系

工会代表员工与资方就有关员工的报酬、福利、工作条件和环境等事宜进行谈判。

13．保管员工档案

人力资源管理部门应保管员工入厂时的简历、表格以及入厂后关于工作主动性、工作表现、工作成绩、工资报酬、职务升降、奖惩、接受培训和教育等方面的书面记录性材料。员工本人可以查阅自己的档案和材料，但无权查阅别人的档案和材料。

14．人力资源会计工作

人力资源管理部门应与财务部门合作，建立人力资源会计体系，开展人力资源投入成本与产出效益的核算工作。人力资源会计工作不仅可以改进人力资源管理工作本身，而且重要的是能为决策部门提供确实的和数量化的依据。

15．国家法律和政府政策

国家法律和政府政策，像有关人权条例、平等就业和同工同酬（特别是女性和少数民族者）以及关于卫生、安全、环境条例等，都会给人力资源管理提出新的和更高的要求。这种要求都会在某种程度上影响人力资源管理。

16．技术发展环境

科学技术的发展，促使很多工作过程自动化和计算机化，如计算机技术、自动控制技术、机器人等的运用。这既减少了对普通人力资源的需求，又提高了对人力资源素质和专业技能与科学知识的要求。人力资源管理部门面临着两个方面的问题：既要创造新的职业和工作岗位，并为之提出和制定新的管理方式和政策与措施，又要培训适应这种职业和工作岗位所需要的、具有新型知识层次和专业技能的人才。

15.2 人力资源规划

15.2.1 人力资源规划概述

小资料：“你讲这话是什么意思？我们会失去三峡工程的政府订单？”大华建材公司总裁刘华问道。“是的，我们会的。”副总裁、人力资源经理沈博说，“我们没有合适的人员来满足订单上面的细致要求。如果不改进我们的记录，就没法表明：公司拥有足够够资格的员工，而且这些人能够满足政府的公平就业要求。目前我手头没有这些资料。你知道，我已经要求你让我建立一个人力资源信息系统。可是我们为什么还没有动手呢？”一时刘华还不能理解沈博脑子在想什么。刘华对有关电脑信息的认识就是这种东西非常昂贵，而且复杂。现在，他该好好地学点人力资源信息系统方面的知识了。

有刘华那样经历的人是很普遍的。随着市场变得越来越复杂，这种经历可能会变得更加普遍。现在不像以前，如果你想要成功，必须对稍纵即逝的机会做出迅速的反应。组织必须尽可能快而全面地获取人力资源需求与供给的信息，并且随时准备应对由于人力资源短缺或者过剩而带来的各种问题。

人力资源规划，是一个组织科学地预测、分析自己在环境变化中的人力资源供给和需求状况，制定必要的政策和措施，以确保自身在需要的时间和需要的岗位上获得各种需要的人才，并使组织和个人得到长期利益的过程。企业人力资源计划的目标是确保企业在适当的时间和不同的岗位获得适当的人选。

15.2.2 人力资源规划的程序

人力资源规划的程序，分为五个步骤：

1．弄清企业的战略决策及经营环境

弄清企业的战略决策及经营环境，是人力资源规划的前提。不同的产品组合、生产技术、生产规模、经营区域对人员会提出不同的要求。而诸如人口、交通、文化教育、法律、人力竞争、择业期望则构成外部人力供给的多种制约因素。

2．弄清企业现有人力资源的状况

弄清企业现有人力资源的状况，是制定人力规划的基础工作。

实现企业战略，首先要立足于开发现有的人力资源，因此必须采用科学的评价分析方法。人力资源主管要对本企业各类人力资源的数量、分布、利用及潜力状况、流动比率进行统计。

3. 对企业人力资源需求与供给进行预测

对企业人力资源需求与供给进行预测是人力资源规划中技术性较强的关键工作。全部人力资源开发、管理的计划都必须根据预测决定。预测的要求是指出计划期内各类人力的余缺状况。

4. 制定人力资源开发、管理的总计划及业务计划

制定人力资源开发、管理的总计划及业务计划，是编制人力资源规划过程中比较具体细致的工作，它要求人力资源主管根据人力供求预测提出人力资源管理的各项要求，以便有关部门照此执行。

5. 对计划进行监督、评价

对人力资源计划的执行过程进行监督、分析，评价计划质量，找出计划的不足，给予适当调整，以确保企业整体目标的实现。

15.2.3 人力资源需求预测

1. 人力资源需求预测的含义

人力资源需求预测，是指以企业战略目标、发展规划和工作任务为出发点，综合考虑各种因素的影响，对企业未来人力资源的数量、质量和时间等进行估计的活动。它是企业人力资源计划的起点，其准确性对计划的成效有决定性作用。

2. 人力资源需求预测方法

（1）*经验预测法* 是用以往的经验来推测未来的人员需求。对不同的管理方式，在预测时可能会有偏差，但可以通过多人综合预测或查阅历史记录等方法提高预测的准确率。此法适合于对较稳定的小型企业进行需求预测；如果企业情况发生变化，此法不再适用。

（2）*现状规划法* 是假定当前的职务设置和人员配置是恰当的，并没有职务空缺，所以不存在人员的扩充。人员的需求主要通过退休等情况来估计，但人员的离职包括辞职、辞退、重病等情况是无法预测的，可以通过历史资料或比例法来预测。此法适合于中短期人力资源的预测。

（3）*模型法* 是通过数学模型对真实情况进行实验的一种方法。模型法首先要根据自身和同行业其他企业的相关历史数据，通过数据分析建立数学模型，根据模型来预测人力需求的变化。这种方法包括：时间序列分析法、回归分析法、转换比率法。此法适合于大中型企事业的中长期人力需求规划。

（4）*专家法* 分为两步走：第一次讨论各个专家分别提出的方案，将这些方案进行汇总，得出企业的技术发展方案；第二次讨论根据企业的技术发展规划对人力资源进行预测。如：德尔菲法，此法适合于技术企业的长期人力资源需求预测。

（5）*定员法* 对于技术更新比较慢，发展思路比较稳定，职务和人员编制也比较稳定的企业可以根据过去和现在的人力资源状况来预测未来的人力资源需求情况。这种方法包括：运用设备定员法、岗位定员法、比例定员法和效率定员法等几种方式进行预测。此法适合于大型企业和历史久远的企业。

（6）*自下而上法* 是从企业底层开始逐步进行预测的方法。从底层开始，将各个部门的人力需求预测向上汇总，最后得出企业总体的人力资源需求。因难在于底层很难把握企业的发展规划和经营战略，所以很难预测出长期的人力资源需求状况。此法适合于短期人力资源预测。

15.2.4　人力资源供给预测

企业人力资源供给来自两方面：一是企业外部人力资源供给；二是企业内部人力资源供给，如人员晋升、调动等。

1．外部供给预测

如果组织在需要增加员工时，不能从内部供应得到满足，那么它就需要从外部人才市场招聘。一般说来，外部劳动力供给预测应考虑的因素有：当地失业率水平；同种类型劳动力向外地市场的流动量；本地教育系统毕业生数量；交通运输发展状况；与其他地区相比本企业的薪酬和工作环境、就业量以及企业在一般公众中的形象。

2．内部供给预测

（1）企业内部人力资源供给的含义　企业内部未来人力资源供给是企业人力资源供给的重要部分。企业未来人力资源需求，应该优先考虑内部人力资源供给。影响企业内部人力资源供给的因素包括：企业职工的自然流失（伤残、退休、死亡等）、内部流动（晋升、降职、平调等）、跳槽（停薪留职、合同到期解聘等）等。

内部劳动力供给的确定要求企业对当前分布在组织内部的各种不同工作类型上（或具有某种特定技能）的员工人数进行详细的分析，尔后还要根据企业在不久的将来可能会因员工退休、晋升、调动、自愿流动以及解雇等原因而引起的变化，对上述判断稍做调整。

（2）企业内部人力资源供给预测技术

1）技能清单。技能清单是用来反映员工工作能力特征的一张列表。这些特征包括教育水平、培训背景、技术水平、已经通过的考试、持有的证书、主管的能力评价、职业兴趣等。技能清单的内容根据员工情况的变化不断更新，一旦出现职位空缺，人事部门便可根据它提供的信息及时挑选合适人选。

2）人员接替模型。这是一种主要针对供给预测的简单有效的方法。它记录各个管理人员的工作绩效、晋升的可能性和所需要的培训等内容。由此来确定每个关键职位的接替人选，评价接替人选目前的工作情况和是否达到提升的要求，确定企业发展需要，并将个人的职业目标与组织目标相互结合。

3）马尔科夫模型。这是一种内部人力资源供给的统计预测技术。它通过具体历史数据的收集，找出组织过去人事变动的规律，由此推断未来的人事变动趋势，其形式见表 15-1。

表 15-1　某企业工程技术人员流动网络表

工程技术人员		时间 $t_1 \sim t_2$				调出数	总　数
		A	B	C	D		
高级工程师	A	80%				20%	100%
工程师	B	15%	70%			15%	100%
助理工程师	C	1%	20%	55%		24%	100%
技术员	D			25%	40%	35%	100%

从表 15-1 中可以看出，在时间 $t_1 \sim t_2$ 期间，有 80%的高级工程师留在了原来的工作岗位上，但有 20%离开了该企业；工程师中，有 15%晋升为高级工程师，70%留在原工作岗位上，有 15%离开了该企业；助理工程师中，有 1%提升为高级工程师，20%提升为工程师，24%离

开了该企业，有 55%留在了原工作岗位上；技术员中，25%被提升为助理工程师，35%离开了该企业，有 40%留在了原工作岗位。

15.2.5 人力资源信息系统

人力资源信息是反映人力资源状态及其发展变化特征的各种消息、情报、语言、文字、符号等具有一定知识性内涵的信息的总称。

人力资源规划的效果如何，在一定程度上取决于企业人力资源信息系统建立与否及其内容的真实可靠程度。企业所面临的内外环境随时都可能发生深刻的变化，而这些变化势必影响企业人力资源信息的改变，这就要求企业人力资源信息系统应是动态的、开放的。

人力资源信息系统的内容包括：企业战略、经营目标及常规经营计划信息，企业外部人力资源供求信息及这些信息的影响因素，企业现有人力资源的信息。

15.3 工作分析

15.3.1 工作分析概述

1. 工作分析术语

与工作分析的有关术语有工作要素、任务、职位、职务、职业、工作簇。

（1）工作要素 工作要素是指工作中不能再分解的最小动作单位。如开动机器、加工零件、取出工具等都属于工作要素。

（2）任务 任务是对某人做某事的具体描述，也就是安排一个员工所完成的一项具体工作。例如让秘书起草一份文件。

（3）职位 职位也就是岗位，是指一个人要完成的一组任务。职位是针对从事某项工作的人数说的，有多少职位，就需要有多少员工。例如，一企业需要三名秘书，就设有三个秘书的职位。

（4）职务 职务是一组责任相似的职位，这些职位的性质、类别完全相同，完成工作所需要的条件也一样。例如秘书就是一种职务，工作等于职务。

（5）职业 是由具有共同特点的一组职务组成，如财会、销售、审计等都各为一种职业。

（6）工作簇 是由两个或两个以上的相似的工作组成。

2. 工作分析的基本定义

工作分析也称职务分析，是全面了解一项具体工作或具体职务的管理活动，它是确定完成组织中各项工作所需技能、责任和知识的系统过程。工作分析由工作描述和工作规范书（职务说明书）两大部分构成。

（1）工作描述 工作描述是根据工作分析的结果，用书面的形式加以描述、整理，形成一份提供有关工作任务、职责信息的文件。工作描述需要对工作的物质特点和环境特点加以说明，一般包括以下方面的内容：

1）工作概况：包括工作名称、工作编号、工作所属部门、工作等级、工作地点等；主要用于对各种工作进行识别、登记、分类以及确定组织内外各种工作关系。

2）工作活动和工作程序：包括所要完成的工作任务、工作责任、使用的原材料和机械设备、工作流程、与其他人的正式工作关系、接受监督的性质和内容。

3）工作物理环境：包括工作地点的温度、光线、湿度、噪声、安全条件、地理位置、室内室外等。

4）工作社会环境：包括工作群体中的人数及相关关系，完成工作所需要的人际交往的数量与程度，以及与各部门之间的关系，工作点内外的文化设施、社会习俗等。

5）聘用条件：包括工作时数、工资结构、支付工资的方法、福利待遇、该工作在组织中的正式位置、晋升机会、工作的季节性、进修的机会等。

（2）职务说明书　职务说明书是指完成某一工作所需具备的能力、技巧、知识、学历和工作经历等基本素质和条件。工作规范书也称职务说明书，指有效完成一项特定的工作所必需的知识、技能、能力和其他特征的书面说明。职务说明书一般包括以下方面的内容：

1）一般要求：包括年龄、性别、学历、工作经验等。

2）生理要求：包括健康状况、力量与体力、运动的灵活性、感觉器官的灵敏度等。

3）心理要求：主要包括观察能力、集中能力、记忆能力、理解能力、学习能力、解决问题的能力、创造力、数学计算能力、语言表达能力、决策能力、特殊能力、性格、气质、兴趣爱好、态度、事业心、合作性、领导能力等。

工作描述和职务说明书的编写要求是清楚、具体、简明扼要。有时工作描述和职务说明书可以编制在一起，称之为“工作分析表”。

3. 工作分析的程序

工作分析的程序包括准备阶段、调查阶段、分析阶段和完成阶段。

（1）准备阶段　准备阶段主要任务是了解情况、确定样本、建立关系、组成工作小组等，具体工作如下：

1）明确工作分析的意义、目的、方法、步骤，向有关人员宣传解释。

2）组成由人力资源经理、工作分析专家或职务分析顾问、岗位在职人员、上级主管参加的工作分析小组或委员会。

3）选择将要被分析的工作中有代表性的职务，即确定进行工作分析的样本。

4）把各项工作分解成若干工作元素和环节，确定工作基本难度。

（2）调查阶段　调查阶段主要任务是对整个工作过程、工作环境、工作内容和工作人员等主要方面的调查，具体工作如下：

1）编制各种调查问卷和提纲。

2）灵活运用各种调查方法，如面谈法、问卷法、观察法、参与法、实验法、关键事件法等。

3）广泛收集有关工作的特征以及需要的各种数据。

4）重点收集有关工作人员的特征信息。

5）要求被调查人员对各种工作特征和工作人员特征作出等级评价。

（3）分析阶段　其主要任务是对有关工作特征和工作人员特征的调查结果进行深入全面的分析，具体包括：

1）认真审核、整理获得的各种信息。

2）确定各种信息的用途，选择有用的信息。

3）分析及发现有关工作和工作人员的关键信息。

4）归纳、总结出工作分析的必要材料。

（4）完成阶段　前面三阶段的工作都是为本阶段打基础，工作分析最后的任务就是要编写出工作描述和职务说明书。

4．工作分析的意义

（1）为招募及甄选人才打下基础　一项招募或甄选人才的计划，目的在于找出并聘用最合适的应征者，工作分析的信息能够确定出甄选的标准。这些标准，包括能成功执行该项工作所需要的知识、技巧与能力。找到合适的人，这叫适用适才，可以让工作者发挥更大的潜能。针对不同的职种，依据工作分析，人力资源专业人员也可以设计不同的甄选工具，如面试题目、需经过哪些考试等。

（2）为培训计划打下基础　企业可依据工作分析来甄选合适员工，也可依据测验的资讯来评估训练需求，并且用来发展或计划员工必须具备的能力的工作项目，在工作执行的过程中，再通过绩效评估，考察哪些人员未能很好地完成工作，其工作能力在哪些方面存在缺陷，是否可以经由训练来提高其工作技能。

（3）为绩效评估打下基础　工作分析就是对每一项工作列出详细的工作责任、工作内容或工作行为，根据这些责任、内容或行为，可以发展为绩效评价项目，并在每一阶段设定每一项目的目标。在缺乏工作分析的企业里，绩效的评核缺乏适当的依据，往往是凭上级主管直觉或喜恶作判断，那是不可靠的。

（4）为薪酬的核定打下基础　薪资的给予，基本上是根据每一项工作对公司的相对价值及重要性来决定的。通过工作分析可以判断该项工作对企业的价值或重要性，也可依据执行这些工作项目所需的资格条件，依资格所需的知识、技巧与能力，作为核定薪酬的依据。

（5）为公司的内部沟通打下基础　不同的工作项目，对不同的人来说其认知的标准不一样，诸如对工作内容、负责的范围、与其他部门之间的关系，每个人的理解不同。在一个没有明确标准的环境里，认知标准不同是造成不愿沟通或沟通困难最大的主因。依据工作分析，可以明确制定职能目标，并在企业共同目标的指引下，协调以达成各部门的工作目标。

15.3.2　收集工作信息的主要方法

编制工作分析表的具体方法包括观察法、调查问卷法、访谈法等。

1．观察法

观察法是指在工作现场观察员工的工作过程、行为、内容、工具等，并记录、进行分析与归纳总结，适用于大量标准化的、周期较短的以体力活动为主的工作。

（1）优点　工作分析人员能够比较全面和深入地了解工作要求，适用于那些工作内容主要用身体活动来完成的工作，如装配工人、保安人员等。

（2）缺点　①不适用于脑力劳动成分比较高的工作，以及处理紧急情况的间歇性工作。例如：律师、教师、急救站的护士、经理等。②对有些员工而言难以接受，他们觉得自己受到监视或威胁，从而从心理上对工作分析人员产生反感，同时也可能造成操作动作变形。③不能得到有关任职者资格要求的信息。

（3）注意事项　①要注意工作行为样本的代表性。②观察人员在观察时，尽量不要引起被观察者的注意，干扰被观察者的工作。③观察前要有详细的观察提纲和行为标准。④观察者要避免机械记录，应反映工作有关内容，并对工作信息进行比较和提炼。

2. 访谈法

访谈法又称面谈法，是一种应用最为广泛的工作分析方法，指工作分析者就某一个职务或职位面对面地询问任职者、主管、专家等以求得对工作的意见和看法。面谈的程序可以标准化，亦可以是非标准化。一般情况下，应用访谈法时应以标准化访谈格式记录，目的是便于控制访谈内容及对同一职务不同任职者的回答作相互比较。

（1）*访谈法的优点* ①可以对工作者的工作态度与工作动机等较深层次的内容有比较详细的了解。②运用面广，能够简单而迅速地收集多方面的工作分析资料。③由任职者亲口讲出的工作内容，具体而准确。④使工作分析者了解到短期直接观察法不容易发现的情况，有助于管理者发现问题。⑤有利于为任职者解释工作分析的必要性及功能。⑥有助于与员工的沟通，缓解工作情绪。

（2）*访谈法的缺点* ①访谈法要有专门的技巧，需要受过专业训练的工作分析专业人员。②比较费口、费力，工作成本较高。③搜集上手的信息往往被扭曲，失真。④访谈法易被员工认为是对他工作业绩的考核或认为是各种薪酬调整的依据，故会夸大或弱化某些职责。

3. 调查问卷法

调查问卷法是通过精心设计的问卷获取关于某岗位的工作内容、工作特征和人员要求等信息的方法。具体有管理职位描述问卷法、职位分析问卷法、任务详细目录法、职能分析问卷法、调查表法等。

（1）*问卷法的优点* ①费用低，速度快，节省时间，可以在工作之余填写，不致影响正常工作。②调查范围广，可用于多种目的、多样用途的工作分析。③调查样本量很大，适用于需要对很多工作者进行调查的情况。④调查的资源可以数量化，可以由计算机进行数据处理。

（2）*问卷法的缺点* ①设计理想的调查表要花费较多的时间、人力、物力，费用成本高。②在问卷使用前，应进行测试，以了解员工理解问卷中问题的情况；为避免误解，还经常需要工作分析人员亲自解释和说明，降低了工作效率。③填写调查表是由工作者单独进行，缺少交流和沟通，因此，被调查者可能不积极配合，不认真填写，从而影响调查的质量。

15.4 人力资源的获取、开发与培训

15.4.1 人力资源的获取——员工招聘

1. 招聘的程序

所谓招聘，是用人单位寻找合格员工的可能来源，并吸引他们到本组织应征的过程。

员工招聘的基本程序包括：招聘决策，发布信息，招聘测试，人事决策四大步骤。

（1）*招聘决策* 招聘决策指企业中的最高管理层关于重要工作岗位的招聘和大量工作岗位的招聘的决定过程。

（2）*发布招聘信息* 发布招聘信息是指向可能应聘的人群传递企业将要招聘的信息。

（3）*招聘测试* 招聘测试是指在招聘过程中，运用各种科学方法和经验方法对应聘者加以客观鉴定，从而区分人与人的差异，使适当的人担任适当的工作。

（4）*人事决策* 即人事任免决策。对照招聘决策、参考测试结果，确定初步人选；查阅

档案、体检，确定最终人选。

2. 招聘的主要形式

企业根据招聘的对象不同，可以选择不同的招聘方法。通常企业招聘方法可分为如下几种：

（1）*内部招聘* 管理层在企业内部档案中寻找候选人，对雇员进行再配置。通常非入门性技术或能力的工作采用内部招聘，因为他们对企业文化熟悉，了解企业的工作程序和工作关系情况，被聘用员工能够在比较短的时间内适应工作，学习曲线比较短。

（2）*外部招聘* 在企业内部不能招聘到合适员工，必须要从外部挑选员工时，就要实行外部招聘获取所需的员工。通常，入门技术工种的工作，采用外部招聘。外部招聘的途径很多，包括就业市场、招聘广告、校园招聘、社会选拔、猎头公司、他人推荐和求职者自动上门求职等。

人力资源开发部门作为招聘顾问参与招聘，帮助一线经理获得所需要的员工。

15.4.2 人力资源的培训与开发

1. 培训与开发的含义

培训是给新员工或现有员工传授其完成本职工作所必要的基本技能的过程。开发主要是指管理开发，是指一切通过传授知识、转变观念或提高技能来改善当前或未来管理工作绩效的活动。

培训与开发都是组织通过学习、训导的手段提高员工的工作能力、知识水平和潜能发挥，最大限度地使员工的个人素质与工作要求相匹配，进而促使员工现在和将来工作绩效的提高。严格地讲，培训与开发是一个系统化的行为改变过程。这个行为改变过程的最终目的就是通过工作能力、知识水平的提高以及个人潜能的发挥，明显表现出的工作上的绩效特征。工作行为的有效提高是培训与开发的关键所在。

2. 培训与开发的目的

培训与开发的目的：一是向员工传授其更为广泛的技能，使员工的技能由单一技能转向多重技能，以适应不断变化的客户需求与组织发展的需要；二是利用培训开发来强化员工对组织的认同，提高员工的忠诚度，培养员工的客户服务意识，提高员工的适应性和灵活性，使员工与组织同步成长。

3. 培训与开发的对象与内容

对刚进企业的新员工来说，其培训的内容主要有：向新员工介绍企业的基本情况、企业的价值观、道德规范、企业的行为准则、企业的工作条件和生活设施、企业的发展前景等等，使新员工产生对企业的信任感和归属感，培养他们最初对企业的热爱心理，对企业文化的初步认同。

对在岗的员工来说，为了使他们能不断地适应知识与技术的更新，其培训内容也应相应地以传授本领域的新知识与新技术为主，使任职者通过培训，提高素质，适应更高层次的要求。

另外，作为企业的管理人员，其培训内容因为其在企业组织中的特殊地位而有所不同，主要有：知识技术的更新、管理知识与技术技能、人际关系协调能力、工作协调能力、决策能力和领导组织能力等等。

4．培训与开发的形式

培训与开发的形式主要有迎新培训、在职培训、脱产培训。

（1）迎新培训　迎新培训是指对刚进企业的新员工进行的培训。

（2）在职培训　在职培训是指员工不离开岗位，利用业余的时间和部分工作时间参加的培训。这是企业最适用的培训方式。有几种在职培训的方法可供选择：师徒式的培训、工作岗位轮换以及岗位指导培训等。

（3）脱产培训　脱产培训是指员工离开岗位，去专门从事知识或技能的学习。它又可分为短期培训和长期培训。

5．培训计划的制定

（1）长期计划制定

1）确立培训目标。通过对培训需求的调查分析，将培训的一般需求转变为企业培训的总体目标，如通过培训来达到的各项生产经营目标和提高企业的管理水平。通过对上年度培训计划的总结及分析培训的特殊需要，可以确立需要通过培训而改善现状的特别目标，成为本年度培训的重点项目。

2）研究企业发展动态。企业培训部会同有关的主要管理人员研究企业的生产营销计划，以确定如何通过培训来完成企业的年度生产经营指标。一项生产经营目标的达成往往取决于一个或几个员工是否正确地完成任务；而要正确地完成任务，又取决于员工是否具备完成任务所需的知识、技能和态度。通过检查每一项业务目标，可以确定要在哪些方面进行培训。企业培训部还要与有关人员共同研究企业的生产经营状况，找到需要改进的不足之处，寻求通过何种培训可以改善现状、实现培训的特别目标。

3）根据培训的目标确定培训方案。围绕企业生产经营目标的培训应列入业务培训方案；围绕提高企业管理水平的培训活动则应列入管理培训方案。因此，培训方案的制定是针对培训目标，具体设计各项培训活动的安排过程。

4）决定培训课程。课程是培训的主题，要求参加培训的员工，经过对某些主题的研究讨论后，达到对该培训项目内容的掌握与运用。年度培训计划中，要对各类培训活动的课程进行安排，主要是列出培训活动的细目，通常包括：培训科目、培训时间、培训地点、培训方法等。注意培训课程的范围不宜过大，以免在各项目的培训课程之间发生过多的重叠现象；但范围也不宜过狭，以免无法真正了解该项目的学识技能，应主要以熟悉该培训项目所必需的课程为限。培训课程决定后，需选编各课程教材。教材应包括以下部分：培训教材目的的简要说明；列出有关教材的图表；说明表达教材内容的方法。依照下列顺序编写教材：教材题目、教材大纲及时间计划、主要内容及实施方式和方法、讨论题及复习的方法和使用的资料。

5）培训预算规划。培训预算是企业培训部在制定年度培训计划时，对各项培训方案和管理培训方案的总费用的估算。预算是根据方案中各项培训活动所需的经费、器材和设备的成本以及教材、教具、外出活动和专业活动的费用等估算出来的。

（2）短期计划制定　短期计划是指针对每项不同科目、内容的培训活动或课程的具体计划。制定培训活动详细计划的步骤如下：

1）确立培训目的。阐明培训计划完成后，受训人应有的收效。

2）设计培训计划的大纲及期限。为培训计划提供基本结构和时间阶段的安排。

3）草拟培训课程表。为受训人提供具体的日程安排，落实到详细的时间安排，即培训周数、日数及时数。

4）设计学习形式。为受训人完成整个学习计划提供有效的途径，在不同学习阶段采用观察、实习、开会、报告、作业、测验等不同学习形式。

5）制定控制措施。采用登记、例会汇报、流动检查等控制手段，监督培训计划的进展。

6）决定评估方法，并据此实施评估。根据对受训人员的工作表现以及命题作业、书面测验、受训人员的培训报告等各方面来综合评价受训人员的培训效果。

6. 培训的原则

（1）*爱护原则* 对员工的关心和爱护是企业培训的一个重要原则。也就是说，任何培训除对企业负责、满足企业发展要求外；更重要的是对员工个人负责，甚至是对其一生的发展和幸福负责。所以在培训中，除一些专业技能的训练外，还应该告诉员工如何有效处理工作和家庭的关系，如何度过自己的业余时间，如何保持好一种平衡的心态，如何缓解压力等。

（2）*理论联系实际原则* 理论联系实际，就是要求培训要根据企业经营和发展状况以及企业员工的特点来进行，既讲授专业技能知识和一般原理，提高受训者的理论水平和认识能力，又解决一些企业在经营管理中存在的实际问题，以提高企业的整体效益和管理水平。

（3）*因材施教原则* 培训作为教育的一种形式，运用教育的基本原理来指导培训，可以保证培训的有效性。因材施教便是其中之一。因材施教首先要求承认企业员工个体之间的差异，这对于制定有针对性的培训计划是非常重要的。所以，培训要根据企业员工的不同状况，选择不同的培训内容，采取不同的培训方式。同时，即使是对同一员工，在不同的发展阶段，其培训也应有所差异。

（4）*心态原则* 企业员工以一种什么样的心态来对待培训，对培训效果有很大的影响。所以，对任何企业的培训而言，员工的积极心态是非常重要的。因此，培训时要让员工有一种开始学习的心理准备。换句话说，就是首先要有思想发动，使其对培训内容、安排等各个方面都有一个初步的了解。而且要尽力使培训成为一个轻松的过程，不要成为员工的一种负担。

（5）*兴趣原则* 常言道，兴趣是最好的老师。有了兴趣，企业员工才有可能全身心地参与和投入到培训当中。所以任何企业开展培训，如果员工对其不感兴趣，是不会有什么效果可言的。要使员工对培训发生兴趣，就必须使培训的内容、方式等能最大限度地满足其需要。这样，培训才能由“要我学”变成“我要学”。

（6）*自发创造原则* 由于对象、形式、内容、手段等方面的差异，所以从严格的意义上来说，每一次培训对组织者都是一次新的挑战，都是一个创新的过程。在培训的过程中，要注意充分调动企业员工的主动性、创造性，强调员工的参与和合作，使他们在每一次培训的过程中都能自发地体验到创造的乐趣。

7. 培训的方法

培训中常用的方法有讲授法、演示法、研讨法、视听法、角色扮演法、案例研究法和模拟与游戏法等。各种方法具有各自的优缺点，为了提高培训质量，往往需要将各种方法配合运用。

（1）*讲授法* 就是培训师通过语言表达，系统地向受训者传授知识，期望这些受训者能记住其中的重要观念与特定知识。

（2）*演示法*　这是运用一定的实物和教具，通过实地示范，使受训者明白某种工作是如何完成的。

（3）*研讨法*　通过培训师与受训者之间或受训者与受训者之间的讨论解决疑难问题。研讨形式有演讲、小组讨论、沙龙、集体讨论、委员会式、系列研讨式。

（4）*视听法*　就是利用幻灯、电影、录像、录音、电脑等视听教材进行培训，多用于新进员工培训中。

（5）*角色扮演法*　设定一个最接近现在状况的培训环境，指定参加者扮演某种角色，借助角色的演练来理解角色的内容，从而提高主动地面对现实和解决问题的能力。

（6）*案例分析法*　这是利用书或影片，将实际或想象的情况，用相当详细的方式描述出来。它的重点是对过去所发生的事情作诊断或解决特别的问题，它比较适合静态地解决问题。

（7）*模拟游戏法*　模拟游戏法指基于模拟的游戏的培训方法。模拟是一种真实或假设的过程，模拟机制或系统的操作模型。游戏是一种高度结构化的活动方式，它指由两个或更多的参与者在一定规则的约束下相互竞争着达到目标。通过模拟以游戏培训可以激发参训者的学习兴趣和积极性；增进交流，改善参训集体的人际关系。通过场景模拟可以对培训内容理解更加深刻，可以使参训者联想到现实的后果。

15.5　薪酬管理

15.5.1　绩效评估

1．绩效评估的目的

绩效的含义非常丰富，在不同的情况下，绩效有它不同的含义。从字面上看，“绩”是指业绩，即员工的工作结果；“效”是指效率，即员工的工作过程。员工工作绩效是指员工在工作岗位上的工作行为表现与工作结果，它体现了员工对组织的贡献大小、价值大小。

绩效评估就是运用科学的标准、方法和程序，对员工或组织的业绩、成就和实际作为做尽可能准确的评价。

绩效评估在本质上就是考核组织成员对组织的贡献，或者对组织成员的价值进行评价，它是管理者与员工之间为提高员工能力与绩效，实现组织战略目标的一种管理沟通活动。

2．绩效评估的程序

绩效评估的程序一般分为“横向程序”和“纵向程序”两种。

（1）*横向程序*　横向程序是指按绩效评估工作的先后顺序形成的过程进行，其主要环节如下：

1）制定绩效评估标准。这是在绩效评估时为避免主观随意性所不可缺少的前提条件。绩效评估标准必须以职务分析中制定的职务说明与职务规范为依据，因为那是对员工所应尽职责的正式要求。

2）实施绩效评估。即对员工的工作绩效进行评估、测定和记录。根据评估的范围，绩效评估可是全面的或局部。

3）绩效评估结果的分析与评定。绩效评估的记录需与既定标准进行对照来作分析与评定，从而获得绩效评估的结论。

4）结果反馈与实施纠正。绩效评估的结论通常应与被考评员工见面，使其了解组织对自己工作的看法与评价，从而发扬优点，克服缺点。但另一方面，还需针对绩效评估中发现的问题，采取纠正措施。因为绩效是员工主、客观因素的综合反映，所以纠正不仅是针对被考评的员工，也需针对环境条件做出相应调整。

（2）纵向程序　纵向程序是指按组织层级逐级进行绩效评估的程序。绩效评估一般是先对基层绩效评估，再对中层绩效评估，最后对高层绩效评估。形成由下而上的过程。其主要环节有下列几项：

1）以基层为起点，由基层部门的领导对其直属下级进行绩效评估。评估分析的单元包括员工个人的工作行为（如是否按规定的工艺和操作规程进行的操作等），员工个人的工作效果（如产量、废品率、原材料消耗率、出勤率等），也包括影响其行为的个人特征及品质（如工作态度、信念、技能、期望与需要等）。

2）基层评估之后，便会上升到对中层部门的层次进行评估，其内容既包括中层负责干部的个人工作行为与特征，也包括该部门总体的工作绩效（如任务完成率、劳动生产率、产品合格率等）。

3）待逐级上升到公司领导层时，再由公司所隶属的上级机构（或董事会），对公司这一最高层次进行绩效评估，其内容主要是经营效果方面硬指标的完成情况（如利润率、市场占有率等）。

3. 绩效评估的标准

绩效评估的标准包括绝对标准、相对标准和客观标准三种。

（1）绝对标准　就是建立员工工作的行为特质标准，然后将达到该项标准的员工列入评估范围内，而不在员工间相互作比较。

（2）相对标准　就是将员工间的绩效表现相互比较，也就是以相互比较来评定个人工作的好坏，将被评估者按某种向度作顺序排名，或将被评估者归入先前决定的等级内，再加以排名。

（3）客观标准　就是评估者在判断员工所具有的特质以及其执行工作的绩效时，对每项特质或绩效表现，在评定量表上每一点的相对基准上予以定位，以帮助评估者作评价。

绩效评估标准的总原则：工作成果和组织效率。

依据组织的战略，可制定个人或群体的工作行为和工作成果标准，标准尽管可有多项，每一项也有很明细的要求，但衡量绩效的总的原则只有两条：

1）是否使工作成果最大化。

2）是否有助于提高组织效率

例如，评估一名银行信贷员的工作。这项工作的行为标准可能包括“及时为客户准备好各种信贷文件”，而从工作成果的角度看，绩效标准可能是：“每月贷出低风险贷款五百万元”。这两条标准相比较，显然真正重要的是后者，如果该信贷员每月能贷出五百万元低风险贷款，他的工作仍然会受到上级的赏识；如果该信贷员每次都“及时为客户准备好各种信贷文件”而完不成工作成果的要求，则他的工作仍然是不能令人满意的。

4. 绩效评估的主要方法

绩效评估方法直接影响评估计划的成效和评估结果的正确与否。绩效评估的主要方法有：

（1）排序法　在直接排序法中，主管按绩效表现从好到坏的顺序一次给员工排序，这种绩效表现既可以是整体绩效，也可以是某项特定工作的绩效。

（2）两两比较法　两两比较法指在某一绩效标准的基础上把每一个员工都与其他员工相比较来判断谁“更好”，记录每一个员工和任何其他员工比较时被认为“更好”的次数，根据次数的高低给员工排序。

（3）等级分配法　等级分配法能够克服上述两种方法的弊病。这种方法由评估小组或主管先拟定有关的评估项目，按评估项目对员工的绩效作出粗略的排序。

15.5.2 报酬与福利

1. 报酬与福利类型

报酬是企业因使用员工的劳动而付给员工的钱或实物。报酬分为直接报酬和间接报酬。直接报酬包括基本工资、奖金、津贴与补贴和股权；间接报酬即福利。

（1）工资　是指根据劳动者所提供的劳动的数量和质量，按事先规定的标准付给劳动者的劳动报酬，也可以说职工是劳动的价格。

（2）奖金　是指对职工超额劳动的报酬，作奖励用的钱。企业中常见的有全勤奖金、生产奖金、不休假奖金、年终奖金、效益奖金等。

（3）津贴与补贴　是指对职工在特殊劳动条件、工作环境中的额外劳动消耗和生活费用的额外支出的补偿。通常把与生产（工作）相联系的补偿称为津贴，把与生活相联系的补偿称为补贴。

（4）股权　是指以企业的股权作为对员工的薪酬，作为一种长期激励的手段，能够让员工为企业长期利润最大化而努力。

（5）福利　是指对职工生活的照顾，是劳动的间接回报，包括带薪的节假日、医疗、安全保护、保险、各种文化娱乐设施等。

2. 企业工资制度的类型

1）以绩效为导向的工资制度。包括：计件工资、销售提成工资、效益工资等。

2）以工作为导向的工资制度。包括：岗位工资制、职务工资制等。

3）以能力或技能为导向的工资制度。包括：职能工资、能力资格工资、技术等级工资等。

4）组合工资制。包括：岗位技能工资制、薪点工资制、岗位效益工资制、职级工资制等。

目前运用比较多的工资制度是计件工资制和薪点工资制。

（1）计件工资制　员工计件工资的多少取决于员工完成的合格产品数量或工作量。其计算公式为

$$员工计件工资=产品量\times 计件单价$$

式中，计件单价有两种计算方式：

$$计件单价=单位时间岗位工资标准/该岗位单位时间的产量定额$$

$$计件单价=单位时间工资标准\times 单位产品的工时定额$$

（2）薪点工资制　薪点工资制也叫岗位（效）薪点工资制，是指以管理岗位为主要实施对象，以薪点数为标准，根据企业经济效益情况，按企业结算工资总额确定薪点值，以岗位贡献为依据，以员工贡献大小为基础，确定岗位劳动报酬的一种弹性工资分配制度。岗位薪

点工资制坚持以经济效益为中心，以市场为导向，以按劳分配为主体，突出岗位要素在薪酬分配中的作用，合理拉开收入差距，收入分配向关键岗位和重要岗位倾斜，坚持“一岗一薪、岗变薪变”原则，鼓励岗位人员的内部正常流动。薪点工资制是一种用量化考核方法确定员工实际薪酬的分配形式。薪点工资制的基本公式是：

薪点工资=岗位（个人）薪点数×薪点值

薪点值=企业结算工资总额/薪点数

3. 薪酬管理的原则

1）对外公平——对外具有竞争力：相当于或高于市场一般薪酬水平。

2）对内公平——对内具有公正性：相当于员工工作价值。

3）个人公平——对员工具有激励性：适当拉开员工之间的差距。

4. 员工福利类型

员工福利一般分为以下几种：经济性福利、工时性福利、设施性福利、娱乐及辅助性福利。

（1）经济性福利　这些福利是对员工提供基本薪资及奖金以外若干经济安全的福利项目，以减轻员工的经济负担或增加额外收入。

（2）工时性福利　这些是与员工工作时间长短有关的福利，如休假或弹性工时。

（3）设施性福利　这些是与企业设施有关的福利，如员工餐厅、阅览室、交通车与托儿设施等。

（4）娱乐及辅助性福利　这些是增进员工社交及文娱活动、促进员工身心健康的福利项目，如员工旅游、文艺活动等。

员工福利也可分为社会性福利和企业内部福利。社会性福利通常指国家政府和法律法规所规定的、强制性的基本福利制度，像养老保险、失业保险、生育保险、带薪年假、婚丧假等。而企业内部福利是指企业内部自行设定的一些福利内容：比如旅游项目、补充养老金、公积金、生日蛋糕、节假日的津贴、礼物等。

【复习思考题】

1. 人力资源开发与管理的内容是什么？
2. 人力资源需求预测的技术有哪些？
3. 工作分析的程序是什么？
4. 员工招聘的主要形式有哪些？
5. 培训的方法有哪些？
6. 绩效评估的程序是什么？
7. 员工福利的类型有哪些？

【案例分析】

工作分析：今日时尚的助理店长

王芳最近提升为今日时尚——一家在全国拥有 50 家分店的专业服饰连锁店的地区销售经理。她负责今日时尚最大的市场——华南地区市场。在她管理之下，有 9 个分店，每一个分店都有一个店长向她直接报告。

每一个分店按照经营的类别，有3~5个助理店长。每一个助理店长负责一个专门的分类部门。这些部门在规模和下属店员数量上相差很大。连锁店的成功在于适应当地顾客的品味和购买习惯，所以在王芳旗下的每一个分店都具有不同的货物和不同的部门结合方式。这些部门包括休闲服、正装、鞋、化妆品和首饰。

在被任命为地区销售经理之前，王芳做过店长和休闲服部门的助理店长。在担任助理店长时,王芳经常感觉到自己要负责其他助理店长不需负责的有关商店管理的很多方面的事务。同时，她认为她的店长从来没有清楚的界定她的职责范围。因此，虽然商店经营得很成功，王芳认为在改进今日时尚的管理上还有很多工作要做。所以，王芳被任命为地区销售经理后最先要做的工作，就包括了对助理店长的工作进行工作分析。

王芳拥有市场学方面的学士学位。虽然没有工作分析方面的正式培训，但是，基于自己在这个职位上的工作经验，王芳相信自己能够为助理店长作出一份精确和有用的工作描述和说明书。而且，王芳并不是仅仅写出自己的经验，她还访问了所在地区附近的三位现任的助理店长。在这些访问和自己经验的基础上，王芳作出了工作描述和说明书，如下所示。她希望这些文件能够成为她甄选计划的基础。她相信发展店长的最好方法是雇佣合乎条件的助理店长。

今日时尚工作描述/工作说明书

工作名称：助理店长

上级：店长

工作的一般描述：

管理一个零售店专业部门的日常工作。助理店长负责顾客服务、管理店员、培训新员工、销售规划和存货管理。

基本职责：

1. 帮助顾客挑选商品、退货和商品保管。
2. 解决店员遇到的问题。
3. 培训、合作、指导和管理部门店员。
4. 管理存货记录。
5. 在每天营业之前进行准备。
6. 确保部门的专业化管理和有序性。

任职资格

1. 教育

最低要求：市场学或相关专业大专毕业。

2. 经验

1）最低要求：六个月到一年零售业工作经验。

2）在今日时尚工作1~3年者优先。

3. 知识、技能和能力

1）基础数学。

2）有效的人际沟通能力。

3）良好的判断和独立思考能力。

4）自我驱动。

5）诚实。

6）良好的打字和计算机技能。

4. 体力要求

1）90%的工作时间都需站立和行走。

2）能搬动大约 15 磅的箱子。

案例分析问题：

1. 请评价王芳为助理店长所作的工作分析。她是否运用了正确的方法？她的方法有什么优点和不足？

2. 为了改进她的工作分析，王芳需要对今日时尚的工作的哪些方面更仔细的考察？

3. 仔细阅读王芳制作的工作描述和说明书。它是完整的吗？你认为它能够作为下一次甄选过程的充分的依据吗？为什么？

【技能实训】

1. 实训目的：培养学生人力资源管理的基本能力。

2. 实训内容与方式：请为生产方便面的公司编写一则人力资源部经理的招聘广告。

3. 实训成果：人力资源部经理的招聘广告书。

参 考 文 献

[1] 谢明荣，刘晓峰. 现代工业企业管理[M]. 北京：化学工业出版社，2004.
[2] 郑健壮，丁世民. 现代企业管理[M]. 武汉：武汉理工大学出版社，2005.
[3] 朱占峰，陈德清. 管理学原理[M]. 武汉：武汉大学出版社，2005.
[4] 张群. 生产运作与管理[M]. 北京：机械工业出版社，2003.
[5] 单凤如. 企业管理[M]. 北京：高等教育出版社，2004.
[6] 应可福. 生产与运作管理[M]. 北京：高等教育出版社，2003.
[7] 高海晨. 企业管理[M]. 北京：高等教育出版社，2003.
[8] 荆新，王成化. 财务管理学[M]. 北京：中国人民大学出版社，1997.
[9] 陈荣秋，马士华. 生产与运作管理[M]. 北京：高等教育出版社，1999.
[10] 周三多，陈传明. 管理学原理与方法[M]. 3 版. 上海：复旦大学出版社，1999.
[11] 李剑锋. 组织行为管理[M]. 北京：中国人民大学出版社，2000.
[12] 郭咸纲. 西方管理思想史[M]. 北京：经济管理出版社，1999.
[13] 潘承烈，等. 中国古代管理思想之今用[M]. 北京：中国人民大学出版社，2001.
[14] 刘云柏. 中国古代管理思想史[M]. 西安：陕西人民出版社，1997.
[15] 李长武. 近代西方管理思想史[M]. 长春：吉林大学出版社，1991.
[16] 刘正周. 管理激励[M]. 上海：上海财经大学出版社，1998.
[17] 谭道明. 企业管理概论[M]. 武汉：武汉大学出版社，2001.
[18] 朱立. 市场营销经典案例[M]. 北京：高等教育出版社，2004.
[19] 宗蕴璋. 质量管理[M]. 北京：高等教育出版社，2003.
[20] 林昌杰，李国才. 市场营销[M]. 北京：科学出版社，2004.
[21] 周志文. 生产与运作管理[M]. 北京：石油工业出版社，2001.
[22] 邵兵家，刘炯艳，马果. 电子商务概论[M]. 北京：高等教育出版社，2003.